RESEARCH ON
DEVELOPMENT OF

THE CHINESE INTELLECTUAL
PROPERTY LAW

Based on Safeguarding
National Economic Security

中国知识产权法律发展研究

基于维护国家经济安全的视角

王振宇 著

社会科学文献出版社
SOCIAL SCIENCES ACADEMIC PRESS (CHINA)

国家社科基金资助项目成果

项目名称：全球化趋势下基于国家经济安全的中国知识产权法律发展问题研究

项目批准号：07BFX083

摘　要

在当代知识经济全球化形势下，发展中国家的知识、制度与经济安全面临巨大威胁。我国也遇到知识资源被侵害、知识产权制度被诉以 DSU 并对国家经济安全产生重大影响等严峻问题。

本书立足于中国知识产权法律发展，采取经济学和法学的交叉视角，深入审视新形势下我国知识产权发展所面临的新情况和新问题。本书研究了世界知识产权新秩序的建立、知识产权及其法律制度面临的风险、国际知识产权例外制度及谈判机制、外国知识产权安全制度借鉴、知识产权法律安全制度安排，以及中国知识产权经济安全发展战略的制定与实施。

本书的结论是：中国知识产权法律发展的目标应是建立世界知识产权新秩序，发展的重点是增设并利用国际知识产权例外制度，建立防治知识产权风险的机制，创立国家知识产权经济安全系统。

本书的创新之处：一是新视角，以"安全"为核心，从法律发展和经济安全相结合的新角度，研究我国的知识产权问题；二是以安全问题为导向，跨自然法哲学、法律经济学、世界经济学等多个学科，采用知识产权风险评估指标体系等实证研究方法；三是在学术界首次提出了建立公正、高效、均衡的世界知识产权新秩序的概念；四是提出了创立中国知识产权经济安全三大系统，制定国家知识产权安全基本法，建立健全具有比较优势的传统知识的知识产权法律体系等新对策。

对未来研究的展望：更广更深地跨学科研究；绿色知识产权研究和中医药专题研究；WTO 多哈发展回合有关知识产权议题的谈判、我国知识产权战略实施过程的跟踪研究；中国知识产权法律发展指标体系设立及实证分析；对本书结论和新概念的更科学的论证。

ABSTRACT

In contemporary knowledge economy globalization, knowledges, systems and economic securities of developing countries are facing huge threats. China is also experiencing severe problems, for example, knowledge resources have been infringed, the intellectual property system has been sued to the DSU and severely effected the national economic security.

This monograph is based on Chinese intellectual property legal developments, taking the perspective of economics and law intersect, look in-depth at new situations and problems of China's intellectual property rights under the new environment. This book explores the establishment of new order of intellectual property in the world, the risks faced by intellectual property and its legal system, the international intellectual property regime of exceptions and negotiation mechanisms, learning from foreign intellectual property security system, security system arrangement of intellectual property law, and the formalation and implementation of economic security development strategies of intellectual property in China.

The conclusions of the book are: the objective of China's intellectual property law development is to establish a new order of intellectual property in the world, the focus is to create and use the international intellectual property regime of exceptions, establish the risk prevention mechanism of property rights, and create the state intellectual property economic security systems.

The innovations of the monograph are: Firstly, new perspective: "security" as the core, from the new perspective of legal development and economic security. Secondly, security-oriented and compass natural legal philosophy, law and economics, world economics and other disciplines, and adopt the empirical research method of intellectual property risk assessment index system. Thirdly, the concept of establishing a fair, efficient and balanced new order of world knowledge property was first proposed in the academic community. Fourthly, proposing to create the three systems of intellectual property in China's economic security, highlighting the development of national intellectual property security of the Basic Law, the establishment of new countermeasures to improve the comparative advantages of traditional knowledge and other intellectual property laws.

Prospects for future research: broader and deeper interdisciplinary research; green intellectual property research and case studies in medicine; negotiations on intellectual property issues WTO Doha Development Round, follow-up study of China's intellectual property strategy implementation process; establishment and empirical analysis of China's Intellectual Property Indicators System; more scientific proof of the conclusions and new concepts of the book as well.

目 录

CONTENTS

前　言

当今的时代是风险时代。全球化风险使我国的知识安全和经济安全问题凸显，严重危及企业和产业的生存与发展，乃至国家经济安全。以美国"337调查"和"特殊301条款"为代表的发达国家的知识产权贸易壁垒和政府涉外强力监督机制，诱发我国企业海外乃至知识产权贸易和外交风险频发，侵害了我国的知识产权安全、贸易安全和国家知识产权制度安全。

在全球化风险日益加大的新形势下，我国知识产权法律的安全性制度、安全性模式与安全性机制严重滞后。对国际知识产权不公正秩序缺乏足够的话语权、谈判和改变能力，对内又不能满足日益增长的知识创新和经济发展的新需要。我国知识产权法律的不完善，直接影响了自主知识产权的水平和拥有量、社会公众的知识产权意识、企业运用知识产权的能力、知识产权的服务支撑体系和人才队伍建设，以及对经济社会发展的促进作用的发挥等。

在全球化风险加大的新趋势下，基于维护国家经济安全的要求，科学分析知识安全、经济安全和安全法的新问题，发现风险防治机理和新对策，加快中国知识产权法律科学发展的步伐，以有效维护国家知识资源安全和经济安全，成为亟待研究的新问题。

但是，已有的知识产权思想和理论难以有力地解释和指导解决我国知识安全和经济安全面临的新问题。国外近年来虽然开始研究国际知识产权发展的新议题，以及现行知识产权国际规则对发展中国家的经济安全与发展的不利影响，但是对中国的研究不深。国内学者虽然立足国情，对中国遇到的《与贸易有关的知识产权协定》（以下简称《TRIPS协定》）、垄断、发展性知识产权的保护等问题进行了一定的研究，但欠缺全球性视野，研究的角度和方法均有不足。

本书研究的直接目的在于：从全球化趋势下维护国家经济安全的角度，

采取跨经济学和法学学科的思路和方法，借鉴国内外立法的案例和成功制度，基于研究发现的新法理，提出中国知识产权法律发展的新思路和具体对策。

一

概念是理论创新的基础。本书提出、论证并应用了一些新概念，提出了中国知识产权法律发展的概念新体系。世界知识产权新秩序是核心和基本概念，即范畴，统领发展性知识产权与发达性知识产权、知识产权安全法律、绿色知识产权安全法律。

（一）新概念

1. 关于世界知识产权新秩序的新范畴

关于世界知识产权新秩序的范畴，本书把它作为研究全球化背景下中国知识产权法律发展的目标，并进行了初步论证。新秩序中的新范畴包括知识产权安全法律、发展性知识产权、发达性知识产权和绿色知识产权安全法律。

2. 关于"发展性知识产权"和"发达性知识产权"新概念的问题

本书研究的知识产权范围包括两类：一类被称为发达性知识产权，即发达国家具有比较优势的《TRIPS 协定》所主要涵盖的专利权、商标权、版权、地理标志权等工业性知识；另一类是发展性知识产权，即发展中国家具有比较优势的知识产权，包括传统知识、民间文艺、遗传资源等。发展性知识产权和发达性知识产权，是本书提出的一组新概念，理由如下。

（1）与本书的研究视角——基于发展中国家的立场和利益，审视和研究发展中国家与发达国家双方的博弈与知识产权利益，以及知识产权法律发展问题——相互一致。

（2）针对这两类知识产权的不同法律对策，会直接影响国家知识安全与经济安全。

（3）根据理论简化和概括的需要。

（4）这两类知识产权的保护情况不同，发达性知识产权已经为知识产权法律所普遍确认和保护，保护的历史比较长久；发展性知识产权的保护时间较短，保护不够甚至有的还游离于国际知识产权法律之外。

（5）国际立法机制和法规，基于发展中国家与发达国家比较中的总体弱势现象，日益关注和突出"发展性"，并大量存在于知识产权法律规范中。

（6）发展中国家与发达国家各自所拥有的知识产权，大多与"发展性"或"发达性"直接相关。

（7）发展性知识产权和发达性知识产权有着密切的渊源。通常情况下，发展中国家具有较丰富的发展性知识产权，但因技术、经济和创新能力的局限，以及发展性知识产权法律的缺漏和滞后，这些宝贵的知识产权资源，被发达国家的跨国公司低成本甚至无偿掠夺，危及发展中国家的企业安全和产业安全，甚至国家经济安全。

3. 关于"知识产权安全法律"新概念的问题

"知识产权安全法律"新概念的提出，有较坚实的现实基础和现实需要。

知识产权安全法律是本书提出的一个新概念、新范畴，主要指基于维护国家知识安全和经济安全、促进经济增长和经济发展的知识产权法律，包括知识产权安全法律制度、安全法律模式和安全法律机制。广义的知识产权安全法律是狭义的知识产权安全法律所保护对象的扩大和衍生，除了包括狭义的知识安全和经济安全等，还包括生态安全、促进经济增长和经济发展、增加社会福利，乃至推进整个人类全面发展等方面。本书研究知识产权安全法律的范围主要是限于狭义的，但有时也涉及广义的部分内容，例如绿色知识产权法律所规范的生态安全和可持续发展问题。

（1）本书研究的主要目标是建立健全中国知识产权安全法律新体系。在全球化趋势下，中国的知识产权法律严重滞后，这直接导致国家经济安全面临日益严峻的损害和威胁，以至于迫切需要新法律。目前学术界还没有专门针对知识产权安全法律系统的研究。在实践中，由于知识产权的安全及制度问题，企业和国家利益受损害的事件日益增多。

（2）现行知识产权法律，从国内法讲，侧重于知识产权本身的确立、保护、使用和管理；从国际法讲，突出保护发达国家的强项知识产权，而对发展中国家的知识安全和经济安全没有给予足够关注。

（3）本书"知识产权安全法律"中的"安全"有独特含义。这里的

"安全"不同于一般法律意义上的安全：本书的独特之处是在"全球化趋势下基于国家经济安全的中国知识产权法律发展研究"。另外，知识产权法律的安全要求，比一般法律的安全要求更高。安全为法律的基础价值，主要基于传统有形物权的确认与交易。知识产权作为无形财产，与传统的有形物相比，其财富和发展的价值更大，面临的风险也更大。在信息技术发达的时代，盗取知识产权的成本很低，甚至为零。而开发知识产权的成本通常很高。在当代高科技迅猛发展的知识经济新形势下，传统的以有形物形成的社会关系为主要调整对象的主流法律，往往显得十分滞后。这就产生了新的财产与法律制度的安全问题。对传统法律而言，安全就是其基本价值，而对财富效应更大、风险巨大的知识产权及其主要履行安全保护的知识产权法律制度而言，其安全价值应该更基础、更重要和更突出。

（4）法律突出"安全"属性，甚至在法律名称上直接表明，是 21 世纪立法的新动向、新趋势，是现实社会风险日益增大而强调对法律特殊需求的反映。

（5）现实中由知识或知识产权风险引发的国家经济安全问题，日益突出和严峻，在现有的知识产权法律框架内，即使通过修补，也很难有效地防范和解决国家经济安全问题。创新现行的知识产权法律体系，探索建立新的知识产权法律——知识产权安全法律新系统，正是本书的一种探索和尝试。

（6）基于"知识产权安全法律"新概念的中国知识产权法律发展的制度、机制和模式三大框架，是本书的关键设计和主要研究成果，具体体现在本书的第六章和第七章。

4. 关于"绿色知识产权安全法律"新概念的问题

"绿色知识产权"是世界知识产权组织近年提出的新概念，国内个别学者也开始对此加以关注。"知识产权安全法律"是本书提出的核心概念。将"绿色知识产权"和"知识产权安全法律"结合起来形成"绿色知识产权安全法律"，是本书为了研究当今中国等发展中国家面临日益严峻的生态安全风险、知识安全风险、经济安全风险，但相应的法律稀缺的现象而提出来的新概念。

建立绿色知识产权安全法律制度，是发展中国知识产权法律的可行选择，也与我国提出的科学发展观、生态文明建设、应对全球气候变化和绿色经济发展，以及国家知识产权战略、创新驱动战略、建立创新型国家的目标相一致。

二

本书提出了中国知识产权法律发展的七大新对策。这些法律对策，体现了创新思想，同时具有针对性和可操作性，而且具有一定的探索性、前瞻性和创新性。

（一）推动公正的世界知识产权法律及其秩序的形成

以《TRIPS 协定》为代表的世界知识产权法律不公正，是我国及其他发展中国家面临较高的知识风险和经济风险的最直接的法律原因。而实质公正的世界知识产权法律乃是维护发展中国家知识安全和经济安全的国际法律保障。

1. 抑强扶弱

一是对积极性世界知识产权法律所保护的知识产权，即工业产权和版权进行弱化保护，并辅以《反垄断法》以防治知识产权的滥用。二是对防御性世界知识产权法律所保护的知识产权，即发展中国家具有比较优势的传统知识、民间文艺和遗传资源进行加强保护，将其纳入《TRIPS 协定》和 WIPO 等世界知识产权法律体系中。

2. 充分借用其他有关知识产权公约的规范和精神

相对《TRIPS 协定》来说，如联合国的《生物多样性公约》《保护非物质文化遗产国际公约》等更为客观、公正。

3. 利用求同平台机制

组织世界知识产权论坛，并利用已有的诸如 WTO、WIPO、G20、APEC 等平台机制。

4. 研究和利用 WTO 争端解决机制，维护知识产权正当安全权益

争端解决机制是 WTO 的主要支柱，是国际法由软至硬的阶段性标志。关于争端解决规则与程序（DSU）强调法治、安全和可预见，大多数案例的裁决比较公正。在中美知识产权的争端案例中，我国的部分意见得到了专家组的肯定，但也暴露了诸如版权及时保护制度、知识产权海关执法程序制度，以及应对快速反应和理性心态不足等方面的问题，应吸取教训和总结经验。中国的一些专家进入 WTO 争端解决机制专家组，今后应争取让更多水平高的中国专家加入 DSU 体制。

（二）完善和充分利用《TRIPS 协定》的例外制度

例外制度是国际组织针对成员的劣势而给予成员维护自身利益的权利空间，它与成员对其的认识、研究和利用能力呈正相关关系。国际知识产权例外制度的形成机制与利益各方的博弈及其强弱现状紧密相关。《TRIPS 协定》例外制度设置偏少、过于原则化和模糊，以及认识和实施不充分，是发展中国家频遭发达国家的专利等发达性知识产权滥用侵害的一个重要法律原因。

1. 增设明确的经济安全例外制度

《TRIPS 协定》与《服务贸易总协定》一样，也设定了保障安全例外制度，并列举了诸如可裂变物质、军事、紧急状态、联合国维和行动等安全例外的具体内容，但没有直接涉及成员的知识安全和经济安全问题。而 WTO 的《货物贸易多边协定》中有反倾销协定、补贴与反补贴协定、保障措施协定这三大维护进口成员的国内产业安全的安全制度。因此，可以借鉴 WTO 体制内的货物贸易协定的做法，增设经济安全例外制度。

2. 完善《TRIPS 协定》，防止滥用知识产权原则

《TRIPS 协定》第 8 条第 2 款规定：可采取适当措施防止权利持有人滥用知识产权，防止借助国际技术转让中的不合理限制贸易行为或消极影响的行为，只要该措施与本协议的规定一致。可在实体法和程序法上，采取适当的防治措施。在实体法上，制定国际知识产权竞争法和国内知识产权反垄断制度，在程序法上，努力将恶意诉讼和滥用执法措施与程序防治制度，一并纳入谈判议题，争取成为《TRIPS 协定》新条款。

3. 通过典型案例分析，明确例外条款的具体含义

细化原则性规定，明确法律条款的模棱两可之处。世界贸易组织（WTO）成立以来，《TRIPS 协定》在实施过程中引起一系列的争论问题，其中有关该协定的例外条款争端及其解决尤为突出。目前在争端裁决报告中的 7 件 TRIPS 案件中，就有 3 件是关系到该协议的例外条款：加拿大药品专利案；《美国著作权法》110 条第 5 项案；欧共体地理标志案。加拿大药品专利案例研究，可以细化和明确《TRIPS 协定》第 30 条的例外规定的准确适用，即第 30 条确定的例外权利的有效，必须同时满足这四项前提条件和标准：（1）该例外必须是"有限的"；（2）该例外必须没有"不合理地与专利的正常利用相冲突"；（3）该例外必须没有"不合理地损害专利所有人的合法利益"；（4）并"顾及第三方的合法利益"。

（三）建立世界知识和经济风险预警体系

知识产权及其法律制度与国家经济安全有内在联系，其风险与一国的开放程度和全球化深度呈正相关关系。中国作为知识产权弱国面临的风险较大。有的风险直接威胁到我国企业安全、产业安全乃至国家经济安全，建立风险预警机制，可以增强知识产权风险预防意识和能力。防治风险的总思路是：针对知识产权风险的原因，探索中国式的有法理支撑和有可操作性的有效的风险预警体系。

1. 建立知识产权风险评估指标体系，并纳入国家统计法律制度

用知识产权风险指标体系，准确评估我国知识产权面临的风险及其风险程度，为科学应对风险打下坚实的基础。

2. 建立国家、地方和行业知识产权风险监测网络，以国家知识产权基本法律予以规范

广泛并及时地调研我国国家经济安全重要领域的知识产权保护状况，建立经济全球一体化趋势下的中国知识产权发展的安全临界点，当危机发生时，就可以报警。

3. 发布知识产权风险白皮书

国家知识产权局、国家商标局、国家版权局和商务部联合发布，形成具有法律意义上的常规制度。借助现代高科技通信手段，建立知识产权保护预警的数据库和服务平台，加强国家战略性产业和知识产权纠纷频发的重点领域的预警分析，并定期发布知识产权风险白皮书。白皮书应注重分析国际知识产权的发展态势，尤其是发达国家的知识产权保护战略，国内外企业知识产权纠纷可能对我国经济发展和安全造成的威胁，对那些可能引发我国战略性产业灾难性后果的不良特征进行观察和分析，用科学方法进行鉴定和识别。

4. 建立国家知识产权风险应急机制

为应对突发性和影响大的知识产权风险，应建立重点领域的特殊应急机制，例如"337 调查"风险应急机制和"特殊 301 条款"应急机制，中国传统知识、民间文艺和遗传资源应急机制。

5. 引进或自主研发并充分利用先进的风险预警信息技术系统

提高知识产权风险预警的科学性、客观性、及时性和效率，并建立相应的知识产权风险预警信息技术激励法律制度。

6. 制定和实施应对知识产权风险的指引

以政府公共政策这样的法律机制形式加以确定。

（四）建立健全中国知识产权安全法律制度

知识产权安全法律制度是在当代全球化趋势和风险加大的新形势下，基于维护国家知识安全和经济安全需要而提出和形成的一种新型法律制度和一个新概念。它是知识产权安全法律模式的主干，是知识产权安全法律机制的重点扶持对象，也是国家知识安全、经济安全和经济发展的直接法律保障。

1. 创新发展性知识产权法律制度

发展性知识产权是本书提出的新概念，它是指中国等发展中国家具有比较优势的资源，诸如传统知识、民间文艺、遗传资源等。

（1）结合中国维护知识安全和经济安全的实际需要，完善和创新事先知情同意制度、信息来源地披露制度、惠益分享制度三项由国际相关公约确立的基本制度。

（2）消除现行发达性知识产权法律模式和法律制度的影响，摒弃权利主体特定性、客体原创性、保护期有限性制度等对知识保护的惯性思维及其产物形式。

（3）创设新制度。发展性知识产权安全法律制度的立法宗旨；知识保护经济主体安全和促进经济发展鼓励制度原则、发展性知识的人权性保护制度原则；公益诉讼制度、实施制度等系列制度规范。

2. 完善知识产权滥用防治制度

知识产权滥用防治制度包括知识产权反垄断制度，防止专利权滥用、恶意诉讼和恶意行政申诉行为制度。恶意诉讼和恶意行政申诉行为（统称恶意程序行为）是滥用诉权的一种表现形式和顽症，给我国企业带来非常多的额外诉累，应在国家不同法律层面予以完善和有效规范。例如，针对专利恶意程序行为较严重的情况，可以在《专利法》及其实施细则中予以规范。为提高法律的可操作性，也可在法律解释和规章方面进一步规定。国家司法部门应就恶意程序行为的界定做出司法解释，从制度上遏制在华跨国公司滥用知识产权、实施恶意程序行为。国家有关部门还可针对行业特点，制定规章，规范恶意程序行为，减少我国相关行业企业知识产权诉累，维护我国企业合法程序的安全利益。

3. 设立名著特殊保护制度和防治商标抢注制度

这两种制度主要是为应对我国名著被严重盗用、商标抢注几乎成为常态的严峻现实而提出的。名著是国家的重要文化遗产，具有重要的文化多样性精神价值和巨大的商业价值，应建立适宜的名著特殊保护制度体系。名著特殊保护制度体系包括名著确认制度、名著国家财产所有制度、名著托管制度、名著分级登记制度、名著海外许可制度、名著交易制度和名著数据库制度。防治商标抢注制度，主要针对侵权人的侵权内容和方式设计，比如知名或驰名商标在先使用制度、敏感区域或东道国注册提示制度、被抢注商标纠纷国内支持制度、媒体谴责制度、外交解决机制、连带责任机制。

4. 建立绿色知识产权安全法律制度

建立绿色知识产权安全法律制度，提供维护中国生态经济安全和可持续发展的新思路。基于绿色知识产权安全法律制度的思想，是中国知识产权法律发展的绿色路径的可行性选择。

（1）创立独特的绿色技术安全法律制度。该制度不同于现行的一般知识产权制度，而是具有前瞻性、引导性的新型安全法律制度。由于其直接关系整个人类的未来，因此，对世界的经济安全、生态安全（经济可持续发展的基础）起到至关重要的作用。在绿色知识产权安全法律体系中，知识安全应让位于经济安全，更要让位于气候安全和生态安全。

（2）重视本土绿色技术及其制度创新。中国一些本土绿色技术在全球领先：一是太阳能热水器技术，使用太阳能供水是最环保的；二是农村沼气技术，无论在技术方面还是推广方面，中国都处于领先地位。但这些本土技术目前几乎处于公知领域，随时面临流失和被侵害的巨大风险。新型本土绿色技术及其制度，作为一种需要加强保护的特殊的实用新型技术，可以纳入我国现行的《专利法》中。其特殊性在于申请主体和权利归属不是个人或企业，而是国家。在具体操作上可以委托国家或地方政府的知识产权机构与农业部门执行。

（3）跟踪研究国际绿色谈判议题。紧密跟踪和适度超前研究联合国《生物多样性公约》和《全球气候变化框架公约》的系列谈判，及时为我国绿色谈判策略提供法律对策和建议。

（五）设计专门的知识产权安全法律模式

知识产权法律模式是指对某类知识采取的由有内在联系的若干法律制度所构成的某部特定的法律。设计专门的知识产权安全法律模式的主要依据是：知识产权基本安全权利、中国知识产权法律发展三大框架等新思想，以及发达性知识产权与发展性知识产权新概念。

1. 发展性知识产权安全保障法

我国在传统知识、民间文艺、遗传资源等发展性知识产权方面具有比较优势。应通过制定《发展性知识产权安全保障法》，从法律上保障这些目前随时可能被发达国家盗用的知识和资源，并在实体规范和程序规定上全面提高保护水平。可创立诸如发展性知识产权公益诉讼制度、惩罚性损害赔偿制度、例外权利限制制度、可持续发展制度（生物遗传资源与文化多样性、非物质文化遗产保护）、无限期保护制度、准公权所有制度、认定和登记制度、严格实施制度等等。《发展性知识产权安全保障法》是对发展性知识产权的一般风险和安全要求的法律授权和设定义务。而对一些特殊性较强的诸如中医药和我国非物质文化遗产，可以在《发展性知识产权安全保障法》框架下，制定下一层级的法律，例如《传统中医药知识安全法》《中国非物质文化遗传保护法》《中国遗传资源安全法》。

2. 发达性知识产权风险防治法

发达性知识产权安全法律模式包括专利安全法、商标安全法和版权安全法。专利安全法的重点是知识产权反垄断法，商标安全法主要是商标抢注防治法，版权安全法意在防范中国民间文艺权被流失或被盗用。发达性知识产权风险防治法律模式，可以由《中国知识产权安全基本法》与《工业产权和版权风险防治法》构成。前者规定发达性知识产权风险防治法律模式的一般原则，后者针对不同种类的具体知识产权，规定应采取的不同的风险防治制度形式。

3. 海外知识产权安全法

海外知识产权安全法由海外知识产权风险防治制度、海外知识产权壁垒防范制度、海外知识产权诉讼安全制度、美国 "337 调查" 和 "特殊 301 条款" 风险治理制度、海外会展知识产权安全制度、海外海关知识产权制度等一系列涉外法律安全制度构成。

4. 中国知识产权安全基本法

中国知识产权安全基本法主要规定中国知识产权安全法律制度、安全法律模式和安全法律发展机制的共同宗旨、基本原则、基本安全权利和义务、安全机构及法律责任。

（六）创新中国知识产权安全法律机制

安全法律机制是中国知识产权安全法律制度和安全法律模式发展的最直接和最主要的驱动力。知识产权安全法律机制是诸如政治、经济、文化以及公共政策等对法律发展具有直接或主要影响的外部环境的总和。中国知识产权安全法律发展机制，包括制度机制、经济社会机制、观念机制、政府服务机制、法律人机制、评估指标体系和国际合作机制。

1. 建立安全性制度机制

利益相关者共同参与知识产权安全法律的立法机制的建立；建立安全的执法机制，防治跨国公司滥用知识产权执法程序；推进司法安全机制建立，防治外国企业的恶意诉讼。

2. 创新安全性经济社会机制

完善知识产权安全法的经济社会机制；满足知识产权发展风险对安全制度的需求；提供知识产权安全性中介服务。

3. 打造强势知识产权安全的观念机制

安全法律文化是安全法律制定和有效实施的基础和关键。加强宣传，提高全社会的知识产权安全意识，广泛开展知识产权安全普及教育和培训。

4. 创建知识产权安全的政府服务机制

建立传统性知识挖掘、发现、保护激励机制，通过质押、作品登记和转让合同备案等制度，拓展传统性知识产权利用方式，降低交易成本和风险；充分发挥传统性知识产权集体管理组织、行业协会、代理机构等中介组织在知识产权市场化中的作用；增强企业知识产权发展力和产业安全力，分行业制定知识产权安全保护公共政策；构建知识产权信息传播和发展的公共服务平台。

5. 建立健全以知识产权安全法律人为本的兜底机制

知识产权安全法律制度、法律模式，以及其他法律发展机制，均是客体性的东西，都是从客观上来说的。而这些客观客体的源头和基础，则是知识产权法律人。法律人机制应是我国知识产权安全法律发展的根本依托。具体对策：应加强对安全人才的规划、教育与培训；加快建设各级知识产权安全人才库和安全人才信息网络平台；建设若干国家知识产权安全人才培养基地；加快建设高水平的知识产权安全师资队伍；培养各级各类知识产权安全专业人才，重点培养企业和国家急需的高素质知识产权安全人才；完善吸引、使用和管理知识产权安全人才相关制度，满足知识产权安全法律发展对安全人才的需求。

6. 建立中国知识产权安全法律发展的评估指标体系

将定性和定量相结合，全面分析评价中国知识产权安全法律制度、法律模式和发展机制的实施情况和效果，为不断推进和完善中国知识产权安全法律发展打好基础。

7. 建立和利用国际合作机制

知识产权的不断发展，使发展中国家与发达国家面临的共同问题日益增多，而合作是缓解和解决国际争端的有效方式。

（七）中国参加多哈发展回合有关知识产权议题的谈判对策

WTO 启动的新一轮多边贸易谈判，其主题是发展回合，涉及《TRIPS协定》规定的知识产权的内容主要有：关于专利的强制许可制度，主要涉及公共健康问题；关于建立地理标志通知和注册多边制度；关于传统知识和民俗的保护；关于《TRIPS 协定》与《生物多样性公约》。对于这些知识产权议题，发展中国家与发达国家之间、发展中国家之间、发达国家之间，甚至不同利益集团之间进行了激烈的博弈。尽管在谈判中，各利益方各执己见，但从大方向和议题的选择范围，尤其是从发展中国家修改本已不公正且对其危害日益严重的《TRIPS 协定》来说，均是一个绝好的机遇。中国作为世界上最大的发展中国家，更要紧紧抓住这个重大契机，从原则和策略上提前做好准备。

1. 中国参加多哈回合谈判的原则

中国政府在多哈回合谈判中应坚持的原则是：紧紧抓住《TRIPS 协定》有关议题的关键要点和核心问题，突出维护国家知识安全和经济安全，促进世界知识产权法律公正发展和世界知识产权新秩序的建立。基本原则：一是机制公正，要有发展中国家成员的全面和有效参与；二是制度公正，谈判结果在体现各方利益的基础上实现总体平衡；三是制度实施有效果，即促进发展中国家的经济发展和共同分享经济全球化的成果。

2. 中国参加多哈回合谈判的具体主张

（1）关于地理标志。地理标志已经成为国际公认的知识产权，其在推广民族品牌、增强产品国际核心竞争力方面发挥了重要作用。另外，要将我国具有一定优势的农产品和手工艺品（包括中国的景德镇陶瓷）纳入地理标志扩大的范围。

（2）关于《TRIPS 协定》与《生物多样性公约》的关系以及传统知识、民间文艺和生物遗传资源问题。中国应坚决支持，《TRIPS 协定》与《生物多样性公约》有不可分割的紧密联系，应将传统知识、民间文艺和生物遗传资源纳入《TRIPS 协定》的保护范围。

（3）反映我国企业等利益相关者的诉求。《TRIPS 协定》之所以被 WTO 接受，与美国 12 家跨国公司的不懈努力，以及政府从国家利益出发积极采纳企业的诉求直接相关。事实证明，它已经并将继续给美国企业及国家带来巨大的知识产权利益和经济利益。我国可以借鉴这一成功的运作方式。考虑到我国企业的知识产权国际法律意识和能力不强，政府应当主动行动，广泛调查我国企业、产业和知识产权部门等相关利益者的现状、问题及诉求，也可通过网络征求建议。

三

本书的概念创新和政策创新只是初步的，虽然得出了一些初步结论，但未来还应进一步深化研究。

（一）初步结论

（1）建立世界知识产权新秩序是解决发展中国家与发达国家知识产权

利益冲突的一个可行性思路。因为它反映了全人类的共同利益，符合各方的长远利益和根本利益。世界知识产权新秩序是一种知识产权理想法律秩序图景，是中国知识产权法律发展的总目标。

（2）知识产权及其法律已日益成为国家乃至国际保障经济安全和促进经济发展的关键性工具。知识产权及其法律与国家经济安全有内在联系，其风险与一国的开放程度和全球化深度呈正相关关系。安全例外是 WTO 和《TRIPS 协定》的规定，法律竞争是 21 世纪国家竞争的制高点。

（3）知识产权发展以法律发展为保障、基础和归宿。知识产权基本安全权利是制定《中国知识产权安全基本法》的核心。

（4）中国知识产权法律发展的内涵是安全，即在全球化趋势下维护国家经济安全的需要。发展的框架是安全法律制度、安全法律模式、安全法律机制的既独自发展又协调共进，发展的愿景是世界知识产权新秩序。

（5）知识产权安全法律是国家经济安全的基本制度保障。世界知识产权新秩序是"知识产权安全法律与国家经济安全"的共同基石。国际知识产权例外制度是"知识产权安全法律与国家经济安全"的国际法意义上的发展中国家所享有的（发达国家成员没有的）特殊权利。外国知识产权安全法律发展经验，则给中国"知识产权安全法律与国家经济安全"的完美结合，提供了有益的启示和借鉴。知识产权面临的风险及其防治，是我国"知识产权安全法律与国家经济安全"的"负安全"（风险）的现状及对策。

（6）发展性知识产权和发达性知识产权，反映了发展中国家和发达国家各自拥有知识产权的比较优势。中国应重点加强发展性知识产权的法律制度建设。

（7）中国知识产权法律发展的有效对策：①推动公正的世界知识产权法律及其秩序的形成；②完善和充分利用《TRIPS 协定》的例外制度；③建立世界知识和经济风险预警体系；④建立健全中国知识产权安全法律制度；⑤设计专门的中国知识产权安全法律模式；⑥创新中国知识产权安全法律机制；⑦中国参加多哈发展回合有关知识产权议题的谈判对策。

中国目前在知识产权领域，引进介绍、纯法律文本和思辨研究的较多，真正具有原创性并有基本理论意义的成果不多。一些对策往往缺乏理论基础，很难做到具有前瞻性和具有针对性。

本书初步的范畴创新、视角创新、方法创新，可以为未来构建知识产权法律新理论提供可能的框架性参考。知识产权法律理论主要是由反映知识产权领域的全部法律现象及其发展规律的基本范畴、具体概念、判断和推理所组成的完整的思想体系。本书的基本范畴是"世界知识产权新秩序"；具体概念有"发展性知识产权与发达性知识产权""知识产权安全法律"等；推理方面也进行了跨学科思想和方法的论证探讨。"知识产权基本安全权利""中国知识产权法律发展三大框架"等思想，可以从全球化趋势下基于维护国家经济安全的视角，为逐步构建"知识产权发展法学"新理论（该理论是本书作者的一个构想，由发展经济学的创立启发而来），乃至中国特色知识产权法律理论，提供参考。

（二）未来研究的展望

按照全球化趋势基于维护国家经济安全的研究视角，未来还可以在以下几方面进行深入研究。

（1）国际政治学和博弈论的跨学科研究。跨学科研究是当代世界社会科学研究的总趋势。国际政治对国际法律的形成和演进，发挥着直接和主要的作用，是国际法发展的重要驱动力，国际政治"权势"是国际知识产权法律"权势"的主要源头之一[①]。发展中国家与发达国家之间在知识产权方面的博弈将长期存在。

（2）专题研究：中国中医药保护法研究；绿色知识产权研究。

（3）跟踪研究：WTO多哈发展回合有关知识产权议题的谈判；我国知识产权的战略实施过程。

（4）中国知识产权法律发展指标体系设立及实证分析，既可定量研究中国知识产权法律发展，又可作为发布中国知识产权法律发展白皮书的分析工具。本书关于设立知识产权风险指标体系的初步成果，可作为中国知识产权法律发展指标体系设计的重要参考基础。

（5）中国知识产权法律发展的学术话语体系的构建和国际学术话语权取得。

---

① 　国际知识产权法律"权势"的主要源头还有国际经济和国际知识产权组织等。

第一章　绪论

第一节　研究的背景和意义

一　全球化风险导致国家经济安全问题凸显

（一）知识全球化风险

全球化对世界各国既是难得的机遇，也是严峻的挑战。如何防范技术、知识特别是可产权化和已制度化的知识、制度等全球化带来的风险，通过知识产权法律发展，来维护和保障国家的政治安全、文化安全特别是国家安全基础的经济安全，已经成为各国特别是中国等发展中国家一个亟待解决的问题。

1. 风险凸显

自20世纪90年代以来，各国之间政治、经济、文化交往日益密切，全球化凸显于世。全球化反映了全球性和全球主义统一和互动的进程，反映了当代全球的新现象。全球化是以经济全球化为基础的政治全球化、技术全球化、文化全球化、法律全球化、企业全球化、信息全球化、生态问题全球化等的统一体系。全球化是民族国家发展的新阶段、新融合和新提升，既带来新机遇，也充满旧世界秩序被破坏、新秩序认识和构建的新问题、新挑战和新风险。

伴随着全球化的推进，世界正在进入风险时代。当代社会是世界风险社会，包括金融与经济危机、技术风险、生态危机、气候变化危机、市场风险、恐怖主义威胁和秩序的变迁等①，其中经济风险是基础性和长远性

---

① 美国哈佛大学教授、德国慕尼黑大学教授、伦敦政治经济学院教授乌尔里希·贝克是世界社会理论大师，其与英国社会学家安东尼·吉登斯和斯科特·拉什共同提出"第二现代性"的理论，是"世界风险社会"理论的主要提出者和奠基者。

的。风险本质上是人为的、不可计算的、不可保证的威胁和灾难。这些威胁和灾难是可以预料的，但往往是不可见的，并因此依赖于如何界定它们，如何在"知识"中分辨它们。风险与安全有内在联系，犹如风险和责任、风险和信任。风险社会有机遇。风险是世界性的，正如乌尔里希·贝克（2010）所指出的，全球风险不仅意味着可能出现的未知灾难，同时也意味着一种将创造出超越边界的合作构架的机会。因此，世界风险社会自身的反应也开启了一个"世界性时刻"、一种"世界性趋势"。为了使用社会科学术语来定义这一趋势，就需要转变通常从哲学的抽象层面形成的对世界主义概念的误解，以便落实到社会科学的现实层面上来。世界风险社会的主要特征是社会性的。西方的经济制度、法律制度和政治制度不仅卷入了风险制造，而且参与了对风险真相的掩盖。

全球风险社会有七个特征[1]：高度的不确定性、显现的时间滞后性、发作的突发性、超常规性、超常的传染性、传播与渗透的全球性以及人们无法回避的临近性。

关于世界气候风险[2]，在西方国家，推动国家和全球从高碳到低碳经济转型的创新体制引发了大量的辩论和冲突。然而，中国正在进行这种制度创新。作为世界上最大的、独立的温室气体排放者，同时作为一个飞速发展的经济超级大国和未来潜在的地缘政治超级大国，中国堪称全球低碳经济发展的主导力量。发展出一种来自中国但能够被世界普遍接受的"中国世界主义"理论体系，对于中国来讲是一项真正的、格外困难的挑战。

中国已经开始进入风险社会，有两大背景：一是中国是在世界遭受全球风险的结构性前提下进入风险社会；二是在实行工业现代化战略的同时进入风险社会。与西方发达国家相比，中国法律和政策在应对风险社会时面临着更为艰难的双重困境：一是自身的困境，中国的法律政策系统本身是不健全的，社会功能分化在制度方面进行得不充分；二是全球结构带来的困境，在法律和政策系统本身就存在重大缺陷的时候，中国遭遇了已经具备相对健全的法律和政策系统的西方发达国家不能充分应对的风险社会问题，同时还遭遇了全球风险社会的支配和控制问题。由于这两个困境，

---

[1] 薛晓源：《全球化与风险社会研究》，《学习时报》2008年3月24日第6版。

[2] 乌尔里希·贝克：《风险社会的"世界主义时刻"》，http://www.socibar.com/a/theory/2010/0530/1474.html，最后访问日期：2013年12月23日。

中国法律和政策系统目前难以应对知识产权风险①。在"风险社会"时代，应该用制度化的思维进行组织创新和管理创新，来应对和控制各种集体行动可能产生的意外后果。要减少"风险社会"对人类社会的破坏，首先需要我们提高对"风险社会"可能带来的严重后果的认识。在此基础上，再去进行制度性的应对。尤其当人类已进入"风险社会"时代，社会各界在达成共识的基础上共同行动是非常关键的②。

2. 新变革带来新的不确定性

世界技术、知识、贸易、生态等方面的快速变革，以及中国的改革开放和经济发展，给世界经济、社会带来了更多的确定性。民族国家向全球化结构中的国家转变、工业经济向知识经济和信息经济演进、工业社会转向知识社会、经济增长向可持续发展转向、国内制度与治理向国际制度与治理变化，这些变化的基础和驱动力是知识积累及其变迁。

新变革之一：世界变平，世界秩序民主化。

托马斯·弗里德曼（Thomas Friedman）的著作《世界是平的》（*The World is Flat*）一书所论述的世界经济全球化观点，阐述了当今世界秩序由等级向扁平化（互联技术）发展的新现象的重大变革。在《世界是平的》一书中，托马斯·弗里德曼描述了当代世界发生的重大变化，科技和通信领域如闪电般迅速的进步，使全世界的人们可以空前地彼此接近——在印度和中国创造爆炸式增长的财富；挑战我们中的一些人，比他们更快地占领地盘。他还指出了世界未来的方向，全球化将深刻地影响我们的经济、社会、政治生活的各个方面，改变每个人的工作方式、生活方式乃至生存方式。不论是政府部门、商业部门、社会部门，还是各行各业的管理者、员工、自由职业者，概莫能外。新一波的全球化，正在抹平一切疆界，世界变平了，由小缩成了微小。托马斯·弗里德曼把全球化变化进程划分为三个时代：第一个时代（全球1.0版本），从哥伦布起航开启世界贸易开始，这一时期全球化是由"国家"的力量在拓展；第二个时代（全球2.0版本），这一时期"跨国公司"扮演着重要角色；第三个时代（全球3.0版本），这一时期的全球化以个人为主——在全球范围内合作与

---

① 王小钢：《贝克的风险社会理论及其启示》，http：//www.law-thinker.com/，最后访问日期：2010年10月16日。

② 章友德：《全球化时代如何应对"风险社会"》，http：//www.p5w.net/news/gncj/201008/，最后访问日期：2010年10月16日。

竞争。

新变革之二：全球新兴市场，发展中国家崛起。

安东尼·范·阿格塔米尔在其著作《世界是新的》中，指出世界并不完全是平的，它实际上已经开始向新兴市场国家倾斜了，世界是新的。"世界是新的"的突出表现是中国等新兴市场与新兴跨国公司的崛起。《世界是新的》一书认为，新兴市场存在着很大的不确定性。

新变革之三：转型的世界，安全问题突出。

美国国家情报委员会的研究报告《全球趋势2025——转型的世界》指出，在转型的世界，变化多于传承，并坦承，到2025年，美国实力相对衰落，不再享有超级大国地位，而只是"平辈中的第一"；中、俄、印、巴"金砖四国"及非西方世界影响力大幅提升，多极格局最终形成；中国有望成为世界第二大强国。报告还对金融安全、世界人口结构变化、能源地缘政治、水资源、粮食安全、气候变化、大规模疾病等非传统安全议题浓墨重彩，得出诸多创造性结论。《全球趋势2025——转型的世界》这份研究报告，旨在通过确认大趋势及其推动因素、这些趋势的走向以及互动，激发人们从战略高度思考未来。

新变革之四：新型中国——基于新社会八大支柱。

约翰·奈斯比特的新著《中国大趋势》，描述了中国大趋势——新社会的八大支柱。这八大支柱是：解放思想；"自上而下"与"自下而上"的结合；规划"森林"，让"树木"自由生长；摸着石头过河；艺术与学术的萌动；融入世界；自由与公平；从奥运金牌到诺贝尔奖，并由此总结出中国发展的大趋势，一个新体制——中国在创造一个崭新的社会体制、经济体制和政治体制，它的新型经济模式已经把中国提升到了世界经济的领导地位；而它的政治模式也许可以证明资本主义这一所谓的"历史之终结"只不过是人类历史道路的一个阶段而已。奈斯比特的八大支柱实际上是八个创新变化：解放思想——观念创新；"自上而下"与"自下而上"的结合——政府与民间互动式创新；规划"森林"，让"树木"自由生长——规则创新；摸着石头过河——社会创新；艺术与学术的萌动——人文与人才创新；融入世界——全球创新；自由与公平——权利创新；从奥运金牌到诺贝尔奖——原始创新与创新成果保护。奈斯比特还指出，只有开发自主知识产权的国家，才会保护知识产权。

全球新变革的主要原因是全球化、知识、国际制度、经济发展、生态

（气候变化、能源、环境）、新兴大国崛起等①。世界变化和发展的基础是知识，知识促进变化和发展②。

3. 知识产权进入全球权利时代

知识产权发展有其产生、形成、变革和发展的历史沿革过程。综观知识产权发展历史，大致分为四个阶段③。

一是封建社会的特权。知识产权起源于封建社会的"特权"。该特权由封建社会的地方官吏、君主，以榜文、敕令、法令等形式授予发明创造者、出版者在一定期限内的专有权。

二是垄断权利阶段。随着封建社会结束、资本主义社会开始，科技对生产力的作用凸显，科技等知识的经济利益已开始为人们所认识。但是，技术的转移和公开势必会使发明创造者丧失独特优势。因此客观上需要建立一种既能维持新技术发明人的技术优势，又能满足社会对该技术的需要，防止技术垄断的有效制度机制。原有的特权制度难以满足新需求，于是，专利制度应运而生。18 世纪 60 年代在英国开始的产业革命，专利制度是重要驱动力之一。

三是国际权利阶段。19 世纪后期的资本主义进入垄断阶段。该阶段的资本势力范围跨越国界，对外投资、产品和技术输出会获得更大利润。但是，母国的专利权、商标权和著作权随着有形商品输出而进入国际市场后，在国外却得不到保护。知识产权的地域性与垄断资本家寻求国际市场的需求之间的矛盾由此暴露。自 19 世纪末开始，知识产权的国际多边公约、地区公约及双边协定纷纷出台，其中 1883 年签订的《巴黎公约》和 1886 年签订的《伯尔尼公约》成为知识产权领域国际保护制度的基本法律框架④。但这些知识产权国际协定均有其共性：成员方未超过世界国家（地区）总数的一半。

四是全球化时代的全球权利。经济全球化给知识产权制度的发展与变革带来了新的挑战，使知识产权立法步入了一个新的历史阶段，即若干国

① 美国国家情报委员会：《全球趋势 2025——转型的世界》，时事出版社，2009，第 1~17 页。
② 世界银行 K4D 项目组：《知识促进发展：指标评测与全球战略》，上海教育出版社，2009，第 1~2 页。
③ 参见陈传夫《后 TRIPS 初期国际知识产权研究述评》，转引自《海外人文社会科学发展年度报告 2006》，武汉大学出版社，2007，第 274~346 页。
④ 冯晓青：《试论知识产权保护的变革及在当代社会的发展》，《青岛科技大学学报》（社会科学版）2004 年第 2 期。

家或地区之间制定的国际性知识产权制度，在知识产权保护更为广泛的新需求下，逐渐走上全球一体化和趋同化的道路。20 世纪 90 年代的《TRIPS 协定》则是突出标志，截至 2008 年 7 月 23 日，WTO 成员已达 153 个①。显然，《TRIPS 协定》的成员数已超过全世界国家总数的四分之三，《TRIPS 协定》可以说是知识产权全球协定。

4. 全球化趋势下中国知识产权及制度的滞后

当代是知识经济时代。知识经济是以知识为基础、为要素、为产品的不同于以土地为要素的农业经济、以资本为主要要素的工业经济等典型的经济形态。知识经济形态的知识，除了可无偿共享的公共知识以外，更主要的是指通过法律制度可产权化、有商业价值的知识体系，即知识产权。

快速发展的全球化、新变革和权利世界化的新形势，使我国本已落后的知识产权及其制度更显滞后。总体来看，我国自主知识产权拥有量和水平尚不能满足经济社会生态发展的需要，社会公众知识产权意识仍较薄弱，市场主体运用知识产权能力不强，侵犯知识产权现象还比较突出，知识产权滥用行为时有发生，知识产权服务支撑体系和人才队伍建设滞后，一些我国具有优势的诸如传统性知识等重要知识资源还未纳入国际甚至国内有效的保护范围②

中国自改革开放以来，特别是加入 WTO 后，知识风险全面提升。传统性知识（包括传统知识、民间文艺和遗传资源）和现代性知识（专利、商标和版权等主流知识）均面临流失、被抢注、盗版、侵权等诸多风险。例如传统中医药的混淆、中药复方专利制度获保护难、遗传资源被掠夺、商标屡遭抢注等风险频发。

我国知识产权制度也存在较严重的安全问题。知识产权制度主要指法律制度，也指具有法律意义或影响的政策制度。我国的《国家知识产权战略纲要》是一种公共政策性知识产权制度，但其中又包含了许多法律制度，后者是前者的从属。本书重点探讨的是法律制度，也会涉及直接影响法律制度的政策制度。

全球制度风险。全球制度包括制度产品及生产制度产品的基础。近年来发达国家推行世界专利全球实质统一，加大了发展中国家的风险。

---

① http://www.wto.org.
② 国务院：《国家知识产权战略纲要》，http://www.gov.cn/zwgk/2008 - 06/10/content _ 1012269.htm，最后访问日期：2013 年 12 月 23 日。

《TRIPS 协定》谈判机制由美国等发达国家主宰，导致《TRIPS 协定》不公正。

国内制度受威胁。最近美国诉诸 WTO 争端解决机制指控中国知识产权法律制度违背《TRIPS 协定》规则，涉及整个知识产权及其制度的安全问题。

制度固有风险。由鼓励创新，异化为保障垄断。由促进经济发展，异化为阻碍创新与经济发展。

20 世纪 70 年代末以来，我国先后颁布实施了《商标法》、《专利法》、《著作权法》、《反不正当竞争法》、《计算机软件保护条例》和《信息网络传播权保护条例》等知识产权方面的法律法规，并加入了一系列知识产权国际公约。目前，符合国际通行规则，比较系统、完备的知识产权法律法规体系已经基本形成。但是，对于我们的长项——传统知识、遗传资源、生物多样性、地理标志、民间文艺等方面，却立法不够，缺乏保护。比如，我国是世界上遗传资源最丰富的国家之一，但因缺乏相关法律与机制，所以成为发达国家掠取生物遗传资源的重要地区。

中国知识产权法律制度面临系统性风险。系统性风险包括中国知识产权法律制度自身与外部环境两大一级风险。中国知识产权法律制度自身风险可分为知识产权及其法律制度两块二级风险；外部环境风险可分为政治、经济、技术、文化等二级风险。知识产权法律风险又可分为观念、制度、实践、法律人风险；知识产权可分为以专利、商标和版权等为主流的积极知识产权，以及传统知识、民间文艺和遗传资源等消极知识产权。另外，不同阶段、不同国别，各种知识产权法律均有特殊风险。

中国知识产权及法律制度在上述各方面，均存在不同程度的风险或风险威胁。我国知识产权制度难以满足知识产权发展的需要。我国知识产权制度体系不完善。知识产权制度对经济社会生态发展的促进作用尚未得到充分发挥。

5. 世界知识产权秩序严重失衡

现行世界知识产权法律所调整和维护的知识产权秩序不公平。由《TRIPS 协定》和 WIPO 知识产权制度共同建立和维护的世界知识产权秩序并未充分反映世界知识产权利益相关方整体和长远的共同利益与普遍愿景。世界知识产权秩序面临被质疑、被批判、被反思的局面。支撑世界知识产权秩序的两大支柱——发达国家与发展中国家的力量不平衡，前者无论是在知识产权,还是在知识产权制度,以及运用知识产权的经验和能力方面,都明显强于后者。尽管双方有博弈,但是终因力量悬殊,其结果是世界知识产权秩序失衡,更多地反映了发达国家的意志和利益。

6. 发展趋势与未来知识产权充满不确定性

人本知识产权和绿色知识产权不断趋强和显著,成为世界知识产权发展的新趋势。知识产权制度对人的创造力的异化,导致人本知识产权。知识产权制度负面作用,包括人的创造力被抑制,对经济社会影响大的 IT 技术知识产权的扩大,影响到知识产权制度本身的合理性。低碳生态风险呼吁可持续知识产权,低碳生态风险威胁国家气候安全、生态安全和经济安全以及经济社会的可持续发展。而且,人本标准的不确定性,绿色概念的不断变化,也给知识产权的发展态势,注入了或然因素。

从专利角度看,中国走低碳经济之路还面临严峻挑战。低碳经济被认为是未来经济发展的重要增长点和制高点,并正在为能源消费方式、经济发展方式和人类生活方式带来深刻变革。据统计,2004 年,我国低碳技术专利申请数量不到 1000 件,2006 年超过 3000 件,2008 年超过 6000 件,呈现快速上涨的趋势,这充分显示了近年来我国在低碳技术领域蓬勃发展的态势,但与发达国家相比,还存在四点不足。一是从总体上看,我国低碳技术专利总量仍然较少。二是申请单位多为高校和科研单位,企业申请少,特别是研发能力突出、专利申请量大的企业少。三是向国外申请专利少。四是涉及核心技术的专利少,且这一趋势仍未改观。[①]

(二) 国家经济安全问题凸显

全球化风险、经济社会生态关系变革、知识产权及其制度的缺漏和僵化、世界知识产权偏颇秩序,导致我国国家经济安全问题凸显。

目前,全球制造业产业链价值高低分布的态势日趋明显。处于价值底端的加工制造环节,利润微薄。而上游研发环节以及下游营销服务环节,因附加价值高利润丰厚。这些产生高附加价值的环节,都体现为专利或其他形式的知识产权。在后金融危机时代,知识产权的作用将被强化,新一轮创新活动势头强劲,低碳经济、绿色技术、环境保护、生物技术、新材料以及航空航天技术等,都可能成为下一轮世界经济增长点。在转变经济

---

① http://www.lawtime.cn/info.

发展方式的过程中，知识产权发挥着关键作用。全球竞争焦点是科学技术和知识产权的制高点。目前我国的专利数量将近 100 万件，但人均占有专利量在全球很靠后。从质量上看，在高技术领域以及核心技术领域的专利，和国外发达国家、跨国公司相比还有很大的差距。① 商标国际注册数量与我国经济总量及外经贸规模不相称；国际知名商标少，竞争力不强；对商标权利的国际保护重视不够，造成一些知名商标在国外被抢注或被侵权。版权的侵权和盗版现象较严重。中国传统知识等优势知识产权流失或丧失。

1. 企业安全

企业安全是国家经济安全的微观基础。我国企业普遍没有建立知识产权制度，企业的创新能力不强，拥有自主知识产权的企业数量较少。据不完全统计，目前国内拥有自主知识产权的企业仅占万分之三，仅有 1.1% 的企业获得授权专利，其中仅 0.17% 的企业获得发明专利权。就企业专利申请的质量而言，我国企业从事的发明创造多为改进型发明，缺少基础性或原创性发明专利，且发明专利主要集中在中药、软饮料、食品、汉字输入法等领域，而来自国外的专利申请主要集中在移动通信、半导体、遗传工程、电视系统等高科技领域。另外，我国拥有自己的商标的企业也只占 40%，驰名商标极少。据统计，规模以上企业申请专利的还不到 5%。②

法国达能和中国娃哈哈之争，是一起典型的基于商标权归属而涉及中国企业生存和发展的案例。1996 年，中国企业娃哈哈在与法国达能合资的过程中，将娃哈哈品牌折价 5000 万元作为资本金投资于合资公司。但娃哈哈转让合同，报了两次未批，国家商标局当时考虑我们国内的一些企业在合资以后，品牌会流失，对我们国家是不利的。为规避国家监管，达到事实上转让娃哈哈商标的目的，宗庆后与达能签订了两个合同：《商标许可合同》和《商标转让协议》。1997 年至今，娃哈哈集团旗下的非合资公司壮大发展，产品沿用"娃哈哈"商标。法国达能和中国娃哈哈具体之争的焦点在于：娃哈哈商标权的最终归属及其使用权。2006 年 4 月，达能要求以 40 亿元的净资产价格并购娃哈哈非合资公司 51% 的股权，遭到娃哈哈的强烈

---

① http://www.lawtime.cn/info.
② 李立：《中国优势领域知识产权立法如何提速》，http://news.sina.com.cn/o/2008-07-01/082014098436s.shtml，最后访问日期：2013 年 12 月 23 日。

抵制，达娃纠纷爆发。随着商战的持续，达能 29 宗诉讼无一胜诉，商标也被裁定为娃哈哈所有，合资公司的股权面临查封的境遇。2009 年 5 月，商标被判归娃哈哈所有。2009 年 9 月 30 日，达能与娃哈哈双方对外宣布达成和解，达能以 30 亿元的价格出让合资公司 51% 的股权，从此退出娃哈哈。达能撤出股权只得到了 30 亿元的对价，但合资以来，达能共向合资公司投入 14 亿元，却先后从合资公司分得了 30 多亿元的利润，还不算股权转让的 30 亿元。

中国娃哈哈企业在和法国达能的合作与分手的过程中，所面临的风险是：商标所有权的归属；围绕商标权之争长达 3 年的 29 场国内外诉累；企业将来合作行为的名誉损失；未获取跨国公司先进技术和管理经验[①]；30 亿元巨额的回购代价，而当初的娃哈哈品牌仅估价 1 亿元。

2. 产业安全

产业安全是国家经济安全的直接支撑。产业安全大致包括农业、工业和服务业安全。产业安全还包括知识产权产业安全。后者包括知识产权研发产业、服务产业等产业链、产业集聚和产业网络。

截至 2009 年 12 月 31 日，各个国家（包括中国）在中国的农业专利申请量高达 78857 件，其中发明专利申请量为 38654 件，占申请总量的 49%，实用新型专利申请量为 40203 件，占申请总量的 51%，外观设计专利为 0。在中国申请专利的国家主要有日本、德国、美国、瑞士，这些国家的大型跨国生物技术公司在中国不断地进行农业专利的申请，而且随着申请量的增加，授权量也在飞速增加，在前二十位申请专利的单位中，几乎包括了全球所有的跨国生物技术公司，比如德国的拜耳、美国的杜邦、瑞士的先正达。这些跨国公司在努力开拓中国的农业市场，试图垄断中国的农业生物技术和种业技术，比如拜耳公司的农业专利的授权量竟然达到了申请总量的 50%。中国本土的农业单位，特别是农业科研院所为农业技术的开发做出了杰出的贡献，其专利申请量和专利授权量绝对高于跨国生物技术公司，这说明我国充分利用了知识产权这一无形资产，从而为进一步维护中国的农业技术奠定了基础。但是在相对量上，日本的授权量达到了

---

① 中国企业娃哈哈与法国达能合资的当初考虑是：法国达能是世界 500 强企业，世界第六大食品饮料企业，希望跟它的合作，能取得资金上、技术上、管理上的帮助，能够提升自己的核心竞争力。但实际上并非如此，据宗庆后说，达能技术优势也没有，管理经验也没有，有的地方还不如娃哈哈。

53.42%，德国达到了 40.48%，瑞士达到了 39.68%，而中国只排在第四位，占到 39.60%。国外大型跨国公司特别是大型跨国种业公司开始通过知识产权这一无形的财产逐渐占领中国的农业市场，加大其产品在中国市场的占有率。[①]

种子产业是农业重要的基础性产业。农业种子核心竞争力问题突出。而今，美国孟山都公司已经持有中国种子集团 49% 的股份，在北京还设立了孟山都生物技术研究中心。花卉产业等植物新品种，从总体来看，我国技术创新能力与发展规模依然不相适应，大量关键技术和优势品种主要依赖进口，技术创新能力不足已成为我国花卉业可持续发展的瓶颈。

围绕 DVD 专利的中国 DVD 行业与国外六大跨国公司的纠纷。在我国 DVD 2011 年出口欧盟因专利纠纷遭扣押后，国家知识产权局知识产权发展研究中心随即进行了研究。他们发现，欧盟 6C 将所有的技术、1500 多件专利捆绑起来联合许可，这样一来，不管是谁生产，只要生产 DVD，用了 6 家公司的任何一个专利，都要支付专利许可费。[②] 中国的重大装备和基础软件仍然依靠进口，如光纤制造 100% 的装备、集成电缆制造 85% 的装备、石油化工制造 80% 的装备、70% 的数字机床和 95% 的医疗设备。[③]

3. 贸易安全

中国加入 WTO 后，知识产权壁垒成为我国对外贸易摩擦的主要问题之一。美国不仅将中国知识产权问题诉诸 WTO 争端解决机制，还频繁利用知识产权相关法律条款对我国企业提起调查和诉讼，阻止我国产品进入美国市场，如启动"337 调查"。迄今为止中国已成为遭受美国"337 调查"最多的国家和最大受害国。在欧盟的新贸易战略中，知识产权问题被视为关键，欧盟常常利用知识产权来换取我国在市场准入等方面的让步。日本也充分利用知识产权问题来达到其获取贸易利益的目的。[④]

4. 国家经济整体安全

在全球知识经济时代，国家经济安全更多地被烙上全球化、知识产权

---

① CCIPA：《2009 年农业专利分析》，http：//www.ccipa.org/Files/html/761.html，最后访问日期：2010 年 10 月 9 日。

② 邢璧琳：《浅论知识产权秩序的建立》，《消费导刊》2007 年第 3 期。

③ 李立：《中国优势领域知识产权立法如何提速》，http：//news.sina.com.cn/o/2008 - 07 - 01/082014098436s.shtml，最后访问日期：2013 年 12 月 23 日。

④ 李立：《中国优势领域知识产权立法如何提速》，http：//news.sina.com.cn/o/2008 - 07 - 01/082014098436s.shtml，最后访问日期：2013 年 12 月 23 日。

的印记，更容易彰显全球化与国家本土、发达国家与发展中国家、知识与经济的关系与矛盾。国家经济安全处于技术等以知识为要素、知识型企业（如 IBM）、知识产权密集型产业（高新技术产业、知识产权研发和服务业）、知识商品（如文化创意产品、知识产权贸易、与贸易有关的知识产权）、知识产权制度（知识产权法律制度、政策制度；知识产权的创造、运用、保护、管理和发展制度）氛围中。

企业安全、产业安全、知识及知识产权等资源安全、知识产权制度安全这四大安全问题及其组合并发展到一定程度，国家经济整体安全问题势必全面凸显。

在经济全球化时代，处于国际分工体系中较低层次和产业链低端的发展中国家面临的经济风险日益增大。知识产权及其制度，影响到我国一些关键产业的生存和发展，乃至实质损害或威胁到我国的整体经济安全及发展。法国达能和中国娃哈哈商标之争；围绕 DVD 专利的中国 DVD 行业与国外六大跨国公司的纠纷；好莱坞把中国的花木兰故事拍成电影，《水浒传》《西游记》《三国演义》等中国故事被日韩数十家公司开发成电子游戏；美国诉诸 WTO 争端解决机制指控中国知识产权法律制度违背《TRIPS 协定》规则等一系列关乎中国重要企业、新兴产业乃至国家整体经济安全和国家制度安全的案例，均说明中国国家经济安全已经受到威胁。

（三）中国知识产权及法律发展的现实基础

自改革开放以来，经过多年的发展，我国知识产权及制度体系逐步健全，法律实践水平不断提高；自主知识产权拥有的量和质快速提升，经济社会生态效益日益显现；市场主体运用知识产权能力逐步提高；知识产权领域的国际交往日益增多，国际影响力逐渐增强，在 WTO 等全球知识产权舞台上的话语权不断增强，日渐成为世界知识产权秩序变革的新力量，为推动 21 世纪我国知识产权法律健康发展奠定了较坚实的基础。[①]

自改革开放以来，我国知识产权的基础开始建立。我国经济社会持续快速发展，科学技术和文化创作取得长足进步，创新能力不断提升，知识在经济社会发展中的作用越来越突出。2009 年是国家知识产权战略全面

---

① 国务院：《国家知识产权战略纲要》，http://www.gov.cn/zwgk/2008 - 06/10/content_1012269.htm，最后访问日期：2013 年 12 月 23 日。

推进实施的开局之年。在应对金融危机的背景下，我国市场主体的知识产权创造和运用能力仍然显著提升。专利分为发明、实用新型和外观设计三种，其中发明专利因为创新水平较高，分量最重，更能体现一个企业、一个地区乃至一个国家的核心竞争力。2009 年，我国受理三种专利申请 98 万件，其中国内发明专利申请 23 万件，占总申请比重的 23.5%，而在十年前，这一数字仅为 11.6%，十年间国内发明专利占三种专利申请量的比重翻了一番。① 2009 年，国家商标局共受理商标注册申请 83.05 万件，同比增长 18.96%，超过历史最高水平 2006 年（76.63 万件）6.42 万件。在国际金融危机的严峻形势下，全球范围内商标注册申请量明显下滑，而我国由于经济回升向好和实施商标战略，全社会商标意识提高，也由于商标注册审查速度加快、商标注册周期缩短，商标专用权得到有力保护，因而提升了商标注册申请人的信心，商标注册申请量大幅度上升，再创历史新高，连续八年居世界第一。截至 2009 年底，我国商标注册累计申请量为 722.25 万件，累计注册量为 427.88 万件，有效注册商标量为 340.45 万件，商标注册申请量、商标注册审查量、有效注册商标量均为世界第一。②

知识产权推动产业发展等应用方面业绩突出。如花卉产业，花卉产业是以我国资源优势、劳动力优势和花文化优势为依托，以市场需求为导向，以现代物质装备和科学技术为支撑，知识产权保障的以现代产业体系和经营形式为载体，以现代新型农民为主体的强大的产业群体。2009 年初，我国培育的月季、牡丹、芍药、木兰、杜鹃、梅、非洲菊、香石竹等花卉新品种，已有 90 多个拥有自主知识产权。云南省自主研发的月季新品种"中国红"还被选为北京奥运会、残奥会颁奖用花材③。

知识产权机制建设较完善。20 多年来，我国已经基本上建立了比较成熟的马德里商标国际注册机制，基本上建立了一支业务熟练、本领过硬的马德里商标国际注册队伍，马德里商标国际注册知识得到了一定程度的普及，中国的马德里商标国际注册事业取得了举世瞩目的成就。马德里商标

① 田力普：《纵论国家知识产权战略》，最后访问日期：2010 年 11 月 17 日。
② 国家工商行政管理总局：《中国商标战略年度发展报告 2009》，http：//www.saic.gov.cn/zwgk/ndbg/201004/P020100426570088955856.pdf，最后访问日期：2013 年 12 月 23 日。
③ 江泽慧：《中国花卉产业 30 年六大宝贵经验》，http：//www.zzczhh.com.cn/view.asp？id=4424，最后访问日期：2010 年 10 月 16 日。

国际注册体系之所以在我国实施顺利并取得显著成就，主要原因在于：各部门高度重视，准备工作到位；国内立法不断完善，使国内注册制度与国际注册制度顺利衔接；不断加强马德里商标国际注册的宣传和培训工作；商标领域的国际合作与交流日益加强，成功借鉴国外经验。①

现代知识产权法律制度基本构建。发展观念已初步形成。中国已基本建立了以专利、商标、版权等为现代主流的知识产权法律体系框架，并初步完善。例如截至 2009 年底，发明专利实审结案周期为 25.8 个月，与上年基本持平；实用新型专利审查周期为 5.8 个月，外观设计专利审查周期为 5.5 个月，复审无效请求的审理周期为 7.4 个月，较上年均有缩短；专利审查的正确性、一致性和时间性指标均达到历史最高水平。我国专利审批能力持续增强。② 另外，知识产权法律人正在成长。中国知识产权法学研究也不断取得新成果。

二 维护国家经济安全与发展利益，加快建立世界知识产权新秩序

本书研究的大背景是全球化，即经济全球化、知识产权全球化、经济法律制度全球化。中国自 2001 年加入 WTO 后，意味着经济、知识产权、法律制度开始全面融入世界。随着改革开放的深入，一方面中国经济快速稳健增长，GDP 已居世界第 2 位，特别是在本次世界性的金融危机中，美国等发达国家经济严重衰退，而中国经济则很快企稳回升，增强了在世界上的话语权。这是有利于发展中国家的新趋势。但是，GDP 的快速增长，并不意味着我国经济增长的机制就一定健康、中国的产业结构就一定合理。因此，一时的增长可以靠国家投资，而经济要可持续增长，离不开以知识为基础的知识产业等的发展。

21 世纪是全球化和知识产权世纪，知识产权及其制度与国家经济安全的关系日益密切。没有经济安全，就没有经济发展，试图通过知识产权国际化以谋求国家发展的初衷也会落空。知识产权保护和实施的目标应有助于促进技术革新及技术转让和传播，有助于技术知识的创造者和使用者相

---

① 付双建：《加强马德里商标国际注册工作 为实施"走出去"战略提供有力支撑》，《工商行政管理》2009 年第 20 期。

② 田力普：《2010 工作报告》，http：//www.sipo.gov.cn/sipo2008/yw/2010/201011/t201101112. 最后访问日期：2010 年 11 月 17 日。

互取得利益，并有助于社会和经济福利及权利与义务的平衡。我国传统优势领域的知识产权正面临巨大威胁，例如，中医药作为我国具有原创性的自主知识产权，目前在国际上正面临被混淆来源的危险。在履行国际知识产权保护义务的同时，应注重本国的经济利益，甚至应把本国的经济利益放在首位。发达国家基本上如此。发展中国家，如印度、韩国也是如此。印度不是简单地在国际社会压力下加强版权保护，而是借助这种保护积极发展自己的软件产业，使之在国际市场上最终占领相当大的份额。同时它又积极推动把自己传统的长项纳入国际知识产权保护规则中。现行的知识产权法律体系是以过去数百年人类历史发展状况，尤其是不同国家各自的发展状况为依据而建立起来的，具有明显的国家特色、地区特色及民族特色；同时又在趋于全球化，WTO《TRIPS 协定》就是明证。我国作为发展中国家，在维护自身利益与参与国际市场竞争两方面都有着特殊的利益，调整、完善中国的知识产权法律体系，推动中国经济与社会稳健、快速发展，最大限度地保护我们的民族利益，提出构建适应国际化和中国稳健发展要求的知识产权法律制度就是此项研究的主要目的。

本书成果可以为国家产业安全服务。产业安全是国家经济安全的重要组成部分。知识产权对产业的稳定和发展具有重要的促进作用。知识产权是一种社会认为可以赋予特定产权的知识形式。随着科学技术的发展，特别是生物技术和信息通信技术的发展，知识作为企业、国家获取竞争优势的主要源泉，其作用远胜于前。知识密集型的高科技产品和服务是知识产权保护机制实施最普遍的领域，这类产品和服务的贸易往往位居国际贸易前列。

总之，本书成果具有重要价值。如何既适应知识产权制度世界一体化，又使国家经济安全利益最大化，是一个亟待解决的重大实践问题和理论问题，尤其对我国这样一个知识产权总体上处于弱势并且日益遭到来自跨国公司和发达国家知识产权严峻挑战的发展中国家来说，更是如此。本书的深入系统研究，一方面可为我国提供知识产权立法政策建议，保护国家经济安全、产业安全和企业安全；另一方面通过对现行的发达国家主宰并反映其利益的国际知识产权法律制度的批判，推动改革现行国际知识产权制度和体制，揭示全球化背景下充分关注发展中国家经济安全利益的公正均衡且社会收益大于社会成本的合理知识产权制度的机制和模式，探索建立基于发展中国家正当国家经济安全利益的知识产权合理公平高效的法律制度，建立基于利益平衡和共同发展的公正而高效的世界知识产权新秩序，以丰富和发展当代知识产权制度基础理论。

在全球化和中国开放条件下，基于国家经济安全的中国知识产权法律制度发展目标是维护国家经济安全与发展，促成建立世界知识产权新秩序。本书具体的研究意义主要有以下几点。

1. 为知识产权法律发展提供建议

在当前全球化加深和国家经济安全受威胁的新形势下，如何通过法律变革来保障国家经济安全，是发展中国家和世界面临的亟待解决的重要问题。本书研究成果可以为此提供参考价值。一是为基于国家经济安全利益并反映中国的知识产权法律发展，包括为立法、执法、司法、守法、法治等提供建议。二是促进国际知识产权法律的公正发展。当代国际知识产权法律形成机制与法律形态，均由发达国家主导。本书的研究成果将有利于矫正失衡的国际知识产权法律秩序。

2. 为保障和促进我国经济与科技等知识的发展提供对策

首先，促进我国创新型国家建立。随着知识经济全球化的深入发展，知识产权日益成为国家发展的战略性资源和国际竞争力的核心要素，成为建设创新型国家的重要支撑和掌握发展主动权的关键。发达国家以创新为主要动力推动经济发展，充分利用知识产权制度维护其竞争优势；中国等发展中国家更应积极采取基于国家经济安全与经济发展的新型知识产权政策法律，实现后发优势和跨越式发展。其次，有利于我国企业培育和提升核心竞争力。知识产权是企业的核心竞争力，是企业安全与发展的战略性的合法垄断资源。中国知识产权及法律制度的发展，无疑为我国企业提供了强大的制度保障。最后，促进国家知识产权战略的实施。2008 年 6 月，我国《国家知识产权战略纲要》正式颁布施行。国家知识产权战略成功实施的基础是完善的知识产权法律制度。从国家知识产权战略公共政策角度看，比较理想的中国知识产权法律发展①的内涵包括与时俱进的《专利法》《商标法》《著作权法》等知识产权专门法律及有关法规；具有国家遗传资源、传统知识、民间文艺和地理标志等方面的法律；衔接配套和具有可操作性的知识产权法律法规；反不正当竞争、对外贸易、科技、国防等方面的法律法规中有关知识产权完善的规定。健全知识产权执法和管理体制。

---

① 国务院：《国家知识产权战略纲要》，http://www.gov.cn/zwgk/2008 - 06/10/content_1012269.htm，最后访问日期：2013 年 12 月 23 日。

司法保护知识产权应发挥主导作用,高效率的执法水平和公共服务,具备权责一致、分工合理、决策科学、执行顺畅、监督有力的知识产权行政管理体制。《国家知识产权战略纲要》的宗旨是提升我国知识产权创造、运用、保护和管理能力,建设创新型国家,实现全面建设小康社会目标。而知识产权创造、运用、保护和管理的坚实基础是法律制度,创新型国家和小康社会的最重要的基础是基于知识的经济安全与经济发展。

3. 促进世界知识产权新秩序的建立

世界知识产权新秩序,应是全球知识产权各利益方的利益平衡和共同发展的公正而高效的知识产权秩序。现有的世界知识产权秩序,是以美国为代表的、反映了发达国家跨国公司利益的、对包括中国在内的发展中国家企业安全和经济安全已经并继续造成损害和风险的不公正的知识产权秩序。从长远来看,现有秩序必须变革创新,建立世界知识产权新秩序,以维护发展中国家正当知识产权和经济利益,乃至世界整体经济安全和人类利益。

4. 创新知识产权思想和理论

一是新概念。提出了世界知识产权新秩序的概念,并把它作为研究全球化背景下中国知识产权法律发展的目标。二是新角度。从维护国家经济安全的角度,系统研究中国知识产权法律的发展,并且以建立和推行世界知识产权新秩序为目标。三是新方法。跨学科和实证的研究方法。本书以自然法哲学、法律经济学、世界经济学和博弈论的思想和方法进行研究,以在全球化和国家利益矛盾中,寻求建立合理共赢的知识产权法律秩序及制度。实证研究方法也为本书成果的创新提供了更大的可能性。四是新思想。探索和发现知识产权新概念、新观点和新理论。随着全球化的加深,国家知识安全、经济安全面临新的复杂多变的风险,对这些新现象、新问题,现有的知识产权理论难以解释,现有的政策难以应对。那么,在理论上和对策上,围绕维护国家经济安全与发展,促成建立世界知识产权新秩序,进行探索和创新,找出新思想和新对策,是本书研究的重点。

第二节　国内外研究现状述评

一　跨学科视野下知识产权国际规则对发展中国家的不利影响

《整合知识产权与发展政策报告》(以下简称《报告》)是迄今为止具

有较大影响的站在发展中国家立场上，较全面深入地研究当代世界知识产权对发展中国家的不利影响及其对策的重要研究报告。《报告》由美国、英国、阿根廷和印度等国法学教授、知识产权法律师、科技政策和生物伦理专家以及相关官员组成的英国知识产权委员会于 2001 年初组织撰写。委员会由具有跨学科、跨利益和跨背景的不同国家的成员组成，以综合代表发达国家和发展中国家的声音，涵盖的范围包括科学、法律、道德规范、经济、工业、政府以及学术界等。该委员会共举行七次会议，当中许多人考察过巴西、中国、印度、肯尼亚及南非，而且与伦敦、布鲁塞尔、日内瓦及华盛顿的公共部门官员、私营部门以及非政府机构进行了商谈并举办了八个研讨会，还举行了一个大型会议。最终该委员会于 2002 年发布了《整合知识产权与发展政策报告》。《报告》系统地研究了现行知识产权制度对发展中国家经济发展的不利影响及对策。《报告》围绕知识产权与发展、医疗、农业和基因资源、传统知识和地理标志、著作权软件和互联网、专利改革、制度能力、国际架构八大方面展开论述。

《报告》指出了有关发展中国家知识产权及其制度发展的若干关键问题：①知识产权对发展的影响；②医药知识产权规则；③植物品种的知识产权保护形式选择，对植物和遗传资源行使知识产权保护是否对发展中国家和贫穷人口有益。发展中国家应采用何种知识产权体系以保护植物品种的多样化同时又保护农民的权利；④知识产权体系如何遵守《生物多样性公约》奉行的使用权与利益共享原则？知识产权体系能否保护或促进传统知识、生物多样状态和文化的表现形式？地理标志权的推广能否对发展中国家有益？⑤著作权保护如何影响发展中国家对其所需知识、技术和信息资料的使用？知识产权保护或技术保护能否影响互联网的使用权？如何使著作权的行使支持发展中国家的创造性行业？⑥发展中国家应如何制定有关专利权的法律？应如何行使专利权？发展中国家能否制定出能够避免发达国家曾经遇到的一些问题的法律？发展中国家在专利权统一化的问题上可采取的最佳立场是怎样的？⑦发展中国家需要何种机构有效管理、行使和规范知识产权？如何建立这些机构？特别是，出于竞争的考虑，还需要哪些必要的补充政策和机构？⑧负责知识产权工作的国际和国家机构是否在尽量有效地造福于发展中国家？

《报告》提出了基于发展中国家和发达国家共同利益的发展知识产权的可行性对策的要求。《报告》认为，应该把发展目标纳入知识产权政策的制定中，指出应考虑：在包括《TRIPS 协定》的背景下，怎样最好地设计各国的知识产权制度而最能使发展中国家受益；如何完善并发展国际规则及协议框架。例如在传统知识领域及涉及基因资源使用权的知识产权规则和制度之间的关系领域；完善知识产权制度所需的更广泛的政策框架，诸如通过竞争政策和法律来控制阻碍竞争的做法。《报告》虽然特别关心发展中国家的利益，但与此同时它也没有忽略发达国家的利益和意见。不应把较高的知识产权标准强加于发展中国家，必须首先严肃而客观地评估这样做对其发展将造成的冲击。同时《报告》包含了许多特别满足发达国家与发展中国家双方的大多数合理要求的明智提议，认为仅仅提出一系列切实可行的提议是远远不够的，还需要不同利益方接受这些提议并有实行它们的意愿。《报告》认为，从一开始就决定不仅要尝试建议在不同利益团体之间寻求妥协，而且要尽可能地以证据为基础，但这不是件轻而易举的事情，因为时常只有有限或不确凿的证据，而研究的目标是得出实用且平衡的解决办法。

2005 年澳大利亚学者 Drahos 等著的《信息封建主义》指出了《TRIPS 协定》的实质不公平及其对发展中国家经济带来的风险。该书指出，由美国和欧盟主导的知识产权一体化进程，限制了发展中国家模仿学习的能力，给发展中国家的经济增长带来极大的风险。《TRIPS 协定》是兜底标准而且其形式公平而实质不公平，因为 WTO 成员的起点不一样。该协定没有给不发达国家留出足够的时间，使它们能够为达到这些标准做好准备。但是，大量的历史资料显示：当今世界的发达国家，在 19 世纪经济刚刚开始发展的时候，为了保护和促进其经济发展，采取了有利于维护自身利益的特殊的知识产权政策。当时的美国和欧洲各经济强国在制定知识产权规则方面，都采取了比较宽松灵活的制度，这样就使得他们可以制定国内标准以满足其经济发展需要。典型的例子就是从 1869 年到 1912 年，荷兰没有制定专利法；瑞士的专利制度不保护化学专利，使其免受强大的德国竞争对手的冲击；美国当时的著作权制度也采取内外有别的做法，区别对待外国作者的作品。

《信息封建主义》警告，由美国和欧盟主导的知识产权一体化进程，正在危及发展中国家的国家经济安全。Drahos 等批评了认为当今世界各国相互依存，应该采取相同的知识产权标准的观点，他指出，没有理由相信这样做会有助于发展中国家的经济发展。历史的经验告诉我们：国家的发展是通过反向工程和模仿他人的生产来实现的。学习和竞争是建立在模仿竞争对手的行为、产品和工艺这些复杂过程的基础之上的。文化和技术创新依赖这些模仿过程。由美国和欧盟主导的知识产权一体化进程，一旦在世界范围内获得成功，发展中国家通过反向工程和模仿进行学习的能力必然会受到限制，这将给发展中国家的经济增长带来极大的危险，也将危及发展中国家的企业、产业和国家经济安全和经济发展。

Drahos 等进一步指出，如今的知识产权保护的全球化模式，在 20 世纪 80 年代早已成为主要的美国跨国公司等少数集团的愿景。现今的知识产权标准，大部分是极少数公司和商业组织实施其全球战略的杰作。这些公司和商业组织比其他任何人都更早认识到知识产权的价值。反映这些公司利益（实际上是反映美国等发达国家的整体利益）的知识产权游戏规则，侵蚀了各国主权，加大了对发展中国家的不平等，给发展中国家带来了更大的成本。

最后，《信息封建主义》指出了中国面临的抉择：一是按照西方各国历史发展产物的知识产权规则行事；二是鼓励选择另外一种方法，即注重知识传播所蕴涵的经济功效和社会功效。知识产权全球化给中国带来了挑战。几个世纪以来，西方强国建立了知识产权规则并实施这些规则。对中国这样的发展中国家而言，能以最低的成本将知识迅速传播出去的规则就是最好的规则。知识迅速传播将增强中国低成本方面的人力资源优势。也许通过建立计算机软件开源的知识产权应用许可制度，保证获取关键的技术数据而不是垄断利润，尤其是在生物技术等领域，将对中国等发展中国家很有益处。

澳大利亚学者彼得·德霍斯（2006）在其著作《知识财产法哲学》中认为，由美国主导的知识财产权利的全球化进程对发展中国家产生了难以获得知识财产的问题。这种由于知识财产权的全球化引起的知识的获取问题，反映了国际财富分配的公正性和重要性。

德霍斯推断，知识财产法的目的是创设抽象物权利。这些抽象物是具有诸如科学知识文字信息或技术等一般社会定义形式的无形物。知识不能由于使用而被耗尽，相反的，知识通过使用而获得增长。例如，阅读和解释一部作品的人越多，有关该作品的知识就越多。知识遵循的是所谓的不断丰富的规律，而不是逐渐耗尽的规律。知识财产是一个潜在的危险的规范形式，因为它人为地制造知识稀缺现象，从而削弱知识不断丰富这一规律。

德霍斯提出了知识共有理论，共有可以分为积极共有和消极共有、包容式共有（如数学规则，所有个体均享有）和排他式共有（只在特定群体内享有）。积极共有，指资源共有属于全体有共有权的人，任何人对这些资源的使用必须得到全体共有人的一致同意。消极共有指其资源在起初不属于任何人，但任何人都可以利用的共有形式。对抽象物不做调整时，其权利则成为公有领域，公有领域意味着免费使用。但当社会要对抽象物的创造和利用进行调整时，必须在四种知识共有模式中做出选择。

德霍斯建议社会应该选择积极共有而不是消极共有。积极共有可以包括包容式积极共有和排他式积极共有。典型例子有：某一植物治疗传染病的有效成分信息的专利化（但侵害了遗传资源的信息披露权和惠益分享权）；自由软件运动——开放软件源代码（21世纪知识社会的要求）。

德霍斯还提出了知识财产工具论思想。知识财产权是工具、手段，不是目的。知识财产权的目标具有主权属性，可以是人道主义（人权），也可以是经济发展（当然包括经济安全，因为经济安全是经济发展的前提和基础）。在历史上，发达国家则享受过这种知识财产主权自由所带来的经济发展。由美国和欧洲主导的在知识财产方面的全球化和协调议程对发展中国家的制度设计主权设置了种种限制。德霍斯的知识财产工具论，不支持这些限制。反之，它承认各个国家均享有以符合其自身社会、经济和文化环境的方式来确定知识财产权的自由。

诺贝尔经济学奖得主斯蒂格利茨则从世界贸易学角度①，对 WTO《TRIPS协定》做了较深入的专门分析和评判，并给予了一些改进建议。他指出一些历史上至关重要的创新都没有知识产权。各项技术发明都离不开物理中有关能源和激光这样最基本的发现，电脑的发明也离不开数学。所以说那些在政府、大学研究所里做出的最基本但同样是最关键的研究成果，都没有得到知识产权的保护。同样的，没有证据显示，对知识产权加强保护就能产生大量的创新思维。在世界上的某些地区，专利法的执行力度较为薄弱，这反而有利于维护公共卫生，促进经济发展。强制许可及政府性专利使用都可以实现促进经济的目的。

---

① 斯蒂格利茨：《国际间的权衡交易——贸易如何促进发展》，中国人民大学出版社，2008，第110~114页。

关于发展中国家如何利用《TRIPS 协定》的政策空间，斯蒂格利茨指出，《TRIPS 协定》第 31 条 （b） 项已指明了一国政府可以以非营利目标为由，自行使用或授权第三方使用专利，而无须通过磋商或书面认可的方式，即使该政策无法给予专利持有者适当的补偿 （《TRIPS 协定》第 31 条）。发展中国家应该积极建立强制许可体系，《TRIPS 协定》允许各国通过行政手段 （该手段可有效避免由于高额诉讼费给发展中国家企业带来的困境） 来执行强制许可政策 ［见《TRIPS 协定》31 （c），（i）~ （k）］。

关于《TRIPS 协定》的修订，斯蒂格利茨指出，《TRIPS 协定》尤其在强制许可等领域还需要进一步完善，其使用不应仅仅局限在危难时刻，更要扩展诸如 "拒绝经营"。所谓的 "拒绝经营"，是指专利持有企业出于某些原因选择不向某些发展中国家提供专利产品。此外，《TRIPS 协定》的第 40 条也应调整。应该赋予 WTO 成员立法的权利，以限制任何以知识产权为由的反竞争效应许可行为。同时，在第 66 （2） 条的基础上，应增加诸如 "发达国家应当设立有效激励机制以促使厂商自发地将技术转让到发展中国家去" 等新规定。另外，《TRIPS 协定》的第 27 （1） 条有关所有创新产品获得专利的条件应该进一步强化以保护传统药品等。总之，《TRIPS 协定》需要从根本上做出转变，可以通过 WTO 和 WIPO，并应该谨慎地权衡发达国家、发展中国家专利使用者 （包括研究人员，知识是他们最重要的投入之一） 与智力成果创造者之间的利益，以此建立崭新的知识产权体系。不管是对于创新产品的认定还是对于专利适用宽度及广度的限定，都应该在每一条款中体现出来。对于专利的认可必须严格地定义与审查，包括专利使用中产生的矛盾和问题、专利权所覆盖的范围都应该通过国际谈判得以解决，谈判不应局限于各国贸易部长间，而应采用科学的社区模式。同时各国也应该时刻保持着对发展中国家在法律程序上处于不利状况的关注。

美国德雷克大学法学院 Peter K. Yu 教授①阐述了全球化背景下中国国家知识产权战略问题。他指出，经济全球化背景下国家知识产权战略层面上知识产权的几个功能，包括防御功能和进攻功能。在防御功能上，要考虑到国家知识产权战略与全球知识产权制度保持协调一致。其中提到自主知识产权问题，认为可以通过鼓励企业拥有自主知识产权而实现保护并推

---

① Peter K. Yu：《绿色产业发展与知识产权政策选择》，http：//www.iprcn.com/view_ rd. asp，最后访问日期：2010 年 10 月 10 日。

动整个产业做大做强。在进攻功能上，中国可以在国际层面发挥积极作用。Peter K. Yu 教授提到了中国本身和世界形势相似的区域不平衡问题。他认为如果中国的模式可以平衡不同区域发展，促进经济增长，推动科学进步，那么中国可以用成功模式的方法和其他发展中国家交流、协调。另外，他还提到了国际谈判的重要性，认为我们需要注意利用谈判和知识产权法规则的相互作用来塑造国际规则，多哈回合谈判就彰显了发展中国家之间的合作和协调的重要性。最后，Peter K. Yu 认为，我国制定发展知识产权战略存在三个矛盾——韬光养晦还是树立领导地位；认可自己是发展中国家还是发达国家；关注重点在快速增长行业还是在贫困地区。

乌尔里希·贝克（2010）指出，世界共同体是解决世界性共同风险问题的产物，而非民族国家的工具。世界共同体与民族国家不同，民族国家是一种宣誓的同志关系，其团结、强大和永恒来自这样的理念：个人以为祖国牺牲感到无比荣耀。世界共同体的出现驱散了民族主义的迷雾：生存而不是死亡才是座右铭。所有民族、所有宗教、所有族裔的群体和个人必须致力于减少民族和宗教的斗争和仇恨，使彼此不阻断"拯救合作"的可能。民族国家和世界共同体根本的区别在于：世界共同体不是领土上的共同体，不是在死亡与未出生之间建立联系，即与再生的神秘相关，而是在世界风险社会数以千计大大小小的斗争力量中破除和克服民族内在观念。世界主义不是利他主义或理想主义而是现实主义，准确地说就是反映跨国国家的自身利益。世界主义有世界主义民主、世界主义党、世界公民、世界风险社会。在这里，按照乌尔里希·贝克的思想命题，我们是否可以推断：世界知识产权或者 WTO 等世界共同体，本质上是为了应对知识产权世界性共同风险，而非反映美国等发达国家和民族国家利益的工具。

二 中国应对全球知识风险的知识产权及其法律对策

国内学者对当代中国知识产权法律发展中可能遇到的全球化、跨国品牌、知识产权风险、《TRIPS 协定》、战略、争端、利益平衡、发展、垄断、传统性知识产权的保护等问题进行了富有成果的探讨，但采取单学科研究方法的居多。

（一）关于法律全球化

邓正来（2009）指出了法律全球化及中国法律的理想图景。他认为，中国法律理想图景的构建，应基于全球化时代的"关系性视角"和"共时性"双重性条件。全球化不仅是经济全球化过程，而且是一个既依凭民族国家又脱离民族国家的社会变迁过程；"法律全球化"也并不是从"国家法律一元化"走向"非国家法律一元化"的进程，而是一种从"国家法律一元化"走向"国家与非国家法律多元化"的进程；全球化也不是一种同质化的进程，而是一个单一化与多样化、国际化与本土化、一体化与碎裂化、集中化与分散化相统一的进程；全球化更不是一个客观必然的进程，而是"全球主义"对其型塑后的产物，是我们基于何种视角去影响全球化进程的"话语争夺权"问题。

冯晓青（2006）认为，全球化是法律发展的一个重要现象，而知识产权法全球化是法律全球化的一个重要内容。知识产权与贸易直接相关。发达国家主导了国际知识产权的话语权，所谓的最低标准并不是发展中国家比较低的保护水平，而是向发达国家高标准的延伸。知识产权与国际政治紧密相连，出现了全球保护主义与独占主义思想，对发展中国家来讲这是一个值得警惕和思考的问题。跨国公司在推动知识产权全球化的过程中影响力增强。知识产权成为国家战略。与贸易有关的知识产权协定应该是知识产权法全球化的一个非常重要的标志和体现。

（二）知识产权风险

1. 假冒跨国品牌

张为安（2010）对假冒商品跨国贸易对中国及世界造成的危害做了深刻的分析。他指出，中国不仅是假冒商品的主要输出国，同时也是假冒商品的进口国，所以也是假冒商品的受害国。他还指出，知识产权犯罪严重影响了中国经济安全，假冒外国品牌商品挤占了中国品牌的生存空间，影响了中国国家品牌的建立。企业在建立品牌时，应注意的就是要与竞争商品保持区隔，同时要保证产品质量可信赖并且稳定；要花费时间和精力逐步建立品牌的知名度，提升品牌的可信度。

2. 中国知识产权法律制度风险

吴汉东（2010）指出了中国知识产权制度的三个不足：一是缺乏发达国家从低水平保护到高水平保护的必要过渡期；二是缺乏在本国实施知识产权制度的条件、手段和社会环境；三是缺乏应对国际知识产权堡垒和现代知识产权的条件。

（三）全球化趋势下的中国知识产权对策

1. 全球化趋势下中国知识产权发展策略

郑成思（2003）阐述了在知识产权全球化条件下中国知识产权的主要对策，主要是：在 WTO 框架内"趋利避害"，争取 WTO 向更有利于我国的方向变化是我们要走的路，并借鉴国外的经验。他建议发展中国家把力量放在批判乃至退出 WTO 的《TRIPS 协定》上，认为在经济全球化中，已经"入世"的中国不应也不能以"退出"的方式自我淘汰。

2. 中国知识产权制度发展思路和建设要求

吴汉东（2010）指出了中国知识产权制度发展思路和建设要求。发展思路是国际化。根据知识产权国际保护制度的发展趋势，总结各国特别是发达国家运用知识产权制度的经验，对中国的知识产权相关政策予以充实、调整和改进。知识产权制度的国际化，并不等于在保护内容、保护标准、保护水平等方面的全球法律规范的统一化。按照"最低限度保护"原则，各国立法提供的知识产权保护不得低于国际公约规定的标准，这即是知识产权制度的国际化的一般要求。他还指出，知识创新时代的中国知识产权法律建设要求如下。①适应新技术。中国的知识产权立法应以激励知识创新作为时代目标，通过知识产权的制度创新推动知识创新。②促进新产业。他认为，中国的知识产权立法必须以发展新兴产业作为政策目标，为新兴产业的发展提供制度保障。③建立新秩序。中国的知识产权立法应当以利益平衡为价值目标，在保护知识产权的基础上促使各方利益平衡，鼓励信息广泛传播。

3. 知识产权战略的实施

王景川等（2010）阐述了中国知识产权战略的实施与推进情况。首先，对 2009 年国家知识产权战略推进计划做了回顾。总结了我国知识产权的实施情况。他指出，实施国家知识产权战略一年来，全国各地区、中央各部门按照党中央、国务院的部署和国家知识产权战略实施工作部际联席会议的要求，在第一年的行动计划中明确战略目标，以应对金融危机和加强基础建设为重点，深入贯彻战略纲要所提出的十六字方针，紧紧抓住战略纲要所提出的阶段性目标，积极构建战略实施体系和工作机制，加强领导，精心组织，狠抓落实，全面实施国家知识产权战略的推进计划，各项工作取得了阶段性成效。

其次，王景川展望了 2010 年国家知识产权战略推进计划。

冯晓青（2010）以"知识产权战略推进"为主题，就知识产权推进的思路与措施、知识产权界在国家知识产权战略推进方面的历史使命做了介绍。他认为，应依托国家战略来总体推进知识产权战略的实施，且要通过统筹运作的方式来构建科学合理高效的国家知识产权战略体系。他指出，知识产权战略体系包括国家、区域和企业三个层面的内容，因而要对这些板块进行衔接，并重视知识产权国际性战略、行业知识产权战略、企事业知识产权战略的建设。其后，他认为建立知识产权战略的评价机制是推进知识产权战略的主要措施，并从知识产权的私权属性与公共政策的平衡的角度对知识产权战略的推进做了分析。知识产权战略的推进应立足于知识产权制度本身，同时还应考虑在知识产权制度的外部来解决。最后他提及，加强知识产权经营管理和人才培养是在推进知识产权战略实施过程中应注意的问题。

4. 中国知识产权御外策略

李明德（2008）认为，中美知识产权争端的中国对策应是从两国的产业部门和经济利益的角度来理解。他指出，中国企业要学习跨国公司知识产权战略。研究并分析发达国家跨国公司的知识产权战略，对我国的企业界不无裨益。以知识产权为核心的无形资产在整个企业资产中所占的比重越大，说明该企业的市场活力和生命力越强。在发达国家以知识产权为核心的无形资产大大超过其有形资产的企业屡见不鲜，有的甚至是有形资产的数倍或数十倍。知识产权不仅渗透到货物贸易和服务贸易之中，直接影响着货物贸易和服务贸易，而且正在发展成为一种独立的贸易形式，即知识产权贸易。我国企业在参与国际市场的竞争中，将会面临来自知识产权的非关税贸易壁垒、侵权诉讼、抢先注册我国企业比较有价值的知识产权等风险。面对这一现实，我国的企业应该制定自己的知识产权战略，树立知识产权风险防范意识，建立知识产权预警机制。同时，我国企业还应加强知识产权的竞争意识，学会利用知识产权参与竞争，在他人滥用知识产权侵犯我们的利益时也应具有竞争意识，学会保护自己。

5. 关于知识产权滥用

费安玲等（2007）认为：知识产权保护与垄断是无法分离的双胞胎。知识产权表现的就是垄断，所以知识产权保护与反垄断实际上是一个矛盾的命题。知识产权的存在，恰恰是法律允许知识产权人在一定的时间和一定的范围和领域内，获得保护的垄断状态。我们这种反垄断，实际上是要解决对知识产权垄断状态的限制，抓住这种限制的平衡点。对于知识产权垄断的思考，在寻求知识产权的保护与反垄断的平衡点的时候，应注意知识产权垄断的事实性。知识产权的垄断性一定要有开放性，但是一个国家需要根据本国的情况进行法律的调整。知识产权人对这个权利是否构成垄断，必须根据这个国家的发展状态以及未来的发展需求来决定。

（四）中国优势知识产权的确认和保护

中国优势知识产权包括传统性知识、遗传资源和民间文艺；非物质文化遗产；中医药；以及花卉植物新品种育种、农作物育种的弱势的优化。

唐广良等（2006）以为，保护传统知识、民间文学艺术表达及遗传资源，就是在保护知识产权的同时也要为那些作为创新基础的资源及其拥有者提供适当的保护。遗传资源、传统知识及民间文学艺术表达保护的思路是与现代知识产权保护制度相矛盾的。一方面，设计一种机制，使那些技术与知识创新能力较弱，但在保护与可持续利用传统资源方面拥有相对优势的群体获得合理而有效的保护；另一方面，通过完善知识产权的授权体系，防止那些本应属于全体社会公众的知识与资源被少数人通过知识产权而垄断。从大的方面讲，保护传统资源，有利于作为创新基础与源泉的传统资源的保存与可持续的利用，进而有利于整个人类社会的生存与可持续发展。从小的方面讲，一个国家的少数民族及偏远地区的民众恰恰是传统资源的保有者与传承人；保护传统资源，有助于保护这些创新能力较弱、无法以现代科技和知识参与市场竞争的人群的利益，尽可能实现社会资源与利益的均衡分配，使全体社会成员都能从社会与经济发展中受益。中国是发展中国家，同时也是多民族、多人口、广地域的国家，拥有相对丰富的传统资源。与此同时，大多数中国人的创新能力较弱，至少在短期内不大可能通过技术与知识的创新获得与发达国家平等竞争的机会。在这种情况下，强调传统资源的保护，不仅可以延缓甚至阻止各种传统资源的消逝，而且可以使那些弱势人群在经济与社会发展过程中获得合理的利益。由此可知，加强传统资源保护立法及相应的宣传，对中国而言更具有重要意义。用何种模式保护传统资源，是国际社会至今未达成一致意见的话题。从已经形成的制度及纲领性文件中可以看出，"知识产权＋特别权利＋反不正当竞争"的综合保护模式将是未来的必然选择，其中"特别权利"机制有可能成为大多数国家共同接受的核心保护模式。

严永和（2010）从内涵、立法思路、立法目的、基本原则、主要规则五个方面阐述了关于民间艺术保护的思路。一是内涵。首先是法学化。把民间各式各样的智力成果当中有知识产权意义的部分拿出来，去掉没有知识产权意义的部分。其次是本土化。国内研究这个问题更多的是参考世界知识产权组织的会议文件，还有国外知识产权的成果、国外民俗学的成果，这些都需要本土化。再次是吸收国内文学界、艺术界对民间文学艺术界定的观点。二是立法思路。首先是公私法综合保护的思路。民间文学艺术的保护主要是公法与私法相结合，私法主要是指知识产权。如果从更广的角度来看民间文学艺术，我们需要让公法参与进来，需要公私法的结合。其次是知识产权综合保护法的思路。把类似著作权的规定都纳入进来，严永和称之为知识产权综合保护法的思路。这一思路并非没有可行性，但在我国立法技术相对落后的背景下，要制定综合保护法，立法难度比较大。再次是著作权法保护的思路。将民间文学艺术纳入著作权法框架下进行保护，但是按照这个做法能够受到保护的民间文学艺术是很有限的。最后是特别权利制度（特别是著作权法）的思路。就是通过对现行著作权的规则进行修改，使其可以容纳民间文学艺术，从而对其进行保护。三是立法目的。之所以要保护民间文学艺术，是因为民间文学艺术有两方面的价值：经济价值和文化价值。保护经济价值，因为民间文学艺术是劳动成果。通过财产权的保护，给权利人适当补偿，然后在原来的基础上以新方式继续延续、继续创新，这样就可以让文化延续下来。四是基本原则。其一是上位法的基本原则，例如知识产权法的激励创新原则、著作权法的思想表达二分性原则。其二是本身的原则。本身的原则要体现自身的特色，自身的特色一个是传统性原则，另一个是集体性原则。五是主要规则。首先是权利主体。主张一元主体论，即最近的传承人是民间文学艺术的权利主体。其次是保护标准。受到保护的民间文学艺术必须是一种智力成果，然后就是具备传统性和集体性。所谓的传统性就是以前形成的艺术形式、审美理念在后来的多个版本中都延续下来。集体性就是没有一个具体的作者创造，而是由一个群体所创造。再次是权利内容。目前总体的趋势就是赋予民间文学艺术很多的权利。对于这种观点严永和认为操作性不强、可行性不高。他认为应该分为两种权利，即精神权利和经济权利。关于经济方面的权利要再区分一下，一个是积极经济权利，一个是消极经济权利。最后是保护期限。民间文学艺术的保护期限不能是无期限的，这样不具备操作性，严永和认为对于民间文学艺术的保护应当规定一个合理的期限。

丁丽瑛（2009）认为，可以依托知识产权制度来利用国家和地区的非物质文化遗产，将其作为产业经济的高附加值，从而促进地方经济和国民经济产业发展方式的调整和转变。在维护非遗本质不发生变化的前提下，不应当禁止对非物质文化遗产的产业进行开发；需要增加文化产品的附加值以推动文化产业的竞争；在考虑公权管理非遗的同时应当借助私权的保护。她还提出了三个值得我们关注并需要改正的现实问题：一是存在着非物质文化遗产保护与开发传统文化产业脱节和失衡的现状；二是在非物质文化遗产的保护方式上忽视了私权保护的方式；三是重视宣传非物质文化遗产的文化价值却忽略挖掘它的产业价值和经济价值。最后，她提出了相应的解决方案。第一，将产业扶持政策与市场准入政策相结合。在文化产业的市场准入政策考量上，应当考虑非物质文化遗产的代表性传承人或单位的作用，也应当保障传统社区的生存和发展权，建立适当的利益分享机制。第二，重视文化传承与产品创新的结合。政府可以通过培育传统文化产品的消费市场，使文化欣赏与文化消费相结合。而非遗传承人在传承非遗的同时应该考虑市场的需求。第三，注重公权关系和私权保护的结合，特别是要利用好目前知识产权领域内的各种法律。

（五）新型知识产权问题

1. 绿色技术知识产权问题

朱雪忠（2010）阐明了应对气候变化，强制许可制度不是促进国际技术转让的法宝。其提到气候协议特别是多哈规定：为了促进公众健康，在健康技术领域，成员方的政府可以对专利实施强制许可。有国家认为这就是应对气候变化技术转让困境的一个解决方案，但仍然存在一些障碍；也有发达国家表示反对。另外，环境技术和药品相比不具有不可替代性，因此不需要进行强制许可。同时强制许可的实施不是随意的且也是要缴费的，也有很多技术以商业秘密的形式存在。关于气候技术的问题在发展中国家阵营内部也存在不同看法。

2. 文化产业的知识产权

邵科（2010）论述了创意产业的知识产权问题。他首先提出在经济全球化的背景下为促进中国自身发展而制定知识产权战略和制度的三大任务：一是建立知识经济，告别经济发展"6＋1模式"，为中国的知识经济开疆辟土；二是促进新能源、新材料、生物医药包括讨论的绿色经济这些科技产业的发展。这也是中国推动形成新一轮的产业格局的机会；三是以精神文化推动创意文化产业发展。其次他提到了中国文化复兴的问题。他认为知识产权战略可以推动创意产业的发展，而创意产业能够推动华夏文明复兴，华夏文明的复兴才是中国最终复兴的根本。强调中国不能抛弃自己的文化根源，需要创造新的更有利的知识产权模式来复兴本身就辉煌灿烂的华夏文明，其中创意产业肩负着责无旁贷的历史任务。

3. 知识产权量化问题

关于知识产权指标体系。王正志（2009）提出了中国省域知识产权指标体系，以揭示知识产权发展与经济增长及竞争力的关系。该指标体系由知识产权创造潜力、产出水平、流动水平、经济绩效构成，其理论基础是古典经济学（市场机制）、新经济理论（知识机制）、制度经济学（制度机制），包括 4 个一级指标、15 个二级指标、38 个三级指标、80 个四级指标。数据来自《中国统计年鉴》（一般、科技）、《知识产权年鉴》、《专利统计年报》及各省市统计公报。

三　国内外研究现状简评

国内外专家经过一系列研究，得出了一些非常有价值的成果和发人深省的启示。国外的跨学科研究方法也有重要的参考价值。国外的研究成果较多地体现在基础理论方面，而国内的则侧重在对策方面。国外研究在基础理论方面还具有进一步创新的意义，其中有德霍斯的知识共有理论。德霍斯的知识共有理论，不仅为传统性知识的知识产权制度设计提供了新思路和理论基础，而且可以继承和借鉴的是：在德霍斯的知识共有理论基础上，可以进一步或者创新性地提出绿色知识共有理论。绿色知识是全球问题的产物，直接关系全球人的共同利益。绿色知识的特征是世界性、代际正义、可持续生存和发展、生态安全。生态安全是经济现时安全和经济可持续安全和发展的基础。经济安全可分为经济现时安全和经济可持续安全。知识—经济—法律制度，或反之，形成一个"知经法"系统。按照知识经济理论，知识是知识经济发展的基础，依照制度经济学理论，制度是经济增长和经济发展的最主要动因。综合知识经济和制度经济学，可以共指一个方向：知识制度（即知识产权制度）是经济安全、经济增长和经济发展的基础和动力，即一般知识产权制度是经济现时安全的基础。而经济的更长远、更整体的安全则应是经济可持续安全,其基础是绿色知识产权制度。一般知识产权制度和绿色知识产权制度共同构建世界知识产权新秩序,后者因其更强的全球性和共同利益以及反映代际正义,而更具有可能性、必要性和战略性。斯蒂格利茨关于《TRIPS 协定》做了较深入的专门分析和评判,特别是一些具体的改进建议,具有较重要的参考价值。

但是,国内外研究对我国面临的全球知识经济的深化和加入 WTO 下知识产权突出问题导致的日益严峻的国家经济安全问题,系统深入研究不够。随着全球知识经济的深化和加入 WTO,知识产权问题在我国日益突出。出于开放、吸引外资和"入世"的需要,近年来,中国在知识产权问题上片面强调保护和国际化,忽略了中国知识产权的实际,使得国家经济安全面临日益严峻的挑战,除此之外,还有一些其他的新挑战、新问题理论界却大多从鼓励创新的角度来考虑,而从国家经济安全视角来系统研究中国这样一个发展中国家的知识产权制度的构建,特别是联系全球化背景和 WTO《TRIPS 协定》的关注较少。国外一些相关知识产权制度研究成果,一般基于发达国家的知识产权强势的情况和利益而偏重保护制度,大多注重和集中在发展中国家知识产权保护加强将会如何影响发达国家的出口与投资方面,而不是关注对发展中国家经济增长的影响。而对发展中国家经济安全的影响,愈发没有给予充分关注和研究。国外的研究也大多采取了跨学科的方法。国内的研究从中国实际出发,研究了我国知识产权法律问题,但采纳全球视野、基于国家经济安全的研究较少,研究方法上单一学科的较多。

在当前的世界知识产权制度显失公平的形势下,如何采取法学、制度经济学等较切合选题的跨学科的方法,从知识产权规则的制定这一源头上,或在既定的规则内,对不同的知识产权采取相应制度等思路和方法,寻求国家贸易和经济安全利益最大化,理论界也缺乏深入系统的研究。

经济和法律之间有内在关系。经济指通过市场机制配置资源,以提高效率(以此为本),或公平(可持续效率的一个保证)。法律指通过规则机制来规范对社会有重要影响的经济行为,以维护公平或促进效率(以前者为本)。经济和法律对资源配置的基础作用,从机制角度来说,可视为市场机制和制度机制。2007 年和 2009 年诺贝尔经济学奖得主,均从经济、法律等不同角度对社会机制进行了研究,取得了开创性贡献。经济学在这方面的发展成果就是机制设计理论。瑞典皇家科学院把 2007 年度的诺贝尔经济学奖颁给了三位为机制设计奠定理论基础并做出卓越贡献的经济学家。其中，里奥尼德·赫维茨最早提出机制设计理论，因此被誉为"机制设计理论之父"。之后，马斯金和迈尔森进一步发展了机制设计理论。他们的理论研究核心是在信息分散和信息不对称的条件下设计激励相容的机制来实现资源的有效配置。经济和法律之间有如此紧密的关系，从方法论上说，研究法律离不开经济视角，反之亦然。

知识产权研究方法的评析。从历史上看，17世纪以培根的经验与归纳和笛卡儿的理性与演绎为代表的人文主义研究方法；18世纪在牛顿力学影响下的带有机械性的自然科学主义研究方法，19世纪的人文与科学结合的定性的辩证法，20世纪末的具有整体、仿真和最优等定性与定量结合的系统论、跨学科研究方法。国外知识产权研究方法有三种。一是跨学科研究方法，科学主义与人文主义融合的一种，系统论也是；跨学科研究方法在近年（2007、2008、2009）得到验证。二是科学主义，例如实证研究方法。三是人文主义，例如自然法哲学。

学科交叉是21世纪科学发展的典型特征，人类已进入了跨学科时代。跨学科的力度和广度，是创新的关键方法之一。美国国家科学院协会《促进跨学科研究（2004）》报告指出："跨学科研究是人类进行的最具成效、最鼓舞人心的一种探索活动，它能提供一种产生新知识的对话和联系形式。作为发现和教育的一种模式，它对可持续的环境、更健康更富裕的生活、激发年轻人产生灵感的新发现和技术以及更深刻地理解我们所处的时空做出了很多贡献，而且有望做出更多的贡献。"①

总之，目前的研究仍可深化：一是虽然提出了全球化背景下的中国知识产权法律发展问题，但未做系统深入的专门研究，也未将其提到维护国家经济安全的高度；二是研究的逻辑出发点和归宿点没有上升到建立公正高效的世界知识产权新秩序；三是现有的研究采取单学科和纯推理的方法居多。

第三节　研究方法简析

一　探寻世界知识产权新秩序法理的自然法哲学思想

自然法哲学方法，可以规范分析和探寻世界知识产权新秩序的奥秘和

---

① 教育部社会科学委员会秘书处：《国外高校人文社会科学发展报告2008》，高等教育出版社，2008，第761页。

法理，为创新中国知识产权法律发展基础理论提供可能路径。一方面，参照自然法哲学的原理和方法，可以深化和解释世界知识产权新秩序现象；另一方面，又可从世界知识产权新秩序新问题的解释困境和解决方案设计过程中，探索、丰富和发展现行自然法哲学思想。本书在第二章世界知识产权新秩序建立的研究中，运用并发展了自然法哲学方法基本思想。另外，各章在探讨相关法律基础理论时，也运用了自然法哲学原理及其方法。

自然法哲学的基本思想是：崇尚天然正义，该正义高于一切实在法。自然法哲学思想是不断演进的。在当代，自然法哲学应注入全球正义和可持续正义的新元素和新思想。

人文式哲学思辨，不同于自然规律的科学性探讨。运用公理进行的形式逻辑推理，不同于科学的实验方法。对正义概念的信仰和公理假定，不同于科学的怀疑本性。抽象演绎方法，不同于归纳方法。探索终极原因和目标的哲学式惯性和神学窠臼，不同于探讨科学规律的有限性和阶段性。至善至美至理至尊的法律法学天堂，不同于科学的困境与无知。评判现实法律的最高标杆方法，不同于科学的具体应用的适域性、贴切性和工程性。法最高境界的定性法则，不同于"科学之王"数学的定量之冠。

当然，要解释、规范分析和探寻世界知识产权新秩序的奥秘和法理，仅依靠主流自然法学思想和理论还不够。因为，主流自然法学是前全球化时代的产物，适应了法的旧秩序和国内法秩序的需要。所以，要增强自然法学的解释力，必须加入时代的新元素，如"全球化""知识经济""世界治理""可持续发展"等，从而使国内法扩展为国际法乃至世界法，由发达国家主宰的国际法提升为发达国家与发展中国家共治共享的世界法。对此，庞德的《法理学》、罗尔斯的《万民法》、戴尔玛斯的《世界法的三个挑战》、威廉·退宁的《全球化与法律理论》、伯尔曼的《世界法：一种普世性的圣灵法学》、邓正来的《谁之全球化？何种法哲学？》均从各自的角度，对世界法进行了有益的探讨。

自然法哲学思想的最大优点，在于可以充分展示人类思想的魅力和扩展想象的空间，假定符合人性或天性的理想的法律，并以此理想标准来衡量现实的法律。自然法哲学思想的突出局限，在于仅仅是定性的对最高境界的思考和探索，而对最高境界的程度缺乏（可能或其实，也是无法或难以确定）最优的或最有效率的界定。这给自然法哲学的永恒争论，留下了无尽的空间。

二 效率理念贯穿于法律发展的法律经济学

法律资源不是无限的，而是稀缺的，对中国等发展中国家来说更是如此。因此，研究法律应贯彻法律经济学思想和方法。法律经济学方法是研究基于维护经济安全的中国知识产权法律发展的有力工具，目标是使经济学的核心理念效率，得以贯穿于法律发展命题。

经济安全的本质是在安全环境、框架和基础上的经济增长和经济发展。而经济增长和经济发展的关键在于经济资源配置的效率。因此，效率既是经济增长和经济发展的核心，也是经济安全的本质。而法律经济学将法律作为一种资源，通过政府"有形的手"和市场"无形的手"的配合，予以配置，以获取效益最大化或次优。

法律经济学方法，比单一的法学方法，更能逼近法律生活的现实，可以弥补一般法学研究的不足。法律经济学方法打破了传统的法律资源无成本或忽略成本，仅仅考虑公平的片面价值观的做法，是当代资源、环境约束下的新的法律思想，并在法律实践中获得佳绩。法律经济学大师波斯纳正是运用法律经济学方法，在司法实践和法律探讨方面，取得世界公认的伟大成就，其成果之集大成，反映在其代表作《法律的经济分析》以及《知识产权法的经济结构》里。

本书在研究中国知识产权法律安全制度的发展、中国知识产权安全法律模式与机制的发展等方面，采纳了法律经济学的原理和方法。因为中国现行知识产权法律均无贯彻效率理念，而作为中国这样一个法律资源相对缺乏的发展中国家来说，更应强调效率思想。法律效率思想，应该既反映知识产权实体法律，又贯穿于法律程序和法律执行之中。

三 深化全球化的世界经济学思想

世界经济学的思想和方法，便于从全球经济基础和发展规律上，深化对全球化、知识产权及法律的国际保护、国家涉外经济安全问题的认识和研究。20世纪90年代以来的全球化经济的整体新现象、新机制，是当代世界经济学研究的对象。对全球化经济运行机制与规律的分析就是世界经济学。经济全球化是全球化的基础，知识产权等法律全球化是全球化的重要组成部分，受经济全球化的制约并为经济全球化服务。因此，世界经济学研究的经济全球化发展规律，可以为认识和运用知识产权法律全球化提供科学基础。

世界经济决定法律，法律则具有反作用。法律，其本身的形成就是以一定的经济实力为基础的。法律等非经济因素带给世界的影响是相对短暂的，而经济因素带给世界的影响却是长期的、持久的。经济力量的对比关系是决定法律力量对比关系的长期性和稳定性的因素，所以，靠牺牲经济安全和经济发展利益，来谋求自身法律等国际地位提高的策略，是难以持久的。但法律也会对经济的安全和发展具有反作用。这种反作用，或是促进经济繁荣和发展，或是阻碍经济发展甚至给经济安全带来风险。反映经济安全需要和经济发展规律的法律，将维护和促进经济稳定和发展，否则，反之。

新经济的兴起，改变了全球经济发展的状况，极大地提高了生产率，并显示了知识的巨大作用。世界知识产权组织（WIPO）于 2007 年 11 月 26 日和 27 日举办了一次知识产权经济学讨论会，与会者是来自世界各地的 15 位著名的经济学家。会议涉及创新和专有性战略、知识产权和国际技术转让、制药工业的知识产权、版权经济学、地理标志经济学、知识产权与从公共研究机构和高校向产业界的知识转让等主题。数据的缺乏以及经济学家在理解知识产权制度各种复杂问题方面的困难，可能是该领域现有研究不足的部分原因。近年来在工业化国家开展的实证研究，可以成为在发展中国家研究有关问题的有益参考，但必须加大努力，以确保研究符合发展中国家的现实情况和决策需求。

国际贸易协定，是规范贸易条件的外部性问题，是法律弥补贸易市场机制失灵的一种重要机制。这可以解释 WTO 的许多特性以及在当今国际贸易议程中出现的许多问题。WTO 的各种规则支配着国际贸易。WTO 为商品和服务的国际贸易以及知识产权规定了行为准则，也为解决各种国际贸易问题提供了一个多国协商的场所，并且还为解决争端建立了一套规范的机制。它是通过基于规则的议价过程来推动自由贸易的主要国际机构。①

资源、气候、环境和人口保护，日益成为一个全球性的重要而严峻的问题。如何处理这些要素之间的关系，是各国在思考经济发展战略的时候

---

① 科依勒·贝格威尔、罗伯特·W. 思泰格尔：《世界贸易体系经济学》，中国人民大学出版社，2005，第 1~40 页。

都必须关注的。中国正处于增长方式由粗放型向集约型经济转变的过程中，资源因素成为制约中国经济增长的越来越主要的因素。世界市场上石油、铁矿石、农产品等价格的上涨或波动，不仅影响到中国的经济发展，而且给中国的经济安全和外交带来深远影响。国内学者立足于中国国情，倡导可持续发展，推动国际上关于环境问题的谈判和合作，对中国的经济发展起到了积极的作用。

本书在讨论第二章世界知识产权新秩序的建立、全球知识产权风险等方面，运用了世界经济学的一些原理和方法。因为世界经济是影响全球科技等知识产权、全球法律和世界秩序的基础。

四　法律实证研究方法

法律实证研究，是经济学、社会学、人类学及自然科学等其他学科实证研究方法向法律研究的移植，是借助实证研究方法改造法学传统研究模式的一种方式。法律实证分析，是指按照一定程序规范对一切可进行标准化处理的法律信息进行经验研究、量化分析的研究方法，是借助实证分析方法改造法学传统研究模式的一种方式。实证研究方法是近年来我国开始关注的一种新的法学研究方法。其优势在于：可以使中国法学研究获得独立性（相对于对政治政策追随和注释的传统）、本土性（相对于介绍和消化西方法学研究成果的传统）和科学性（相对于形而上的纯定性思辨传统）。

长期以来，法律通常以法理、法条、法律原则、法律解释、司法机关的活动过程、判例等信息形式影响着社会和人们的生活。人们习惯于借助具有公认含义的词语进行法律实践中的沟通，而较少从实证的角度审视法律问题。我国主流法学以定性的分析法学为主，通常研究语言和法律条款的逻辑分析。

法律实证研究方法的种类还包括法律观念、法律制度、法律实践和法律人的实证分析。法律人是规范、价值和事实的根本基础、出发点和归宿点，因此，研究法律人学应是自然法学、分析法学和法社会学的统一的基础和统一性法学。博登海默的综合法学只是将自然法学、分析法学和法社会学统一起来，但并未涉及以法律人为其根本的能动的统一机制。

但是，实证研究方法也有局限性。这表现在：我国系统权威的法律数据库未建立；法律的有些现象难以定量化；实证研究达不到绝对客观；法律事实做不到价值无涉；实证研究无法代替法律的正义等价值分析。

总之，从纵向来看，较合理的法学研究方法应是人文价值与科学实证相融合的，而非仅仅是实证。根据本书的研究目标，还应加上横向的诸如法律经济学、世界经济学等方法。本书采取的实证研究方法，主要是对知识产权法律风险评估的指标体系构建、案例分析、法律文本的研究，等等。

第四节　相关概念界定

一　全球化趋势

全球化趋势是静与动、现在与未来、全球性与全球主义的统一。从静态看是全球，从发展潜力和未来走向看，是全球稳定和趋强态势。全球性反映的是全球的客观现象，全球主义是对全球性的主观看法，全球化则是全球的主观和客观的有机融合和全球现状与未来的高度统一。

全球化趋势可以从政治、军事等方面进行研究，本书所研究的主要指经济全球化与法律全球化。研究经济全球化现象及其发展规律是世界经济学的目标。经济全球化的发展，既推动法律全球化趋势加深，又受法律全球化的反制。

（一）经济全球化

以知识为显著特征的经济全球化是当今世界经济大趋势，正在深化并推动世界经济向纵深发展，也影响着全球知识产权法律的变革和发展。经济全球化是指各国或地区通过密切的经济交往和经济协调，在经济上相互联系和依存、相互渗透和融合、相互竞争和合作已发展到一定程度，形成了世界经济从资源配置、生产到流通的多层次和多形式的融合，使世界各个部分真正连成一个不可分割的有机整体，这种经济发展态势、发展进程、发展趋势被称为经济全球化。经济全球化具体包括贸易全球化、生产全球化和金融全球化。在实际经济活动中，则表现为外国直接投资在全球范围内的不断扩大，企业生产经营的全球化和技术的全球化、贸易全球化。

（二）知识全球化

知识全球化①包括信息技术和基因技术知识的全球影响力、科技等知识人才自由流动的全球化、研发和创造性资源配置的全球化、知识（含科技知识、商标知识、版权知识，以及传统性知识）合作与利用的全球化、知识产品消费的全球化、知识创造型企业与知识创新型国家的全球化。

知识全球化是指经济增长和发展依托知识的源头和产物，也是人类知识的积累和发展，即全球知识经济。全球知识经济是以人类知识精华和最新科学技术为基础，以世界范围的知识和信息的生产、分配与使用为主导内容的经济形态，知识资本、知识资源、知识权利、知识产业、知识创新、知识交易均是以可产权化的知识，即知识产权为基础和保障的。一般性公共知识，难以形成企业、产业或国家核心竞争力，因为任何主体均可免费或低成本或无障碍使用。而知识产权则不然，知识产权有壁垒、有成本、有垄断性。以垄断性的知识产权为基石来构建竞争力，符合核心竞争力的最基本要求，也是经济安全的有力保障。全球知识经济安全保障的制度基础是世界知识产权法律。

（三）法律全球化

法律全球化是经济全球化的产物，知识产权法律全球化是知识经济发展的需要。关于法律全球化，学界有两种代表性意见：一是认为法律未全球化②，其依据是宪法；二是认为法律已全球化③，其依据是经济贸易法律。本书认为，法律全球化不宜对法律进行不分类的笼统评论，而应看具体情况和前提条件，是何种法律和处于哪一阶段。

法律全球化是以全球法律为基础的全球法律与成员法律统一的法律体系，其中全球法律是规范法律体系的最低标准和基本原则，成员法律则在标准和原则框架内基于自身利益而设计和实施。这在《TRIPS 协定》等WTO 法律体系中得以印证。

---

① 吴汉东：《知识创新时代的中国知识产权法》，《北方法学》2010 年第 4 期。
② 沈宗灵：《评"法律全球化"的理论》，转引自《国际经济法论丛》第 4 卷，法律出版社，2001，第 1～10 页。
③ 李巍：《"法律全球化"是不以人的意志为转移的历史趋势》，转引自《国际经济法论丛》第 4 卷，法律出版社，2001，第 26～29 页。

科学精确的概念，是定性与定量的统一。传统意义上的概念，以定性为准。例如以概念为研究对象的逻辑学，无论是形式逻辑还是辩证逻辑，均以定性界定为原则。定性研究概念，是概念研究的基础和方向。定性概念较适用于属种概念区别明显的情况。而在属种之间或者相邻界限较模糊的情形下，定性概念则显得说服力不强，容易产生分歧和争论。随着科学的发展和自然社会的变迁，种属之间、种种之间及其之间的界限日益模糊，科学研究的方法也相应突出跨学科、综合性和科学性研究。目前学界对全球化的概念，既有定性的，这占绝大多数，也有定量的，如经合组织（OECD）研究报告《衡量全球化：OECD 经济全球化指标体系》。本书主要从定性的概念，研究全球化趋势，而非研究全球化趋势的定量问题，尽管定量的研究可以增强研究的科学性和精确性。

二　国家经济安全

（一）国家经济安全的定义

本书所指的国家经济安全的各关键词的含义如下。

一是"国家"，指全球结构下的发展中国家阵营中的中国。

二是"经济"，包括全球的经济、知识的经济、中国国家的经济，企业经济、产业经济和国家经济。"经济"指经济要素、经济产品、经济市场、经济主体、政府和经济政策法律制度。

三是"安全"，指在全球化趋势下中国知识产权法律保障和促进下的经济稳定、经济增长、经济可持续发展，即经济均衡性安全、经济增长性安全、经济可持续发展性安全等积极性安全，以及经济不受、少受或者遭受损害或损害威胁以后，可以有效防治的防御性安全。这里的经济均衡，既不同于一般的国内经济均衡，也非国际或世界经济均衡，而是指面向世界开放条件下的一国的经济均衡，经济增长和经济可持续发展也是如此。按经济学理解，所谓经济均衡，包括局部均衡和一般均衡。"安全"也可分为国内经济安全、国际经济安全与世界经济安全。"安全"，不仅是消极意义上静态的、被动防御性的，而且更是发展的积极意义上的主动出击性的。比如，对知识产权安全制度的设计，既要考虑抵御发达国家的跨国公司利用专利、品牌等优势，垄断我国市场的行为，又要加强对传统知识等我国具有优势的知识产权的保护。

经济安全可以首先通过自生自发的市场经济秩序来形成①，但当垄断、外部性、公共资源与产品、信息不完全和不对称等市场失灵严重现象出现的时候，政策法律秩序和政府宏观管理秩序，则要辅助其形式并要承担确立和维护经济安全的职责。这实质上是市场机制、制度机制和行政机制共同作用而形成合力的较优选择。

按照经济学原理的推论，一方面，在制度建设上，可以通过制定和实施反垄断政策法律（含反对知识产权的滥用）、环境制度和绿色知识产权、知识产权权利人与社会利益平衡、知识低成本和便捷传播、促进私人知识的公共资源和产品化、建立遗传资源专利的信息披露制度。另一方面，在经济安全目标上，可以通过财政和货币政策，实现充分就业、价格稳定、经济持续均衡增长和发展、国际收支平衡；收入分配公平、产业结构合理、地区协调发展，特别是从开放经济角度看的例如防范和消除知识产权壁垒所引发的国际贸易安全等。

在全球化日益加深的形势下，由于对历史和现状的认识薄弱，发展中国家的安全问题日益突出。经济全球化呈现加速态势，许多发展中国家融入经济全球化。国家经济利益和国家经济竞争力上升至国家安全的优先位置，国家经济安全开始成为国家安全的首要和核心问题。同时，经济安全既是国家安全的基础，又相对独立于国家安全，是国民经济体系本身的安全。国家经济安全问题具有国家性、根本性、战略性、动态性、国别性的特征。

国家经济安全是指一国根本性的经济利益不受伤害，即一国经济在整体上基础稳固、健康运行、稳健增长、持续发展，在国际经济生活中具有

---

① 弗里德利希·冯·哈耶克在其著作《自由秩序原理》中提出了自生自发社会秩序问题，又在其《法律、立法与自由》一书中进行了系统阐述。他指出了秩序分为"自然的"与"人为的"错误，反感那种把这些实体的秩序及其作用归因于某个独特的理性设计，对长久以来迷惑我们心智的拟人化理性设计进行了批判。哈耶克将秩序分为内部秩序与外部秩序，内部秩序指"人之行动而非人之设计"的自生自发的秩序，外部秩序是内部秩序演化的结果或规则安排，外部秩序无论如何不可与内部秩序相悖，否则将会损害特定人的自由，尤其是作为"组织"的政府角色应当是维修工而非处处指手画脚的老板。与实证主义法学流派的哈特等人的志向不同，哈耶克跃出了从规则到规则式的形式主义路径，以动态的、永远进行式的、玄妙的自生自发的秩序代之。哈氏也不同于自然法的自然秩序，而强调社会秩序。在这里，哈耶克实际上讲述了法律与秩序的关系，即秩序是客观的，法律是主观的，后者不可有悖于前者，否则就会损害主体的自由等权利。本书认为，秩序特别是哈耶克所讲的社会秩序，是主观与客观的统一和融合，其共同基础是人性。

一定的自主性、自卫力和竞争力，不至于因为某些问题的演化而使整个经济受到过大的打击或损失过多的国民经济利益，能够避免或化解可能发生的局部性或全局性的经济危机。不同于国家政治安全、国家文化安全、国家军事安全等，国家经济安全与经济发展（纵向比较），国家经济安全是经济增长和经济发展的基础。

国家经济安全可以从不同角度划分。企业安全、产业安全、经济体系安全（国际贸易、金融、投资）；公平有效的市场竞争（知识产权垄断可能危害的）；消费安全；产品安全；生产安全（研发安全）；国家宏观知识产权管理安全（例如知识产权政策、法律、其他制度，预警，立法、执法、司法）；守法、法律意识和法律文化等社会安全。

研究国家经济安全，可以从企业安全、产业安全甚至世界经济安全的视角，也可从政治、文化、历史、科技等角度探索。但本书的国家经济安全的特定角度是：全球化趋势下的现行中国知识产权及其法律制度对我国经济安全的影响及其知识产权法律发展的对策问题。

国家经济安全既包括静态的国家经济平稳、无风险或少风险，也指动态意义上的诸如国家经济发展。能有效维护经济安全和促进经济发展的适宜的知识产权法律发展模式，是保证国家经济安全模式体系中的一种重要模式。

（二）国家经济安全的约束条件

约束条件之一：全球结构下中国的。

是指在全球化趋势下受国家经济安全约束的知识产权及法律制度框架。本书的国家经济安全特指中国的经济安全，而不是发达国家的经济安全。研究内容包括现行国际知识产权及其制度，特别是中国的知识产权（包括已产权化的和应产权化的知识）及其法律制度的历史、现状、发展趋势和未来状态，给中国国家经济带来的整体、战略、根本性风险以及给中国的重要相关产业和重要企业带来的重大实质损害或损害威胁的安全状态。

约束条件之二：知识经济时代的。

知识促进发展，是知识经济的典型特征。全球知识经济时代，给国家的经济安全带来了新的挑战。随着 20 世纪末知识经济的到来，国家经济安全更多地与一国的知识和知识产权挂钩。知识经济的关键是知识生产率，即创新能力。以知识为基础的新经济形态，对处于知识经济弱势的发展国家而言，更加充满了不确定性，知识经济是发展中国家经济安全问题更严峻的、更直接的原因。知识的安全与否，直接关系到经济稳定增长与发展。

知识包括公共知识和产权化知识，知识与经济的关系包括维持经济的稳定和促进经济发展。而本书仅限于研究可产权化的知识，即知识产权及其法律制度；仅着重研究知识对经济安全维护的作用，以经济安全的维护为出发点和归宿点，经济的增长和经济发展只是经济安全的延伸和结果。对可产权化的具有垄断性商业价值的知识，因其产权主体的"理性人"的本性，其在市场经济中往往会被过度使用，即有可能滥用知识产权，特别是在中国拥有知识产权优势的跨国公司。对此滥用知识并危害我国经济安全的行为，我国知识产权法律制度应予以堵漏。

约束条件之三：全球化趋势加深背景下的。

本书的国家经济安全的特定范围是指在全球化趋势加深的大背景下基于对国家长远和整体利益的研究，现行国际知识产权及其制度，特别是中国的知识产权（包括已产权化的和应产权化的知识）及其法律制度的历史、现状、发展趋势和未来状态，对中国国家经济带来的整体、战略、根本性风险以及重要相关产业和重要企业的重大实质损害或损害威胁的安全状态。

约束条件之四：以企业安全、产业安全为基础的

经济安全从主体角度，可以分为企业安全、产业安全、国家经济安全和世界经济安全。企业安全、产业安全是国家经济安全的微观基础。本书以国家经济安全为出发点和归宿点，来考察企业安全和产业安全问题。因为这些经济安全之间也有内在的不可分割的联系，所以在研究过程中，会涉及其他主体的经济安全问题，但这种涉及只是为了更明确和更深入地研究国家经济安全，而不是将国家经济安全泛化。本书也不研究财政安全、金融安全、能源安全等传统的有形资源的国家安全问题，而是着重研究中国等发展中国家具有成长潜力的战略性主导产业安全，包括知识（产权）产业安全，即主要以中国知识乃至国际通行知识为支撑的文化产业（非物质文化遗产）安全、地理标志产业安全、中医药产业安全、遗传资源产业安全等强势的当代无形的知识性产业的重要安全问题。

约束条件之五：知识产权及其法律制度漏洞导致的，并依靠中国知识产权法律发展来防范、治理、保障和促进的国家经济安全。

（三）国家经济安全的权利属性

权利是法律的基石范畴①。本书所论述的国家经济安全，其本质属性是国家经济安全权利。罗纳德·德沃金认为法律设置权利的目的是防止集体利益过于优先于个人利益；给予个人更多的权利保护，这是因为他认为面临政府滥用权力的时候，个人是脆弱的。德沃金进一步指出，保护个人权利，并非意味着个人具有高于社会道德的优先权，一个社会中的所有的人都必须得到同样的关心和对待，所有的人都必须成为政治社会的真正平等的成员。② 据此类推，知识产权法律中设置国家经济安全权利，是为了防止强势的发达国家及其跨国公司滥用权势。该权势不同于权利，也不同于权力。因为权利是平等主体之间的法律关系，而权力是等级意义上的法律关系，而权势是介于两者之间的中间意义上的法律关系。权势有权利的元素，因为法律关系主体是平等的，所遵循的法律程序也是一样的，但它们的起点不一样，拥有知识、技术、经济和能力优势的一方，占据明显的实力优势，而另一方是脆弱的。这好比儿童与成年人放在一组参加跑步比赛，从表面上和形式上看，他们在同一起点、按照同一程序，但由于其实质上的体力和能力不同，决定了其实质的不公平。把权势混同于权利，是现代世界知识产权法律体系不公正的重要原因之一。

国家经济安全权利是一个体系，也可称其为经济安全权利论。该权利贯穿于自由、秩序和公平或正义。安全不仅是传统意义上的稳定和无或少风险等静态意义上的，更是诸如企业和产业正常生存、国家经济增长和经济发展等动态意义上的。安全的内容有知识产权安全、制度安全和经济安全。安全的知识产权构成有发展性知识产权、积极性知识产权；进口型和出口型；知识产权和与贸易有关的知识产权。世界意义上的安全，即非英美法系和大陆法系，非国内法和国际法。安全的正当性和全球正义性，自然法意义上的，以防止私权被侵蚀。

本书所指的国家经济权利，不同于传统权利观。传统的法律自由权利观，强调的是个人自由。如彼得·斯坦在《西方社会的法律价值》中提出的法律自然观，是建立在个人主义基础上的个人财产和个人人身权利，其中最重要

---

① 张文显：《法哲学范畴研究》，中国政法大学出版社，2001，第 334～399 页。
② 〔美〕罗纳德·德沃金：《认真对待权利》，中国大百科全书出版社，1998，第 15～16 页。

的是个人生命权利。博登海默指出，整个法律正义哲学都是以自由观念为核心而建立起来的。洛克宣称，法律之目的不是废除或限制自由，而是保护和扩大自由。① 康德说，自由乃是每个人据其人性所拥有的唯一的和原始的权利。德沃金的《认真对待权利》的权利观，也是个人意义上的。而本书研究的权利的法律关系主体不是个人，而是国家，是国家权利观。而支撑国家的微观基础是企业而非个人。而且，权利的内涵是经济权利，而非如个人权利论的政治人身权利。以个人为主要特征的主流权利论的视角，往往是基于国内的法律问题，而非国际或世界法律问题。扩展国家知识与经济安全权利，是中国等发展中国家知识产权及其法律发展的目的和重要手段②。

权利与法律发展具有内在联系。德沃金认为③，法律发展的原因是经济社会变革带来的巨大需求，法律的发展须与法律的有效性衔接。法律发展包括法律制度和法律道德的双维发展，法律发展是不能仅仅通过起草越来越多的法典和规章来实现的。法律发展要求政治道德的相应发展，政治道德是法律的基础。从根本上说，权利理论是关于法律发展的理论。在社会、政治、经济和观念的不断变化中，一个社会应如何确认和保护法律权利呢？只有发展法律或法律发展。关于如何发展法律，德沃金提出的路径是：为了中国——也为了每一个相信理性的政治道德文化的人——从事一种有效力的法律发展，它必须像发展它的法典一样来发展它的政治道德；而为了发展政治道德，它就必须鼓励和促进关于政治道德的思想的交流。富有启示的是，德沃金提出了有效力的法律发展的路径，突出了其作为自然法权利学派重视道德因素的特性。不过，德沃金的权利与法律发展论是有特定视角的，即基于 20 世纪 60～70 年代美国法律和社会发展的具体问题以及具体法律对策、维护美国个人权利的初衷。

三 中国知识产权及其法律

（一）中国知识产权及其法律制度

1. 知识产权种类和范围

根据理性人原理④，在一国范围内，个人、企业是理性人，在国际和全

---

① 埃德加·博登海默：《法理学——法哲学及其方法》，华夏出版社，1987，第272～273页。
② 阿马蒂亚·森：《以自由看待发展》，中国人民大学出版社，2002，第24页。
③ 罗纳德·德沃金：《认真对待权利》，中国大百科全书出版社，1998，中文版序言。
④ 这是法律经济学的逻辑起点。

球平台上，国家和国家内的社区或特定民族①则是理性人。所谓理性人，是指在既定的资源、技术、制度、机制等约束条件下，追求自身利益最大化的市场主体。在世界舞台的博弈中，发展中国家和发达国家均是典型的理性人集体，也会追求自身利益最大化。因此，在对知识产权的范围、知识产权法律的设计与选择上，会自觉和严格地基于自身利益优先考虑。

本书研究的知识产权范围包括两类：一类被称为发达性知识产权，发达国家具有比较优势，包括《TRIPS 协定》所主要涵盖的专利权、商标权、版权、地理标志权等工业性知识产权；另一类是发展性知识产权，即发展中国家具有比较优势，包括传统知识、民间文艺、遗传资源等，作为发达性知识产权之源，发达性知识产权很多来源于这些资源的创新创作。

发展性知识产权和发达性知识产权，是本书提出的一组新概念。其理由：一是两者的法律关系主体相一致，前者法律关系是发展中国家，后者为发达国家；二是与本书研究的角度相吻合，本研究是站在发展中国家的立场和利益上的；三是理论研究的简化和概括需要，可以将现行诸多知识产权种类，归纳为简单的两类，便于分类研究和理论概括，是理论研究的一种方法；四是两类虽然均是知识，但区别较大，发达性知识产权已经被知识产权法律所普遍确认和保护，但是，发展性知识产权则游离于国际知识产权法律之外，亟待归于法律保护范围之内；五是对这两类知识产权的不同对策，直接影响到国家知识安全和经济安全。而本书则是研究这两类知识产权的现象及其发展规律，基于中国等发展中国家的国情，以及建立世界知识产权新秩序的愿景，提出中国知识产权法律发展思路和对策。

2. 知识产权法律制度与知识产权的关系

本书所阐述的知识产权法律制度，是狭义的，即对特定知识产权及其特定社会关系调整的法律规范集合。法律制度可以与某部法律一致，也可以不一致。该法律制度集合既可以存在于一部法律中，也可以横跨若干部法律。例如来源地信息披露法律制度，横跨传统知识、民间文艺和遗传资源等多部法律；知识产权反垄断法律制度也是如此，该法律制度既存在于反垄断法，又可存在于诸如专利法、版权法等若干部法律。

广义的法律制度还包括具有准法律意义的国家公共政策，诸如国家知识产权战略等。实践证明我国的法律制度的丰富和发展，在很大程度上得

---

① 社区或特定民族可以是发展性知识产权的所有者，国家也可以是。

益于我国成功的政策的汲取。权利主体对知识产权与知识产权法律有一定的选择权；有的知识产权与别的知识产权的主体与客体有相当大一部分是重叠的，其法律制度也可双重保护。

知识产权和知识产权法律制度的关系，可以用对立统一的原理来分析。从对立角度来说，知识产权和知识产权法律制度分属两个不同的范畴，前者的本质属知识范畴，是对知识的法律上的公共和私有的划分结果，是人类发展过程中的满足生产和生活需要的精神产品，是人之所以为人的一个重要标志，经济属性是其基础，法律是从属的。而知识产权法律制度属于国家或国际机构立法机关的政治属性的制度产品。从统一上说，知识产权离不开法律制度的支撑，只有法律才能将知识进行产权化，才有法律上的意义，主体才可以获取和利用垄断权追求额外最大利益。知识产权法律制度也离不开其规制的对象——知识产权，法律制度设计与运用是否妥当和对应与对知识的产权化界定是否科学合理，会影响到知识的产生和充分利用，这直接影响到主体创造知识的积极性，另一方面，如果法律保护过宽或过深，将会使知识产权的消费者和组织付出昂贵的代价，或是抑制消费，影响知识的传播，社会福利受损。知识产权的最佳边界以及知识产权法律制度的最优选择，是自从知识产权及其法律制度产生以来的永恒的研究。

中国知识产权法律制度设计的指导思想是对国际知识产权法律制度允许而中国又未完善的知识产权法律制度空间选择，以中国国家安全利益为出发点和归宿点来考虑和判断。

（二）中国知识产权法律模式

知识产权法律模式是指有内政联系的若干法律制度，为达到一定目标而规范知识产权所形成的特定法。按不同角度划分，知识产权法律模式也有所不同。对技术，可以采取商业秘密法律模式，也可采取专利法律模式，或者两者兼而有之。对于软件这个可产权化的知识，既可选择专利法律制度保护模式，也可选择版权法律制度保护模式。法律制度指法律规范，即在法律模式确定的前提下，法律规范的进一步的设计和安排。一定的知识产权法律模式由一定的法律制度构成，专利法律模式有系统的专利法律制度匹配，如知识产权法律制度与知识产权的匹配。

中国知识产权法律模式，是指基于中国的知识产权利益、根据中国法律实际，形成的一种知识产权法律模式。可以包括针对专利滥用的中国反垄断法律制度、强制许可制度等构成的新型强势法律模式，以更有效地防治发达国家跨国公司在我国滥用知识产权这一日益普遍的行为所带来的风险和危害。还有对中国强势诸如传统中医药等传统知识、民间文艺、遗传资源等具有世界前沿问题的知识产权之源采取各种单一、复合或其他新型法律模式的探索，也可对一些知识，探索亚知识产权法律模式的方式。上述知识产权法律模式，只要不直接违背中国国际知识产权的义务特别是禁止性义务均可。

本书只研究基于中国的知识产权利益，从维护国家经济安全的角度，探讨中国知识产权及其模式的合理和较优的选择。在对不同知识产权，采取什么样的法律模式，即在法律模式相应选择或创造创新上，应以中国等发展中国家利益为标准，进行探索。当然，互惠合作和着眼于长远和整体利益机制，应是知识产权及其法律模式发展的重要基础，这已为相关实践反复证实，也正是理论与实践矛盾永恒的症结之所在。当然理想是美好的，而现实则是实际的。研究的追求是探究理想理论与实践矛盾的真正原因，以使理论具有说服力和对策具有可行性。这是理论与实践的完美结合，是人文社会科学家族的科学与技术的完美融合。

（三）中国知识产权法律的发展

1. 关于法律发展

发展是世界经济与法律的前沿问题。知识产权及法律制度和法律模式是不断发展的，在当代全球知识经济时代尤为如此。

法律发展不同于法律修改、法律立废、法律变迁等，而是整体性、战略性、质变性、动态性、广阔性（全球与本土结合）、渗透性（涉及实体法、程序法）；国内法、国际法、全球法；软法、硬法；法观念、法制度、法实践、法律人、法律秩序；法经济、法政治、法科技、法社会、法律文化；法时间、法空间、法对象、法阶段等。法律发展可以涉及法律的各个方面、各个层次和各个阶段。法律发展，包括量和质两方面，尤其是后者。发展是法律的本质属性，迄今为止的人类法律，自国家形成以来，无不经过不断的发展。本书侧重研究知识产权全球机制和框架下的中国知识产权法律的有限发展领域及程度。例如，对当代世界知识产权法律机制和法律模式重大变革的直接参与、现行国际知识产权法律制度的重新设计等。

法律发展可以分为革命性发展和继承性发展。革命性发展，诚如《现代知识产权法的演进》导论所指出的美国网络主义者巴洛的观点。继承性发展包含法律的创造与创新。继承性发展在20世纪以前表现突出，但随着黑天鹅事件在21世纪频发，法律革命性发展的可能性和现实性与日俱增。

法律发展与法律的需求呈正相关关系。首先，新需求和大需求，是法律发展的客观条件。这时法律这种制度公共产品的供给，就带有更多的新产品属性。新法律产品与原法律相比，显然具有发展属性。其次，发展中国家的发展，离不开发展性法律的支撑。法律发展还与发展中国家的法律创新紧密联系。发展中国家的明显特性是国家经济、社会、文化等处于由后进向发达方向改革、变化和发展进程中。其整个秩序与发达国家相比，处于不确定、不稳定和变迁之中，社会新情况、新冲突不断涌现。发展中国家已有的法律制度供给处于稀缺和不足状态，而新的社会纠纷需要法律新制度。最后，在21世纪，全球化、信息技术、互联网、知识经济社会的飞速进展，形成了许多前所未有的重大社会关系，新的法律利益关系主体迫切需要大量、适切的新法律产品来调整和规范。

法律发展，必须要在维持现存的法律实践的一致性与调整和适应由这种经济与社会的快速变化所产生的新的环境之间找到一个平衡①。即法律发展不是意味着一定要完全重新创制新法律，而是在继承和保持基础上的新发展。继承和保持的应是法律原则、基本秩序和基础价值观，这些低线性的法律原件和法律所维护的原秩序，是社会之所以为社会、国家之所以为国家、经济之所以为经济的最基本要素和结构。同时，还要注意新法与旧法的协调与均衡，即不仅要注意新法与新社会关系调整需要的平衡，也要关注法的继承与法的发展之间的平衡。

法律发展的主要形式有：一是法律制度的发展，创设新的法律制度、废除落后的法律制度；二是法律模式的发展，发展性知识产权纳入法律制度框架，部分发达性知识产权开放，例如开放性软件源；三是法律机制的发展，例如国家知识产权战略纲要属法律政策机制，该纲要的制定，意味着一种新机制的从无到有，这显然是一种法律机制的发展形态。

此外，法律发展还可分为法律客体的发展，公共知识的产权化，或者已产权化的知识公共化，或者客体的扩展，例如发达性知识产权的权利扩

---

① 罗纳德·德沃金:《认真对待权利》，中国大百科全书出版社，1998，中文版序言。

张的形式之一，便是法律客体范围的扩大。法律程序的发展（重构新程序或废除旧程序）、准法律的发展（公共政策与法律的互相转化）、法律程度（法律完善引起的法律的较优的质变）等也是法律发展的重要形式。

法律发展机制，指直接影响法律制度、法律模式发展的外部诸关键因子及其动力机制。现代世界知识产权法律发展的关键因子有：技术（数字技术、生物技术）创新；发展性知识（传统知识、民间文艺、遗传资源）的商业和人文价值日益加大的挑战；主体（发展中成员与发达成员、知识生产者与消费者）博弈；愿景（全球共同善的理想法律秩序、人类共同发展）；主客互动；历史惯性；全球法与国内法的矛盾；人性（法律人的自觉及行动）。本书突出的是国家主导并基于转型经济形态的知识产权法律发展机制形式，不同于美国等发达国家的大企业原推动型和市场经济型的法律发展机制形式。

发展法学①主要研究一般法律发展，通过研究中国等发展中国家的法律、法律本身发展的现象及其规律（该规律具有人文价值属性）的一门新兴法学学科。中国是发展中国家，法律发展现象在我国具有普遍性和典型性，而反映知识经济发展的知识产权法律，对中国更具现实意义。

2. 中国法律发展

本书研究的法律发展，是指在国家经济安全视角下的中国知识产权法律制度、法律模式和法律机制的发展。中国当前正处于一个经济社会迅速变革的时期，这一变革带来了对于新的法律的巨大需求②。中国是世界上最大的发展中国家，自1978年改革开放以来，尤其是2001年加入WTO后，中国已深深融入了全球化浪潮中。中国的法律不仅要发展，而且要在全球法律发展的处于被动适应平台上，主动参与建设健全全球法律机制、法律模式和法律制度的重大变革。关于中国知识产权法律发展问题，中国知识产权法律发展采取革命性和继承性的方式并重，对不同知识产权适应不同的方式，而且一般继承性的先行。

本书特别强调专利知识产权滥用法律制度的发展、知识产权法律模式的发展、知识产权法律机制（例如知识产权战略等准法律）的发展。它是对在经济和法律全球化条件下的最大选择权的充分认识、制度设计和行使。

① 这是本书提出的一种新的学科设想，并未论证，由发展经济学类推而来。
② 罗纳德·德沃金：《认真对待权利》，中国大百科全书出版社，1998，中文版序言。

既有量的变化，更有质的突破。前者譬如《TRIPS 协定》例外条款的充分认识到位和充分利用，后者有如将传统知识、民间文艺、遗传资源等中国丰富和强势的知识和基因，纳入国内乃至世界知识产权保护范畴。另外，对具有专利、商标和版权等现代典型知识产权优势的跨国公司，通过完善和发展竞争政策和反垄断法制度和法律模式，更好地保护中国企业和产业最大限度地规避这些知识产权带来的风险，同时，充分发挥中国强势知识产权的国家经济安全效应。最后，研究中国知识产权法律制度和法律模式的基础和公共支撑体制，例如国家知识产权发展战略中鼓励知识产权发展的公共政策体系等支撑机制。

（四）知识产权及其法律中的中国含义的理解

探索全球化趋势下基于国家经济安全的中国知识产权理想法律，是本书研究的宗旨。知识产权及其法律中的中国的内涵是经济和法律全球化趋势下、基于维护国家经济安全和促进经济发展的、世界结构的中国。

关于全球化的中国，邓正来的观点比较具有代表性和参考价值。[1] 他认为，中国的含义是世界结构上的。从世界法律的角度指出了世界结构中的中国态度。伴随着全球化时代的到来和中国对世界的开放，尤其是在中国加入 WTO 等国际组织而进入世界体系以后，中国已经不再是一个地理意义上孤立的中国，而是一个世界结构中的中国。此前的中国，作为独立的主权国家，虽说也因位于地球之上而与其他国家交往或发生冲突，但是却从未真正地进入过世界的结构之中，是"世界游戏"的局外人。然而现在的情形则大为不同了，中国经由承诺遵守世界结构的规则而进入了世界结构之中，成了"世界游戏"的一方。中国进入世界结构的根本意义在于，中国在承诺遵守世界结构规则的同时获得了对这种世界结构的正当性或者那些所谓的普遍性价值进行发言的资格。当然，更为重要的是，中国对遵守世界结构规则所做的承诺本身，已经隐含了中国亦由此获得了参与修改或参与制定世界结构规则的资格。因此，中国在参与世界游戏的过程中究竟根据什么理想图景去参与修改或重新制定这些规则的问题，便具有了前提性的意义。

---

① 参看邓正来《中国法学向何处去——建构"中国法律理想图景"时代的论纲》，商务印书馆，2006，第 26～31 页；邓正来《谁之全球化？何种法哲学？——开放性全球观与中国法律哲学建构论纲》，商务印书馆，2009，第 197～290 页。

本书认为，"中国"不仅是如邓正来所述的沃勒斯坦式的基于 20 世纪资本主义发展状况、以有形物为经济增长和发展基础的工业经济时代的、世界结构意义上的主权中国、主体中国和法律中国，而且更是基于当代全球化新形势下的更进一步的、更与时俱进的、以知识为基础的知识经济时代的、发展中国家利益的 21 世纪新世界结构的新秩序结构，是改革或革命旧秩序后的秩序重建或渐进或两者兼而有之。更具体来说，本书的"中国"含义，是世界知识产权新秩序中的本位本体中国，是世界知识产权法律理想图景中的中国。

第五节　本研究分析框架

一　假定命题

（1）建立世界知识产权新秩序可能是解决发展中国家与发达国家在知识产权利益冲突的一条可供选择的思路。因为它反映了全人类的共同利益，符合各方的长远利益和根本利益。它是一种知识产权理想法律图景。

（2）知识产权及其法律制度与国家经济安全有内在联系，其风险与一国开放程度和全球化深度呈正相关关系。安全例外是 WTO《TRIPS 协定》的规定。制度竞争是 21 世纪国家竞争的制高点。

（3）知识产权发展战略以法律发展为基础和归宿，是法律发展的重要公共政策机制。

（4）发展是世界经济与法律的前沿问题。中国知识产权法律发展是必然的、可能的和成功的。

（5）基于维护国家经济安全的中国知识产权法律发展目标的实现，有待于中国知识产权安全法律制度、安全法律模式、安全法律机制的各自及其协同发展。

二　总体框架

本书从全球化趋势加深、维护国家经济安全的视角，采取跨学科的方法，系统深入地探讨了中国知识产权法律发展问题，主要有以下六方面内容。

1. 世界知识产权新秩序的建立

世界知识产权新秩序是国家经济安全理念和制度的总基石。世界知识产权新秩序建立的必要性和可行性。世界知识产权新秩序的概念、发展状况。世界知识产权新秩序的愿景、法律构想。

2. 国际知识产权例外制度

世界诸种知识产权公约和 WTO《TRIPS 协定》均有许多例外制度。例外制度发展回顾、现状与发展趋势。例外制度基本问题。《TRIPS 协定》例外条款解读。知识产权例外的类型化。发展中国家应对国际知识产权例外制度的法律对策。

3. 外国知识产权安全法律发展及启示

发展中国家和发达国家均有许多成功的知识产权安全法律经验。美、英、法、德等主要发达国家知识产权安全法律，俄罗斯、印度、巴西、泰国等国知识产权安全法律。国外知识产权安全法律发展经验对中国的有益启示。

4. 知识产权面临的风险及其防治

中国作为知识产权弱国面临的风险较多。例如传统中医药的混淆、中药复方专利制度获保护难、遗传资源被掠夺、商标屡遭抢注、海外频遭侵权诉讼、美国的"337 调查"和"特殊 301 条款"等风险频发、专利全球实质统一、中美知识产权争端。中国知识产权风险及其成因、风险传导机制、风险的程度测定指标体系以及风险防治对策。

5. 中国知识产权安全法律制度安排

中国知识产权安全法律制度概念、特征、法理基础、现状、总体构想。安全法律制度主要有：一是国际公约已有的诸如事先知情同意制度、信息来源地披露制度、惠益分享制度等；二是规制知识产权滥用制度，例如知识产权反垄断法律制度、规制知识产权恶意诉讼和恶意行政申诉；三是专利安全制度，药品专利强制许可制度、先进技术转让促进制度、专利例外充分利用的激励制度、不得授予专利项目清单制度；四是商标安全制度，防治商标抢注制度、中华老字号保护制度；五是版权安全制度，版权合理使用制度、名著特殊保护制度；六是绿色知识产权法律安全制度；七是多哈回合有关知识产权议题新制度。

6. 中国知识产权安全法律发展的模式与机制创新

中国知识产权安全法律四大保护模式主要有：发展性知识产权安全保障法、发达性知识产权风险防治法、海外知识产权安全维护法和中国知识产权安全基本法。中国知识产权安全法律的六大发展机制主要有：安全性制度发展机制、安全性社会性机制、知识产权安全观念机制、知识产权安全的全面发展机制、以法律人发展为本的兜底机制、中国知识产权安全法律发展的评估体系。

三　研究的基本思路

（1）确立研究目标，假设公正高效的世界知识产权新秩序框架。

（2）调查国内的知识产权安全及其法律实践情况，搜集国外的相关资料；对国家、产业和企业层面不同类型的和典型的知识产权安全案例做实证研究。

（3）根据 21 世纪全球化趋势、维护国家知识安全和经济安全利益需要，以及知识产权安全法律发展经验和规律，提出中国比较理想的知识产权安全法律发展思路和对策，并验证世界知识产权新秩序思想与模式。

四　解决的关键问题及其难点

（一）关键问题

（1）世界知识产权新秩序的价值、概念、理论基础及框架。

（2）在全球化和知识经济条件下，知识产权及法律面临的诸多风险及其防治的法律策略。

（3）中国当代知识产权安全法律发展的制度、模式和机制的设计与实施、思路与对策。

（二）问题的难点

（1）世界知识产权新秩序建立的可行性论证，以及在该秩序中如何充分反映中国等发展中国家的知识安全、经济安全与发展利益。

（2）《TRIPS 协定》等国际知识产权规则及其例外制度，对中国的可产权化知识、经济与法律的现实与潜在风险及其程度。

（3）发展性知识产权等中国具有长项的知识产权，在世界知识产权新秩序法律框架内得以有效拓展、挖掘与保护。

（4）中国当代知识产权法律发展的关键因素及其权重的确定以及整合的综合效应。

（5）全球人类共同利益与各国经济体利益之间、发展中国家与发达国家之间、智力成果创造者与使用者之间、社会成本与社会效益之间平衡点的求解。

（6）转型期的中国如何通过反垄断法有效规制知识产权的滥用。

（7）切合本书研究的跨学科研究方法的选择与有效运用。

五 主要创新之处

一般来说，理论的构成和框架的分析，由视角、参照系和分析工具这三个主要部分组成①。参照系是指理想的概念（基本概念为范畴）、原理和思想体系的标杆和评判标准。如果说，理论属于"科学性"范围的话，那么对策则属于"技术性"领域。不过理论是对策的前瞻性、科学性、针对性、可操作性和有效性的基本保证。本书通过在全球化趋势下基于维护国家经济安全的视角，对中国知识产权法律发展问题进行了比较全面深入的系统分析和研究，在主要相关的理论方面有初步探索和一些创新。

1. 概念创新

提出了世界知识产权新秩序的范畴，把它作为研究全球化背景下中国知识产权法律发展的目标，并进行了初步论证。并在第二章从必要性、内涵与结构、经济安全的基石、可行性、发展状况、新秩序愿景、法律匹配等方面进行了深入的系统的阐述，并将该范畴统领于各章节的研究。这为中国知识产权法律发展，提出了发展目标和发展愿景。还提出了知识产权安全法律新概念，以及基于该概念的中国知识产权法律发展三大框架。

2. 视角创新

从全球化趋势下基于维护国家经济安全的双维角度，研究中国知识产权法律的发展，并且以建立和推行世界知识产权新秩序为目标。这为中国知识产权法律发展界定了特定视角和范围。

3. 方法创新

结合本书研究的需要，采取了跨学科和实证的研究方法。本书立足于自然法哲学、法律经济学、世界经济学的思想和方法进行研究，以较全面深入地探求在全球化和国家利益矛盾中，寻求合理共赢的中国知识产权法律发展现象及其规律。知识产权风险评估指标体系的设立等实证研究方法也为此书成果的负安全方面的创新，提供了现实可能。研究方法的创新，为全面深入发展中国知识产权法律发展规律，提供了方法论基础。

---

① 钱颖一：《现代经济学与中国经济改革》，中国人民大学出版社，2003，第 2 页。

第二章 世界知识产权新秩序的建立

建立世界知识产权新秩序，是应对发展中国家与发达国家之间知识产权利益冲突与合作的一种可供选择的思路和形式。知识产权新秩序是知识经济新秩序的重要组成部分，这一秩序符合各方的整体、长远和根本权益，反映了全人类共同的和可持续发展的意志和需要，是一种理想的知识产权法律发展愿景。

第一节 世界知识产权新秩序建立的必要性和迫切性

法律秩序是由法律所确立和维护的，以一定社会主体的权利和义务、权力和职责为基本内容的，表现出稳定性、一致性、连续性，具有特殊强制力（包括诸如 DSU 式国际治理力和国家强制力）的一种社会秩序。与道德、宗教等社会秩序相比较，法律秩序是最基本和最重要的社会秩序，从人类社会形成法律以来，就是如此。

知识产权秩序（实际上为知识产权法律秩序）是随着知识在经济社会中的作用提升而确立和变迁的。知识产权秩序，特别是基本的和主要的诸如专利和传统知识等知识产权秩序，是知识经济安全、增长和发展的最重要和最基本的保证。自 20 世纪以来，知识产权全球化或世界化的演进和发展呈现十分复杂的态势，知识产权秩序呈现出明显的世界化趋势和现象，1995 年《TRIPS 协定》纳入 WTO 规则，标志着世界知识产权法律及其所确立的世界知识产权秩序的形成。

知识产权全球化或世界化，对原有的非全球化即民族国家知识产权秩序、或由有限国家达成的国际知识产权秩序不断形成冲击并促其变革乃至革命。而知识产权全球化的机制和形式诸如 WTO 的《TRIPS 协定》维护的秩序，却由发达国家主宰，在知识产权世界化的过程中，出现知识产权秩序演进的复杂、失衡，不利于发展中国家，相关问题频出。以《TRIPS 协定》为基础的世界知识产权秩序，在分配世界知识和知识产权资源的过程中，日益显现出其先天不足和不公正性，导致本已弱势的发展中国家的知识状况和知识产权状况日益恶化，直接严重损害或威胁其企业安全、产业安全乃至国家经济安全。这表明，现存世界知识产权秩序必然会发生重大变革，即创立新型知识产权法律，重新制定和分配知识和知识产权资源，逐步推进世界知识产权新秩序的建立。

一 知识产权法律与秩序建立的基本原理

（一）秩序与法律

秩序概念所涉及的是社会生活的形式而非社会生活的实质与质量。而正义所关注的是法律安排的内容。[①] 正义是由安全、平等、自由三个基本价值构成的，它们植根于人的本性中，所以，一项法律是否成功，就在于这三者之间能否实现合理的平衡，而法律要实现其职能，就必须致力于正义的实现与秩序的创造这两大任务。所谓法律就是"秩序与正义的综合体"，"旨在创设一种正义的社会秩序"。[②] 依正义而安排的法律秩序，不受道德抵制。正如博登海默指出的，当法律规则的功效受到道德的抵制和威胁时，它的效力就可能变成一个毫无意义的外壳。[③] 只有服从正义的基本要求来补充法律安排的形式秩序，才能使法律免于全部或部分崩溃。法律秩序是严格遵守自由、安全和平等法律价值的社会秩序，法律价值服从于公益。任何法律都必须关注自由、安全、平等等某些超越社会结构和经济结构相对性的基本价值，否则，社会秩序将无从建立。

秩序与法律是对立统一的。秩序与法律不统一是由秩序的复杂和影响因素的多样导致的。大致可分两种情形。一是有秩序而无法律。例如在国家未出现时。二是有法律而无秩序。其主要原因是：法律形成机制、立法程序及其运行不公正；法律模式不合理；法律背离法律本义，存在法律漏洞；法律执行力不够。无秩序的主要表现是混乱、不公正、低效率。

秩序与法律一致的基本现状与未来是：法治国家；法律秩序的理想图

---

① 埃德加·博登海默：《法理学——法哲学及其方法》，中国政法大学出版社，2004，第302页。
② 埃德加·博登海默：《法理学——法哲学及其方法》，中国政法大学出版社，2004，第302页。
③ 埃德加·博登海默：《法理学——法哲学及其方法》，中国政法大学出版社，2004，第330页。

景。秩序与法律一致的原因是：法律优良；法律有强执行力。主要原因还有：秩序符合经济安全、社会和谐和人类发展需要。法律满足秩序需要及其程度，法律的质和量，与秩序的需求及其程度同一、对应；一部行之有效、富有生命力的法律必须具有稳定性和确定性，但同时也必须服从社会发展的需要。"我们必须在运动与静止、保守与变革、经久不变与变化无常这些相互矛盾的力量之间谋求某种和谐。法律必须巧妙地将过去与现在联系起来，同时又不忽视未来的迫切要求。"①秩序与法律一致的主要表现为：有法律有秩序，良法良秩序，优法优序，即按经济学理念进行的法律运用，法律理想图景。

社会秩序是法律的首要价值，公平和自由价值在良好的社会秩序的框架下才能实现。②秩序价值包括安全、和平。消除由冲突导致的社会混乱是社会生活的必要条件，只有采用法律规则，才能避免。必须先有社会秩序，才谈得上社会公平和自由。社会秩序要靠一整套普遍性的法律规则来建立。

（二）法律秩序与法律价值

法律与秩序具有内在关系。秩序将法律的普遍性和确定性引入社会生活，以确保社会生活的连续性以及人和国家等法律关系主体地位的持久性。秩序是法律的基本价值，是法律确立和维护的目标之一。秩序为其他法律价值的实现提供必要的保障。法律总是为一定的秩序服务。优良秩序的内核和本质是正义，是公正与效率和可持续的统一体。法律秩序是社会秩序的一种。秩序由自然秩序和社会秩序构成。自然秩序的本质是规律；社会秩序的实质是社会关系规律与社会价值的统一。法律秩序的实质则是法律关系规律与法律价值的对立统一。法律秩序的法律价值强调公正与效率，当两者发生矛盾时，以公正和正义优先。法律可以创造秩序，法律也能满足法律关系主体对秩序的需求。特定的法律有助于建立或完善某种特定的秩序。

（三）知识产权秩序与法律

知识产权秩序是知识产权法律所确立、维护的社会秩序。按知识产权

---

① 埃德加·博登海默：《法理学——法哲学及其方法》，中国政法大学出版社，2004，第312页。

② 彼得·斯坦等：《西方社会的法律价值》，中国法制出版社，2004，第45～49页。

类别，知识产权秩序可分为专利、商标和版权等发达性知识产权（也可称现代知识产权）秩序和发展性知识产权（也可称传统知识性的知识产权）秩序。我国学界对不同种类的知识产权秩序有探讨①，但没有从整体上和全球视野系统深入地研究世界知识产权秩序。

发达国家与发展中国家之间，美国与欧盟、日本等发达国家之间，中国与其他发展中国家之间，在世界知识产权的平台上，从各自利益出发不断博弈②，因此，当今世界知识产权格局出现了许多变数和不确定性。在知识产权秩序的动荡和变化中，呼唤世界知识产权法律的发展与知识产权秩序的变革与新秩序的建立。

知识经济秩序可以分为知识经济安全秩序、经济增长秩序与经济发展秩序。在知识经济全球化时代，确立知识产权法律、维护知识经济安全等秩序，是知识产权法律的基本功能；同时，知识产权法律还可以促进公平和保障自由权利，但后者均是一定的框架下的产物。

知识产权秩序包括发达性知识产权秩序与发展性知识产权秩序，与知识产权法律种类大体一致。发达性知识产权秩序的不公与发展性知识产权秩序尚未建立，是当前知识产权失序的主要问题。建立发展性知识产权秩序可采取创造和移植的方式；建立发达性知识产权秩序可以按照全球正义等法律价值进行修订、完善。

历史上一些发达国家的知识产权秩序的建立、选择和维护，均以其国家利益为最高标准；在当代知识产权世界秩序下，发达国家首先考虑其跨国公司利益，对发展中国家来说是一种不公。未来世界知识产权秩序，取决于利益各方的博弈。

由于中国已融入世界知识产权秩序中，中国在建立和维持自然的知识产权秩序时，也必须履行国际义务。当然，中国可以借鉴外国建立知识产权秩序的经验和教训，利用国际知识产权秩序空间，建立新型的知识产权新秩序，从而融入世界知识产权体系中。

---

① 例如，2008 年在北京首次举办的工业产权与发展高层论坛上，来自美国、日本、阿根廷、新加坡、中国等十多个国家的逾百位产业界代表集聚北京，通过了旨在推动建立公平、公正的工业产权国际新秩序的《工业产权与发展高层论坛北京倡议》。

② 发展中国家有共同利益诉求，发达国家也是如此。但当集团利益与自身利益发生冲突时，自身利益往往是优先的（博弈论基本思想之一），这也是理性人之选择，是法经济学的逻辑起点。

探讨新秩序与旧秩序的特征及各自所要求的法律特性以及该如何从法理和策略上打破旧的世界知识产权秩序，建立新型知识产权新秩序，是本书的宗旨。旧秩序一般是等级和科层式的，虽然形式上也讲权利，但所要求匹配的法律以权力或权势为核心内容①。而新秩序则是全球民主和世界治理式的，所对应的法律是以实质正义为基础的，是权利的形式与实质的高度统一。

二　目前我国知识产权法律秩序的主要问题

知识产权失序指无秩序、混乱秩序、瑕疵秩序、不可持续秩序。瑕疵秩序指不公平、不公正、低效率的秩序。不可持续秩序是指缺乏代际公平，缺乏全球正义，缺乏自然、社会、人类的和谐共善，缺乏资源、环境和人口的协调发展的秩序。

（一）涉及知识产权的案子时有发生，表明我国企业知识产权安全秩序缺乏

2010 年 9 月 7 日，莱伏顿公司以侵犯专利为由，向美国国际贸易委员会（ICT）要求，永久禁止所有侵权产品进入美国市场。遭到诉讼的企业包括中国通领科技集团、福建宏安电气、上海 ELE 生产有限公司、浙江三蒙电气有限公司、浙江东屋电气公司。早在 2009 年 3 月，通领科技、上海 ELE 生产、浙江三蒙电气就在美国知识产权司法大门前惨遭滑铁卢。当时美国著名电力配线设备和家用系统供应商 Pass & Seymour/Legrand（简称"P&S"）就成功地赢得诉讼，ICT 裁决禁止进口上述中国企业的侵权产品。莱伏顿和通领科技集团的纠纷早已有之，2004 年通领制造销往美国的漏电保护产品就遭到了莱伏顿的专利阻击。历时 3 年诉讼，通领科技集团最终胜诉，但代价是高达 700 万美元的诉讼费用。②

（二）中国的知识产权在域内外被掠夺或抢注或侵权，海外知识产权保护秩序漏洞频出

近年来，我国驰名商标在进军国际市场之时频频遭遇抢注，如"同仁

---

① 《TRIPS 协定》是一种典型的权势产物。其权势的突出表现是充分反映了美国等发达国家知识产权的利益，是发达国家强权政治、发达的经济和强大的科技力量的产物。
② 《美公司以侵犯专利为由对数十家中企提起诉讼》，《21 世纪经济报道》2010 年 9 月 10 日。

堂""王致和"等中华老字号都曾遇到抢注。比较典型的有海信与博世西门子公司的商标之争[①]。这场跨国商标之争始于 1999 年，长达 6 年之久。海信的 Hisense 商标是国内驰名商标。截至 1999 年 1 月，海信集团的"Hisense"商标已经在除欧洲以外的 40 个国家和地区注册。博世西门子公司（以下简称"博西公司"）于 1999 年 1 月在德国抢先注册了"HiSense"商标，并于 1999 年 2 月 25 日获得注册。该商标与海信集团的"Hisense"商标只在中间的字母"S"处有微小区别，博西抢注的商标是大写，而海信集团的商标是小写。博西公司以此为基础还分别进行了欧盟注册和马德里协定/议定书国际注册，并且要求优先权日为 1999 年 1 月 11 日，这就致使海信集团在欧盟地区的商标注册一路受阻。在中国家电协会、国家商务部的斡旋下，博西公司与海信集团谈判，双方于 2005 年 3 月 9 日达成和解协议。博西公司同意将其根据当地法律在德国及欧盟等所有地区注册的"HiSense"商标一并转给海信集团，同时撤销对海信的商标诉讼，海信集团亦撤销针对博西家电的所有商标注册申请，海信将向博西公司支付"6 位数"欧元的转让费。海信集团最终是以"转让"的方式获得本属于自己的商标，耗费了大量的时间、精力以及金钱。

本案中博西公司存在明显恶意，其在德国注册"HiSense"商标，与海信集团英文"Hisense"商标极为相似。且海信集团已在除欧洲的多个国家和地区以"Hisense"商标宣传和使用，博西公司作为同业竞争对手，其主要股东西门子与博世更是海信集团当时在中国市场的劲敌，博西公司也不可能不知晓在中国已存在有一定知名度的"Hisense"商标。但博西公司钻了国际知识产权规则的模糊、中国与德国的驰名商标规定不同而形成的法律及其秩序的漏洞。1999 年 1 月"海信""Hisense"商标已在我国被认定为驰名商标，中国和德国均系《巴黎公约》和世界贸易组织的成员，均受《巴黎公约》和《TRIPS 协定》的约束。《巴黎公约》规定与驰名商标相同或近似的商标，"自注册之日起至少 5 年的期间内，应允许提出取消这种商标的请求。本联盟各国可以规定一个期间，在这期间内必须提出禁止使用的请求""对于依恶意取得注册或使用的商标提出取消注册或禁止使用的请求"，不受前述时间限制。但是《巴黎公约》对驰名商标的认定只是笼统

---

① 田力普：《中国企业海外知识产权纠纷典型案例启示录》，知识产权出版社，2010，第 73 ~ 79 页。

地规定了由注册国或使用国主管机关认定，这就难免会出现标准不一的情况。德国 1995 年 1 月生效的现行《德国商标和其他标志保护法》第 4 条明确规定"通过在商业过程中使用"是商标获得的条件之一。因此，在博西公司在德国提出申请"HiSense"商标注册之时，海信集团的国外市场大都分布在亚、非、美、澳洲以及东欧等地，无论"Hisense"商标及相关产品的宣传、销售还是公众的知晓程度，都未达到德国驰名商标的要求，其"Hisense"不能在德国被认定为驰名商标。而从博西公司注册"HiSense"商标到 2004 年底博西公司提起诉讼，这已经超出了《巴黎公约》规定的5 年期限，如果海信集团请求德国专利商标局撤销其商标必须证明该抢注系恶意。而《巴黎公约》和《TRIPS 协定》对于恶意抢注均没有明确定义。总之，海外知识产权法律保护及其秩序漏洞，给商标抢注者以可乘之机。

（三）知识产权保护不力

中国等发展中国家的可产权化和强势的发展性知识未纳入知识产权保护领域或保护不力，而弱势的则呈现出过强的保护态势；现行主流发达性知识产权秩序过强，而发展性知识产权世界法律及秩序尚未建立。

（四）多哈谈判正在艰难进行，国际知识产权新法律和新秩序形成曲折

多哈回合贸易谈判，是世界贸易组织于 2001 年 11 月在卡塔尔首都多哈举行的世界贸易组织第四次部级会议中开始的新一轮多边贸易谈判。议程原定于 2005 年 1 月 1 日前全面结束谈判，但至目前为止仍未能达成协议。

多哈回合是发展回合，这是多边贸易体制 60 年来首次把发展问题置于中心位置，应该确保发展中成员真正从多哈谈判中受益。长期以来，世界贸易组织及其前身关税与贸易总协定，虽然在规范和稳定国际贸易秩序、降低关税和非关税壁垒、促进国际贸易发展方面发挥了一定的作用，但是却忽略了广大发展中国家发展的不平衡问题。国际贸易规则主要是在发达国家的操纵下制定的，所以首先体现的必然是这些发达国家的利益。

多哈回合谈判确定了知识产权等 8 个谈判领域。《多哈部长宣言》涉及《TRIPS 协定》规定的知识产权内容主要有：关于专利的强制许可制度，主

要涉及公共健康问题；关于建议地理标志通知和注册多边制度；关于传统知识和民俗的保护；关于《TRIPS 协定》与《生物多样性公约》。①

关于主要涉及公共健康问题的专利强制许可制度问题，经过非洲国家、印度、巴西等受公共健康问题影响的发展中成员与美国等发达国家多次博弈，历时一年零八个月的艰苦谈判，于 2003 年 8 月 30 日达成阶段性共识，形成了通过专利药品强制许可制度以解决公共健康的最后法律文件②。该文件给予发展中国家最大的好处是：简化程序和降低药品费用，以保证生命健康等基础人权高于财产权。即当因艾滋病、疟疾、肺结核和其他流行疾病而发生公共健康危机时，发展中国家的成员和最不发达国家的成员将可以在国内未经专利权人许可，而实施强制许可制度，以生产、使用、销售或从其他实施强制许可制度的成员方进口有关专利药品。但是，目前的法律文件仍是关于解决公共健康问题的临时安排，还有许多在具体适用上的限制性规定或障碍，有待未来的进一步谈判。

关于地理标志保护的扩大与多边登记制度是否具有强制力问题的谈判。根据《TRIPS 协定》的规定，地理标志是指其标示出某商品来源于某成员地域内，或来源于该地域中的某地区，该商品的特定质量、信誉或其他特征主要与该地理来源相关联。2001 年 WTO《多哈部长宣言》授权了地理标志的谈判，要求建立葡萄酒和白酒的多边通知与注册制度，并将对葡萄酒和白酒地理标志的保护水平扩大到其他产品上。在这两个问题上，以印度、巴西、泰国、埃及、印度尼西亚、匈牙利、保加利亚等发展中国家为主③，包括欧盟、瑞士在内的有关成员联合提案，支持扩大地理标志保护，主张建立有强制力的多边登记制度。而美国、澳大利亚、新西兰、加拿大、阿根廷等在地理标志名称方面不具有优势④，担心如果扩大地理标志保护的范围，会对其同类产品的生产和出口造成严重损害，因此坚决反对地理标志保护范围的扩大，并以地理标志需要重新定义、地理标志保护扩大成本过高为由，拖延谈判。同时，美国、澳大利亚等移民国家主张建立自愿性（由成员

---

① 孙振宇：《WTO 多哈谈判中期回顾》，人民出版社，2005，第 147～163 页。
② 该法律文件由 WTO 总理事会《执行〈TRIPS 协定与公共健康宣言〉第六条的决定》、总理事会主席《关于〈执行〔TRIPS 协定与公共健康宣言〕第六条的决定〉的声明》组成。
③ 这些发展中国家历史悠久，在农产品和手工艺品等方面拥有一批知名地理标志。
④ 这些发达国家属于欧洲移民成员，很多产品的生产在地理标志方面和欧洲大陆有较多的重合，与欧洲大陆国家相比，不具有优先权。

方国内法规定，而非由《TRIPS 协定》统一规定）的多边登记制度。

关于传统知识和民俗保护是否纳入《TRIPS 协定》框架问题的议题。根据《多哈部长宣言》第 12、第 19 条以及《TRIPS 协定》第 27 条（3）款、第 71 条（1）款的有关规定授权，《TRIPS 协定》理事会例会将传统知识和民俗保护纳入谈判议题。美国、欧盟等发达成员，反对在 WTO 框架下讨论此议题，认为传统知识和民俗保护问题已经纳入 WIPO 工作日程①；印度、巴西等发展中成员也没有单独就此议题递交提案，主张将该议题与有关《生物多样性公约》谈判议题一并处理。

发展中成员主张应对《TRIPS 协定》进行修改，使之与《生物多样性公约》（CBD）相协调②，符合国家主权三原则，并提出凡涉及生物资源和传统知识的专利申请应建立对申请人信息披露的强制性义务，确保资源拥有者的知情权和获得报酬权。但是，欧、美等发达成员反对将此议题纳入新一轮谈判，不主张修改《TRIPS 协定》，认为对生物多样性和传统知识的保护不能降低现有知识产权保护水平。

WTO 总干事拉米于 2010 年 10 月 19 日在贸易谈判委员会上告诉成员③，要将多哈谈判推向更高一轮，将启动关于葡萄酒和白酒地理标志的通知与注册多边制度建立的谈判，以及关于地理标志的扩大执行、《TRIPS 协定》与《生物多样性公约》的关系问题的新一轮谈判。

（五）世界知识产权失序的主要原因

发达国家的"权势"主导，是世界知识产权失序的最主要原因。世界知识产权形成机制不合理，也是由于发达国家的"权势"主导。发展中国家在短期内难以根本改变这一局面，因为国家及其集群④的经济权势、技术权势、知识权势、声誉权势（国际影响力），是权势主体长期的积累。这意

---

① 在知识产权已经进行的谈判中，如何对传统知识和民俗进行定义并确定其范围和内涵存在较大争议，即使是不同发展中国家成员看法也不同。

② 《生物多样性公约》于 1990 年签订，我国为首批成员。《生物多样性公约》确定了生物资源的国家主权、知情同意和利益分享三原则，主张对土著文化、本土知识、创新、实践以及生活方式等传统知识进行保护。《生物多样性公约》的宗旨是防止跨国公司等对生物资源未经许可进行无偿利用，防止生物盗版和对传统知识的侵权，确保生物多样性和人类的可持续发展。而《TRIPS 协定》却缺乏对这些内容的规定。

③ Lamy tells members to bring Doha negotiations to a higher gear, http://www.wto.org/english/news_e/news10_e/tnc_dg_stat_19oct10_e.htm，最后访问日期：2010 年 10 月 20 日。

④ 为表述方便，本书把发展中国家和发达国家称为两个国家集群。

味着世界知识产权失序状态还将持续。

　　谈判失利，直接迫使发展中国家持续付出难以承受的巨额代价。在 20 世纪 90 年代关于《TRIPS 协定》议题的谈判中，发展中国家一开始不同意将其纳入多边自由贸易体制，后来发达国家不断施压，并以开放纺织品市场为诱饵，诱使双方达成以市场换法律的交易。从实施的结果和价值评估来看，发展中国家承担了巨大代价，已经并将继续给发展中国家带来难以挽回的损失。因为形式上公平的《TRIPS 协定》，在法律关系主体的知识产权基础和能力悬殊的情况下，实施结果的显失公平不言而喻。

　　能力较弱及 WTO 争端机制的不确定性，使发展中国家难以理解、掌握和灵活运用规则，实现自身利益最大化。法律滞后，直接导致被《TRIPS 协定》高度挤压，发展中国家成员难以有效维护知识安全和经济安全。中国的知识产权反垄断法滞后，使其他相关知识产权安全及经济安全，也缺乏高质量的知识产权安全法律制度、安全法律模式和安全法律机制的保障。因此，中国迫切需要加速知识产权法律发展。

三　世界知识产权新秩序建立的意义

　　世界知识产权新秩序的研究目标是：在该秩序中充分反映中国等发展中国家的经济安全诉求与发展利益；人类共同利益与各国或经济体利益之间、发展中国家与发达国家之间、智力成果创造者与使用者之间、社会成本与社会效益之间平衡点的求解；利益的平衡与世界知识产权发展规律之间的协调均衡、交易成本最低的较理想状态和追求目标的最优路径选择。

　　（1）世界知识产权新秩序建立，可以促进现行欠公正的世界知识产权秩序的变革和重大调整。建立世界知识产权新秩序，是调整知识产权失序的需要。世界知识产权新秩序给原有秩序带来冲击和挑战，旧秩序要求的发展中国家与发达国家的权利与义务的不对等将得以改观和变革，有的甚至会发生巨变。

　　（2）世界知识产权新秩序建立，可以推动世界知识产权法律的修订和发展。法律是建立和维护秩序的强制力保障。成型和成熟的秩序也可以影响法律的变迁，在知识产权领域也是如此。世界知识产权新秩序的建立和完善，将不断推动世界知识产权法律的修订和发展。世界知识产权新秩序一旦建立，不适宜的知识产权法规诸如《TRIPS 协定》等将可能被质疑、批判从而得到修订、调整，有的甚至要重新制定。

（3）世界知识产权新秩序建立所形成的内容和形式，是中国知识产权秩序完善的标杆，同时将促进中国知识产权法律加速发展。世界知识产权新秩序建立的国内意义是使企业更了解和更好地预测知识产权法律发展趋势，为实施知识产权国际战略提供参考；为国家制定基于知识经济的产业、经济政策和国际知识产权策略或参与 WTO 的知识产权相关谈判提供参考；为知识产权公共政策战略提供标杆；为创立和完善知识产权法律提供指导。

（4）丰富和发展知识产权法律秩序思想和理论。世界知识产权新秩序这一基本概念研究的是当代知识产权出现的背离全球正义和人权发展健康轨迹的重大理论和现实问题，是一种可供选择的较好的新思想、新理论和新模式，为当代乃至今后相当长一段时期解决知识产权面临的日益复杂和多变的世界性难题，提供知识、思想和理论工具。

第二节　世界知识产权新秩序的概念

世界知识产权新秩序是一个全新的概念，是笔者结合多年的研究提出的新概念。这一概念提出了合理有效解决全球化趋势下基于国家经济安全的中国知识产权法律发展问题的总理念和总框架，是解决现行世界知识产权秩序失衡的一个比较好的理论应用。

世界知识产权新秩序与其他诸种秩序有密切联系，并吸收其要素。一是包括法律秩序、经济秩序、政治秩序、管理秩序、社会秩序、文化秩序、绿色秩序等在内的各种秩序。法律秩序可以分为实体秩序与程序秩序。与这些秩序相对应的是知识产权法律秩序、知识产权经济秩序、知识产权政治秩序、知识产权管理/治理秩序、知识产权社会秩序、知识产权文化秩序、知识产权绿色秩序。二是全球性的秩序。世界知识产权新秩序由知识产权全球法律秩序、全球经济、全球文化、全球社会、全球治理、全球生态等要素构成。三是新秩序。世界知识产权新秩序与世界政治新秩序、世界经济新秩序、世界法律新秩序有密切的关系。

按知识产权种类不同，世界知识产权新秩序可以分为不同层次和不同类别。本书研究的知识产权划分为如下类制：一是发展性知识产权。发展性知识产权既可以是产业性知识产权之源，又可以是独立权利；二是产业性知识产权，由工业产权、版权构成；三是工业产权，包括专利（含工业品外观设计权）、商标权（含地理标志权）等。版权主要存在于文化产业，但也可附加于商标、集成电路布图设计、外观设计等；四是双重或多重法律保护模式。

世界知识产权新秩序可以分为：产业性知识产权秩序、发展性知识产权秩序。产业性知识产权秩序由工业产权秩序（世界专利新秩序、地理标志及商标新秩序）和版权产权秩序构成。处于双重或多重法律保护模式的知识产权所形成的秩序，则呈现较为复杂的局面。

我们认为，世界知识产权新秩序概念的完整框架应包括：形式的逻辑要求，内容的现实逼真，以及理想境界，即形式与内容互动追求的至善境界三大方面。探讨世界知识产权新秩序，一是形式，二是内容。除了从上述两条思路外，还要从两者融合的视角来探索世界知识产权新秩序概念的理想状态。

一　世界知识产权新秩序的逻辑自洽

（一）逻辑起点的一般要求

逻辑起点是回答理论体系的基本问题所依赖的关键范畴，直接影响到对基本问题的回答，并进而影响整个理论体系。逻辑起点因其对基本问题的回答最为简单，表现出体系内部的不可分割性，从而是内涵高度简化、最为抽象的概念。逻辑起点贯穿于理论体系的始终，因而和终点具有统一性，并往往在历史起点上得到直接显现，是认识角度在理论中的概念显现。①

由于逻辑起点在整个理论大厦中具有基石作用，因此，动摇该基石则意味着对整个理论的重大挑战。对逻辑起点的挑战与创设，往往是新思想新理论乃至重大原始创新理论形成的关键开端。许多诺贝尔奖得主都是以逻辑起点为突破口的。例如，西蒙将经济学假定人是完全理性的，修改为有限理性，以此为出发点构筑了其管理决策新理论。布坎南把传统的经济人的范围从仅限于自然人和企业扩充至政府。科斯则用交易费用概念作为其新制度经济学或法律经济学的逻辑起点，开了用经济学系统解释法律的先河。

探索新的逻辑出发点和归宿，是知识产权新思想、新原理、新理论产

---

① 周越：《逻辑起点的概念定义及相关观点诠释》，《内蒙古师范大学学报》（哲学社会科学版）2007 年第 4 期。

生的重要途径，也可能形成一种知识产权新学派。世界知识产权新秩序概念是理性逻辑（形式逻辑和辩证逻辑）与现实（通常为研究对象）的统一。一方面满足理性逻辑的基本要求，即最抽象、最简单、元细胞、历史与逻辑的统一；另一方面能够涵盖当代世界知识产权秩序发展现象及其规律，以及发展中国家和发达国家知识产权利益均衡的全部内容和内在关联。

（二）形式逻辑规律

形式逻辑规律具有演绎、静态、外延确定、定性等特征。逻辑学研究思维形式的规律，包括动态、定性和定量方法。形式逻辑研究静态思维形式现象及其规律，辩证逻辑研究动态思维形式现象及其规律，两者都属定性逻辑范畴。定量逻辑范畴有数理逻辑和数学。人文社会科学以定性和动态逻辑居多，即形式逻辑和辩证逻辑的规律，对世界知识产权新秩序的概念及发展，具有规律性指导意义。逻辑规律有特殊规律和一般规律之分。形式逻辑有一般规律，即同一律、不矛盾律、排中律。"思想要确定"是同一律、不矛盾律、排中律的共同的基本要求。违反这个要求必然出现的逻辑错误有：偷换概念、偷换论题、自相矛盾、模棱两可。逻辑规律是思维领域里的规律，同时又是客观事物在人的主观意识中的正确反映。逻辑规律就是客观事物在人的主观意识中的反映。尽管客观事物千变万化，但是，具体事物在一定时间、一定条件下总是有质的规定性。这种质的规定性反映到人的思维中，就要求人的思想具有同一性、不矛盾性、明确性。这要求世界知识产权新秩序应符合逻辑规律要求，其思想要确定，不可出现诸如偷换概念、偷换论题、自相矛盾、模棱两可的逻辑错误。

（三）辩证创新逻辑

辩证创新逻辑有归纳、动态（发展）、外延开放、定性的特点。辩证创新逻辑有六大原理。一是创新过程的本质是提出假说或假设的过程。创新思维具有主观猜测性和假定性。创新思维的形式有其自身的特征。要素组合推理、逆反推理等辩证逻辑的推理方法是创新思维最常用的推理方法。应建立一门以创新思维形式及其规律，以及创新思维方法为研究对象的创新逻辑。二是实证性归纳方法。辩证创新逻辑本性偏于归纳。这也正是英美法系创新能力及创新成果多于大陆法系的一个重要原因。归纳派与演绎通常争论不断，归纳派攻击演绎不能提供新知，具有重复性思维，且推理的前提需要归纳提供。而演绎派则指责归纳的结论是或然的、不可靠的。本书认为，哲学意义上的创新源头是归纳方法，而在已有知识基础上的创新，则离不开演绎。因为，演绎是人类认可的知识积累。如果没有知识积累，人类则要回到原始社会。三是直觉。爱因斯坦说过："没有什么合乎逻辑的方法能导致产生这些基本定理的发现，有的只是直觉的方法辅之以对现象背后的规律有一种爱好。"本书提出的世界知识产权新概念也与直觉相关。四是外延的不确定性和开放性。创新概念刚提出时，在未经检验或创制之前，其在现实世界或未来世界中可能存在，也可能不存在，即其外延可能是空类也可能是非空类。经过进一步研究检验、创制，不确定性和封闭性可以转为确定性和开放性。科学研究的过程就是将这种不确定性和封闭性转化为确定性和开放性的过程。就世界知识产权新秩序而言，其确定性是指该概念的内涵确实现在存在或者经过成员方的努力很可能实现。开放性是指世界知识产权新秩序新概念所指的知识产权种类和范围均处于变迁和发展之中。五是愿景性。创新型概念是主观创造出的对象及其属性的陈述，它所陈述的对象及其属性在当前只存在于思维的理想世界中，是该概念对现实不满的反动与未来发展的理想和美好期望。世界知识产权新秩序的概念也是一种理想的思维产物，是该概念所反映现实发展的标杆和未来目标。六是创新工具。包括信息组合法、逆向思维法、两面思维法、克弱转换法（或称缺点逆用法）、回采法和形态分析法等。世界知识产权新秩序的概念主要是逆向思维的产物。

世界知识产权新秩序概念，是针对知识产权现秩序及其失序现象，特别是运用实证归纳的研究方法，掌握第一手研究资料，提出世界知识产权新秩序假说，运用新词语新概念，联系知识产权全球化走向、人类知识及发展的内在要求，经过深入、联系、发展、创新等，采用逆向思维法、两面思维法，以及运用辩证概念、辩证原理等辩证逻辑思维而概括出来的反映全球知识产权发展规律的创新型概念。辩证创新逻辑在创造新概念方面具有特殊意义。不同于形式逻辑着重关注一种新概念产生以后的逻辑要求。前者是动态和变化思维，后者重点在于关注静态和相对稳定状态的情形。

二　世界知识产权新秩序的现实真实性

仿真性，是现代科学逻辑的基本要求之一。仿真性意味着概念所表达的内涵与现实对象比较贴近，理想状态是概念与其对象几乎同一，既可准确地描述客观对象，又能极其逼真地揭示所描述客观对象的直接的和主要的存在原因。仿真性原理要求世界知识产权新秩序范畴既要符合上述逻辑要求，又要与现实耦合和一致，即基本符合现实现状和未来发展趋势及其真实、直接和主要原因等约束条件。本书框架是对世界知识产权现实真实性的系统、深入地探索。

世界知识产权新秩序的现实真实性，主要反映在以下方面：①确立判断和探索现实世界知识产权秩序的理论标杆——世界知识产权新秩序；②中国等发展中国家知识产权及其法律制度面临的现实风险；③国际知识产权例外制度及谈判机制的现状及趋势；④外国知识产权安全制度状况；⑤中国知识产权法律安全制度历史与现状；⑥知识产权战略等公共政策的实然。本书通过世界知识产权新秩序标杆，衡量中国等发展中国家和国外知识产权及其制度的真实现实，找出其差距，分析其真实成因，提出改进思路和对策，使其接近或达到理想的标杆状态，即世界知识产权新秩序理想愿景。

三　世界知识产权新秩序的理想境界

（一）理想概念

历史上，大多数典型法学流派是通过一定的概念体系，追求和表达法律的理想与理想的法律[①]，以及相对应的秩序的理想与理想的秩序的。理想概念是逻辑学研究的目的和意义，是评价和运用现行概念的标杆，也是创造新概念的努力方向。理想概念是科学的和艺术的，又是发展的和具体的。理想概念可分为形式逻辑和辩证逻辑等逻辑理想形态。

理想概念的标准，可以通过研究人类知识体系，尤其是经典概念和经典理论论著去提炼和概括。比如，诺贝尔经济学奖的重大原创经济学思想和理论。法学流派、管理学流派和知识产权流派的思想和理论，无不是其在所研究领域的最杰出、最有影响、最有解释力、最有预测力、最有改造力、最有效益、历久弥新，经过时间、实践和理论批判考验，并在特定时空和特定领域顶级的概念和理论，即理想概念和理想理论。研究发现，理想概念和理想理论，有助于自觉发现和创造较好的思想和理论，而理想概

---

①　庞德：《庞德法学文述》，中国政法大学出版社，2005，第 1~6 页。

念和理想理论形成规律的发现和运用，则可大大提高发现和创造新思想和新理论的效率。具备条件的还可以直接通过发现和研究人类理想新实践，获得原创的理想新概念和新理论标准。概念尤其是基本概念即范畴，犹如人体的干细胞，是浓缩的理论，而理论或理论框架是放大的概念。世界知识产权新秩序理想概念的发现，可以吸收理想概念发现的一般原理，结合知识产权的特点，以及当代全球化趋势加深、世界知识产权秩序严重失衡而亟待改进和发展的情况而发现。

本书的世界知识产权新秩序概念还是框架意义上的。世界知识产权新秩序概念的思维形式和思维内容是统一的。理想的世界知识产权新秩序概念包括两大模块。一是逻辑上的，即理想概念与理想形式逻辑、理想概念（理想新秩序的起点）与理想辩证逻辑；理想概念与理想理论体系；理想概念与理想知识产权；理想概念与理想知识产权法律；理想概念与理想新秩序（理想新秩序的终点）。二是具体内容上的，即本书要研究的知识产权学主要包括：世界知识产权新秩序的国内外大背景；世界知识产权新秩序的研究积累（材料、观点、思路和方法）；世界知识产权新秩序的研究目标和研究意义；世界知识产权新秩序与旧秩序的区别与联系；世界知识产权新秩序的特殊与新颖之处；世界知识产权新秩序的沿革与发展阶段；世界知识产权新秩序的全球化与国家经济安全平衡；世界知识产权新秩序下的中国知识产权及其制度风险防治；世界知识产权新秩序下的国际知识产权例外制度及谈判机制公正性；世界知识产权新秩序的外国知识产权安全制度借鉴；世界知识产权新秩序下发展中国家知识产权法律安全制度安排；世界知识产权新秩序下的中国知识产权发展战略；世界知识产权新秩序的理想图景和发展愿景（真、善、美；科学与人文融合）。世界知识产权新秩序的理想图景由理想逻辑、理想内容和理想实践组成。

（二）学科知识逻辑——逻辑学与其他具体学科的优化融合

学科知识逻辑，是逻辑学与其他具体学科的优化融合。逻辑学解决思维形式问题，而解决思维内容方面的问题，则是各学科的任务。按思维内容可划分为：自然科学的规律逻辑、人文科学的价值逻辑、社会科学的价值规律化逻辑。若将研究思维形式的逻辑与研究思维内容的逻辑统一起来，可否称为知识逻辑？可以。因为无论是思维形式还是思维内容，其本质均是人类创造的精神产品——知识。随着学科发展的日益细化，对思维的逻辑内容的逐级细分，往往是深入研究和发现新知识的一种有效方法，这正是西方分析方法的神奇之所在。思维内容逻辑还可分为教材式的通识知识逻辑、论文式的前沿知识逻辑、经典式的学派知识逻辑。完整地学习和掌握一门学科，离不开这三种内容逻辑的自觉把握。当然，也不能忽略知识逻辑。知识逻辑包括观点和方法。人们在学习和掌握知识时，往往更多地注意其观点，而忽略更为重要的研究者的立场、视角和方法问题。知识逻辑研究的目的就是探索理想的知识体系，以更好、更快地推进人类的理想实践，同时发展理想知识自身。完整意义上的世界知识产权新秩序是一种学科知识逻辑，它融合了思维形式、思维内容以及它们的组合。世界知识产权新秩序的理想境界则是这三者的最优或是次优组合。

（三）世界知识产权新秩序理想概念

世界知识产权新秩序是既有世界新秩序的一般共性，世界新秩序一般共性来自对世界政治新秩序、经济新秩序、文化新秩序、科技新秩序的归纳和概括，又有知识产权世界新秩序的特点，而且还是从全球化背景下基于国家经济安全的中国知识产权法律发展这一特定视角来考察的。世界知识产权新秩序是全球化背景下基于国家经济安全的中国知识产权法律发展的目标。

世界知识产权新秩序的内涵有公正、高效、经济与人文、可持续。其发展阶段为：第一阶段是经济安全和经济发展；第二阶段是经济与人文、可持续发展。从内涵的具体内容审视：从法律角度看，知识产权观念、制度、实践、法律人；从知识角度看，专利、商标、版权、其他；从知识产权制度与知识产权关系看，可分为单一保护与双重或多重保护①；从方法角度看，定性与定量，人文与科学，跨学科（自然法哲学、世界经济学、法律经济学、博弈论和实证研究方法）方法；从国别角度看，可分为国内、外国和国际或世界；从世界利益集团角度看，有发展中国家、发达国家与其他利益集团；从秩序角度看，新秩序与旧秩序，正义秩序与非正义秩序，法律秩序与政治、经济和社会秩序，国内秩序与国际、世界秩序，高效秩序与普通秩序，自发秩序（合规律形成的客观秩序）与自觉秩序（主观判断、主观利益行为形成的），世界知识产权新秩序的最终形成，可能是自发

---

① 卡拉·C. 希比：《国际知识产权简明教程》，何群译，经济科学出版社，2006，第17页。

与自觉互动的产物，自发秩序往往是当事人之间达成的约定或默认，并非法律规范。

世界知识产权新秩序的外延实质是指：全球、发展中国家与发达国家、知识产权及其法律、中国模式。外延框架是：中国等发展中国家知识产权及其法律面临的现实风险；国际知识产权例外制度及谈判机制的现状及趋势；外国知识产权安全法律状况；中国知识产权法律安全制度历史与现状；中国知识产权安全法律发展机制的实然，以及上述框架的各自未来发展趋势。

世界知识产权新秩序创新性包括实践创新和理论创新。实践创新，不同于国际知识产权旧秩序，表现在：一是公正，现行秩序是失衡的，以发达国家为主导；二是安全知识产权法律制度，现实知识产权法律制度的立法，一般考虑是权利人与使用者和社会利益的平衡，很少从知识产权制度安全、经济安全的角度考虑；三是以安全和促进经济发展为基础，同时兼以人权和人文精神，减少知识产权的财产属性与人权的冲突，使知识产权不仅为经济，更重要的是为人类的全面发展贡献战略性力量。理论创新表现在：一是范围扩大，由国际拓展为世界，以往理论一般讲国际；二是追求效率，一般知识产权讲公正、公平，WIPO 和 WTO 要与时俱进地改革和发展，不断提高国际协调能力和工作效率，节约和有效配置资源，为全球知识产权服务；三是从安全视角研究知识产权及其制度，这在学界较少；四是以促进安全和经济发展为基础。

世界知识产权（法律）新秩序，是由世界知识产权新型法律体系所确立和维护的，以发展中国家和发达国家的权利和义务、国际知识产权治理机构的权力和职责为基本内容，表现出稳定性、一致性、连续性的，具有特殊强制力诸如 DSU 式国际治理力的一种知识产权法律新秩序。与其他法律秩序相比较，世界知识产权法律新秩序的特点是：理想为应然，旧秩序为实然；法律关系主体为发展中国家与发达国家、国际知识产权机构；正义和实质公平，非形式公平；全球化趋势下基于维护成员国家经济安全的需要；基于中国知识产权法律发展的视角；中国知识产权新型法律及其秩序，是世界知识产权法律新秩序的重要组成部分。

世界知识产权法律新秩序的特征：第一，以世界知识产权安全法律秩序、法律模式为纽带而形成和运行，这是世界知识产权法律新秩序不同于其他社会秩序的一个显著特征；第二，以发展中国家和发达国家的权利和义务为基本内容，这是世界知识产权法律新秩序的又一个特征；第三，世界知识产权法律新秩序以确定性、一致性、连续性、稳定性和普遍性的特征，成为先进而富有效率的社会秩序；第四，世界知识产权法律新秩序是以诸如 WTO 争端解决机制为依托而形成的特殊的国际治理强制力。

四　世界知识产权新秩序的结构

世界知识产权新秩序的纵向结构是全球与亚世界、国家秩序。WIPO、WTO、UNESCO（联合国教科文组织）的全球秩序治理平台；欧盟、北美自由贸易协定等亚世界秩序；中国等国家秩序。新秩序意在打破旧秩序中发达国家占主导的格局，倡导和实施知识产权的世界民主思想、政策，保证发展中国家与发达国家在世界知识产权立法机制、法律制度和法律实施上的利益平衡。

世界知识产权新秩序的结构建立的微观基础是发展中国家企业的觉醒、强大与有效游说，以与发达国家跨国公司的先占优势抗衡，逐渐达致双方的平衡和公平均衡点。在当今失衡的世界知识产权秩序中，美国跨国公司在推动美国将知识产权纳入 WTO 框架中，起了非常关键的作用。同理，在世界知识产权新秩序的建立过程中，中国等发展中国家的跨国公司或跨国经营的企业，也可以起到重要作用。从根本上说，建立世界知识产权秩序的基础是企业，企业是知识产权创造和运用的真正主体。企业在知识产权秩序中的作用，可以用私立秩序理论解释。该理论认为[1]，这种私立秩序超越或补充了政府的弱经济治理模式。在世界大部分地区和历史上大部分时期中，私立秩序发展起来并代替正式的政府治理。

世界知识产权新秩序的知识结构，由发达性知识产权新秩序与发展性知识产权秩序组成。旧秩序是前者偏重，新秩序是大力加强后者。世界知识产权新秩序的公正结构应具有四大均衡：发展中国家与发达国家；知识创造者（或所有者）与使用者；知识的商业价值与社会福利；知识的归属与传播。

世界知识产权新秩序的理想结构的基础是全球与代际正义秩序。绿色结构是典型的全球性秩序。低碳、生态和绿色知识产权，可以反映全球与

---

[1]　阿维纳什·K. 迪克西特：《法律缺失与经济学：可供选择的经济治理方式》，中国人民大学出版社，2007，第 156~162 页。

代际正义秩序的要求，也在于寻求缓解或解决发展中国家与发达国家在知识产权利益上的对立和冲突。

世界知识产权新秩序的结构也有效率属性，即高效与可持续发展秩序，包括有效率的知识产权实体和程序制度规范；充分满足知识、产业、经济社会与人类全面和永续发展的需求；最低的中国知识产权制度成本，有效应对全球化风险。

第三节　世界知识产权新秩序是维护
国家经济安全的基石

秩序与安全均是法律的重要价值。安全是秩序的应有之义，秩序是安全的基础设施。世界知识产权新秩序是全球化趋势下保障国家经济安全的新型法律秩序。

一　世界知识产权新秩序是开放型国家经济安全不可或缺的支撑

当代开放型国家，要保证国家经济安全，离不开一系列秩序的有效支撑。国际政治新秩序、国际经济新秩序、国际文化新秩序、国际法律新秩序等均是重要支撑新秩序，其中经济新秩序和法律新秩序，对维护国家经济安全具有更直接、更主要的意义。在全球化加深的条件下，上述诸秩序会直接影响一国的政治安全、经济安全、文化安全和法律安全。国际政治新秩序、国际文化新秩序、国际法律新秩序的基础是国际经济新秩序。在复杂的国际社会中，全球制度特别是法律，对世界经济乃至国家经济的稳定、增长与发展的作用日益增大。G20峰会实际上发挥的是全球金融法律机制和法律制度的平台的作用。它为发展中国家打破不公正的国际金融旧秩序，建立国际金融新秩序提供了难得的和重要的契机。中国等发展中国家可以抓住这一机会，建立新秩序和充分利用诸支持秩序，以最大限度地维护国家经济安全。

二　世界知识产权新秩序是发展中国家经济安全的重要支柱

国际技术新秩序、国际知识新秩序，带有较深的知识经济痕迹，对世界知识产权新秩序的建立有较直接和重大的影响。全球企业新秩序、世界产业新秩序是全球经济安全的支柱，对开放国家的企业安全、产业安全乃至经济安全产生重要影响。发展中国家的企业产权、产业产权和知识产权，与发达国家相比，总体上处于弱势，因此，国家面临的经济风险更大，对安全的需要更迫切。

（一）知识产权与全球性企业安全秩序

王志乐著的《静悄悄的革命——从跨国公司走向全球公司》，大前研一著的《全球新舞台》《无国界的世界》等从不同角度对全球化的企业发展及其环境变化进行了阐述。当代全球性企业，尤其是优秀的或卓越的，无不是依托知识产权为核心竞争力而生存和发展的。这里的知识产权，一般指发明专利或世界品牌。

全球化导致市场全球化、治理全球化、消费者全球化、企业世界化。企业世界化即全球公司的形成。广义的全球公司，既指本公司为全球公司，又指全球关联公司。从这个意义上说，几乎世界上所有的企业都可通过组织、产品、要素、市场、法律、主权、产业、集群、国家、国际组织等连接点，与全球公司发生关系。即全球公司可以由核心圈、半核心圈和边缘区构成。全球市场的全球公司之间的竞争，远比国内企业或国际企业竞争，更为激烈。因此，随着当今全球化的不断深入，知识经济和竞争趋于同质化（竞争的一个规律），获取竞争优势的较优选择，就是创造和利用知识产权，构筑合法壁垒，形成核心竞争力，进入蓝海，规避竞争，获取合法战略性垄断收益。

知识产权法对企业安全有影响。譬如，知识产权反垄断法，对处于知识产权弱势地位的发展中国家而言，往往可以起到警示、阻止或惩戒外国（通常是发达国家的跨国公司）在本土滥用知识产权、危害本土企业安全的垄断行为。

（二）知识产权与产业安全

产业秩序与产业安全密切相连，知识经济时代的产业安全又受知识产权制约。不同知识产权及法律确定和维护的秩序，对不同的产业有不同的影响。对文化产业来说，版权则是其生存和发展的基础。专利和商标，对所有产业适用。

产业安全和国家利益，从来就是欧美等发达国家立法的基本精神，即便也规定了各国可以根据"安全例外"原则采取相应的保护措施，而"安全例外"原则的核心就是产业安全。产业安全问题在全球范围内始终以维护国家利益而被高度关注和维护。产业竞争力较强的发达国家尚且把产业安全摆在了立法高度,中国作为经济转型期的发展中国家更应如此。[①] 自改革开放以来,我国的经济发展取得了令人瞩目的成就,但产业安全问题日益凸显。在知识经济全球化的形势下,弱势产业往往是传统知识产权缺乏或较弱的产业,而安全性强的产业则通常是拥有优势知识产权的产业。WTO 的产业安全救济制度一般在于保护弱势知识产权产业,阻止强势知识产权产业的不公平竞争。专利往往影响一国 IT 业等高科技和新兴产业的安全。版权影响一国的文化产业安全。商标则对一国诸产业安全产生影响。与货物、服务贸易有关的知识产权,会对从事国际贸易的一国产业安全产生重要影响。正因为如此,WTO 为了维护成员产业安全,专门设计了三大安全阀,即《反倾销协定》《补贴与反补贴措施协定》和《保障措施协定》,以维护进口成员的产业安全秩序。

(三) 知识产权与经济安全

国家整体知识产权及其法律制度形成和维护的知识产权秩序,对一个国家的经济安全有直接和重大影响,尤其是对于知识型国家或自主创新型国家来说。

当一国与知识产权紧密相关的支柱产业、主导产业和战略性新兴产业的安全受到威胁或损害时,或一国与知识产权紧密相关的国家经济利益受到威胁或损害时,更意味着知识产权对国家经济安全产生重大影响。从间接和过渡角度来说,单个或较小的知识产权安全事件,当其发展和积累到一定程度的时候,也会对一国经济安全整体产生日益重大的影响。而问题的根源正是该国家的知识产权及法律制度所确立和维护的知识产权秩序有重大瑕疵,被外国企业或个人不当利用。

世界知识产权组织总干事卡米尔·伊德里斯在其著作《知识产权——推动经济增长的有力工具》(2007) 中解析知识产权作为推动经济增长和财富创造的工具的重要作用。其力图通过精心挑选的案例和事实,揭开知识产权的神秘面纱,说明"为何"要保护知识产权和"如何"保护知识产权。他指出,信息技术革命以及迅猛发展的全球化趋势造成相关的发明创造的

---

① 李孟刚:《产业安全理论研究》,经济科学出版社,2006,第 1~5 页。

步伐加快、影响扩大和重要性提高，都使知识产权成为关注的焦点。知识产权已经成为政府决策制定和公司战略规划的重要因素。他认为，知识产权是好的，知识产权是推动经济发展的工具，然而却未在世界各国得到最佳利用，特别是在发展中国家。知识产权以一种"非零和游戏"的方式为经济发展提供了增长机会。国际社会对知识产权作为一种工具的认可和使用意味着会有更多的创新出现，并会因此带来创造性变革和经济增长。卡米尔·伊德里斯的关于知识产权是推动经济增长和发展的工具的观点，指出了经济安全的积极和动态的内涵，而且指出了一种新的世界经济安全观。这是对一般的静态的和国家视域的经济安全的丰富和发展。拓宽了在全球化条件下，对经济安全观的新认识，有助于从动态和全球视野，更深刻和更广地看待知识产权与国家经济安全问题。

三　全球知识产权规则及机制影响世界知识产权秩序演变

全球知识产权规则及机制，从目前来看，主要由 WIPO 和 WTO 等全球性组织决定。但其他一些诸如 APEC、OECD、欧盟、北美自由贸易协定、东盟自由贸易区等全球组织，以及双边协定，甚至美国等世界知识产权强国及一些巨型知识产权跨国公司，都会对全球知识产权制度及其机制产生重要影响。但作为关涉知识产权重大利益的发展中国家和知识产权消费者，却没有像发达国家或从事知识产权的生产者一样，对知识产权制度产生应有的影响。

因此，现行的全球知识产权制度及其形成机制，是世界知识产权旧秩序的基础。要建立世界知识产权新秩序，必须改变现状，进行重大改进或重构，即发展全球知识产权新制度及其新机制。构建全球知识产权新制度及其新机制，必须客观考虑发展中国家知识产权弱势现状，充分反映发展中国家知识产权正当利益和要求，推进互利共赢的世界知识产权新秩序的早日建成；发达国家要勇于承担应有责任，承担新的或兑现已承诺的义务，帮助发展中国家和企业增强本土科技创新能力和制定更好的知识产权法律制度，减少或消除知识产权壁垒；发展中国家也要增强自主创新能力，制定和实施好国家知识产权战略，完善本国知识产权法律，学习发达国家知识产权成功经验，抓住机遇，争取在世界知识产权平台上占据较重要的地位，争取更多、更大的话语权，为改变不合理的世界知识产权秩序，推动建立世界知识产权新秩序做出自己的贡献。

四 建立世界知识产权新秩序是全球知识经济新发展的需要

在全球化和知识经济时代，知识特别是产权化的知识是经济发展的基础和驱动力，已为经济社会发展的实践所不断证实。在 21 世纪，全球知识经济呈现出许多新特点，一方面对现有秩序提出挑战，另一方面呼吁打破旧秩序而建立新秩序。

第四节 世界知识产权新秩序建立的可行性论证

经济、知识和社会的发展不断地提出新的研究方向，要人们去探索和解决。在研究的初期，由于人们对所研究的对象的科学事实和经验材料掌握尚不充分，还不具备揭示它的性质和规律的客观条件，因此需要创立假说。对一个假说的检验可以用证实或证伪①两种方法。世界知识产权新秩序也是一种假说。是否成立，有待进行验证和可行性论证。

世界知识产权新秩序建立的可行性论证是本书研究的重点和难点之一。本书的假定是：世界知识产权新秩序可以建立。因为它反映了全人类的共同利益，符合各方的长远和根本利益，它是一种世界知识产权理想法律图景。

一 反映了全人类愿望，与以人为本的最高理念吻合

知识产权法律的过度失衡和失效，最终必然影响整个世界知识产权及其法律的可持续发展，损害的不仅是发展中国家的利益，还有发达国家的利益，从而危及世界知识产权及其法律的长期安全和发展。法律现状及其发展应以主体的利益现状及利益均衡发展为基础。它是国家经济安全理念

① 证实性假说包括两个重要的方面：第一，科学假说的内容和越来越多的事实相符合。第二，依据科学假说所做出的推测，在无数的实践中被证明是正确的，证实性假说就是为了突破原有理论已达到的水平和界限，去揭示那些单单靠现有的理论所不能解释的事物，从而引起理论突破和创新。证实科学假说，需要以大量的案例、法律文本等事实为基础。假说的证伪可弥补证实的局限，证实的局限是：要找出证实某个假说的每一个经验实例，是不可能做到的；也不可能从单称的观察陈述必然地证实全称的科学假说。理论的证实可能需要大量的经验事实材料，经过长时间的佐证，才能得到某种程度上的科学理论。但是如果要证伪，可能只需要进行一次证伪的实验，就能够检验它是否是伪科学。经受住了迄今为止的考验的科学假说，只是暂时得到确认，它今后也可能会被证伪。转引自邹桦《论科学假说的证实与证伪》，《重庆工学院学报》（社会科学版）2009 年第 2 期。

和制度的基石。本书批判以全球化的形式、实则反映发达国家特别是美国利益的知识产权法律愿景的行动，探讨基于发展中国家正当国家经济安全利益的知识产权合理（公平高效和可持续发展）法律，以求建立基于利益平衡、争端解决顺畅和共同发展的公正、高效和可持续的世界知识产权新秩序。世界知识产权发展，不仅关系到财富的增长，还联系到与财富相关的诸如知识产权创造者的署名权等人身权即人权领域。知识产权其实是财产权和人身权相统一的权利。这一特性，与以人为本和人的全面发展的最高理念相一致。

二　符合各方长远利益和根本利益，是各方利益冲突和妥协的均衡点

加入 WTO 以来，中国在与其他国家发生贸易摩擦中的知识产权问题空前凸显，越来越多的中国企业被卷入国际知识产权纠纷中，诉讼案件接连不断。国外挑起知识产权纷争往往针对国内某些领域的领头企业进行，目的明确、筹划周密，无论诉讼的结果如何，都对被诉企业的销售额和市场前景造成了极为不利的影响，并在全行业引起了较大震动。面对这些问题，我们必须重新认识和思考：到底通过怎样的途径才能发挥知识产权的真正作用和功效？并能不断适应知识产权交易模式，防控知识产权纠纷风险，共同探求国际竞争、国际融合、互惠共赢的创新模式，在发展中共同谋求合作，创造更灿烂的前景。

三　符合世界知识产权发展的客观规律及趋势

从知识产权发展史来看，世界知识产权发展规律是：由国内逐步到国际、再到全球；由与工业发展密切相关、权利人私人化的知识产权，向与社会发展相关、权利人集体化的知识产权转化；由重知识结果的知识产权形式，向重知识源头的知识产权形式转化；由发达国家主宰知识产权命运，向发达与发展中国家共同决定知识产权形势发展；由重短期利益和部分国家利益，向重长期利益和全球利益转化；由失衡、内耗知识产权秩序，向公正、高效和可持续知识产权新秩序推进。而世界知识产权新秩序，则具备当代世界知识产权发展的所有的前瞻性和先进性要素及其优良构架。一方面与经济和科技发展互动；另一方面与社会、人权和人文精神相呼应。

《TRIPS 协定》自实施以来，一方面标志着"旧知识产权"时代达到顶

峰并开始衰败，另一方面意味着"新知识产权"时代的兴起①。"旧知识产权"目前正逐渐衰退，其固有知识产权多多益善的陈旧观念，对各种知识创造不断设置垄断性门槛，在工业领域已被证实起反作用，在卫生领域亦使创新水平下降。"旧知识产权"衰退的标志性事件是引发知识产权基础动摇的公共健康危机事件②。"新知识产权"时代的标志是：知识产权最大限度地促进知识对利益相关者和社会福利的最大化，而非"旧知识产权"片面强调知识创造者的利益最大化；不仅是利益相关者的竞争和零和博弈，而且是竞合、是合作、是非零和博弈。"新知识产权"的要求：一是推动新产品和服务等经济发展。知识产权用于维系和支撑各种经济关系，推动新产品和服务的创造与传播，以便各类知识创造能够最大化地满足人们的需求。二是不同经济人等利益相关者通力合作。"新知识产权"时代重视协作互助，知识产权通过鼓励不同经济人和股东间的合作，能够发挥重要的促进作用。当所有人——包括研发者、企业、政府以及非政府组织通力合作，确保新的发明创意能够为公众所获得，同时又被适当管理、能有效满足需求时，即达到创新活动的最佳境界。

四 知识产权秩序发展的新阶段

澳大利亚学者布拉德·谢尔曼等《现代知识产权法的演进》③ 把知识产权法的发展阶段划分为前现代知识产权法和现代知识产权法两个阶段。本书认为，《现代知识产权法的演进》关于知识产权法演进（继承性发展观）的双阶段论，主要以 1760～1911 年的英国为研究对象。尽管有道理，但受时间和空间的限制，其结论难以解释当代世界知识产权秩序发展的新现象

---

① 2008 年 9 月 10 日，国际生物、创新与知识产权专家组经过长达 7 年的研究，发布了一份有关知识产权制度国际发展趋势的研究报告。报告指出，知识产权应当用于维系和支撑各种协作关系，推动新产品和服务的创造与传播，以便最大化地满足各种需求。政策制定者和企业领导者必须努力创造知识产权新纪元，以鼓励创新，扩展科学发现。引自何艳霞：《知识产权制度的国际发展趋势》，http://www.newmaker.com/art_31985.html，最后访问日期：2010 年 11 月 5 日。

② 1998 年，39 家国际药品制造商控诉南非政府为应对日益严重的艾滋病危机，未经专利权人许可进口其他厂商生产的药品。这些药品制造商称，知识产权对激励药品制造商研制抗击艾滋病和其他疾病的新型药品至关重要，南非政府不应通过这种措施削弱知识产权的作用。发达国家药品制造商的上述行为引起艾滋病防治积极分子和中低收入国家的强烈反对，知识产权的基础遭到动摇，并引发知识产权制度是否已严重偏离其创立初衷的讨论。

③ 布拉德·谢尔曼等：《现代知识产权法的演进》，北京大学出版社，2006，第 1～7 页。

及其发展规律。在 21 世纪，知识产权法的环境发生了重大变化，全球化加深、以信息技术为主的高科技迅猛发展、知识产权新种类和新范围在不断扩展、《TRIPS 协定》等全球性知识产权法正在形成和发展、政治经济文化社会对知识产权的影响日益增大，发展中国家和发达国家两大阵营的博弈，正日益成为世界知识产权秩序及其法律性质和走向的决定性驱动力。目前的环境远比 18 世纪中期和 20 世纪初期的英国更为复杂和速变。因此，对21 世纪知识产权法律及其维护新秩序发展阶段，要有新思维和新观点，以提高解释力。

从知识产权发展历程的突出变化和相应的人类社会经济发展的形态来看，可以将知识产权发展阶段分为两个相互呼应的阶段：一是经济形态路径，工业经济、知识经济、全球经济；二是知识产权形态沿革，即工业产权和商业标志权、数字技术和生物技术产权等发达性知识产权，以及传统知识、民间文艺、遗传资源等发展性知识产权。全球经济和发展性知识产权是世界知识产权新秩序的新内容，即新的经济形态（全球经济）和新的知识产权种类（发展性知识产权）。

五　世界法律和法学发展的结果

（一）知识产权法律的发展

法律发展可大致分为两种。一是革命性发展，诚如《现代知识产权法的演进》所指出的美国网络主义者巴洛的观点。巴洛说，知识产权法不可能通过打补丁、翻新或者扩展就能包容数字化表达的东西。有必要开发出一套全新的方法，以适应这个全新的环境。二是继承性发展，包含法律基于传统的创新。布拉德·谢尔曼等《现代知识产权法的演进》反对法律革命性发展观，并提出了继承性知识产权法律发展观。他认为，过去和现在是紧密相连的，从这一点出发，他相信现代知识产权法的许多方面，只有通过过去才能得到理解。而且虽然法律面临的数字化财产和重组 DNA 已经给它带来了许多实际的困难，但其中的许多困难依然被认为是独一无二的。

20 世纪末公众争论的一个共同主题是：法律在面对近年来发展起来的知识产品的创造、传播和复制的新方法时难以适应。《现代知识产权法的演进》提出，为了理解法律在当前所面临的许多难题，有必要了解它的过去。谢尔曼等利用广泛的档案研究，对现代英国知识产权法的形成进行了详细的解释。在此过程中,他探讨了两个相关的主题。一是解释了为什么知识产权法呈现出这种为今天的人们所熟悉的形态,即以专利、著作权、外观设计和商标为子范畴。在反驳那种视知识产权法为自然形成或者由某种更高级的哲学原理所塑造的观点时,该书力图表明该法律领域的复杂性和偶然性。二是把这样出现的知识产权法刻画为一个独立的法律领域,与此同时,还试图解释该法律是如何授予无体物以财产地位的,并且说明因此所产生的难题,探讨了创造性作为一个组织性概念而在知识产权法中的起落沉浮,知识产权法的创造性特征,以及登记程序在无体财产形成过程中的重要作用。

研究法律发展可以从知识产权法律发展原因、历史形态和逻辑形式去考察。法律发展还可从定性和定量角度去分析。定性式法律发展是一般或传统思路,定量式法律发展是现代跨学科或交叉学科,特别是系统论研究方法引入的产物。可考虑从整体性、最优性和仿真性角度,剖析法律发展。另外,还可以利用指标体系方法。

世界知识产权法律发展的直接和关键因子依次有六点:权势;发展中国家和发达国家之间的博弈;重大知识安全和经济安全事件;知识悖论,数字技术和生物技术等发达性知识产权以及发展性知识的发展需要;全球共同的理想世界知识产权法律秩序愿景;世界知识产权法律知识体系发展的逻辑。

(二) 知识产权法学的发展

知识产权法学的发展是世界知识产权法律知识体系发展的典型。世界法学发展轨迹为:自然法学—分析法学—功利主义法学—批判法学—全球法学。庞德的法律发展五阶段的"世界法"的理想图景,较早地预见了世界法的问题。英国著名法理学家威廉·退宁,在其《全球化与法律理论》①和《一般法理学》中,较全面和深刻地阐述了全球法律问题。西方三大法学流派的共性有:自由主义法学,倡导个人与国家自由,个人和国家私有财产,全球法治与世界民主;制度机制、行政机制和市场机制并举。

法学流派的涌现是中国法律学人的夙愿。法学流派像其他任何流派的形成一样是一个自然的过程。法学研究的对象及范围、哲学基础、方法论运用、理论体系的创新等是流派形成的主要因素。当前,中国的应然法学

---

① 威廉·退宁:《全球化与法律理论》,中国大百科全书出版社,2009,第 1 ~ 2 页。

应该基于全球视野而研究和解决中国问题，以形成既具有中国特色又有世界意义的法学流派。这是对法学向何处去的一种回应。① 邓正来的"中国法学向何处去"的质疑，对我国已发展30多年的整个法学团体来说是一个警示。但邓正来只是提出了问题，离分析问题和解决问题还相差甚远，中国法学（当然包括知识产权法学）走向世界尚需时日。

知识产权法学呈现新的发展趋势。它与20世纪及之前时期的以工业经济时代发展相呼应的一般法学既相同又不同；与科技、知识、社会，特别是知识经济发展紧密相连；与知识产权法律发展一致。各国和世界性知识产权法律的立法、执法和司法，已成为世界的新主流。中国的知识产权法学近年来快速发展，更令世界瞩目。知识产权法律人学术团体快速发展。许多高校都成立了知识产权学院或知识产权研究机构。

六 效率型知识产权新秩序

理想的世界知识产权新秩序应是有效率或高效的。有效率或高效是世界知识产权新秩序存在和可持续的基础。效率型世界知识产权新秩序，符合世界经济学和法经济学的基本原理。世界经济学和法经济学的共同核心命题是研究资源配置的高效问题。世界经济学从整个全球的角度，研究全球经济现象及其发展规律，探讨世界范围内经济资源高效配置的机制和方法。法经济学是运用经济学原理和方法，分析法律资源配置效率问题，探索法律资源高效配置的规律、机制和方法。因为无论是秩序资源，还是法律资源，在世界范围内都是有限的，而世界知识产权及其秩序的发展要求是不断增长甚至是无限的。解决资源有限和需求无限矛盾的最好选择，就是追求资源配置效率最大化。效率型世界知识产权新秩序分析框架应包括围绕世界知识产权新秩序的效率型法律制度机制、高效知识产权行政治理机制和充满活力的民主市场机制。世界经济学的方法，便于深化全球化、知识产权及法律的国际保护。

七 有知识产权全球法基础

（一）与贸易有关的知识产权全球法基础

与贸易有关的知识产权全球法是《TRIPS协定》，主要反映了发达国家

---

① 陈金钊：《当代中国法学的流派化志趣》，《扬州大学学报》（人文社会科学版）2007年第2期。

跨国公司的私人利益，虽然总体上不公正，但是从全球性框架、形式的公正以及部分内容、法律秩序的继承属性、立法技术及对相关社会秩序的匹配和影响来看，《TRIPS 协定》有其独特价值。其是现行世界知识产权秩序的基本基础，而世界知识产权新秩序的形成，不可采取革命的形式，一般应采取和平过渡的方式，即通过辩证地继承和发展世界知识产权原秩序，发展出一种全球化趋势下维护国家经济安全的世界知识产权新秩序。

该协定是对关贸总协定的重大突破，是乌拉圭回合拓展出来的新的重要领域。它既反映了人类进入知识经济时代的要求，又是 WTO 成员中的发达国家和发展中国家谈判妥协的结果。《TRIPS 协定》涉及的知识产权共有八个方面：著作权及其相关权利、商标、地理标记、工业品外观设计、专利、集成电路布图设计、对未公开信息的保权和对许可合同中限制竞争行为控制的全球知识产权法律规范。这在世界知识产权法律发展史上是空前的。无论是调整和规范的广度和深度，均是开创性的。它不仅发展了原有的知识产权法律，而且对知识产权法学，乃至整个法学，都提出了重大挑战，对世界知识产权法学、法律和秩序的改革和新建来说也是重要契机。可以说，《TRIPS 协定》既是全球知识产权法律，又是建立和维护世界知识产权秩序的必要基础。因为正如美国学者塞尔的《私权、公法——知识产权的全球化》著作中所认为的那样，《TRIPS 协定》的实质是维护美国跨国公司的利益。该书指出了在国际政治中权力是如何日益为私人利益服务的。1994年 WTO 正式通过了《TRIPS 协定》，它要求政府保护知识产权。塞尔认为《TRIPS 协定》是跨国公司游说之后的产物，这些跨国公司希望用国际法来影响和保护其市场。《TRIPS 协定》开创了一个成熟的、有约束力的全球知识产权法律和体制，该体制深入各国国内的监管环境。而这场戏的主角是一个更小的集团——由12个美国全球公司组成的特别的知识产权委员会，由12个代表制药业、娱乐业和软件工业的全球企业首席执行官组成的知识产权委员会，在加强对发达性知识产权的全球保护方面成功地取得了全球法的支持。

（二）WIPO 管理诸世界知识产权公约

世界知识产权组织（WIPO）是1967年《WIPO 公约》生效后，于1970年建立的。成员赋予它的任务是，通过国家之间的合作并与其他国际组织协作，在全世界范围内促进知识产权保护。WIPO 于1974年成为联合国的一个专门机构。WIPO 总部位于日内瓦，有约1300名国际职员，184个成员国——占世界国家总数的90%以上。WIPO致力于发展兼顾各方利益、便于使用的国际知识产权制度，以奖励创造，促进创新，在为经济发展做出贡献的同时维护公共利益。世界知识产权组织作为联合国的一个专门机构，其任务是在全世界范围内保护知识产权，管理着知识产权领域的大约21项条约。知识产权保护条约包括三大类：第一大类条约对在每个国家进行知识产权保护的国际议定的基本标准做出了规定。第二大类就是人们所熟知的全球保护体系条约，此类条约确保一项国际注册或申请将在任何一个相关的签署国内具有效力。世界知识产权组织根据这些条约提供的服务，简化了提出单一申请或在对某一知识产权寻求保护的所有国家提出申请的手续并减少了相应费用。第三即最后一大类为分类条约，该类条约创建了把有关发明、商标和工业品外观设计的信息编排成便于检索的索引式可管理结构。

八　全球知识产权治理和世界法治建设的需要

现行以强权和实力为主导的世界知识产权已严重损害全球知识产权正当治理和世界良性法治。这不仅损害了人类由自然社会走向文明社会的法律秩序基础，也实质阻碍了知识经济发展进程和法律发展。人类历史证明，法治与暴治、人治、实力治相比具有不可比拟的优势，随着文明的发展，这一规律更为突出。多哈回合的知识产权议题的确定、谈判过程，清楚地证明了这一点，即由强权和实力主导世界知识产权治理的时代正在衰败，全球知识产权法治新时代正露曙光。

全球知识产权治理管理的不同。管理的基础是等级分明的科层结构的权力控制。而治理则是平等主体对特定对象这一客体的管理，对主体则是平等的。管理对客体和主体均实行自上而下的控制。管理通常用于企业和国家对资源客体和主体的垂直控制，而在当今全球范围内，国际组织在处理事务的时候，一般是采取治理的方式，这与国家主权平等的惯例是相一致的。全球知识产权治理的形成和运作，离不开世界法治建设的水平。

第五节　世界知识产权秩序发展状况

一　以本国经济利益为主导的知识产权秩序简史

19世纪至《TRIPS协定》形成之前，知识产权秩序主要呈现出国家利益至上的格局，此时的知识产权秩序只有国家或国际意义。无论是成员数量还是知识产权的范围，以及秩序的内涵，均未达到作为全球意义的知识产权秩序的基本要求，即世界知识产权秩序尚未形成。

（一）19 世纪发达国家知识产权秩序——以本国经济利益为标杆①

美国为了促进其经济发展采用知识产权制度，并在其不同的经济发展阶段执行了不同的相关制度。例如：1790～1836 年，美国作为当时的技术净进口国一直限制对其公民和居民的专利权授予，即使到了 1836 年，外国人的专利申请费也高出美国公民的 9 倍（如果是英国人，还要高三分之二）。直到 1891 年，美国的著作权保护仍仅限于美国公民，外国著作权在美国仍受到各种各样的限制（如印刷必须使用美国排版）。美国加入《伯尔尼公约》的时间被推迟到 1989 年，比英国晚 100 多年。

（二）20 世纪东亚新兴经济体知识产权秩序——弱知识产权保护

在最近的历史发展阶段，最好的例证是东亚国家。它们使用知识产权的弱化形式以适应其发展阶段的特定环境。韩国在经济快速成长的关键阶段——1960～1980 年，强调效仿和翻版的重要性，将其视为增强本土经济革新能力的重要手段。韩国 1961 年就通过了《专利法》，但该法的保护范围并不包括食品、化学药品和医药品，而且专利保护期限只有 12 年。只是到了 20 世纪 80 年代，特别是美国依据其《1974 年贸易法案》对"特殊301 条款"进行起诉后，韩国的《专利法》才有所修改，尽管还是没有达到《TRIPS 协定》的标准。人们广泛认为，印度《1970 年专利法案》对药品实行知识产权保护的弱化是印度药品行业后来快速成长的一个重要因素，印度是低成本非专利药品和散装中成药的生产国和出口国。

《知识产权与发展报告》总结道：历史展示给我们的常规经验是一些国家已经能够使本国的知识产权制度适应促进科技学习和本国产业政策目标的需要。因为一国的政策会侵犯别国的利益，所以有关知识产权的争论一直是在国际范围内展开的。尽管《巴黎公约》和《伯尔尼公约》认识到了

---

① 英国知识产权委员会：《知识产权与发展政策相结合》，http://www.iprcommission.org/graphic/chinese，最后访问日期：2010 年 11 月 19 日。

这一点和人们互惠的愿望，但还是允许各国在制定知识产权制度时有相当多的自由。随着《TRIPS 协定》的到来，大部分的自由已被取消，各国不能再走瑞士、韩国发展的老路，通过科技学习、效仿和翻版确定真正本土的革新能力，必须采取不同于以往的方式。本书认为，《TRIPS 协定》实际上给成员提供了灵活施展的空间，因为该协定规范的是知识产权保护的最低标准，而且对发展中成员和最不发达成员有一定的倾斜规定，还有很多例外制度，该协定的谈判机制也是弹性的。对此，发展中国家完全可以凭借自身的经济科技实力，和世界法律素质的提高，而在 WTO 这个世界舞台上，争取更多的有利于自己乃至全球人类共同发展的机会。另外，无论是 19 世纪发达国家知识产权秩序，还是 20 世纪东亚新兴经济体知识产权秩序，都是当时国家利益发展的产物。坚持国家利益是可以的，但是损害他国知识产权利益而获取自己利益的不合理的知识产权秩序是应该摒弃的。

二　三足鼎立的知识产权秩序现状

由 WTO 成员所达成的《TRIPS 协定》，自 1995 年签订和实施以来，标志着世界知识产权秩序的形成，尽管该知识产权秩序是形式上的且有许多瑕疵。现行知识产权制度侧重保护发达国家的利益，加大了发展中国家的知识产权及其制度的风险，扭曲了正当的世界知识产权秩序。当前国际上对不同的国家，采取一并保护的规则，违背了法的起点公平原理，侵害了国家主权利益，危及了发展中国家的经济安全与发展。

《TRIPS 协定》侧重于从促进世界贸易自由化及强化对知识产权保护的考虑角度；而世界知识产权组织则基于联合国平台，从促进经济和可持续发展等更广泛的视角来发展国际规范性框架，以构筑世界知识产权秩序。一些区域或双边或国家，成为世界知识产权规则及秩序的亚层次或微层次。

（一）WIPO 的世界知识产权秩序

世界知识产权组织根据 1967 年《WIPO 公约》建立。成员国赋予它的任务是，通过国家之间的合作并与其他国际组织配合，促进世界范围内的知识产权保护。

《建立世界知识产权组织公约》（1967 年 7 月 14 日在斯德哥尔摩签订，1979 年 10 月 2 日修正）的序言指出：缔约各方：致力于在尊重主权和平等基础上，为谋求共同利益，增进各国之间的了解与合作而贡献力量；致力于为鼓励创造性活动而加强世界范围内的知识产权保护；致力于在充分尊重各联盟独立性的条件下，保护工业产权和文学艺术作品而建立的各联盟的管理趋于现代化并提高效率。WIPO 的宗旨是：第一，通过国家之间的合作并在适当情况下与其他国际组织配合，促进世界范围内的知识产权保护；第二，保证各联盟之间的行政合作。由此可见，WIPO 的世界知识产权秩序的特征是：第一，强调世界知识产权的保护秩序；第二，突出合作，其基础和目的是尊重主权和平等、谋求共同利益、鼓励创造性活动；第三，世界知识产权秩序的管理趋于现代化并提高效率。

（二）《TRIPS 协定》的世界知识产权秩序

《TRIPS 协定》的世界知识产权秩序包含与货物贸易相关的知识产权秩序、与服务贸易相关的知识产权秩序、知识产权自身贸易秩序。世贸组织要求它的成员必须保护的知识产权有七项：版权、商标、发明专利、外观设计、地理标志、半导体集成电路设计、商业秘密，也相应有诸如世界专利秩序等世界知识产权具体秩序。

《TRIPS 协定》的宗旨反映了《TRIPS 协定》的世界知识产权秩序目标，是知识产权充分、有效的保护与贸易自由最大化的均衡，即期望减少国际贸易中的扭曲与阻力，考虑到有必要促进对知识产权充分、有效的保护，保证知识产权执法的措施与程序不至于变成合法贸易的障碍。认识到欲达此目的，有必要制定与承认下列秩序。

第一，知识产权新规则秩序（属于世界性的新知识产权）：其一，与货物贸易有关的知识产权原则问题，即 1994 年"关税与贸易总协定"的基本原则及有关知识产权的国际协议或公约的基本原则的可适用程度；其二，与贸易有关的知识产权的效力、范围及利用的适当标准与原则，执法的有效与恰当的措施规定，顾及各国法律制度的差异；其三，以多边方式防止及解决政府间知识产权争端的有效及快速程序规定。

第二，知识产权新观念秩序（属于世界性的新知识产权），包括：承认为处理国际假冒商品贸易而在原则、规则、纪律上建立多边结构的必要性；承认知识产权为私权；承认保护知识产权的诸国内制度中被强调的保护公共利益的目的，包括发展目的与技术目的；也承认最不发达的成员在其域内的法律及条例的实施上享有最高灵活性的特殊需要，以使之能建立起健全、可行的技术基础；强调通过多边程序解决与贸易有关的知识产权争端，从而缓解紧张的重要性；期望在世界贸易组织与世界知识产权组织及其他有关国际组织之间建立相互支持的关系。

《TRIPS 协定》关于世界知识产权秩序的基本法律规范在一定程度上反映了世界知识产权新秩序思想。但其实质仍然基本上反映了发达国家的利益。因为，发展中国家和发达国家在履行该协定的科技、经济、法律等水平上，不在一个起跑线上，却还要一并履行同一个最低保护标准。

（三）地区贸易协定的亚世界知识产权秩序——世界知识产权新秩序的反动

一些地区贸易协定要求承担超出 WTO 规则的义务，尤其是在投资和知识产权领域。不让这些协定凌驾于基于减贫战略而制定的国家政策之上很重要。① 这一现象加剧了当前世界知识产权的不平等。英国《知识产权与发展报告》对国际知识产权双边协议和地区协议中的知识产权做了研究。报告指出，以美国和欧盟为代表的发达国家，努力寻求鼓励发展中国家遵循国际知识产权公约，或者采取有关知识产权保护的高标准。在发达国家中有这样一种趋势，即在与发展中国家的双边和地区贸易与投资协议中，他们越来越多地寻求对知识产权标准的超越《TRIPS 协定》的承诺。地区和双边协议所具有的优越性比制定多边标准要少得多。在多边标准中，虽然发达国家和发展中国家谈判能力的不对称，但数量上的优势和构建联盟的能力弥补了这一点。而且，地区和双边协议可能会通过常规，限制发展中国家对《TRIPS 协定》的灵活性和例外的使用，这有破坏多边体系的危险。特别是最惠国原则意味着通过双边和地区协议达成的条款必须在同样的基础上供其他世界贸易组织成员方采用。

关于地区贸易协定的亚世界知识产权秩序的改善的两条路径如下。一是发展中国家不应该被迫接受由发达国家强加的、超出他们当前在国际协议中所承诺的知识产权限制。发展中国家应当有权利在《TRIPS 协定》的范围内自由选择建立什么样的知识产权体系。发展中国家在是否提前遵守或采用高于《TRIPS 协定》的保护标准问题上也应当有选择权。二是发达国家的谈判者在考虑给自身工业带来的利益的同时，必须考虑到发展中国家

---

① 联合国：《2005 年人类发展报告》，http://www.cas.cn/xw/kjsm/gjdt/200906，最后访问日期：2010 年 11 月 17 日。

表 2 - 1　超越 TRIPS 标准的双边协议实例①

协　议	日　期	《TRIPS 协定》附加规定的实例
《美约（旦）自由贸易协议》	2000 年	各方必须实施《世界知识产权组织著作权公约》和《世界知识产权组织表演和唱片公约》以及《国际植物新品种保护公约》（1991）中相关的规定。双方不允许把动植物排除在专利权保护范围之外，同时必须提供专利期限的延长来赔偿不合理的管理批准拖延
《美国与柬埔寨贸易关系与知识产权协议》	1996 年	各方必须同意《国际植物新品种保护公约》，必须将某些案例的著作权保护期限延长至出版之日后 75 年或成书之日后 100 年（《TRIPS 协定》在这两方面的要求都只是 50 年），并且各方在一般不少于 5 年的合理期限内不能允许他方使用为药物管理目的提供的数据
《美越贸易关系协议》	2000 年	各方都不能把包括一种以上的动植物物种的发明排除在专利保护范围之外

实施更高的知识产权标准所要付出的代价。发达国家政府必须依靠所有证据来形成自己的观点，即关于他们自身的商业利益和发展中国家的发展利益如何能得到最佳协调的证据。发达国家应当放弃用地区/双边协议作为在发展中国家建立《TRIPS 协定》附加知识产权体系的途径。发达国家应重新考虑对发展中国家的地区/双边商业政策，确保不强加给发展中国家超出《TRIPS 协定》规定的标准或时间期限。

（四）世界知识产权秩序中的中国

中国积极参与国际知识产权秩序的构建。为提升我国知识产权创造、运用、保护和管理能力，建设创新型国家，实现全面建设小康社会目标，我国于 2008 年颁布了《国家知识产权战略纲要》。《纲要》在谈到扩大知识产权对外交流合作问题时指出，我国应当加强知识产权领域的对外交流合作；建立和完善知识产权对外信息沟通交流机制；加强国际和区域知识产权信息资源及基础设施建设与利用的交流合作；鼓励开展知识产权人才培养的对外合作；引导公派留学生、鼓励自费留学生选修知识产权专业；支持引进或聘用海外知识产权高层次人才；积极参与国际知识产权秩序的构

---

① 英国知识产权委员会：《知识产权与发展政策相结合》，http：//www.iprcommission.org/graphic/Chinese，最后访问日期：2010 年 11 月 19 日。

建；有效参与国际组织有关议程；力图基于国家经济安全和社会发展影响当今世界知识产权秩序的走向。

三　知识产权发展推动世界知识产权新秩序建立

从发展总趋势来看，知识产权世界旧秩序在逐渐瓦解，知识产权世界新秩序的构建已悄然开始，但新旧秩序博弈激烈并有反复。这可根据中外学界的看法、WIPO 和《TRIPS 协定》议题的多哈谈判、中国知识产权战略纲要进行初步预测。

（一）学界看法

吴汉东认为[①]，世界知识产权制度秩序的发展面临三大趋势。一是全球化视野。保护知识产权不是想不想也不是随意以什么标准保护的问题，而是各成员方必须遵守国际规则。顺应这一趋势，作为 WTO 的缔约方，中国必须遵守基本承诺，按照国际标准保护知识产权。二是高水平且忽略人权。国际上更多的是强调高标准、高水平地保护知识产权，但对发展中国家的公共健康、技术转让等基本人权问题关注不够，而这些都是事关发展中国家发展的重大问题。早在 2000 年，联合国人权协调小组就批评《TRIPS 协定》的实施对基本人权的重视不够。所以，我们必须推动现行知识产权制度的完善与改革，既要保护知识产权，又要防止知识产权垄断，在私权保护和知识分享方面应该注重利益平衡。三是探索知识产权新秩序。一些发展中国家也包括一些发达国家，寻求通过建立新的法律制度途径，来完善现有制度不尽合理、不尽公平的地方，主要表现在对传统知识和遗传资源的保护上。近几年出台的《非物质文化遗产公约》《文化多样性公约》等，是对现行知识产权制度缺陷或不足的重要补充，这对解决当今制度存在的利益是具有积极意义的。

英国的《知识产权与发展报告》指出，世界知识产权秩序发展有七大趋势。

其一，对某些在大自然中发现的生物和物质也授予专利权，如同那些发明创造的人工产品和程序。其二，为适应新科技（特别是生物技术和信

---

① 吴汉东：《国际知识产权制度发展面临三大趋势》，http://news.sohu.com/20070425/n249673735.shtml，最后访问日期：2007 年 4 月 25 日。

息技术）而修改知识产权的保护制度，如《欧盟生物技术指令》或美国的《千禧年数码版权法案》。其三，知识产权的保护范围扩大到新的领域，如软件和商业方法，一些国家还对半导体和数据库实行了新的专门保护措施。其四，开始重视对公共部门出现的新知识及科技的知识产权进行保护。其五，关注知识产权保护与传统知识之间的关系以及民间传说和遗传资源之间的关系。其六，通过《TRIPS 协定》扩充最低标准知识产权保护的地理范围，通过各种双边及区域贸易投资协议扩充较高标准知识产权保护的地理范围。其七，扩展专利权，延长保护期限并完善实施机制。

（二）平台的发展

WIPO 发展的新趋势，主要是强调可持续发展。WIPO 根据快速变化的外部环境和 21 世纪对知识产权提出的挑战，更有效地完成其使命。WIPO 的世界知识产权秩序正悄然发生变化，由传统的主要局限于策略性保护知识产权的思想和观念，上升到战略和发展的新思维、新规则和新目标。WIPO 的战略目标正在进行创新。经修订的 2008/2009 两年期计划和预算中确定的九项战略新目标是：以兼顾各方利益的方式发展国际规范性框架；成为全球知识产权服务的首要提供者；为利用知识产权促进可持续发展提供便利；协调并发展全球知识产权基础设施；为全世界提供知识产权信息与分析的参考源；开展国际合作，树立尊重知识产权的风尚；根据全球政策主题处理知识产权问题；在 WIPO、其成员方和所有利益攸关者之间建立敏感的交流关系；建立有效、透明的行政和财政资助结构以便 WIPO 完成其各项计划。

WTO 有关《TRIPS 协定》多哈回合谈判，突出发展问题。知识产权保护的国际协调，兴起于 19 世纪 80 年代，经过 100 多年的发展，现已形成以《TRIPS 协定》为核心的国际知识产权法律制度。2001 年 11 月 9 日至 14 日，世界贸易组织第四次部长级会议在卡塔尔首都多哈举行，决定启动新一轮多边贸易谈判，即多哈回合的谈判。会议通过的《部长宣言》（又称为《多哈部长宣言》）列举了一系列新一轮多边贸易谈判的议题以及各分理事会应当优先审议的知识产权制度的三个发展问题：一是有关公共健康的专利强制许可制度的发展；二是地理标志的通告和注册以及保护扩大制度的发展；三是《TRIPS 协定》与《生物多样性公约》、传统知识及民间文学保护等外延关系的发展。由此，国际知识产权制度进入了一个新的变革发展时期，知识产权法学界将这个变革时期称为"后 TRIPS 时代"。《TRIPS 协定》框架下"发展导向"的、促进发展权等人权实现的制度变革将是必然的。

（三）世界知识产权变化趋势的中国知识产权未来

我国于 2008 年 6 月颁行的《国家知识产权发展战略纲要》，指明了中国知识产权未来（2008～2020 年）的政策总体走向。它表明了中国已运用战略性公共政策，全面着力推动中国乃至世界知识产权新秩序的建立。纲要指出了知识产权新秩序的背景①。在当今世界，随着知识经济和经济全球化的深入发展，知识产权日益成为国家发展的战略性资源和国际竞争力的核心要素，成为建设创新型国家的重要支撑和掌握发展主动权的关键。发达国家以创新为主要动力推动经济发展，充分利用知识产权制度维护其竞争优势；发展中国家积极采取适应国情的知识产权政策措施，促进自身发展，积极参与国际知识产权秩序的构建，有效参与国际组织有关议程。纲要还提出了知识产权新秩序建立的指导思想是：实施国家知识产权战略，深入贯彻落实科学发展观，按照激励创造、有效运用、依法保护、科学管理的方针，着力完善知识产权制度，积极营造良好的知识产权法治环境、市场环境、文化环境，大幅度提升我国知识产权创造、运用、保护和管理能力，为建设创新型国家和全面建设小康社会提供强有力的支撑。新秩序的远期战略目标是：到 2020 年把中国建设成为知识产权创造、运用、保护和管理水平较高的国家，知识产权法治环境进一步完善，以及知识产权制度对经济发展、文化繁荣和社会建设的促进作用充分显现等。近期目标如下：一是自主知识产权水平和拥有量增加；发明专利年度授权量进入世界前列；培育国际知名品牌；核心版权产业产值占 GDP 比重明显提高；拥有一批优良植物新品种；传统知识、民间文艺、遗传资源等得到有效保护与合理利用。二是知识产权密集型商品比重显著提高，运用知识产权参与市场竞争的能力明显提升。三是滥用知识产权现象得到有效遏制。四是全社会特别是市场主体的知识产权意识普遍提高，知识产权文化氛围初步形成。

---

① 国务院：《国家知识产权战略纲要》，http://www.gov.cn/zwgk/2008 - 06/10/content_1012269.htm，最后访问日期：2013 年 12 月 23 日。

第六节　全球法下的世界知识产权新秩序愿景

一　法律最初、最基本的价值取向是社会秩序

（一）社会秩序是人类社会存在的基本条件

秩序无所不在，是人类社会存在的最基本的条件。一个社会可以没有充分而完全的公平和正义，可以没有基于独立人格和身份平等的个人自由，甚至可以没有普遍有效的法律制度，但是绝不能没有秩序。历史表明，无序是暂时的，秩序是永恒的。这是人性所决定的。秩序的变迁往往是人类社会发展的信号。秩序的变迁表现为质变或量变。新秩序代替旧秩序，是历史的进步。在现代社会，法律价值的多元化被确认和发展。法的价值包括但肯定不限于秩序、自由、平等、效率、公平、正义、可持续发展等。但秩序是最基本的，是自然之所以为自然、社会之所以为社会的底线。社会秩序的基本属性是安全，而安全是法律规范社会秩序的本义。法社会学权威庞德在其著作《法律史解释》中指出：法律的思想，在企求一般安全之社会利益，不能不使人企求确定的基本条理，以及行为之客观的准则，使安定的社会秩序得以维持。

（二）法律等社会规则是社会秩序的基础

社会规则是社会秩序的内核。社会规则是在人们对人类社会及其与自然界的相互关系的规律性认识的基础上，逐步确立起来的各类行为规范。从性质上说，人类对秩序的总结和描述，就是对规律的逐步认识和归纳，在表现形式上有习惯、禁忌、宗教教义、纪律、法律等。各种社会规则相对于人类社会的重要性（维系人类生存必需的规则和促进社会发展的规则）和发挥作用的领域不同（规范集体和个人生活、外在行为和精神世界），其中法律规则是社会规则中对社会影响较大的，特别是当发生利益等冲突时，法律规则效应更具强制力和普遍效果。

（三）社会秩序是法律首要必要基本价值

在人类社会的历史中，存在没有法律的秩序，但没有与秩序无关的法

律。亚里士多德说："法律和礼法就是某种秩序，普遍良好的秩序基于普遍遵守的法律和礼俗习惯。"奥古斯丁认为："与法律永相伴随的基本价值，便是社会秩序。"博登海默讲道："如果在一个国家的司法中，甚至连最低限度的有序常规性都没有，那么人们就可以认为这个国家没有法律。""一种法律或法律制度可能并不追求所有的法价值，但它却不能不追求秩序。"法律依赖秩序是绝对的、无条件的，贯穿法律产生、发展和消灭的始终。而秩序依赖法律是相对的和有条件的，是国家形成以来的特殊现象。法律作为社会调控装置的首要目的不是自由，而是确保这种基本秩序的存在，然后才是自由、公平、正义和良性发展的实现。人们只有在这种"秩序为社会主体"的行为提供的"可靠的预期"中，才能得到基本的生存和安全，以创造和享受物质财富和精神财富，追求公平、正义和社会的永续发展。强调法律的秩序价值，也是基于秩序具有社会功能的这种优先性考虑，是自由和正义得以存在和发展的前提条件。虽然我们不能因此得出秩序比自由的价值更大、更重要，但世界上可以有不自由的秩序，而绝对不存在没有秩序的正义和自由。

（四）不同法律规则为不同社会秩序服务

一方面，法律规则建立和维护社会秩序；另一方面，不同的法律规则所对应的社会秩序往往有差异。例如，知识产权法律规则所直接建立和维护的是知识产权社会秩序。法律体系本身的差异性与多样性，决定了其社会秩序的差异性和多样性。而随着人类共同生活和交往的加强而增强的人类的共同特性，使得存在差异性的、有着不同秩序特性的各个不同社会和国家有了相互学习、交流、借鉴的基础，为法律规则与法律秩序的一体化提供了可能。一体化不外乎是人类全体共同行为规则体系即全球性整体秩序的确立和增强。秩序的差异性和共性，要求维系、优化、发展秩序的方法在不同秩序中存在差异而又共享一些基本的规定性，各国法律制度，乃至国际或世界法律制度，作为各社会秩序的必要组成部分，其差异和共性即源于此。

二　理想新知识产权法律追求世界知识产权新秩序图景

理想法是自然法的精髓。法律的完善系统由自然法的原理构成，来源于一个理想的个人的所有天性。① 一部法学史，就是一部法律人的法律理想史。② 诚然，庞德在这里是从历史发展的角度评判法学从神道基础解放出来而代之理性的新基础。理性的人和人的理性追求完美的崇高志向，建构了18世纪之自然法一派，其影响永无止境。庞德没有具体指出法的诸如知识产权归类③，而且国家作为理性人的一种，并未在实践中提上议事日程。但作为伟大的法律思想家，庞德在20世纪50年代提出了"世界法——法的下一个阶段吗"的问题，因为，20世纪以来的一个明显的变化趋势就是商业往来经常超越政治界限，而随着经济运行规则的扩张和趋同，法学面临的一个重大问题是在世界性和地域性之间取得并保持适当的平衡。④ 世界法确立和维护的是世界法律秩序。庞德为我们提供了"理想法"和"世界法"等关键词的启示，即可由此类推，理想新知识产权法律所探索和追求的应该是世界知识产权新秩序理想图景。

（一）理想社会秩序与理想法律

社会秩序的建立、维护、优化（公正和高效）和可持续，是法律的基本价值目标。理想的社会秩序是理想法律的匹配和崇高价值愿景。当代法律的价值体现在社会生活的所有重要方面。法律从没有被赋予过如此重大、重要和不可替代的使命。法律在现代社会生活中的地位超过了以往任何时代和任何形态的社会。

（二）知识产权新秩序与知识产权法律发展

在社会发展的始终，没有静止的社会秩序，也没有一成不变的确立和维系社会秩序的制度。同样，知识产权秩序的变化与发展，也需要知识产权法律的相应变迁、促进和发展。首先，知识产权法律是为创立、维持、发展一定的知识产权秩序而产生的。社会秩序是人类存在的基本条件和前提，随着人类相对自然的自由和物质条件的不断发展，人类个体和集体对外界和相互关系认知的领域不断变广、程度不断加深，对规律的总结、认识在不断深化，

---

① 罗斯科·庞德：《庞德法学文述》，中国政法大学出版社，2005，第7页。
② 罗斯科·庞德：《庞德法学文述》，中国政法大学出版社，2005，第2页。
③ 这是历史的局限，因为庞德所处的时代，还是工业经济时期，知识经济尚未脱胎，知识产权法并未独成气候。
④ 罗斯科·庞德：《法理学（第一卷）》，法律出版社，2007，第377～378页。

而规则也在不断演化和进步。社会化程度的增强伴随着对个体自由、欲望的限制和集体目标的确定，伴随着禁忌、习俗等规则的确立。当原始氏族的习惯、习俗不足以满足人们对发展中的社会秩序的要求时，新的、强制性的规则就成为必然需要。当知识经济成为社会的主导经济的时候，维护和促进知识经济发展的知识产权法律制度则要相随发展，知识产权秩序也跟着变化和发展，即旧秩序变化或被打破，知识产权新秩序则呼之而出。当一个特定的知识产权法律不断被违反，其频率远远超过正常的法律适用情形，立法者就必须考虑对其进行必要的修改，甚至废弃或完全替代，用新的知识产权法律规范构建新的社会秩序。任何制度都是会过时的，知识产权法律制度绝不是一劳永逸地适应时代和社会自由的，知识产权法律制度的自由体现在对自身惰性与僵化的克服上，体现在它不断变迁和创新的生命活力中，特别是法律的发展。知识产权法律发展尽管包括量的方面，但更重要的是质的方面。

知识产权新秩序的产生，意味着社会的巨大变化，意味着知识产权法律的巨大变化。知识产权法律的这种大变化，就是知识产权法律的发展。而指导知识产权法律大变化的法理，往往是自然法思想和理论。最典型的是"二战"后对德国法西斯国家法统行为的违反人类自然法的犯罪的世纪审判。这告诉人们一个道理：凡是在法不能或难以解决现实重大法律问题时，自然法则兴，反之则衰或平。由此看来，世界知识产权新秩序的呼之而出，也将使自然法特别是全球意义上的自然法相应大起。

三　全球法律视角的世界知识产权新秩序

人类社会发展特别是国家出现以来，维持社会秩序最基本最有效的社会规范，不是宗教、道德、社会习俗、政策，而是法律。尤其是在科技、工业经济、市场经济和法治社会的时代，即全球化时代，政治、经济、文化、科技和法律也将全球化。社会秩序由国内关注重点，随着全球面临的诸如气候变暖、金融危机、法律制定、高科技迅猛发展等世界性新问题的层出不穷，逐渐转为国际乃至世界秩序及其变化问题。国内秩序需要国内法来建立和维持，国际或世界秩序同样需要国际或全球法律来建立和维持。知识产权作为20世纪末知识经济的一部分，要求全球法来维持。《TRIPS协定》是一种重要的知识产权全球法的形式。但是，由于《TRIPS协定》反映了以美国为首的发达国家的利益，《TRIPS协定》中有许多不合理和不公正的规定，总体上维护的是一种失衡的世界知识产权秩序。因此，迫切需要对其进行改革和发展，以建立世界知识产权新秩序。这种世界知识产权新秩序，是由以全球正义为总价值理念的新全球知识产权法律来建立、维持和发展的。

第七节 世界知识产权新秩序的法律构想

真正伟大的法律是这样的法律，它们的特征是将僵硬性与灵活性予以某种具体的、反论的结合。它们将稳固连续性的效能同发展变化的利益联系起来，从而在不利的情形下也可以具有长期存在和避免灾难的能力。这就要求"立法者具有政治家的敏锐，具有传统意识及对未来之趋势和需要的明见，还要求对未来的法官和律师进行训练。""同时还不能忽视社会政策和正义的要求。只有在几个世纪法律文化的缓慢而痛苦的发展过程中，才能具备这些特征，并使其得到发展。"① 据此推理，真正反映世界知识产权新秩序的理想法律应是将原则与灵活结合；稳固的连续效能同发展变化的利益联系起来；困难条件下的长期免灾安全能力；重视社会法律政策的正义；立法者等知识产权人的政治家远见与未来法官职业训练。

一 世界知识产权新秩序的动力机制

影响世界知识产权新秩序建立和维护的因素很多，诸如政治、经济、社会、环境、技术、历史。本书认为，有六个主要驱动力。

动力机制之一：法律、经济、知识、治理全球化导致的全球竞争。为世界知识产权新秩序提供了世界性法律、可产权化的全球知识、全球贸易经济自由发展需要、世界性知识产权管理等新秩序所要求的基本要素材料。

动力机制之二：国家经济安全威胁、体制等风险凸显。与工业经济相适应的发达国家，在一两百年传统的民法体系中，物权法与合同法（主要是货物买卖合同）是重点。这是与"工业经济"中，机器、土地、房产等有形的物质资料的投入起关键作用密切联系着的②。为与"知识经济"相适应，20世纪末，一大批发达国家及一部分发展中国家（如新加坡、菲律宾等），已经用知识产权法取代物权法，以电子商务合同取代货物买卖合同，

---

① 埃德加·博登海默：《法理学——法哲学及其方法》，中国政法大学出版社，2004，第392页。

② 郑成思：《知识产权论（第三版）》，法律出版社，2003，第1~5页。

作为现代民法的重点。这是与知识经济中无形资产（如专利、技术秘密、驰名品牌）的投入起关键作用密切联系着的。

动力机制之三：科技等知识的发展，现代主流与传统性知识，可产权化知识的获取、运用、管理、维护和发展，特别是本土科技等知识创造能力。任何国家若想获得可持续发展，其前提条件就是发展本土科技能力①。另一方面，知识悖论更突出。

动力机制之四：原知识产权失序而需要秩序的变革与创新——变革需要及变化迅速。原知识产权秩序基本由发达国家所控制，反映的主要是发达国家跨国公司的利益。在这种秩序下，发展中国家的知识产权利益和经济发展严重受害。这既不利于发展中国家的发展，也将损害发达国家的长期利益。因此，知识产权秩序本身，内在要求变革和重整。事实上，这种变革客观上已经发生，并以较快的速度进行。知识产权秩序的基础，既有市场式的自发型的，犹如自生自发的秩序②；又有自觉型的，例如政府行政机制或者法律机制或各种机制的混合作用。

动力机制之五：知识产权法律的瑕疵：世界知识产权规则机制与制度不公正、国内知识产权法律滞后（与国际不协调，知识落后、经济与可持续发展）。我国各项知识产权专门法只相当于发达国家工业经济中、前期的水平，远远不能适应知识经济的需要，更不要说推动知识经济的发展。新加坡的一部《版权法》，比我国《专利法》《版权法》或《商标法》加起来还要长5倍；菲律宾已随着法国把不同知识产权统一在一起而颁布了《知识产权法典》，而我国的几部知识产权专门法则在各行其是；巴西知识产权法已把数字技术产生的新权利纳入，我国则尚未对其加以考虑③。

动力机制之六：诸知识产权人的觉醒意识与积极行动。知识产权人包括发展中国家与发达国家，各成员方；WIPO、WTO等知识产权国际组织；跨国企业；学界与实务界人士。这些知识产权主体能起关键作用，是因为其共性。

上述六个驱动要素有内在联系，形成系统性动力机制体系，一起对世界知识产权秩序构成挑战，并推动其变革、重构和发展。全球化导致的全

① 英国政府：《〈综合知识产权与发展政策〉之回应》，http://www.iprcommission.org/graphic/Chinese_Intro.htm，最后访问日期：2010年11月19日。
② 弗里德利希·冯·哈耶克：《自由秩序原理》，生活·读书·新知三联书店，1997。
③ 郑成思：《知识产权论（第三版）》，法律出版社，2003，第1~5页。

球竞争是大背景；知识经济比以往经济形态的发展更具风险性，导致国家经济安全问题频出；知识繁荣导致其与信息、制度的固有矛盾加剧；原知识产权失序而需要秩序的变革与创新；知识产权法律能力不足，瑕疵充斥。如果说前五种驱动因素是客观性的话，那么诸知识产权人的觉醒意识与积极行动，形成的强有力的权势联盟，则是主观力量，也是关键因素。应改善和重构现行知识产权形成机制，以使其更加正义。

二　世界知识产权新秩序的法律发展纲要

紧紧围绕世界知识产权新秩序的内涵及其关系，设计该秩序的思路和策略。世界知识产权新秩序的主要内涵有：正义（全球正义）、可持续发展（代际正义、人文与社会的发展）、公正公平（发展中国家与发达国家之间、权利人与使用者之间、利益方与社会福利之间、前创新者与后研究者之间、现代主流知识产权与传统性知识之间的利益平衡）、自由/权利（确定和保护知识产权弱者的利益）、效率（知识产权促进世界整体经济增长和发展、知识产权法律制度设计有效率）、安全（知识产权法律制度可预测、可执行，所规范的秩序稳定、透明、公平）、秩序（知识产权法律不失序、不混乱）。缓解发展中国家与发达国家在知识产权上的紧张关系，可采取求同、存异、减异和除异的路径。求同的方法，建立新秩序的成本较低，利益各方的冲突性要小或趋无。

建立、维护和促进世界知识产权新秩序的法律，既来源于现行法律又不同于它，是对现行世界知识产权法律的继承、创新和发展，也是回应新秩序创建和发展的需要。理想的新秩序法律，应与上述世界知识产权新秩序的内涵及其关系的要求相一致，即世界治理性、全球实质平等性、鼓励创新性、经济安全性。

（一）全球知识产权法的理论基础——全球正义

世界自然法哲学方法是规范分析和探寻世界知识产权新秩序的奥秘的法律基础理论。对主流自然法来说，世界自然法哲学的研究范围由国内扩至全球；而且时间上是新的，因为是当代提出的；在具体内容上具有创新性，因为，传统自然法的研究对象是农业经济和工业经济时代的国别法律问题，而世界自然法哲学则研究知识经济时代的全球法律问题。因此，世界自然法哲学在范围法理和经济法理方面，拓展了自然法的疆域。

世界自然法哲学的核心和基本范畴是全球正义。何谓全球正义？它包含三层含义：一是世界正义，包括世界整体正义和代际正义；二是发展中国家与发达国家之间的正义关系；三是企业之间的正义关系。从知识产权角度看，全球正义还包括全球正义贯穿其中的诸如现代主流知识产权与传统知识的关系；权利人与使用者的关系；知识私权与社会公共利益的关系；知识产权的垄断与传播的关系；知识产权鼓励创新与促进经济安全、经济发展的关系；世界知识产权法律制度与成员国内法律制度的关系；以及知识产权法律制度与知识产权秩序的关系。

全球正义的世界、发展中国家与发达国家、企业这三个层次，其关键点是国家。国家的知识创新和经济发展的微观主体是企业，诸国家的共同体和共识可构成整体意义上的世界。那么，如果分析清楚国家与国家之间的正义关系，则可类推其他诸关系的正义性。关于国家与国家之间的正义关系，可以区分为两种情况①。一是国家之间的平等权利，全球正义意味着所有国家不论大小、贫富、强弱都应当被公正地看待。之所以有这样的内涵，主要源自正义本身的实质含义，即承认和尊重人的权利，任何国家都不应该有例外。此种正义的内涵也隐含着一个重要的逻辑前提，即每一个国家对其公民都具有合法性和正义性，符合国内社会对正义的要求。二是国家与国家之间形成公正、合理的国际政治秩序、经济秩序和知识产权秩序。在正义的本原含义中，确立公正合理的秩序是十分重要的。柏拉图、西塞罗、康德等著名哲学家都将建立合理的社会秩序与正义结合在一起，在全球正义中，和谐有序的状态至关重要，特别是公正、合理的有序状态。

罗尔斯的万民正义思想有启示意义。罗尔斯超越了几个世纪的民族国家利益至上的正义原则②，确立了一种全球正义的原则。在罗尔斯的《万民法》看来，在全球正义体系中，国家利益不是最重要的，人民所组成的共同体才是最重要的，人民的意志高于国家的意志，国家政策的合法性来自公民的理性和正义，不同的人民共同体所建立的"世界法"是高于国家利益的。罗尔斯在《万民法》中已经接受了"合理多元主义"或者"理性多元主义"的理念，承认现实世界差异的复杂性和寻求多元共识的必要性。

---

① 赵可金：《全球公民社会与国际政治中的正义问题》，《国际观察》2006 年第 4 期。

② 约翰·罗尔斯：《万民法》，吉林人民出版社，2003，第 1～3 页。

这里，我们可以把罗尔斯的"人民"视为企业，将多元共识的主体视为国家。实际上，全球正义是随着人类社会全球化实践的历史发展形成的，而不是先验的。同时，全球正义也是国家、超国家、非国家行为等全球性主体在全球实践中确立的共同游戏规则，包括以下原则。一是全球性交往主体之间的平等和公正原则。不管是大国还是小国，也不论是国家行为体还是非国家行为体，在法理上一律平等，形成一个限制强权政治、实现和谐相处的有机共同体。二是全球正义体系的合理性与合法性原则。要反映特定经济发展阶段状况，具备历史合理性，也要尽可能地具备社会的合法性。三是全球正义体系的变迁是经济社会发展的产物，不存在超时空的全球正义原则。一旦全球正义的动力基础发生变化，全球正义的原则将发生转型，新的经济和知识产权秩序将可能产生。

理想的全球知识产权法的基础是全球正义。该全球正义要求发展中国家及其企业的知识产权利益在全球知识产权法律框架内得以公正确认和实现，而非当前的诸如《TRIPS 协定》那样，明显倾向于发达国家及其跨国公司的利益。

（二）全球知识产权法律原则

全球正义是全球知识产权法律制度的最重要的基础和价值准则。理想的全球知识产权法律制度，应该充分反映中国等发展中国家的经济安全与发展利益。全球人类共同利益与各国或经济体之间、发展中国家与发达国家之间、智力成果创造者与使用者之间、社会成本与社会效益之间，达到最佳或次优平衡。同时，也应充分反映相关各方的利益平衡与世界知识产权发展规律的协调均衡、交易成本最低的较理想状态和追求目标的最优路径选择。全球知识产权法律制度设计还应考虑到公正有效的立法、执法、司法和守法机制。

1. 全球知识产权法律基本原则

知识产权国际保护制度的基本原则，体现了整个法律制度的价值目标。一方面，它要反映国际法的最高准则，以此作为构建国际知识产权法的原则基础；另一方面，它要对各项知识产权制度规则进行抽象化处理，以此作为相关具体制度运行的基本依据。据此，知识产权国际制度原则可分为两类：一是具有基础性意义的准则；二是各类知识产权法律制度直接适用的原则。前者的原则有：国家主权原则、平等互利与共同发展原则、国际合作原则，或者表述为：国家主权原则、国际协调与合作原则、公平正义原则；后者的原则为：国民待遇原则、最低保护标准原则、公共利益原则、独立性原则（工业产权）、独立保护原则（著作权）、强制实施专利发明原则（专利权）、优先权原则（工业产权）等。[①]

（1）国民待遇原则。

国民待遇原则是众多知识产权公约所确认的首要原则。其基本含义是指在知识产权保护方面，各缔约国（成员）之间相互给予不低于本国国民待遇。这一原则既不要求各国法律的一致性（不涉及知识产权保护水平问题），也不要求适用外国法的规定（不涉及国家主权的地域限制问题），只是要求每个国家在自己的领土范围内独立适用本国法律，不分外国人还是本国人而给予平等保护。WTO《知识产权协定》第3条规定了国民待遇原则，即每一成员给予其他成员的待遇不得低于本国国民的待遇。根据协定的规定，享受国民待遇的外国国民（其他成员的国民）的范围，应就知识产权的类型不同，分别依《保护工业产权巴黎公约》《保护文学艺术作品伯尔尼公约》《保护表演者、录音制品制作者和广播组织罗马公约》和《集成电路知识产权华盛顿条约》规定的资格标准来确定。关于外国人（其他缔约国国民）享有国民待遇的问题，国际公约主要采取以下三种标准。一是国籍标准，即任一缔约国的国民（其国籍属于该缔约国），在公约所规定的某一知识产权或几种知识产权方面都可以在其他缔约国享有国民待遇。《知识产权协定》《巴黎公约》《伯尔尼公约》《罗马公约》及《华盛顿公约》都规定了这一标准。二是居住地标准，即以任一缔约国的国民的所在"住所"和"惯常居所"为标准，确认其享有国民待遇的资格，其中，《巴黎公约》及《华盛顿公约》采取的是"住所"标准，而《伯尔尼公约》规定了"惯常居所"标准。三是实际联系标准，即以特定外国人或其行为与某一缔约国之间的某种联系为标准，以此确定其享有国民待遇的资格。例如，《罗马公约》关于确认唱片制作者国民待遇的录制标准、发行标准的规定，《伯尔尼公约》关于电影作品、建筑作品的作者享有国民待遇所确认的标准，都属于此类。

（2）最低保护标准原则。

最低保护标准原则，是指各缔约国依据本国法对该条约缔约国国民的

[①] 吴汉东：《论知识产权国际保护制度的基本原则》，http://www.fatianxia.com/civillaw，最后访问日期：2010年11月19日。

知识产权保护不能低于该条约规定的最低标准，这些标准包括权利保护对象、权利取得方式、权利内容及限制、权利保护期限等。最低保护标准原则与国民待遇原则在知识产权制度国际协调体系中既有区别，又相互统一。两者的区别在于国民待遇原则是对各条约的缔约国知识产权立法自主权的尊重，而最低保护标准原则是对这种立法自主权的限制。两者的统一性表现在：接受知识产权保护的最低标准，正是各国行使知识产权立法自主权的表现。遵守上述两项原则，是知识产权国际公约缔约国必须履行的基本义务。换言之，该原则对公约的缔约国有直接适用的效力，不属于缔约国可以声明保留的条款。

（3）公共利益原则。

公共利益原则，是指知识产权的保护和权利行使，不得违反社会公共利益，应保持公共利益和权利人之间的平衡。这一原则既是一国知识产权制度的价值目标，也是知识产权国际保护制度的基本原则。它包括两方面内容：一是利益平衡的法律观念，即当事人之间、权利主体与义务主体之间、个人与社会之间的利益应当符合公平的价值理念，实现公共利益目标；二是权利限制与利用的法律制度，即出于公共利益的考虑，对权利人的专有权利予以必要的限制，以保证社会公众对知识产品的合理利用。《TRIPS协定》在题为"原则"的第8条中规定：第一，成员可在其国内法律及条例的制定或修订中，采取必要措施以保护公众利益，以增加对社会经济与技术发展至关重要之领域中的公益，只要该措施与本协定的规定一致即可；第二，可采取适当措施防止权利持有人滥用知识产权，防止借助国际技术转让中的不合理限制贸易行为或具有消极影响的行为，该措施与本协定的规定一致即可。《世界知识产权组织版权条约》在序言中宣称：承认有必要按《伯尔尼公约》所反映的保持作者的权利与广大公众的利益尤其是教育、研究和获得信息的利益之间的平衡。《世界知识产权组织表演和录音制品条约》在序言中就表演者、录音制品制作者与社会公众之间的利益平衡也做出了与《版权条约》相同的表述。与上述国际公约不同的是，以往知识产权国际公约多是通过知识产权限制的有关制度来体现公共利益原则的。例如，《巴黎公约》第5条规定的强制许可制度，《伯尔尼公约》第10条规定的合理使用制度等。公共利益原则是知识产权国际保护制度的重要原则，它与前述国民待遇原则、最低保护标准原则有着密切的关联。如果说最低保护标准原则在确定的标准范围内，统一了缔约国的国内立法，从而对体现国民待遇原则的立法自主权构成限制；那么公共利益原则则限定了缔约国国内立法的范围，以例外规定的方式产生了对最低保护标准原则的反限制。这就是说，在缔约国知识产权立法中适用最低保护标准时，可以根据相关国际公约规定的公共利益原则，规定对知识产权限制的若干例外情形。公共利益原则是知识产权国际保护制度不可或缺的重要原则，体现了知识产权制度的最高价值目标，这一原则的实现，也是推动当代知识产权国际保护制度改革的直接动因。

如果说国民待遇原则、最低保护标准原则是积极性知识产权基本原则的话，那么，公共利益原则则是防御性知识产权基本原则。两者的恰当平衡，才是知识产权追求的理想目标。就实际来看，国民待遇原则、最低保护标准原则执行比较到位，表现为强势，而公共利益原则则远未很好执行，表现为弱势。因此，国际社会应通过改革和创新，在当前乃至今后相当长时期内，采取抑强扶弱的公平价值取向，使原则体系执行趋于平衡，推动世界知识产权新秩序的建立。

2. 全球知识产权法律基本原则与国家主权原则、发展权原则、全球正义原则的关系

知识产权国际保护制度，实际上是知识产权领域里一种比较完整且相对独立的国际法律体系，可以视为国际法或国际经济法的组成部分，因此其制度构建离不开国际法的基石。具体说来，国际法的下列原则与国家知识产权法的基本原则之间的联系最为重要。

（1）主权原则。主权原则，就知识产权国际保护而言，表现在以下两个方面。第一，这一原则体现为各国有权根据本国的实际情况选择知识产权法律制度，提供与本国经济、科技水平相适应的知识产权保护。国际待遇原则的适用反映了主权原则的精神，它不涉及缔约国主权的地域限制，只是要求各缔约国在自己的领土范围内独立适用本国法律，不分外国人还是本国人给予平等保护。第二，国家主权的自我限制来源于国际公约的约束力，而不是个别国家的强权压力，这是对知识产权保护进行国际协调的重要前提。最低保护标准原则的适用，使得国际公约的相关规定转化为缔约国知识产权（国内法）的具体规范，体现了各国以对主权的必要限制来换取对国际经济利益的追求。在经济全球化的今天，知识产权保护不仅是发展中国家参与国际贸易的先决条件，更是发达国家维持其贸易优势的法律工具，这种国家间利益的严重失衡，其实就是对处于弱势地位国家的主权的严重损害。

（2）发展权原则。发展权原则是国际经济秩序的国际法原则。1974年的《各国经济权利和义务宪章》对发展权做了明确诠释：发展权是普遍的权利，即"每个国家有权分享科学技术进步和发展的利益，以加速其经济与社会发展"；发展权对发展中国家尤为重要，该宪章要求"所有国家应促进发展中国家取得现代科学和技术成果"，"帮助发展和改造发展中国家的经济"。然而，发展中国家的发展权并没有在知识产权国际保护体系中得到充分的实现。1994年《TRIPS协定》的生效，实现了发达国家建立一个较高标准和有力保障的知识产权制度的战略目标，进一步维系了发达国家在国际贸易中的技术优势。发展权原则对知识产权国际保护制度中公共利益目标的实现是有着指导意义的。知识产权国际保护制度是否顾及发达国家与发展中国家之间权利义务的适当平衡，是值得反思的。

（3）全球原则为基本原则。这一原则仅从知识产权的保护角度，未从知识产权的创造、管理和利用角度考虑；从国际角度，而非全球视角观察；从全球知识产权的最根本原则考察；从现行法考虑，未从理想法等自然法哲学的角度考察，未从国家经济安全和发展、世界经济安全与发展的这一当代法律的重要基础视角考虑。更为重要的是，其未谈到全球正义原则这一国际法和世界知识产权法的最基本范畴。该范畴统领主权和发展权原则，也对国民待遇原则、最低保护标准原则和公共利益原则具有统摄意义，对规范和维护世界知识产权新秩序的法律制度及法的实施具有指导和兜底功能。

（三）世界知识产权新秩序的法律机制建设

法律基础设施建设指法律服务平台、法律公共政策、法律论坛、法律的人权性、法律模式、利益集团、法律秩序、成员法律等的建设。

1. WTO和WIPO等国际组织应尽量保证发展中国家在知识产权方面有更多的公共政策

充分考虑各成员方之间发展水平的差异，寻找兼顾各方利益和确保全面实现发展目标并为发展中国家的发展提供必要的政策空间的平衡途径，已成为国际社会需要认真考虑的至关重要的问题。在评估和制定知识产权国际规则的过程中，不能忽视各国发展的不同情况和水平。知识产权的保护程度应与各国的经济发展水平相适应。由于各国的条件和国情不同，

WTO 和 WIPO 等相关国际组织应尽量保证发展中国家在知识产权方面有更多的政策空间。WIPO 作为负责知识产权事务的专门机构，有责任为探讨适合各成员方实际关心的发展模式提供有效的平台，从而确保发展中国家真正从知识产权制度中受益，并为和谐的世界知识产权新秩序做贡献。

2. 绿色、气候等全球问题，可持续利益的国际平台建设

绿色、气候等全球问题，可持续利益的国际平台建设，是一种服务性的求同的建立世界知识产权新秩序的方法。2010 年 9 月 16 日，WIPO 推出方便检索绿色技术专利的工具。该工具与 WIPO 的国际专利分类系统相结合，将有助于查明已有的和新出现的绿色技术，并为进一步研发和进行商业利用寻找潜在的合作伙伴。这一被称为"知识产权绿色清单"的工具共涉及约 200 个与无害环境技术直接相关的主题，每一主题都与由来自全世界的专家选定的知识产权分类号中最相关的挂起钩来。知识产权绿色清单是依据《联合国气候变化框架公约》列出的技术词语清单制定的。该清单上与 WIPO PATENTSCOPE® 服务建立起超链接，以便自动检索和显示依《专利合作条约》（PCT）提出的所有"绿色"国际申请。知识产权绿色清单还将有助于研究人员和产业界避免将其研发资源投资用于开发业已存在的绿色技术。

3. 强化知识产权的人权性和社会性

知识产权侧重的是财产权，与人权相比，处于法律价值的次端。强化知识产权的人权性和社会性，有利于遏制知识产权及制度过于财产化和商业利益化，而忽略乃至侵害人权，包括健康权、生命权。还要注意知识产权人权的广义性，即除了狭义的人权意义外，还包括诸如生物多样性国际公约中对生物的生存权这一类似于人类的人权的特殊意义。因为，生物的生存权也是一种生命权，对该生存权的侵害，不仅会直接减少地球的生物多样性，而且生物种类的减少，会使地球生态失衡，最终破坏全球生态系统，影响人类的生存环境和可持续发展。因此，在世界知识产权法律发展中，应重视广义上的人权，且广义人权也应优先于财产性知识产权的保护。这是在新形势下，人权优于财产权的法律基础原理，是国际知识产权的丰富和新发展。广义人权还包括文化多样性和非物质文化遗产中的人的精神权利这一人权范畴。广义人权新思想，可以较有力地解释并保护发展性知识产权优于发达性知识产权的现象。

4. 秩序与法律及其制度的差距的缩小与弥合

法律要实现预设的建立和维护秩序的目标，其间有空间、时间和程序的中介路径，但存在间隙和差距。一方面法律要提高质量和切合度，提高执行效率；另一方面要借助法律以外的诸如经济、政治等手段，缩小乃至不断弥合世界知识产权的应然与实然的差距。

5. 唤醒和组织受知识产权危害和危害威胁的企业的参与，遏制利益集团的裹挟

IBM、微软等利益集团，利用国内民主秩序，在损害知识产权弱国、弱企业和消费者利益的情形下，谋求并制定了反映其根本利益的《TRIPS 协定》。其结果是直接限制发展中成员经济增长、威胁经济安全，间接和长远地损害了世界经济持续增长，破坏了世界民主主权①，也使现行知识产权秩序严重失衡。简言之，利益集团是当前世界知识产权秩序不合理的重要原因。因此，应遏制利益集团的裹挟，保障世界知识产权的正常秩序。同时，唤醒和组织受知识产权危害和危害威胁的企业的参与维权的行为，依托行业协会和政府力量，积极应诉。

6. 从多维角度重点研究《TRIPS 协定》

从法律观念、法律机制、法律模式、基本制度与例外制度、法律实践（DSU 案例）、法律人（发展中国家与发达国家；中国）等多角度，全面深入地研究《TRIPS 协定》，因为该协定在世界知识产权法律体系中具有典型意义，是不公正国际知识产权法律的主要代表。

7. 对成员国内法律的有效规制

维护世界知识产权新秩序的世界知识产权法律，应该对各成员的国内相关法律具有较强的监督和执行的法律效力，而且在监督和执行程序上也要体现实质公平。不论是发达国家还是发展中国家，其国内知识产权法律无论如何体现和维护国家经济安全，也不应与世界知识产权新型法律发生实质或明显冲突。中国知识产权法律发展也必须在与世界知识产权新秩序相一致的世界知识产权新法律框架内。

（四）推动公正世界知识产权法律及其秩序形成的法律对策

以《TRIPS 协定》为代表的世界知识产权法律不公正，是导致我国及

---

① 约翰·O. 麦金尼斯等：《世界贸易宪法》，中国人民大学出版社，2004，第 1~15 页。

其他发展中国家知识和经济风险的最直接的法律原因。而实质公正的世界知识产权法律乃是维护发展中国家成员知识安全和经济安全的国际法律保障。公正的全球知识产权法的基础是全球正义。全球正义知识产权法律与世界知识产权新秩序相匹配。具体法律策略有以下几方面。

1. 抑强扶弱

从发展中国家和发达国家拥有的知识产权特点来划分，国际知识产权法律制度可以分为两大类：积极性世界知识产权法律制度（也称发达性知识产权）和防御性世界知识产权法律制度（也称发展性知识产权）。前者主要指工业产权和版权法律制度。目前这两种知识产权法律，在世界知识产权法律体系中严重失衡，应还其法律属性的本原。因此，在世界知识产权法律发展及其新秩序构建中，应抑制和弱化前者，并配以反垄断法以规范积极性知识产权的滥用。对后者予以扶持，应将发展中国家强势的传统知识、民间文艺和遗传资源，尽快纳入《TRIPS 协定》和 WIPO 等世界知识产权法律体系中。

2. 充分借用其他有关国际知识产权公约的规范及其精神

一些知识产权或与知识产权相关的国际平台和公约相对《TRIPS 协定》来说，比较公正些，也是世界知识产权秩序构建中的重要法律和机制组成部分。例如，联合国的《生物多样性公约》《保护非物质文化遗产国际公约》，以及 WIPO 的有关传统知识、民间文艺和遗传资源的现有成果和基本精神等。发展中国家应认真研究，充分借鉴，并根据其维护知识和经济安全的需要，不断创新利用方式，提高使用效益。

3. 发挥求同平台机制

组织世界知识产权论坛，并利用已有的诸如 WTO、WIPO、G20、APEC 等国际机制，也是一种更有针对性的知识产权新秩序的求同平台。论坛倡导、研究、交流和推广世界知识产权新秩序概念，犹如联合国倡导的建立国际经济新秩序，并希冀形成如达沃斯世界经济论坛的形式和影响力。绿色和气候等全球性的可持续利益的国际平台，也是一种重要的求同机制，其中有 2010 年 9 月 WIPO 建立的绿色专利技术检索平台。G20、APEC 等，也是一种针对知识产权新秩序的求同的重要国际机制。

4. 研究和利用好 WTO 争端解决机制，维护知识产权正当安全权益

争端解决机制是 WTO 的主要支柱，是国际法由软至硬的阶段性标志。DSU 强调法治、安全和可预见，大多数案例的裁决较公正。在中美知识产权的争端案中，我国的部分意见得到了专家组的肯定，但也暴露了诸如版权及时保护制度、知识产权海关执法程序制度以及应对快速反应和理性心态存在不足等问题。我们应吸取教训和总结经验。中国已有一些专家进入WTO 争端解决机制专家组，今后应使更多的具有高水平的中国专家加入DSU 体制。

第三章　国际知识产权例外制度

世界诸种知识产权公约和《TRIPS 协定》均有许多例外制度。国际知识产权例外制度中有一些针对发展中国家的例外。增强国家经济实力、科技等知识实力和影响力，获取更多的国际制度平台话语权，是发展中国家知识产权安全法律发展的重要基石。例外制度是国际组织针对成员的劣势而给予成员自身利益的权利空间，它与成员对其认识、研究和利用能力成正比。谈判机制则是制定和创造制度的基础，与成员的实力和谈判策略呈正相关关系。近年来发展中国家在知识产权保护问题上维护自身利益的呼声不断增强，主动参与知识产权国际规则制定的意识明显提高，在多哈有关知识产权与发展议题的谈判中，据理力争，维护自身的知识和经济安全利益。

第一节　国际知识产权例外制度概述

知识产权的保护不能无限制地强化权利持有人而忽视使用人的权益，也不能因为维护使用人的权益而弱化知识产权的保护。传统知识产权保护制度精心呵护的权利持有人与使用人之间的利益平衡，是通过在确认知识产权的同时，辅之以对权利的使用加以例外规定和必要的限制而实现的。国际知识产权例外制度的形成机制与利益各方的博弈及其强弱现状紧密相关。WTO 达成的《TRIPS 协定》，正是发展中国家与发达国家交易的结果。发展中国家要获取在国际知识产权舞台上的正当合法利益，必须研究知识产权例外制度。

一　国际知识产权例外制度概念

知识产权例外制度，是调整知识产权持有者与知识产权使用者利益平衡的重要制度，也是平衡经济发展水平不同、文化传统各异的条约成员之间利益的法律手段。合理的知识产权例外制度，可以使知识产品得到最大限度的创造和利用，维护成员经济安全和促进其经济贸易发展，推动公正高效的世界知识产权秩序建立。

（一）例外制度的由来

知识产权的例外制度是限制知识产权的无限扩张趋势，协调知识产权持有者与知识产权使用者的利益平衡的一种制度工具。狭义的知识产权例外制度是指各知识产权国际协定及条约中明示的知识产权保护的例外条款。广义的知识产权例外则包括知识产权国际协定及条约的所有适用的例外，以及知识产权法体系外的民法的基本原则以及反垄断法、反竞争法对知识产权的限制。从各国的立法实践来看，各国专利法中都规定了知识产权例外制度，例如在专利法方面，日本的《专利法》在第 74 条至 96 条中就明确规定了"专利权的效力不涉及的范围"，德国《专利法》第 11 条也规定了 6 种专利的效力不适用的"合法行为"，法国《发明专利法》则在第 30 条和 31 条中规定了不属于专利权利的范围。在国际知识产权制度中，也有许多例外条款。

（二）学界的看法

我国学界常将知识限制与知识产权例外等同，但从《TRIPS 协定》文本来看，例如该协定的第 8 条第 1、2 款有如下规定。其一，成员可在其国内法律及条例的制定或修订中，采取必要措施以保护公众的健康与发展，以增加对其社会经济与技术发展至关重要之领域中的公益，只要该措施与本协定的规定一致即可。其二，可采取适当措施防止权利持有人滥用知识产权，防止借助国际技术转让中的不合理限制贸易行为或消极影响的行为，只要该措施与本协定的规定一致即可。该协定中有版权权利例外（第 13 条）、商标权例外（第 17 条）、工业产品外观设计保护例外（第 26 条第 2 款）、专利权例外（第 30 条）、国民待遇例外（第 3 条第 2 款）、非违约之诉和情势之诉的争端解决例外（第 64 条第 2 款）、过渡性安排例外（第 65 条）、最不发达国家成员适用例外（第 66 条）等具体例外条款。但是，本书认为，知识产权限制与知识产权例外这两个术语是有区别的，并不能混为一谈。前者是基于公共利益的需要对知识产权行使的制约问题，后者反映的是知识产权本身的合法范围问题，或者说是专利权效力所不及之处。

由于世界各国经济发展水平与科技创新能力高低不一，各国际条约和各国国内法对知识产权例外的规定或宽松或严格，做法不尽相同，并且各种知识产权都有各自的例外情形以及国家安全例外等例外，因此知识产权例外是一个庞杂的体系。我们应该站在制度的层面来分析知识产权例外制度，最终制定出符合我国经济发展水平和科技创新能力的知识产权例外制度，更好地协调知识产权持有者和社会公共利益的平衡。然而学界中有些学者将知识产权限制与知识产权例外混淆，出现这种情况的原因是我国立法及其理论对知识产权例外问题研究不深入。

（三）"例外"辨析

知识产权制度中的例外，对其词义进行分析可知，例外意味着被排除在某一范围之外，知识产权例外也是指被排除在知识产权之外，不属于知识产权保护的范围。也就是说，知识产权的例外，指本应属于侵犯知识产权人权利的行为，但由于法律把这部分行为作为"侵权"的例外，从而不再属于"侵权"。知识产权是国家或成员方赋予付出创造性劳动的人的一定期限内垄断的权利。这种创造性的劳动有利于经济发展和创新能力的提高，有利于社会的进步，因此，各个国家都制定了专门的法律对知识产权进行保护。但是，对知识产权的这种保护并不是无限的，基于知识产权持有者和社会公共利益的平衡，各国也在一定的范围内建立了知识产权例外制度，当然，这一制度对促进社会和经济的进步作用不亚于知识产权制度本身。

专利权的限制与专利侵权例外这两个概念在意义上更加接近，但也并非完全相同。因此本书认为，前者是基于公共政策之需要而对专利权行使的制约问题，后者反映的则是专利权本身的合法范围问题，或者说专利权效力所不及之处。因此，专利权的限制的内涵远远大于专利侵权例外的内涵，一般来说，专利权的限制通常还包括专利权的强制实施，以及反垄断法中对于专利权进行限制的内容。

国际知识产权例外制度可以是一般例外和特殊例外的统一。

（1）一般例外。在世贸组织的各项协议中，存在着众多复杂、分散的例外条款。其中，一般例外条款分布广泛，涉及货物贸易、服务贸易、与贸易有关的知识产权等，它允许 WTO 成员方为维护特定的国内公共政策目标或社会公共利益采取减损或免除 WTO 义务的措施。为世贸组织各成员方因维护本国的社会公共利益和经济安全而背离其义务开辟了"免责"通道。

国际贸易例外制度，从形式上看，是指一项贸易措施虽然违反了其他条款（这里所说的其他条款，是指除例处条款以外的其他 WTO 条款）所规定的义务，但如果符合例外条款所规定的情形，就获得了正当性，从而可以免除其在一般情况下违反有关义务所应承担的责任或后果。《关税与贸易总协定》和《服务贸易总协定》中，都含有一般例外条款和安全例外条款，明确规定了义务的一般例外和安全例外情形。《TRIPS 协定》也针对不同权利规定了不同的例外情形。因此，国际贸易例外制度可分为一般例外和特殊例外。一般例外通用于 WTO 所有协定，而特殊例外仅指 GATT、GATS、TRIPS 例外。从内容上看，国际贸易一般例外制度是指 WTO 各成员方基于健康、道德、环保、安全、历史等原因，可以不遵守和执行最惠国待遇原则、国民待遇原则、市场准入原则和透明度原则的特殊规定。

（2）特殊例外和 TRIPS 例外。从外延上看，TRIPS 例外还可进一步划分为特征例外、外延例外、宗旨和基本原则例外、实体条款例外、其他条款例外。《TRIPS 协定》例外制度所规范的明示内容主要有国际贸易自由、公共健康、国家经济安全、七大无形财产权益、促进技术创新与流转、公共利益、过渡性安排等，以及默示内容诸如传统知识、遗传资源等。

（四）例外制度的形成机制

发展中国家与发达国家的利益平衡。WTO 例外条款产生的背景主要是贸易自由原则与贸易保护主义在 WTO 规则中的协调。GATT 长达半个世纪的谈判，实际上就是贸易自由原则与贸易保护主义矛盾、斗争与协调的过程。WTO 规则一方面规定了自由贸易的原则，另一方面又允许成员方在不违背 GATT 的前提下有例外。[①] 国际知识产权例外制度形成源于世界范围内发展中国家与发达国家的利益平衡，权利人与使用者利益的平衡、私人利益与公共利益的平衡，即当权利的天平过于倾斜或倾斜趋于知识产权权利主体时，侧重保护发展中国家等知识产权弱国的利益，侧重保护使用者利益，侧重保护公共利益的平衡，《TRIPS 协定》还有个重要的特点，即发展中国家的纺织品和农产品与发达国家主导的 TRIPS 的交易。

法律条款上的平衡需要。世界贸易组织的成员采取的贸易措施首先应符合世界贸易组织的相关义务要求，但同时世界贸易组织也承认各成员政

---

① 潘嘉玮：《WTO 例外条款探究》，《学术研究》2003 年第 6 期。

府有制定自己的发展规划和政策的权利以便促进社会发展。二者的平衡是通过世界贸易组织规则中的例外条款实现的。这些例外规定，保障了成员政府制定、实施其国家政策的权利。但同时，成员政府在引用这些例外时，也要受到一定的约束，也要按一定的规则行事。

（五）例外制度概念

TRIPS 例外制度是国际知识产权例外制度的主流和发展方向，因此它的内涵和外延基本上可以代表国际知识产权例外制度。简言之，所谓国际知识产权例外制度，是指基于发展中国家与发达国家利益平衡以及权利人与使用者利益平衡的需要，《TRIPS 协定》规定为了规避知识产权与国际贸易自由、公共健康、国家经济安全、促进技术创新与流转、公共利益等更为根本的利益发生冲突时所造成的较大损失，而采取的对于相关义务公平地免于履行的法律规范总和。

例外制度可以按不同的标准划分。按制度适用范围，可以分为世界知识产权制度例外（如《TRIPS 协定》）、国际知识产权制度例外（如国家之间的知识产权协定）、区域知识产权制度例外（如欧盟知识产权制度）和国家知识产权制度例外。按知识产权种类，可分为现代性知识产权例外和传统性知识产权例外。现代性知识产权例外又可进一步分为专利、商标和版权等权利例外；传统性知识产权可分为传统知识、民间文艺和遗传资源例外。按例外内容，可分为安全例外（包括产业安全等经济安全例外等）、公共健康例外、环境保护例外等。

二 国际知识产权例外制度发展简史[①]

要解决知识产权例外制度向何处发展的问题，可以尝试着在历史中寻找答案，特别是在发达国家 19 世纪和东亚经济 20 世纪兴起的历史中总结并吸取教训。

首先，我们以美国的知识产权发展为例，探究其知识产权例外制度的

---

① 英国知识产权委员会：《知识产权与发展政策相结合》，http：//www.iprcommission.org/graphic/Chinese，最后访问日期：2010 年 11 月 19 日。该研究报告站在发展中国家的立场上，分析当今国际知识产权法律问题。本书从维护国家安全利益的角度对该报告进行了提炼，目的是说明知识产权法律发展的一个规律性原理，即国家利益决定并高于法律发展的诸如追求正义和公平等自身逻辑要求。

变革。1790~1836 年，美国作为当时的知识产品净进口国一直限制对其公民和居民的专利权授予。到了 1836 年，美国对外国人申请专利仍设置很高的门槛，当时外国人的专利申请费高出美国公民的 9 倍，并且如果是英国人的话还要在此基础上高出 2/3。1861 年，外国人在申请专利方面才几乎完全不被另眼看待。直到 1891 年，美国的著作权保护仍仅限于美国公民，外国著作权在美国仍受到各种各样的限制，例如加入了印刷必须使用美国排版这种苛刻的条件，因此美国于 1989 年才加入《伯尔尼公约》，而英国、法国是该公约的原始签字国，于 1886 年便加入该公约。由此看出，美国比其他发达国家晚了 100 多年。其实美国也派代表参加了 1886 年大会，但因当时美国的出版业远不如英法等欧洲国家发达，参加公约对美国不利，所以美国代表便以该条约的许多条款与美国版权法有矛盾，得不到美国国会的批准为借口，拒绝在公约上签字，直到 1989 年 3 月 1 日才参加伯尔尼联盟，成为第 80 个成员。1883 年通过了《保护工业产权巴黎公约》（以下简称《巴黎公约》）。《巴黎公约》对专利进行了限制，允许各国将技术领域排除在保护范围之外，确定专利保护期限，形成了专利权的例外。该公约还允许撤销专利，并通过强制许可机制防止专利权的滥用，这些则更进一步地对专利权人进行限制，初步形成了知识产权保护例外机制。

综上所述，美国在历史上为了促进本国的经济发展一直在采用知识产权例外制度，随着经济发展程度的变化，其在不同的经济发展阶段执行了不同的相关制度。当处于技术净进口国的时候，一直限制专利在本国的申请，将外国人的专利保护作为专利保护的例外，不对他们施行国民待遇原则，鼓励自由使用外国技术，直到羽翼丰满，美国的科技、文化以及经济逐渐强大，才对知识产权进行更高标准的保护。

许多国家时常将某些工业领域的发明置于专利保护范围之外。各国的国内法律经常将某些产品专利权的保护范围限制在产品生产过程中，包括食品、医药和化学药品等都在专利权保护范围之外，而使原本属于侵害这些产品的专利权的行为处于侵权的例外，其理由是不能垄断生活必需品，鼓励自由使用外国技术会比潜在地刺激国内发明收益更多。许多国家采用这种办法，其中包括现在的发达国家，它们大多在 19 世纪采用这种方式，也有一些一直用到 20 世纪晚期，直到最近东亚的一些国家或地区（如中国台湾和韩国）还在使用。但现在《TRIPS 协定》明令禁止专利权的保护范围因技术领域的不同而有所不同。

从知识产权近代历史来看，东亚一些国家和地区的一些经验与教训可以供我们参考。它们更好地使用了知识产权例外制度，弱化了知识产权的保护力度以适应其特定的经济发展阶段。韩国在经济快速成长的转型阶段（1960～1980 年），强调效仿和翻版是提升本国经济革新能力的重要手段。韩国 1961 年就通过了《专利法》，但该法并不把食品、化学药品和医药品作为《专利法》的例外，并且设置了较短的专利保护期限，其专利保护期限只有 12 年。只是到了 20 世纪 80 年代，韩国才修订了其专利法，但是仍然没有达到《TRIPS 协定》的最低标准。印度《1970 年专利法案》对药品实行知识产权保护的弱化，将药品视为专利保护之例外是印度药品行业快速发展的一个重要因素，因为印度是低成本非专利药品和散装中成药的生产国和出口国。

从历史中不难看出，一些国家已经能够通过设置知识产权例外，对知识产权保护力度进行弱化，使本国的知识产权制度适应促进本国经济、文化和科技发展的需要。因为各个国家并不是孤立地存在的，是处于全球化的浪潮之下，一国的政策会影响别国的利益取得，所以有关知识产权的争论一直是在国际范围内进行的。尽管《巴黎公约》和《伯尔尼公约》认识到了这个问题，但还是允许各国在建立知识产权制度时有相当多的自由，设置了各种例外制度。

三　国际知识产权例外制度的现状与发展趋势

进入全球化时代后，国际知识产权例外制度发展呈现新的现象和新的态势。描述和解释这些新情况和新趋势，有利于发展中国家审时度势，采取适宜的新对策。

（一）全球化趋势下技术性知识产权不断扩张，但传统性知识的产权化进程却步履维艰

在全球化的趋势之下，随着以网络、信息技术、生物技术为代表的新技术的发展，知识产权变得越来越重要。知识产权在不断扩张，知识产权的例外也随着知识产权的发展而变迁。

知识产权保护客体的不断增加和扩展，特别是技术性的知识产权客体的扩张，往往使发达国家知识产权权利人的利益范围扩大，不仅侵蚀了公

共利益领地，也威胁着发展中国家的安全利益。技术的发展使新的受保护的知识产权客体类型不断涌现。专利权的客体，从机器时代的机械制品及其制造工艺，发展到信息时代的微生物、动植物、遗传基因、计算机软件专利等。某些在大自然中被发现的生物和物质也被授予专利权。商标的客体，从最早的文字、图案的结合，发展到今天的动态商标、气味标、单色彩商标，以及最新域名。版权的客体，从最初的纸质印刷品，到录音、录像作品，再到计算机软件、多媒体作品和电子数据库。技术的日益革新和具有的交叉性特征使知识产权保护不断由单一化向综合化发展，对某一知识产品已经不能单独用版权、专利权或商标权进行单一的知识产权保护，而是要将其视为一个有机的相关联的整体，并且进行保护。1989 年在美国华盛顿签署的集成电路的保护协议，以及以国际植物新品种保护联盟为代表的对植物新品种的保护，都既非单纯的专利权，又非单纯的商标权、著作权的新的保护类别和形式。人类基因的专利使得一个人身体重要的组成信息成了为他人所专有控制的专利，甚至对利用自己的遗传信息而研发的产品的使用都需要得到权利人的许可。同时，基因专利保护实际上可以控制其他派生产品，如制药、医疗和转基因动植物。而防范因知识产权保护所带来的垄断弊端首选的方法当然就是对垄断最敏感的发明创造成为知识产权保护的客体。

知识产权的保护范围也在不断扩张。有些权利随着技术的发展而扩大了范围，如复制权。传统的复制仅限于手工复制和机械复制，后来出现了静电复制、数字化复制。现在一些发达国家将信息在计算机内存中的暂存也视为复制。显然复制不再局限于有形复制，"无形复制"也构成复制。相应的，复制权包括权利人对上述形式复制使用的禁止权、许可权。以前，家庭复制被认为是合理使用，但进入计算机及网络时代后，家庭复制在很多国家不再被认为是理所当然的了。再如表演权，最初仅仅限于禁止现场表演作品，后来出现了录音、录像技术，电影、电视手段，表演权就必须推及未经权利人许可不得擅自制作录音录像、摄制电视、电影等。当然，也有个别权利可能随着新技术的出现而受到例外保护或缩小其范围。例如，以前在公众聚会场合，尤其是在商业性聚会场合播放音乐作品被视为侵权，但随着网络购物方式和网上娱乐方式的发展，这一例外是否必要就值得怀疑。发达国家通过《TRIPS 协定》扩充最低标准知识产权保护的地理范围，通过各种双边及区域贸易投资协议扩充较高标准知识产权保护的地理范围，对发展中国家的利益构成了损害。

在上述发达国家具有明显优势的技术性知识产权呈现扩张和繁荣的同时，发展中国家具有比较优势的传统知识、民间文艺和遗传资源等传统性知识的产权化进程却十分艰难。《TRIPS 协定》将这些传统性知识拒之门外，有关多哈回合知识产权相关议题的谈判进展缓慢，WIPO 的多年努力仍未见明显成效。传统性知识的产权化进程步履维艰的主要原因是发达国家的极力阻挠和坚决反对。

(二) 技术措施限制了知识的使用与传播

发展中国家本应享有的国际知识产权例外制度的权利，受到发达国家的先进技术的制约。科技的高速发展也对知识产权的使用与传播造成了一定的阻碍。在出版和软件行业内出现了一种新技术——在网上发布内容，通过加密等数字化权利管理系统对其内容的使用与传播进行限制。这种先进的知识产权保护方法（技术保护）限制了以数字形式对版权作品进行浏览、复制和分享等传统上被认为是个人使用的权利。因为有了技术加密，这类作品不付费是不能正常使用的，即使使用是合法的，这也危及了版权项下的传统的合理使用原则，违反了首次销售原则。比如你可以向别人转售你所购买的书籍，但是由于加密等数字化权利管理系统，你可能无法再向他人转售电子书籍。更可怕的是，技术保护是无限期的，但是传统的版权保护是有期限限制的。这属于知识产权扩张的一种方式，威胁了传统的合理使用原则，使公众不能如从前一样使用知识产品，这是知识产权制度失衡的原因之一。

(三) 例外制度未来呈现复杂的发展态势

发展中国家与发达国家之间，发展中国家之间，发达国家之间，世界、国际、区域、国家、地区之间，权利人、使用者、消费者、社会之间，知识、经济、人的发展之间，各种知识产权及其之间的博弈，使知识产权例外制度的未来走向充满变数。

(四) 公正合理的例外制度机制还未建立，尚需相当长时期

当前乃至未来相当长的时期内，因为技术、经济、能力短期内难以发生根本性改变，世界知识产权例外制度的机制，仍将为发达国家所主导和

引领。发展中国家在短时期内，欲与发达国家公平谈判，估计难以实现，在大多数情况下只能被动接受。公正合理的例外制度机制的建立，需依赖发展中国家科技进步、经济实力增强和团结一致，以缩短发达国家主导和控制的期限。

第二节　国际知识产权例外制度的基本问题

一　全球化与国际知识产权例外制度

全球化与本土化及其衍生的发达国家与发展中国家的博弈后的妥协，是国际知识产权例外制度形成的驱动力，而实施中的国际知识产权例外制度，又会反制全球化趋势，或加深全球化，或逆全球化。

全球化趋势的加深，一方面促进了全球法律和经济资源的有效配置，另一方面加大了风险，提高了知识产权权利扩展的程度，使处于弱势地位的知识产权使用者，发展中国家的企业、产业、经济容易受到侵害或威胁。这种风险，不仅给发展中国家，而且给整个世界知识创新和经济增长及经济发展带来损害，最后波及发达国家。对全球化与国际知识产权例外制度的关系的科学认识、把握，无疑对全球化的健康发展和国际知识产权例外制度的发展具有重要意义。因此，有必要建立和完善国际知识产权例外制度。

二　国家经济安全与知识产权例外制度

国家经济安全利益高于知识产权利益，因为，知识产权与国家安全相比，后者更根本。在 WTO 框架下，贸易以及与贸易有关的知识产权的自由化，在一定条件下会给成员方的国家经济安全带来威胁或损害。因此，为平衡国际普遍追求的贸易自由化理想与对弱势知识产权进口国带来的现实威胁或损害风险，《TRIPS 协定》设计了知识产权例外制度。

《TRIPS 协定》第 73 条规定了保证安全的例外：不得将本协定中任何内容解释为以下方面。

一是要求任何成员提供在它认为是一旦披露即会与其基本安全利益相冲突的信息；二是制止任何成员为保护其基本安全利益而针对下列问题采取它认为是必要的行动：①涉及可裂变物质或从可裂变物质衍生的物质；

②涉及武器、弹药及战争用具的交易活动，或直接、间接为提供军事设施而从事的其他商品及原料的交易活动；③在战时或国际关系中的其他紧急状态时采取的措施；④制止任何成员为履行《联合国宪章》中有关维护国际和平与安全的义务而采取任何行动。这里的国家安全主要包括国家军事安全和经济安全。从发展趋势来看，国家经济安全问题日益突出，直接影响成员的贸易以及与贸易有关的知识产权政策。

三　发展中国家法律发展与例外制度

发展中国家的相对弱势是国际例外制度追求法律正义的要求。发展中国家作为在国际关系中的弱者一方，理应通过适当方式寻求保护，以获得公平待遇。公平待遇是国际关系得以存在和持续发展的必要条件。例外制度则是一种在当代可能保证发展中国家利益的制度机制。《TRIPS 协定》等WTO 协议的诸多例外制度的设计和实施，无不是为了建立扶弱共赢的公平机制。从发展中国家的自主性来看，应充分认识、争取和利用好例外制度，服务于自身和国家社会的整体和长远利益。

发展中国家法律发展与例外制度涉及的主要问题有以下四点。

（1）发展中国家视角下的世界知识产权组织管理的条约，特别是《TRIPS 协定》的例外制度及其走向，《TRIPS 协定》例外条款制定和实施的程序，各条约之间例外制度的协调。

（2）世界知识产权例外制度的机制现象及其逻辑对发展中国家的知识和经济安全的影响。

（3）发展中国家参与知识产权国际规则制定动向，所能利用的例外制度的最大可能，以及发展中国家之间如何协调，增强制度谈判能力，在国际知识产权制度市场上以较低的成本，获取更多的制度收益。

（4）在全球化加深的形势下，国际知识产权例外制度及其形成机制对发展中国家的国家经济安全的影响，以及发展中国家的法律对策。

四　国际知识产权例外制度的形成机制

国际知识产权机制是例外制度的综合基础。合理机制是例外制度形成的驱动力。

（一）国际知识产权例外制度平台

国际知识产权例外制度平台是例外制度产生、发展的机制和基础。其表现形式有 WTO 和 WIPO 等国际知识产权管理的世界性组织。

世界知识产权组织是于 1970 年建立的。它的任务是，通过国家之间的合作并与其他国际组织协作，在全世界范围内促进知识产权保护。作为联合国的一个专门机构，WIPO 是各成员方讨论建立并统一知识产权保护规则和做法的论坛。WIPO 还提供全球商标、工业设计、原产地名称注册，以及全球专利申请等服务。多数工业化国家的知识产权保护制度都有数百年的历史，而很多新成立的国家和发展中国家仍然处在建立其专利、商标和版权法律框架及制度的过程中。随着贸易全球化的加剧和技术创新的快速变化，WIPO 通过条约谈判、注册、执法、法律及技术援助以及各种培训，在推动这些新制度的发展中发挥着关键的作用。

以 WTO 为代表的多边贸易体制在战后半个多世纪的历史中，作为进行多边贸易谈判、制定多边贸易规则和解决国际贸易争端的国际机制，在世界经济贸易的发展中发挥了重要的作用，其地位在国际上举足轻重。尽管国际机制理论存在明显的局限，但对于研究发展中国家与多边贸易体制的关系仍具有重要的理论意义，提供了有借鉴意义的分析框架。多边贸易体制本身就是一种国际机制。国际机制的建立和维持，本身反映的就是国际社会在某一领域所达成的共识，它所营造的互信的氛围可以扩展国家在该领域的决策空间，有助于国家在信息不完全、不对称的情况下减少顾虑和不确定性，促进正常的国际交往的顺利展开。国际机制理论关于原则、规范、规则和决策程序等基本范畴以及对机制中的权利结构、利益分配以及政策网络等问题的分析，对认识发展中国家与多边贸易体制的关系的很多方面都有所助益。[①] WTO 是在 WIPO 基础上的全面发展，它在保护程度和保护力度上都超过了 WIPO。WTO 的保护强调充分和有效，在争端解决机制上采取了执行力较强的 DSU 机制。

（二）发展中国家与发达国家的博弈

在 20 世纪 80 年代，美国在制造和技术方面的优势不断受到挑战。先是日本，后为其他新兴工业化国家，在消费性电子产品、微电子和计算机等领域以及一些如工程和建筑等服务市场不断挤占美国市场。一些高技术领域也受到挑战，加上美国高额的贸易赤字部分被归结于其允许模仿美国革

[①] 张向晨：《发展中国家与 WTO 的政治经济关系》，法律出版社，2000，第 1～4 页。

新并从中获利的过于开放的技术和科学制度。美国认为世界上的许多国家大量仿制其出口产品，从而极大地损害了美国的经济利益，它声称每年在知识产权方面蒙受了 600 亿美元的损失，海外盗版和假冒活动是其竞争力受到损害的主要原因。为制止国际贸易中侵犯本国知识产权的行为，美国于其 1988 年贸易法当中，将 1974 年贸易法中的"特殊 301 条款"扩大到知识产权领域，制定了专门保护美国知识产权的"特殊 301 条款"。凡它认为侵犯美国知识产权的国家，先警告，后单方面地实行惩罚性贸易制裁。欧共体也于 1984 年制定了 264/84 指令，内容及形式与美国相似。于是美欧联合坚持将知识产权列入乌拉圭回合谈判议程。

在世界贸易发展的需要、已有的国际知识产权公约保护滞后、以美国为首的发达国家推动的大背景下，《TRIPS 协定》谈判开始启动。谈判的过程是艰难和曲折的，是以实力为后盾的利益平衡的过程。有关 GATT 采取行动把冒牌货和盗版产品纳入其管辖范围的倡议，是由发达国家（主要是美国）在东京回合时提出来的，但因遭到发展中国家和某些发达国家的反对而作罢。东京回合结束不久，主要发达国家就开始筹划发动新一轮多边贸易谈判，并竭力将知识产权问题纳入谈判议程，虽遭到发展中国家的反对，但还是在 1986 年 9 月的部长会议上确认了美国的提议，将知识产权问题列进了乌拉圭回合谈判议题。当乌拉圭回合开始时，发达国家提议，此次谈判不仅包括冒牌货贸易，还应通过谈判对成员的知识产权制度形成一套最基本的保护标准。发展中国家对冒牌货贸易采取行动并不反对，它们一开始主要是对谈判最低标准进行了抵制。发展中国家担心这类谈判将要求它们改变现行政策。出于发展和社会原因，发展中国家的这类政策大多排除了某些产品获得专利的可能性或者提供短于 20 年的保护期，而发达国家一般对医药品、化工品等发明提供专利保护。发展中国家还担心最低保护标准的实施会造成专利费的提高，而导致生产投入增加和产品价格上升。

发达国家和发展中国家在谈判过程中的分歧点和侧重点是建立在知识产权保护的法理——私权与社会利益的统一的基础之上的。知识产权是人类智力成果，创造者理应享受充分的利益，以便有足够的持续创造动机，从而更好地推动科技的发展，因此，对创造者及其权利人应予以保护。但是，从创造物中受益的一般公众、社会乃至国家也不能为取得这些智力成果而付出过高代价，倘若这样，则会造成技术垄断和权利滥用，从而损害社会利益。反之，则会挫伤创造者的积极性，其结果最终也会阻碍社会技术、经济的发展。因此，知识产权保护，一方面对创造者给予适当补偿，另一方面还要考虑公众以及社会利益，要在这两种利益之间确定和求得保护的最佳平衡点，不同的国家可能有不同的平衡办法。世界知识产权组织管理的多边条约也都规定了知识产权保护和限制保护的规则。《TRIPS 协定》规定的知识产权保护规则与禁止滥用知识产权的规则，也是知识产权保护的平衡精神的典型反映。知识产权保护规则平衡点的确定一方面取决于社会经济发展需求，另一方面是规则制定者的实力和利益的反映。从根本上说，保护知识产权是有利于各国乃至国际社会、经济发展的，但保护程度的确定，各国因社会、经济发展水平的差异而有所不同。一般来说，落后国家或地区对知识产权的保护力度相对发达方来说要弱一些，落后国家或地区不愿意加强知识产权保护的主要原因是保护的成本往往高于侵权的成本；发达方则反之。就某一国知识产权法的规则制定来说，其利益的平衡双方是创造人与社会公众，而就某一国际知识产权公约来说，则是在国内知识产权法的平衡基础之上的各国之间或不同发达程度的国家群体之间的利益平衡，可见知识产权法的国际规则的制定过程的错综复杂。《TRIPS 协定》的形成史就是一部双层利益的平衡史。而且，随着以后新的有关知识产权谈判的展开，也离不开这一规则。这可以从最近的多哈会议达成协议看出。

发达国家与发展中国家在知识产权规则制定过程中的利益平衡的办法是通过施加压力与妥协。以美国、瑞士等为代表的发达国家主张，将知识产权列入多边谈判的议题，扩大《TRIPS 协定》保护的范围，制定保护所有知识产权的标准，加强知识产权执法力度，并纳入 WTO 争端解决机制。美国甚至提出，若不将知识产权作为新议题，将拒绝参加关贸总协定第八轮谈判。而以印度、巴西等为代表的发展中国家则认为，保护知识产权是世界知识产权组织的任务，应当把制止假冒商品贸易与广泛的知识产权保护区别开来。之后，经过发达方与发展方的双方让步，加之发达方的施压，达成了建立在发达国家知识产权保护水平基础之上的《TRIPS 协定》。当然发展中国家也从《TRIPS 协定》中得到了一些好处：《纺织品与服装协议》强化的争端解决机制；对知识产权加强保护有利于引进外资；享有过渡期；限制美国等发达国家的单边行动。

（三）例外制度自身发展逻辑①

仅就制度层面看，《TRIPS 协定》例外条款一方面源于 WTO 一般例外制度，是一般到特殊的深化过程；另一方面来自世界其他知识产权公约或外国知识产权法。

WTO 一般例外制度推动了《TRIPS 协定》的产生。例外制度是关贸总协定自 1947 年建立以来能够不断发展壮大的重要法律原则。若干规则和一些例外条款构成世贸组织多边规则的法律框架。例外条款也称 WTO 的灵活适用原则，即在坚持原则的同时，承认各缔约方的差异，在一定条件下给予例外的待遇。总协定中的各项义务几乎都可以通过例外条款得到暂停、修改甚至取消。一项自由贸易原则的后面，紧跟的就是一项准许贸易限制的例外条款。这种现象是总协定体系的一大特色，是由总协定构成的客观情况所决定的。因为总协定缔约方的经济发展水平参差不齐，经济制度也存在差异。只有保持一定的灵活性和实用性，才能使缔约方政府最大限度地承担义务，才能使总协定在复杂的局面和各方压力下生存和发挥作用。这种现象也反映了总协定体系内两种相反的目标之间的内在联系：一方面，各国政府对放松与取消贸易限制义务的承诺；另一方面，各国政府希望保留余地，以使它能在经济形势需要时通过实行限制性措施来保护国内市场。为了确保例外条款不致危及总协定的自由贸易体制，总协定规定了援引例外条款需遵守的基本规则。在关贸总协定众多的例外规则中，第 20 条的"一般例外"和第 21 条的"安全例外"尤其引人注目。第 20 条的主要款目是 21 世纪大量双边通商条约所形成的习惯规则的表述，当然也适当地做了修改与增补，犹如国际私法里的"公共秩序保留"，即关贸总协定规定的一切规则，凡与第 20 条所列 10 项抵触者，一律规避。在关贸总协定的几十年实践中，这个条款发挥的最大作用主要体现在三个方面：其一是推动了东京回合的"技术标准"守则的制定；其二是为环境保护规则鸣锣开道；其三是推动了 WTO 中知识产权协定的诞生。

《TRIPS 协定》例外条款的规范模式源自《保护文学与艺术作品伯尔尼公约》。作为国际协调的条约法，《TRIPS 协定》例外条款的规范模式渊源于 1886 年《伯尔尼公约》第 9 条第（2）款，即"允许在某些特定情况下

---

① 张乃根：《论 TRIPS 协议的例外条款》，《浙江社会科学》2006 年第 3 期。

复制这种作品，应由本联盟成员方法律决定，只要这种复制与该作品的正常利用不抵触，并且没有不合理地损害作者的合法权利"。《TRIPS 协定》的例外条款不仅以《伯尔尼公约》第 9 条第（2）款为规范模式，而且反映了英美国内法律上的"合理利用"制度。譬如，该协定最后文本第 13 条删除了起草文本第 13 条第 2 款，即"在一缔约方的合法本地需要能够通过权利持有人的自愿行动得以满足，但是，由于该缔约方政府采取措施引起障碍的情况下，不应授予根据《伯尔尼公约》附录允许的翻译与重印许可"。这一删除旨在使《TRIPS 协定》的版权限制与例外条款完全与《伯尔尼公约》相同，即不增加任何新的限制。《TRIPS 协定》的例外条款均包含三方面内容，而且与英美现代版权法的"合理利用"规定基本相同。

五　国际知识产权例外制度的法理基础

法理是国际知识产权例外制度的法律性依据，包括法律发展的规律和法律的理想人文要求。

（一）世界知识产权发展需要

世界知识产权要发展，离不开例外制度的支撑。因为，发展中国家和发达国家之间科技力（包括创造力和实力）的失衡，以及两者的知识产权法律制度的水平差异，是长期形成的。加上利益的驱动，现实中的知识产权秩序的天平是向发达国家倾斜的。如果任凭这种情形维持或发展下去，势必破坏世界知识产权秩序，最终会损害各方长久的利益。因此，国际知识产权例外制度在天平较轻的一端加大了砝码，维持了双方的平衡，维护和促进世界知识产权的发展。

（二）维护国家经济安全，促进技术、经济社会发展

国家经济安全与例外制度密切相关。正因为如此，WTO 自一开始（从1948 年关贸总协定生效）就把安全例外作为多边贸易体制的一般例外。自20 世纪 90 年代的全球化以来，越来越多的发展中国家加入 WTO。发展中国家作为贸易和知识产权弱国，面临的产业乃至国家经济风险日益增大，维护国家经济安全已摆上重要议事日程。国际知识产权例外制度则是一种重要的知识产权制度性安全阀，促进技术、经济社会发展。国际知识产权例外制度中的专利权限制（实则为例外）和版权例外，有利于发展中国家合

理无偿或低成本使用发达国家专利和版权，从而促进本国的技术、文化产业经济发展，也带动本国社会福利的提升。

（三）保护健康权和人权

专利权是私权，是财产权。健康权则是与人的生命权、生存权紧密联系的基本人权。当专利权与健康权出现冲突时，人的生存、健康权利，应当优于财产权利，这是国际社会公认的人类基本价值观。

（四）法律正义和公正的要求

对于任何法律制度而言，规则正义都是首要的或根本性的，离开了规则正义或制度正义，就不可能最大限度地实现社会正义。法律条文不是孤立制定的，是立法者对社会上各种现存的利益加以综合平衡的结果，其本身就包含着一定的社会整体对公平和正义的理解。知识产权法也不例外，以条文形式呈现的知识产权专门法律体现了对公平与正义价值的追求。知识产权法是调整知识产权人和知识产品使用者、传播者以及社会公众之间的法律规范的总称。知识产权法在知识产品的确权、知识产品利益分配、权利的行使和限制等方面体现了公平正义的价值取向。知识产权法中的公平和正义，意味着知识产权法中当事人的权利和义务的对等以及权利和义务的分配符合正义原则，并且意味着当事人公平、合理地分享社会知识财富。在公平与正义的范围内，可以使多元化的知识产权利益结构变得有序化。要在各种利益之间特别是知识产权人利益和社会公众利益之间求得平衡，就要引入公平和正义原则，以公平正义确定知识产权法中各种利益的归属，使利益主体各得其所，也就是使利益的分配达到各方都能够接受的程度。在知识产权实践中，公平正义的价值取向也具有重要意义。公平正义的价值取向不仅在知识产权立法中得到贯彻，在知识产权实践特别是知识产权司法实践中也是一个十分重要的原则和理念。在知识产权司法实践中，公平正义的价值这样一个抽象的原则被具体转化为对案件当事人之间的利益、当事人的利益（特别是知识产权人的利益）与社会利益的选择和衡量，即转化为利益平衡原则的适用。[1]

---

① 冯晓青：《知识产权法的公平正义价值取向》，《电子知识产权》2006 年第 7 期。

（五）知识产权是私权与社会公益性的统一

知识产权权利例外是由知识产权的属性决定的。知识产权虽然是一种私权，但是它与其他财产权有所不同，它必须顾及、考虑知识产品所蕴涵的巨大的社会公共利益。从另一方面来看，知识产权作为一种私权，必然与其知识产品所承载的社会公共利益存在着紧密关系。知识产权保护的客体作为人类的智慧成果，只能是人脑的产物，因此是特定自然人（可以指特定的某一个自然人，也可以是特定的多个自然人）个体脑力劳动的成果，这说明知识产权所保护的客体只能是私人性的，但是知识产品本质上又是一种特定的知识，具有共享性，任意自然人可以共享同一种知识产品，这意味着知识产权保护的客体必然具有社会属性。不难看出，知识产品的私人属性与其使用的社会属性之间存在角力。这种角力显然极大地激化了知识产权所保护的私权与知识产品自身所产生的社会公共利益之间的矛盾，从而可以看出建立知识产权例外制度的必要性。

（六）知识产权例外体现了知识产权法的效益与公平

法的效益与公平等要求对知识产权加以例外。效益的基本含义是，以最少的资源（包括自然资源和人的资源）消耗取得相同效果，或用同样的资源消耗取得较大的效果。公平的基本法律含义是指一种分配方式，该方式的正当性能使参与分配的主体各得其所，通过这种分配达到一种利益均衡状态。公平是法的古老价值命题，而效益则是现代社会赋予法的新的使命。而知识产权法要兼顾效益与公平，也就是说，知识产权法既要刺激知识创造，促进知识产品的广泛传播与利用，最终达到人类科技、文化和经济的高速发展，又要公平公正地分配给各个利益主体以有限的资源，从而使他们各得其所。知识产权法的效益与公平两者之间既不是一种此消彼长的负相关关系，即公平产生低效益，高效益需要以失去公平为代价，当然也不是简单的正相关关系，即越公平，效益就越大。知识产权法是要将知识产权人的权利和义务、社会公众的权利和义务进行分配、组合和协调的法律制度。因此，一方面，知识产权法是要将效益和公平与知识产权法的根本宗旨联系在一起。追求知识产权制度的稳定必须强调公平，追求发展则需强调效益。另一方面，知识产权法的效益与公平是一种利益比较的结果，并非水火不相容的两个方面。追求或放弃公平并不会必然造成小或大的效益。追求或放弃效益也并不会必然导致不公平或公平的结果。综上所述，知识产权例外就是调节知识产权法公平与效益的一种制度工具。它要维护知识产权人的权利但又不能剥夺社会公众对知识产品使用的权利。因为过分刺激知识创造，追求保护知识产权人的利益就会显失公平，不利于知识产品的广泛传播与使用，不利于社会的稳定。但是过分地追求知识产品的广泛传播与利用，不考虑知识生产者的利益，又会使知识生产者丧失创造知识产品的积极性，从而影响社会的发展。

（七）知识产权例外的正当性

英国学者洛克在其《二论政府》中指出道义论合理性学说。洛克的学说可以说是由两个基本的方面组成的。第一个是每个人对他自身的劳动享有财产权，用洛克的话说："尽管地球和所有的低等生物为全人类所共有，但是每个人对他自己的身体享有财产权。这是除他自己以外的任何人都不能享有的。我们可以说，他身体中的劳动，他用手的工作，都是他的财产。"第二个是将人的劳动运用在一个无主物的占有上导致对这个物的占有。他关于财产的学说被称为自然权劳动说。他认为个人对其劳作所加之物（当然这个物是无主物）享有所有权。所以他使任何东西脱离自然所提供的那个东西和状态，他就已经掺进了他的劳动，在这上面掺进他自己所有的某些东西，因而使它成为他的财产。既然劳动是劳动者无可争议的所有物，那么对于这一有所增益的东西，除了他以外就没有人能享有权利。此说应用到知识产权上，可以理解为一个人通过自身的脑力劳动所创造的知识产品理所当然地由他占有。因为知识产权应该保护他的权利利益。但是洛克的道义理论同样包含这样一个前提条件，即必须给他人留下"足够同样好"的东西。正是这个"足够同样好的"前提条件，使得知识产权不会受到"导致公共利益的受损"这样的攻击，因为知识产权立法中包括了知识产权例外机制，该机制调节了知识产权人利益和社会公共利益的平衡，根据该理论的前提条件，知识产权人在享有独占权利的同时要保证给他人留下"足够同样好"的东西，保证其他人对知识产品尽可能地合理接近和使用。因此，对知识产权人权利的例外是正当的。

第三节　《TRIPS 协定》例外条款解读

自世界贸易组织成立以来，《与贸易有关的知识产权协议》（《TRIPS

协定》）存在着大量的例外条款。例外条款是构建知识产权例外制度的重要组成部分。《TRIPS 协定》的例外条款分为两类，狭义上是指该协定明示知识产权保护的限制或例外条款。而狭义的例外条款又分为概括性例外条款和列举型例外条款。概括性例外条款是指适用于该特定知识产权各类权利限制的一般性例外条款，列举性例外条款是指逐一列举出所允许的权利限制。本书认为概括性例外条款包括：协定对版权权利的例外（第 13 条）、对商标权的例外（第 17 条）、对工业产品外观设计保护的例外（第 26 条第 2 款）、对专利权的例外（第 30 条），列举型例外条款包括：有关地理标志谈判的例外（第 24 条第 4 ~ 9 项）、集成电路布图设计的例外（第 37 条）。广义的例外包括该协定所有适用的例外，包括：国民待遇例外（第 3 条第 2 款）、非违约之诉和情势之诉的争端解决例外（第 64 条第 2 款）、过渡性安排的例外（第 65 条）、最不发达国家成员的适用例外（第 66 条）。

一 《TRIPS 协定》主要特征导致的例外

与一般知识产权规则相比，《TRIPS 协定》有如下几个主要特征。

（一）调整的范围是与“贸易”有关的

导致倾销贸易和补贴贸易等国际贸易安全例外在《TRIPS 协定》引言中可以得到印证。引言指出：为保护知识产权，应制定以下内容的新规则与制裁措施：“……（B）涉及与贸易有关的知识产权的效力、范围及利用的适当标准与原则的规定；（C）涉及与贸易有关的知识产权执行的有效与恰当的措施规定，并顾及各国法律制度的差异……”显然，《TRIPS 协定》引言中对知识产权的实体规范和程序规范均要求与“贸易”有关而不是泛泛的知识产权。正因为《TRIPS 协定》调整的是与“贸易”有关的知识产权问题，所以它对诸如作者的精神权利（包括署名权、保护作品完整权等权利）以及科学发现权等与贸易无关的知识产权不予以调整。还要注意的是：这里的“贸易”主要是指有形货物的买卖。服务贸易也是一种贸易，但是从乌拉圭回合最后文件的分类来看，《TRIPS 协定》并不涉及服务贸易。[①]另外，这里的“贸易”活动本身既包括合法的贸易，也包括假冒商品

---

① 郑成思：《知识产权论》，法律出版社，1998，第 586 页。

贸易。在前一种贸易活动中，存在知识产权的保护问题。在后一种贸易中，则存在打击假冒、保护知识产权的问题[①]。

（二）突破地域性，大国家主权让渡而导致国家经济安全例外问题

知识产权的传统特征之一就是地域性[②]，即其在特定的地域内受法律保护，超出该地域就不再有法律效力。知识产权的这一特点有别于有形财产权。一般来说，对所有权的保护原则上没有地域性的限制，无论是公民从一国移居另一国而转移的财产，还是法人因投资、贸易从一国转入另一国的财产，都归权利人所有，不会发生财产所有权失去法律效力的问题。从历史上看，知识产权是由特定国家的政府授予的，并在其领土内具有效力。知识产权保护的国内地域性，正是《巴黎公约》和《伯尔尼公约》谈判时的 19 世纪后期世界政治的逻辑后果。在那个时代，各个国家政府在其领土内的主权被认为是至高无上的。但是，将知识产权纳入知识产权公约，显然是对知识产权地域性的扩展和突破，而《TRIPS 协定》则使知识产权地域性的突破跨进了一大步。这种突破，一方面意味着知识产权传统的地域性特征已开始，甚至可以说发生了必然的动摇。因为经济全球化的必然结果之一就是随着世界经济依存度的加深和广泛，地域性将趋于消亡；另一方面，任何国际公约，实际上是各国主权部分让渡的结果，《TRIPS 协定》也不例外[③]。

（三）最低标准法，给予了成员标准以上的例外空间

《TRIPS 协定》第一条成员义务的性质与范围："成员均应使本协定的规定生效。成员可在其域内法中，规定宽于本协定要求的保护，只要其不违反本协定，但成员亦无义务非做这类规定不可。成员有自由确定以其域内法律制度及实践实施本协议的恰当方式。"

《TRIPS 协定》没有采取承认知识产权的直接法律结构，也不是可以由成员直接引进国内法的示范法，而是确定最低标准的法律，所有成员在其国内法中必须达到《TRIPS 协定》规定的最低标准。如专利保护期为 20 年，

---

① 郑成思：《知识产权论》，法律出版社，1998，第 586～587 页。
② 孔祥俊：《WTO 知识产权协定及其国内适用》，法律出版社，2002，第 3 页。
③ 吴汉东：《知识产权法》，中国政法大学出版社，1999，第 7 页。

商标的首期注册及各次续展注册的保护期均不得少于 7 年。而货物贸易多边协定和服务贸易协定则没有要求各国政策完全统一，如不同成员对相同产品可以有不同的关税，对相同的服务领域可以有不同的开放水平。《TRIPS协定》并不限制成员在其国内法中对知识产权规定更为严格或者标准更高的保护，只要这种保护规定与该协定不相抵触即可[1]。

（四）非独立公约，导致例外效应的全公约性

《TRIPS 协定》不是一部独立的公约，具体表现为两个方面：既不独立于其他有关知识产权公约，又与 WTO 协定的有关条款和其他附属协定密切相关，特别是与 WTO 争端解决机制连为一体，甚至还与 WTO 与 WIPO 之间缔结的一些协定直接相关。《TRIPS 协定》的目的是对知识产权的国际保护进行全面性的规定，而不是取代以往的国际公约，因此，《TRIPS 协定》第 2 条规定："本协定第一至四部分之所有规定，均不得有损于成员之间依照巴黎公约、伯尔尼公约、罗马公约及集成电路知识产权条约已经承担的义务。"至于《TRIPS 协定》的第五至七部分，是对这几个公约的补充，则与其他公约不尽相同。

（五）详尽的知识产权执法与有效的争端解决机制，导致行政和司法程序的非例外性

《TRIPS 协定》第三部分规定了知识产权的执法内容，包括一般义务、民事与行政程序及救济、临时措施、有关边境措施的专门要求、刑事程序。对知识产权执法问题做出如此系统和详细的规定，这是其他条约或公约所罕见的。在信守条约规则的机制方面，WIPO 本身也未被赋予执行知识产权各公约的权力。如果成员之间发生争端，WIPO 就显得无能为力，而且它从来没有保证执行条约义务的记录。而《TRIPS 协定》适用的争端解决机制，为国际条约规范实行的相对强制执行，规定了合理而有效的程序机制[2]。

二　《TRIPS 协定》宗旨和基本原则例外

（一）《TRIPS 协定》宗旨的贸易适度自由例外

《TRIPS 协定》的宗旨是该协定谈判、缔结并实施规则的目的和追求的

---

① 孔祥俊：《WTO 知识产权协定及其国内适用》，法律出版社，2002，第 7~8 页。

② 赵维田：《世贸组织（WTO）的法律制度》，吉林人民出版社，2000，第 395 页。

理想目标。它直接体现在协定的前言第 7 条中。前言规定："期望着减少贸易中的扭曲与阻力，考虑到有必要促进对知识产权充分、有效的保护，保证知识产权执法的措施与程序不至于变成合法贸易的障碍。"在这里，《TRIPS 协定》前言把知识产权保护与国际贸易适度自由联系起来。《TRIPS 协定》第 7 条则从另一个角度指出了《TRIPS 协定》的宗旨："知识产权的保护与权利行使，目的应在于促进技术的革新、技术的转让与技术的传播，以有利于社会以经济福利的方式去促进技术知识的生产者与使用者互利，并促进权利与义务的平衡。"这种贸易适度自由包括货物、服务和与贸易有关的知识产权贸易的适度自由。

（二）《TRIPS 协定》基本原则例外

1. 国民待遇原则例外

《TRIPS 协定》的国民待遇的适用范围是有限的，因此，协定规定了以下例外：一是已经在《巴黎公约》《伯尔尼公约》《罗马公约》和《关于集成电路的知识产权条约》中规定的例外。二是司法与行政程序的例外。各成员方可以对其他成员方的国民免除国民待遇义务，包括在某成员司法管辖范围内服务地址的确定或代理人的指定。例如，为了司法诉讼的方便及保证对本国法律的了解及应用，多数国家的诉讼法都规定了外国人在本国诉讼，只能请本国律师代理；在行政程序方面，对于专利、商标的申请代理要求，做出外国人与本国人不同的规定等。但是在司法行政程序方面的例外的先决条件是：确保不违背《TRIPS 协定》的法律及条例的实施，并且未构成潜在性贸易限制的方式。三是任何成员如果可能适用《伯尔尼公约》第 6 条或《罗马公约》第 16 条 1 款（b）项而实行"互惠待遇"的例外。但是，必须在事前通知TRIPS 理事会。四是对于《TRIPS 协定》未规定的表演者、录音制品制作者和广播组织享有的其他权利，可不适用国民待遇。

2. 最惠待遇例外

按《TRIPS 协定》第 4 条、第 5 条规定，最惠待遇例外有五种。

第一，由一般性司法协助及法律实施的国际协定引申出且并非专为保护知识产权的，若产生优惠，可以不适用到其他成员或地区。

第二，《伯尔尼公约》1971 年文本或《罗马公约》所允许的不按国民待遇而按互惠原则提供的。

第三，《TRIPS 协定》中没有规定的表演者权、录音制品制作者权及广播组织权，如表演者的精神权利等。

第四，《TRIPS 协定》生效前已有的优惠，不过此优惠欲成为例外，还需同时满足两个条件：一是已将该优惠通知 WTO 知识产权理事会；二是该优惠对其他成员的国民不构成随意的或不公平的歧视。

第五，在世界知识产权组织主持下订立的多边协议中有关获得或维持知识产权的程序。

3. 权利用尽原则——权利范围例外

所谓权利用尽原则是指：一旦知识产权权利人将其受知识产权保护的产品出售，权利人对此后该产品的再销售不再享有控制权。即在首次销售以后，权利人的知识产权在法律上就被视为用尽。《TRIPS 协定》第 6 条对权利用尽赋予了特定规定："在符合上述第 3 至第 4 条规定的前提下，在依照本协议而进行的争端解决中，不得借本协定的任何条款，去涉及知识产权权利穷竭问题。"本条规定有两个基本含义：一是承认权利用尽问题，但不做具体的实体性规定，给成员权利用尽留下了实体规定例外；二是各成员方在处理权利用尽问题时，必须遵循国民待遇原则和最惠国待遇原则及其例外。

4. 公共利益例外

《TRIPS 协定》第八条原则第一款规定："成员可在其国内法律及条例的制定或修订中，采取必要措施以保护公众的健康与发展，以增加对其社会经济与技术发展至关紧要之领域中的公益，只要该措施与本协定的规定一致即可。"

公共利益的维护与知识产权的保护始终是《TRIPS 协定》需要妥当解决和平衡的一个关键性问题。从直观上和表面上来审视，《TRIPS 协定》的中心任务是保护知识产权，但实质上是通过充分、有效和适当的保护来促进国际贸易自由化，提高生活水平、保证充分就业、提高实际收入和有效需求。显然，公共利益比知识产权保护更根本。当知识产权与公共利益发生冲突的时候，公共利益优先，即例外。

三　知识产权实体条款例外

（一）商标权例外

过去，在国际条约与多数国家的商标法中，均未有商标权权利例外条款。相反却对商标权禁止实行"强制许可"制度做出了明确规定。然而，近年来许多地区性商标条约及一些国家的国内法，都明文规定了对商标权权利例外的条款，虽然对这类条款的规定不如版权法详细，也不如专利法详细。《TRIPS 协定》第 17 条规定："成员们可以规定商标赋予权利的有限例外，如说明性术语的合理使用，只要这种例外考虑到商标所有人和第三方的合法利益"。说明性合理使用在商标的合理使用中也较常见。有时生产经营者在向公众介绍自己产品的主要原料、型号、质量、功能、用途等基本信息时，会牵涉到使用他人的注册商标问题。

商标权例外主要包括一般例外和驰名商标例外。一般例外第 17 条规定："成员们可以规定商标赋予权利的有限例外，如说明性术语的合理使用，只要这种例外考虑到商标所有人和第三方的合法利益即可。规定：驰名商标例外注册驰名商标还赋予额外的权利，即驰名商标所有人有权禁止其他商标使用者在不类似的商品或服务上使用与驰名商标相同或近似的标识。"而对一般商标来说，则只包括在相同或近似的商品或服务上，而不包括不类似的。可见驰名商标所有人享有的独占权范围要广于一般注册商标所有人，它既包括禁止其他人在相同或近似的商品或服务上使用与其商标相同或近似的标识，又延及禁止他人在不类似的商品或服务上的使用。当然，驰名商标所有人在行使禁止"不类似"侵权行为时，必须满足这样一个条件：一旦在不类似的商品或服务上使用该商标，就会暗示商品或服务与驰名注册商标所有人存在某种联系，从而可能使商标所有人的利益受损。

（二）地理标志例外

地理标志例外有四点规定：①多音字或同形字的葡萄酒地理标志分别受保护。②在先使用权和善意使用权。在先使用权：如果某成员方或居民已连续在该成员地域内，在相同或有关的葡萄酒或白酒商品或服务上使用了另一成员用于标示有关商品或服务的地理标志，同时，在 1993 年 12 月 15 日之前已经使用了某成员的地理标志达 10 年以上的。善意使用权：是指在 1993 年 12 月 15 日之前，不是为了误导公众等恶意使用的。③惯用语式的名称使用。若某成员在其地域内的商品或服务上以惯用语作为通用名称使用，与他人地理标志相同时，仍可继续使用。对葡萄品种的惯用名称的例外则只要在 1995 年 1 月之前的使用也享有例外权。④对来源国不保护或已停用的地理标志，他人均可使用。

（三）专利权的例外及限制条件

第27条第2、3款规定了专利权的例外范围：一是如果为了保护公共秩序或公德，包括保护人类、动物或植物的生命与健康，或为了避免对环境的严重破坏所必需，各成员均可排除某些发明于可获专利之外，可制止在该成员地域内就这类发明进行商业性使用，只要这种排除并非仅由于该成员的域内法律禁止该发明的使用即可。二是成员还可以将下列各项排除于可获专利之外：①诊治人类或动物的诊断方法、治疗方法及外科手术方法；②除微生物之外的动、植物，以及生产动、植物的主要是生物的方法；生产动、植物的非生物方法及微生物方法除外。但是，专利权的例外不是无限的，而是有严格条件的。这些严格条件在第30条有明确规定。

第30条规定了例外权的前提条件。该条规定："成员们可对专利授予的专有权规定有限的例外，只要这些例外没有不合理地与专利的正常利用相冲突，也没有不合理地损害专利所有人的合法利益，并顾及第三方的合法利益即可。"即必须同时满足四项前提条件：①该例外必须是"有限的"；②该例外必须没有"不合理地与专利的正常利用相冲突"；③该例外必须没有"不合理地损害专利所有人的合法利益"；④"顾及第三方的合法利益"。不符合其中任何一项条件都不会导致第30条的例外。四项条件的每一项都必须假定意味着包含与其他几项有所不同的独立含义。

成员对所授的专有权规定的一般例外，不可不合理地损害专利所有人的合法利益。主体在强制许可的情况下，可以获得使用费。第一专利所有人有权按合理条款取得第二专利所覆盖之发明的交叉使用。在国家紧急状态或其他特别紧急状态下，以及在公共的非商业使用场合，如果政府或政府授权的合同人未经专利检索而知或有明显理由应知政府将使用或将为政府而使用某有效专利的时候，权利持有人有获得通知的权利。此外，例外的限制权还包括强制许可使用应系非专有使用，不得转让，主要为供应授权之成员域内市场之需要，对强制许可行为的诉请司法审查或者更高级主管当局的其他独立审查的权利，等等。

（四）版权例外

《TRIPS协定》第13条实际规定了版权的例外限制权，即成员应将专有权的限制或例外局限于一定特例中，该特例应不与作品的正常利用相冲突、也不应不合理地损害权利持有人的合法利益。这一条文实际上是对版权权利例外的限制。它强调的并不是怎样设置版权权利的例外，而是强调权利的限制与例外不能影响作品的正常使用，不能与该作品的正常使用相抵触，也不得无理地损害版权持有人的合法利益。这一条虽然以版权例外为前提条件，实则是对版权的另一种保护，即在权利限制下的保护。显然，本条款主要还是站在版权权利人的立场上，而非使用者或消费者的立场上。另外，该条款也与《伯尔尼公约》中突出使用者或消费者的视角不同。

《伯尔尼公约》除了在第 9 条做了与《TRIPS 协定》类似的原则性规定之外，还至少明文规定了以下七种具体的权利限制：（1）《伯尔尼公约》第 10 条第 1 款：从一部合法公之于众的作品中摘出引文，包括以报刊提要的形式引用报纸期刊上的文章，并注明出处；（2）《伯尔尼公约》第 10 条第 2 款：以出版物、广播或录音录像形式为教学解说而使用的作品，并注明了出处；（3）《伯尔尼公约》第 10 条之二第 1 款：通过报刊、广播，复制已在报刊上发表的有关经济、政治或宗教的时事文章，或具有同样性质的已经广播过的作品（只要原来发表时未声明保留），并指明了出处；（4）《伯尔尼公约》第 10 条之二第 2 款：用摄影、电影、广播或其他报道时事新闻的传播方式，在报道中使用无法避免使用的有关作品；（5）对于已经由作者授权录制的音乐作品的再次录制；（6）对"翻译权"保护的 10 年保留；（7）《伯尔尼公约》第 11 条之二第 2 款专门对发展中国家做出的有关强制许可的规定。

（五）工业品外观设计权的有限例外

《TRIPS 协定》第 26 条第 2 款，并没有对工业品外观设计权的例外进行专门规定。在多数以工业产权法保护外观设计的国家，并不允许对外观设计采用强制许可制度。我国《专利法》也只是规定了对发明专利与实用新型的强制许可。但是该协定允许成员对工业产品外观设计权保护以有限的例外。这种有限的例外必须符合三个前提条件。

（1）必须是为保证第三方的合法利益不至于受到工业产品外观设计专有权不应有的影响。

（2）与受保护的外观设计的正常利用不会产生不合理的冲突，不能妨碍有关设计的正常利用，这里就包含了不能妨碍合法的被许可人的利益的项目。

（3）不会不合理地损害受保护的外观设计所有人的合法利益，不能超过合理使用限度，以至于损害权利人的利益。

《TRIPS 协定》并没有明文禁止，也没有明示允许对工业产品外观设计专有权采用强制许可制度。《TRIPS 协定》一方面规定了可对发明专利、版权等采用强制许可，另一方面又明确规定了不得对商标权采用强制许可。这样的话就只留下工业品外观设计的强制许可问题未置可否了。

（六）集成电路布图设计权例外

《TRIPS 协定》在谈到保护集成电路布图设计权利时，并没有明文规定集成电路布图设计权利人享有复制权。当初之所以把集成电路布图设计的保护问题提出来，主要是因为未经许可的复制活动太过猖獗。《TRIPS 协定》明文规定了权利人享有的权利仅仅包括进口权、销售权、其他形式的发行权，并且暗示了未经许可的复制是违法的。《TRIPS 协定》对于集成电路布图设计的例外主要是从"善意侵权"可减少侵权责任这个角度去规定的。因为不明所销售的物品中含有非法复制的集成电路布图设计，不应视为侵权。但是《TRIPS 协定》仍然规定了三个享有例外权利的限制条件。

（1）在原来因为不明情况而从事某项活动的人得到明确的通知，从而得知所经营的是侵犯他人权利的物品的时候，他只能继续经营完库存或预购的物品，而不能继续从事该经营活动。

（2）在变不明情况为已知之后，经营者有责任向权利人支付报酬。

（3）支付报酬的额度应相当于双方当事人经谈判而达成的协议许可证在一般情况下规定的使用费标准。

此外，布图设计权利持有人对非自愿许可还享有相应的一些限制权利，这些权利有：在国家紧急状态时实施的强制许可，权利人可以获得尽快的通知权；对于强制许可不服的，权利人享有上诉权；权利人还可获取使用费。

通过上述对商标权、地理标志例外，专利权、版权、工业产品外观设计、集成电路布图设计权的例外条款进行研究，可以发现其例外条款的适用均符合以下三个条件：①例外的"有限性"；②不与权利人的正常利用相冲突；③不得损害权利人的合法利益。各国可以根据这三项适用条件在其国内法中设置各种各样的知识产权具体例外制度，以防止知识产权权利的过快扩张以及权利人对权利的滥用。

四　知识产权其他条款例外

（一）非违约之诉和情势之诉的争端解决例外

非违约之诉是 WTO 争端解决机制在 GATT 争端解决实践的基础上发展起来的用于处理成员方之间国际贸易争端的一种制度。对于非违约之诉，关贸总协定第 23 条第 1 款（b）项规定，任何成员的政府措施如果使另一成员在 WTO 协议下的"直接或间接获得的利益正在丧失或减损"，即使该措施并不违反 WTO 协议规则，成员仍然可以根据该条规定寻求在 WTO 框架下解决争端。然而 GATT/WTO 的有关规定并未就非违约之诉的构成要件做出明确规定，如成员方实施的措施应具有何种性质、另一成员方受损的利益应当如何界定等。一国选择启用还是放弃非违约之诉，固然要具体案件具体对待，但是从宏观角度分析，一国对非违约之诉机制的取舍，总是要受该国贸易地位和发展水平所制约，也就是说，不同贸易地位和发展水平的国家对非违约之诉机制的态度是不同的。从目前仅有的几个非违约之诉案例来看，贸易强国比贸易弱国更倾向于利用非违约之诉机制来保护本国的对外贸易[①]。

（二）发展中国家成员的过渡性安排例外

第 65 条规定了五点：①在符合本条第 2 款至第 4 款的前提下，任何成员均无义务在"建立世界贸易组织协定"生效之日后 1 年内适用本协定的规定。②任何发展中国家成员均有权在本条第 1 款规定的时间之外再延迟 4 年适用本协定，但本协定第一部分第 3 条至第 5 条除外。③正在从中央计划经济向市场自由企业经济转轨以及正进行其知识产权制度的体制改革并面临知识产权法的准备及实施的特殊问题的任何其他成员，也可享受本条第 2 款预示的延期适用。④如果某发展中国家成员按照本协定有义务将产品专利的保护扩大到其适用本协定之日前在其地域内不受保护的技术领域，则其在该技术领域适用本协定第二部分第 5 节的规定可再延迟 5 年。⑤任何享有本条第 1 款至第 4 款中任何一款提供的过渡期的成员均应确保在过渡期内其域内法律、条例及司法实践的任何变更不得导致降低符合本协定水平

---

① 王海峰：《WTO 非违约之诉机制研究——兼论中国汽车零部件进口争端及其启示》，《法商研究》2006 年第 6 期。

的保护。

(三) 最不发达国家成员的适用例外

第 66 条规定：①考虑到最不发达国家成员的特殊需要和要求，考虑到其经济、金融和行政压力，考虑到其为造就有效的技术基础而对灵活性的需要，不得要求这类成员在前文第 65 条第 1 款所指的适用日起 10 年内实施本协定的规定，但本协定第 3 条至第 5 条除外。理事会应根据最不发达国家成员主动提出的正当请求，准许延长该期限。②发达国家成员应鼓励其域内企业及单位发展对最不发达国家成员的技术转让，以使最不发达国家成员能造就良好的、有效的技术基础。

(四) 保证安全的例外

第 73 条规定：不得将本协定中任何内容解释为：①要求任何成员提供在它认为是一旦披露即会与其基本安全利益相冲突的信息。②制止任何成员为保护其基本安全利益而针对下列问题采取它认为是必要的行动：一是涉及可裂变物质或从可裂变物质衍生的物质；二是涉及武器、弹药及战争用具的交易活动，或直接、间接为提供军事设施而从事的其他商品及原料的交易活动；③在战时或国际关系中的其他紧急状态时采取的措施。三是制止任何成员为履行《联合国宪章》中有关维护国际和平与安全的义务而采取任何行动。

总之，上述的知识产权其他条款例外制度，特别是非违约之诉和情势之诉的争端解决例外、发展中国家成员的过渡性安排例外、最不发达国家成员的适用例外，考虑到了发展中国家和最不发达国家的弱势情况，有利于发展中国家在一定年份内维护其合法权益。但迄今为止，发展中国家成员的过渡性安排例外，均因时间已过而失效。保证安全的例外制度适用于所有成员，而运用是否最大化了本国的利益，关键在于对该例外制度的适用条件和能力。当然，保证安全的例外制度范围，从第 73 条规定来看，主要是指军事安全，而未明确突出国家经济安全。这给成员享有该例外制度的权利造成了一定的困境，但另一方面却为其提供了灵活使用的机会。

五 有关《TRIPS 协定》例外条款争端案例分析

自世界贸易组织（WTO）成立以来，《TRIPS 协定》在实施过程中引起一系列的争论问题，其中有关该协定的例外条款争端及其解决尤为突出。目前作为争端裁决报告中的 7 件 TRIPS 案件中，就有 3 件关系到该协定的例外条款：加拿大药品专利案；美国《著作权法》110 条第（1）款案；欧共体地理标志案。

（一）加拿大药品专利案——《TRIPS 协定》第 30 条的解释

加拿大药品专利保护案是典型的专利权例外权利的限制争端案例。欧共体指出：加拿大《专利法实施细则》不符合《TRIPS 协定》。加拿大认为，其符合《TRIPS 协定》第 30 条的规定。WTO 争端解决实体采纳了专家组报告。专家组的最终结论是：第一，第 55.2（1）条没有违反《TRIPS 协定》；第二，第 55.2（2）条违反了《TRIPS 协定》。

1. 案情概述

1997 年 12 月 19 日，欧共体及其成员方要求与加拿大进行磋商，指控加拿大的立法（尤其是专利法）缺乏对药品的保护，与其《TRIPS 协定》下的义务不相符，因为加拿大立法对获得专利的药品发明没有提供在《TRIPS 协定》第 27 条第（1）款、第 28 条和第 33 条预期的整个保护期限内的充分保护。双方的磋商没有达成相互满意的解决办法。

1998 年 11 月 11 日，欧共体要求设立专家组，对争议事项进行审查。争端解决机构于 1999 年 2 月 1 日设立专家组。澳大利亚、巴西、哥伦比亚、古巴、印度、以色列、日本、波兰、瑞士、泰国和美国保留作为第三方的权利。

专家组由 Robert Hudec、Mihaly Ficso 和 Jaime Sepulveda 组成。专家组报告于 2000 年 3 月 17 日发布。

2. 基本事实

本争端主要涉及加拿大《专利法》的两项规定，这就是 55.2（1）和 55.2（2），即所谓的管理审查例外和存储例外。根据管理审查例外，专利权人的潜在竞争者为获得政府的销售批准，在专利期内被允许使用专利发明，而无须获得专利权人的许可。这样，在专利期满时这些竞争者就能够获得管理许可，与专利权人竞争销售。根据存储例外，竞争者被允许在专利期满前的某一期限内制造和存储专利产品，在专利期满后销售。

本争端涉及专利法在药品方面的保护。根据加拿大《食品和药品法》，卫生部治疗产品规划署代表卫生部负责确保"新药"满足健康和安全要求。

新药，在食品和药品规章第 C. 08. 001 节中，被定义为在加拿大还没有足够的销售时间、数量，以确立安全性和有效性的药品。因而，新药的"新"与"新颖性"没有联系，新药这一类别既包括具有新颖性的产品，也包括不具有新颖性但以前没有以某一特定形式销售的"新"药品（如以前没有销售与另一形式的药品具有相同特征的竞争性药品或通用名称形式的药品，无论该另一形式的药品是否受到专利保护）。

除某些差别外，食品和药品规章适用于药品的活力成分和剂量形式的制造和控制，无论管理审查申请是否与专利产品或通用名称产品相关，这两类产品都被视为"新药"，因为通用名称药品与其复制的专利药品类似但不相同。通用名称药品包含了与专利药品相同的活力成分，但剂量构成不同。

管理审查程序非常耗时。完成这一程序需要 1 ~ 2. 5 年。但在这一期限之前，通用名称药品的制造商需要花费 2 ~ 4 年进行行政管理性材料的准备。因而，通用名称药品的制造商准备材料、完成管理审查程序所需要的总时间，通常是 3 ~ 6. 5 年。在准备行政管理性材料之后，制造商需要向卫生部提交简要的新药材料。提交这一材料，是因为通用名称药品制造商依赖于已证明安全有效药品的比较研究。发明者会提交新药材料，因为它必须提交全面的临床数据，确定有关药品的安全性和效力。对发明者来说，需要 8 ~ 12 年的时间研究开发药品、获得管理批准，这些都发生在 20 年的专利期内。根据加拿大专利法享有的市场专有的剩余期限，因药品的不同而不同。平均起来，加拿大药剂制造商协会估计为 8 ~ 10 年，加拿大药品制造商协会估计为 12 ~ 14 年。

通用名称药品进入市场前的活动会发生延迟，因为在考虑某一具体产品的市场后，通用名称药品制造商通常会寻求外部的精制药品生产商提供该产品的活力成分，尽管有时原料的制造是公司内部进行的或通过附属公司进行的。制造精制药品涉及的技术，要求剂量形式（如药片）的生产商具有不同的专门知识和设备。

3. 争端双方的意见

（1）欧共体请求。

欧共体及其成员方要求专家组做出下列裁定和结论。

a. 《加拿大专利法》第 55. 2（2）条允许在 20 年的专利期满前的 6 个月内，未经专利权人的许可而制造、存储药品，违反了《TRIPS 协定》第

28 条第（1）款和第 33 条。

b. 根据《加拿大专利法》第 55.2（2）条，加拿大对药品发明领域的专利权人提供了比其他技术领域的发明较差的待遇，违反了《TRIPS 协定》第 27 条第 1 款。

c.《加拿大专利法》第 55.2（1）条违反了《TRIPS 协定》。

d. 根据《加拿大专利法》第 55.2（1）条，加拿大对药品发明领域的专利权人提供了比其他技术领域的发明较差的待遇，违反了《TRIPS 协定》第 27 条第（1）款。

e. 上述违反，据《TRIPS 协定》第 64 条第（1）款、GATT（《关税与贸易总协定》，下同）994 第 23 条和 DSU 第 3 条第（8）款，构成了利益的丧失或损害。

f. 争端解决机构要求加拿大将其国内立法与其据《TRIPS 协定》的义务相一致。

（2）加拿大辩解。

针对欧共体的指控，加拿大辩解上述专利法规定及条例均为《TRIPS 协定》第 30 条含义内的专利所指独占权之"有限例外"，《加拿大专利法》第 55.2（1）条和第 55.2（2）条与加拿大据《TRIPS 协定》的义务相一致，要求专家组基于下述裁定拒绝欧共体及其成员方的申诉。

a. 这些规定都是《TRIPS 协定》第 30 条意义上的专利授权的"有限例外"；b. 在《TRIPS 协定》第 27 条的意义上，这些规定没有对相关发明的技术领域进行歧视，因为，第 27 条第 1 款禁止技术领域的歧视。不适用于允许的有限例外，或者，如果专家组裁定第 27 条第 1 款适用，第 55.2（1）条和第 55.2（2）条的有限例外并未明示与某一具体技术领域相关。c. 这些规定没有将《TRIPS 协定》第 33 条所指的最低专利期限缩短到更短的期限。

4. 专家组的解释与裁决

专家组对适用《TRIPS 协定》第 30 条的例外条件做了如下阐明："双方对第 30 条的基本结构表示同意。"第 30 条确定了符合例外所必须满足的三项标准：①该例外必须是"有限的"；②该例外必须没有"不合理地与专利的正常利用相冲突"；③该例外必须没有"不合理地损害专利所有人的合法利益，并顾及第三方的合法利益"。该三项条件是累进的，每项都是分开的、独立的和须满足的要求。未符合其中任何一项条件会导致第

30 条所不允许的例外。当然，这三项条件必须在互相联系中加以解释。三项条件的每一项都必须假定意味着包含与其他两项有所不同的意义，否则，就是多余的。罗列的顺序通常可解读为符合第一项条件的例外却可能违反第二项或第三项条件，并且，符合第一项和第二项还可能违反第三项。第 30 条的语法结构证实了该结论，即，一例外也许是"有限的"，但是，仍无法满足其他两项或其中之一。该顺序还进一步说明一例外没有"不合理地与专利的正常利用相冲突"，却可能"不合理地损害专利所有人的合法利益"。

在对《TRIPS 协定》第 30 条进行条约解释的基础上，专家组结合《TRIPS 协定》的目标与原则，进一步追溯了其国际条约法的渊源，指出："《TRIPS 协定》第 30 条的存在本身就是承认第 28 条规定的专利权条件将需要做某些调整。另一方面，第 30 条所包含的三项限制性条件有力地证明了该协定的谈判者无意导致今后会有等同于对该协定基本平衡的再谈判。显然，第 30 条授权的确切范围会依赖于赋予其限制条件的特定含义。这些条件的用语必须根据这一点做特别小心的审读。但是，在对那些指出其目标与宗旨的其他《TRIPS 协定》规定进行审读时，必须清醒地牢记第 7 条和第 8 条第 1 款所说的目标与限制…… 在考虑如何对待双方关于'有限的例外'含义之冲突立场时，本专家组认识到第 30 条文本之前已有《伯尔尼公约》第 9 条（2）款的文本。但是，《TRIPS 协定》第 30 条的用语'有限的例外'不同于《伯尔尼公约》第 9 条（2）款的相应用语'在某些特定情况下'。专家组审查了《TRIPS 协定》第 30 条谈判历史文件，了解谈判者为什么选择'有限的例外'这一用语而不是'在某些特定情况下'。谈判记录只反映在刚开始起草时就采用了'有限的例外'用语，远早于决定采纳《伯尔尼公约》第 9 条（2）款作为模式，但是，这并不说明为什么在后来以《伯尔尼公约》第 9 条（2）款为模式的起草文本中保留了该用语。"可以理解，《TRIPS 协定》起草者的意图是强调专利权保护例外的"有限性"。这是贯穿所有《TRIPS 协定》例外条款的三大特点之一。①

专家组最后裁定，《加拿大专利法》中所谓的管理审查例外［55.2（1）］与《TRIPS 协定》第 27 条第 1 款没有不符，因而属于第 30 条的例外，没有违反第 28 条第（1）款。而加拿大专利法中的所谓存储例外

---

① 张乃根：《论 TRIPS 协议的例外条款》，《浙江社会科学》2006 年第 3 期。

［55.2（2）］没有为第 30 条的例外所包括，违反了《TRIPS 协定》第 28 条第（1）款。争端双方没有对专家组报告提出上诉。争端解决机构于 2000 年 4 月 7 日通过了专家组报告。

5. 本案的启示

其一，《TRIPS 协定》的例外条款，规定的比较原则性，条款之间的关系不明晰，通常通过相关争端案例的解决过程逐步予以确定化。

其二，《TRIPS 协定》所规范的专利例外权，不是无限的，往往有许多限制。这是专利各方在利益比较大小的情况下选择的反应和表现。

其三，《TRIPS 协定》第 30 条这样解释较为合理，即第 30 条确定的例外权利的有效，必须同时满足这四项前提条件和标准：①该例外必须是有限的；②该例外必须没有不合理地与专利的正常利用相冲突；③该例外必须没有不合理地损害专利所有人的合法利益；④顾及第三方的合法利益。

（二）美国《版权法》第 110 条第 5 款案——版权例外

1. 概要

美国《版权法》第 110 条第（5）款争端案概要：

申诉方欧共体：美国《版权法》第 110 条第（5）款，违背《TRIPS 协定》。

被申诉方美国：《TRIPS 协定》第 13 条规定：成员方可以对版权所有人的专有权设置有限例外。

所依据和涉及的相关国际条款及解释：《TRIPS 协定》第 13 条；《伯尔尼公约》第 11 条之二和 11 条。

2000 年，专家组的裁决和建议：①（A）项关于"家庭方式例外"符合第 13 条；②（B）项关于"商业例外"不符合第 13 条的规定。

2. 案由

本争端涉及美国 1976 年《版权法》第 110 条第（5）款。该款规定了作品使用的商业豁免和家庭豁免权。即美国《版权法》第 110 条规定了版权所有人的独占性权利等限制，非权利人的广播可以不受某些表演和展示的权利约束，即"家庭方式例外"（"戏剧"音乐作品）和"商业例外"（"戏剧"音乐作品之外的作品）。① 争端集中于这两项豁免是否符合

---

① 世界贸易组织法律事务部：《WTO 争端解决案件概要》，法律出版社，2009，第 132 页。

《TRIPS 协定》第 13 条的规定。

1999 年 1 月 26 日，欧共体及其成员方（以下称为欧共体）要求与美国就美国 1976 年《版权法》第 110 条第（5）款进行磋商。1999 年 3 月 2 日，欧共体与美国进行的磋商没有就提出相互满意的解决办法达成共识。1999 年 4 月 15 日，欧共体要求设立专家组，欧共体指控美国 1976 年《版权法》第 110 条第（5）款违反了《TRIPS 协定》第 13 条的规定。1999 年 5 月 26 日，DSB 设立了专家组，澳大利亚、巴西、加拿大、日本和瑞士保留第三方的权利。

1999 年 5 月 26 日，专家组成立，成员包括 Carmen Luz Guarda，Arumugamangalam V. Genesan 等。专家组要求世界知识产权组织（WIPO）提供《伯尔尼公约》1971 年巴黎文本的有关事实情况。争端方对 WIPO 提供的信息做出了评论，专家组报告于 2000 年 6 月 15 日发布。专家组裁决美国 1976 年《版权法》第 110 条第（5）款（A）满足了《TRIPS 协定》第 13 条的规定，与《伯尔尼公约》第 11 条之二（1）（iii）和 11（1）（ii）的规定相一致，裁决美国 1976 年《版权法》第 110 条第（5）款（B）没有满足《TRIPS 协定》第 13 条的规定，与《伯尔尼公约》第 11 条之二（1）（iii）和 11（1）（ii）的规定不一致。

争端方对专家组的报告没有提出上诉。DSB 于 2000 年 7 月 27 日通过了专家组的报告。

3. 关于专有权限制和例外的裁定

本争端的主要问题是《TRIPS 协定》第 13 条的解释和对本案事实的使用问题。美国的抗辩以此为依据。美国提出，该条澄清和阐释了据《伯尔尼公约》的某些规定的适用，并纳入《TRIPS 协定》的"最小例外"原则。

专家组引用了第 13 条的规定后，概括了争端方的主张。《TRIPS 协定》并入了《伯尔尼公约》的实体规定，允许对版权人的专有权利进行最小限制。第 13 条提供了判断该例外或限制的适当标准。

专家组指出，首先审查最小例外原则《TRIPS 协定》的法律地位和范围，接着审查第 13 条对《伯尔尼公约》[尤其是第 11 条之二第（1）款和第 11 条第（1）款] 规定的权利的适用，再审查第 11 条之二与本案的相关性。

（1）关于最小例外原则的审查。

美国认为，《TRIPS 协定》第 13 条澄清和阐释了据《TRIPS 协定》适用的最小例外原则的范围。在考虑第 13 条对《伯尔尼公约》11（1）（iii）和 11（1）（ii）的适用性前，专家组应首先审查最小例外原则是否据《TRIPS 协定》适用。这一审查涉及两个分析步骤：第一步，专家组分析在何种程度上最小例外构成《伯尔尼公约》的一部分；第二步，如果专家组发现该原则据《伯尔尼公约》的某些条款适用，该原则是否与《伯尔尼公约》第 1 条至第 21 条一起，通过《TRIPS 协定》第 9 条第（1）款，并入《TRIPS 协定》。

1）确定最小例外原则在《伯尔尼公约》中的法律地位。

在这一部分中，专家组注意到，除了允许对《伯尔尼公约》条文中含有的专有权利的权限和例外的明示规定外，该公约的一系列修订会议报告，都提到了允许成员方提供某些权利的限制和例外的"默示例外"。所谓的"最小保留"或"最小例外"原则，在公开表演权和其他某些专有权方面，都被提及。据该原则，伯尔尼联盟成员可对《伯尔尼公约》第 11 条之二和第 11 条规定的权利提供最小的例外。

对伯尔尼联盟成员提供的针对某些专有权提供例外的这种可能性，经常作为"最小例外"原则被提及。然而，这种可能性在不构成《维也纳条约法公约》第二节"保留"意义上，该词存在某种误导。也应该注意到，没有其他成员的同意，WTO 成员被禁止据《TRIPS 协定》第 72 条规定做出保留，也不得在此基础上就这一或那一事项做出保留。为简明起见，专家组在此之后使用"最小例外"原则。

对于作品的公开表演问题，《伯尔尼公约》第 11 条第（1）款和第（2）款来自 1948 年的布鲁塞尔文本，其用语在 1967 年的斯德哥尔摩文本和 1971 年的巴黎文本中没有实质性变化，对公约条文并没有增加适用于该权利的具体例外条款。但是，布鲁塞尔文本第一次包括公开表演的一般权利，布鲁塞尔会议报告中也含有提及最小例外原则的陈述。

《伯尔尼公约》11（1）（i）和 11（2）的现有规定在 1928 年罗马会议时第一次并入《伯尔尼公约》，但以后进行了修订。11（1）中的第 2 项和第 3 项在 1948 年的布鲁塞尔会议上增补。在讨论 11（1）的第 2 项和第 3 项时，布鲁塞尔会议报告指出，最小例外原则也适用于第 11 条之二的专有权。

在评估最小例外原则的法律地位时，专家组相信，选择这些词语反映了伯尔尼联盟成员在布鲁塞尔会议上存在《维也纳条约法公约》31（2）

（a）项意义上的协议，在国内法中保留提供最小例外的可能性。专家组基于三个原因得出这一结论：第一，《伯尔尼公约》11（1）（iii）和11（1）（ii）与明示提及最小例外原则的报告的通过同时出现。第二，在限制《伯尔尼公约》11（1）（iii）和11（1）（ii）规定的专有权的范围方面，这一原则与《伯尔尼公约》修订的实质紧密相关。第三，所有各方之间的协议存在，因为一方面，总报告人被授权明确提及这一最小例外；另一方面，明确提及这一例外的布鲁塞尔会议报告，由伯尔尼联盟成员正式通过。专家组因而得出结论，就提供最小例外的可能性，在修订公约、增加另外的专有权时，在所有各方之间达成了《维也纳条约法公约》31（2）（a）含义上的协议，这些限制对增加的专有权〔包括《伯尔尼公约》11（1）（iii）和11（1）（ii）含有的专有权〕适用，这一协议与解释这些条款的上下文是相关的。

2）确定最小例外原则的范围。

除了最小例外原则据《伯尔尼公约》的法律地位外，争端方也对该原则的范围有不同意见。美国认为，最小例外原则的界定因素是，限制或例外在性质上必须是最小的因而是可以允许的。提供最小例外的可能性不限于布鲁塞尔会议和斯德哥尔摩会议记录中提供的例子。相反，欧共体则认为，该两次会议记录中给出的例子是穷尽的。最小例外原则应限制在完全非商业性的限制或例外内。

1948年布鲁塞尔会议的总报告提到"宗教仪式、军队旗帜和儿童、成人教育"作为可以提供最小例外情形的例子。1967年斯德哥尔摩会议第一次委员会报告提供普及化这一例子。显然，这些例子是示范性的。专家组也注意到，两次会议报告中所给的例子，都是在《伯尔尼公约》第11条第（1）款的框架下，但报告澄清最小例外原则也可以对第11条之二、第11条之三、第13条和第14条授予的专有权提供。

一方面，根据向专家组提供的信息，专家组认为，不能确定最小例外原则，只能证明完全非商业性使用作品的正当性，在任何情况下都不能证明对版权人有经济影响的使用的例外。另一方面，非商业性使用作品（如儿童和成人教育）也可以达到对版权人有重大经济影响的程度。因而，专家组认为，如果国内法中含有的例外确实是最小的，使用的非商业性不是决定性的因素。

对于最小例外原则在时间方面的范围，专家组不同意欧共体提出的该范围在 1967 年"冻结"的观点。斯德哥尔摩记录中使用"维持"一词不足以证明这样的解释：各国据最小例外原则只能对 1967 年以前国内立法中有效的例外提供正当性。

3）确定最小例外原则据《TRIPS 协定》的法律地位。

在得出最小例外原则至少构成了《伯尔尼公约》第 11 条和第 11 条之二的上下文部分后，专家组再解决上述的第二步分析。第二步涉及最小例外原则是否据 TRIPS 第 9 条第（1）款与《伯尔尼公约》第 1 条至第 21 条一起并入 TRIPS 的问题。

专家组已经表明最小例外原则已经构成《维也纳条约法公约》31（2）（a）含义的上下文的一部分，至少是《伯尔尼公约》第 11 条之二和第 11 条的上下文的一部分。《TRIPS 协定》的用语并没有表明第 11 条和第 11 条之二已经通过《TRIPS 协定》第 9 条第（1）款并入了《TRIPS 协定》却没有一同带入对相应的专有权提供最小例外的可能性。如果并入的仅仅是《伯尔尼公约》第 1 条至第 21 条的条文，而不是与这些条款相关的整个伯尔尼制度，《TRIPS 协定》第 9 条第（1）款会这样明确规定。

因而，专家组得出结论，在《TRIPS 协定》第 9 条第（1）款缺乏明示排除的情况下，并入《TRIPS 协定》的《伯尔尼公约》第 11 条和第 11 条之二，包括了这些规定的整个制度，这包括对相应的专有权提供最小例外的可能性。

《TRIPS 协定》第 13 条规定是美国主张的核心。美国提出，该条澄清和阐释了最小例外原则的范围，该原则据《TRIPS 协定》是适用的。在审查了最小例外原则据《TRIPS 协定》的法律地位后，专家组将要审查第 13 条规定对并入《TRIPS 协定》的《伯尔尼公约》11（1）和 11 条之二第（1）的适用性。

《TRIPS 协定》第 13 条的用语并不含有对适用版权类别的明示限制。在满足下述三个条件时，可提供专有权的限制或例外：第一，限制或例外被限定在特殊的情形；第二，与作品的正常利用不冲突；第三，不应不合理地损害权利人的合法利益。正如双方同意的，这三个条件是累积适用的：只有满足了三个条件中的每一个条件，限制或例外才与第 13 条规定一致。

在专家组看来，第 13 条的明示用语或上下文，或者《TRIPS 协定》的任何其他规定，都不支持第 13 条的适用范围，限于据《TRIPS 协定》新增加的专有权利的解释。

《TRIPS 协定》第 13 条对《伯尔尼公约》第 11 条第（1）款和第 11 条之二第（1）款规定的权利的适用，不必导致不同于据《伯尔尼公约》适用的标准，专家组已经确定提供最小例外的可能性构成了这些条款上下文的一部分。考虑到这些上下文的指导，专家组将适用第 13 条的三个条件来审查对争议专有权许可的最小例外的范围。

（2）关于并入《TRIPS 协定》的《伯尔尼公约》第 11 条之二第（2）款。

专家组相信，《伯尔尼公约》第 11 条之二第（2）款和《TRIPS 协定》第 13 条涉及的情形不同。一方面，第（2）款授权成员确定据以行使第（1）款中的三项规定授予的权利的条件。这些条件的实施就可能完全替代专有权的自由行使。只要给予合理的补偿和不损害作者的精神权利，另一方面，对第 11 条之二第（1）款规定的专有权的限制或例外，满足《TRIPS 协定》包含的三个条件即可。如果这三个条件得以满足，政府可进行不同的选择，免费使用和无须权利人的许可。这与第 11 条之二的任何一款都不冲突。

对于没有满足三个条件的情况，政府不能证明例外的正当性。但在这样的情形中，第 11 条之二第（2）款也允许成员以强制性许可代替专有权，或确定其他条件，只要不损害作者获得合理报酬的权利。

美国《版权法》110（5）包含了未经权利人许可而无须付费使用的受保护作品的例外。这些例外是否满足美国据《TRIPS 协定》的义务，需要适用第 13 条进行审查。并入《TRIPS 协定》的《伯尔尼公约》第 11 条之二第（2）款与本案没有关系，在现有的 110（5）包括的使用方面，美国没有提供权利，其行使不受立法中确定的条件的限制。

（3）关于限制与例外的总结。

根据上述分析，《伯尔尼公约》第 11 条及第 11 条之二的上下文，在《维也纳条约法公约》31（2）（a）的意义上，包括了对争议的专有权提供较小例外的可能性。这一较小例外原则，通过《伯尔尼公约》第 9 条第 1 款的规定，与该公约的其他规定，一起并入了《TRIPS 协定》。因而，该原则作为构成并入《TRIPS 协定》的《伯尔尼公约》11（1）（ii）和 11（1）（iii）上下文的一部分，是相关的。

对于据较小例外的可能限制和例外的范围，专家组认为该原则主要涉及最小使用，但其适用并不限于布鲁塞尔和斯德哥尔摩《伯尔尼公约》修订会议报告包括的举例，并不限于非商业的使用或 1967 年之前存在的国内立法中的例外。但是，专家组注意到，布鲁塞尔和斯德哥尔摩会议的报告，对国内立法中可能提供的例外的准确范围，并不是总结性的。

专家组得出结论，《TRIPS 协定》适用于并入《TRIPS 协定》的《伯尔尼公约》11（1）（ii）和 11（1）（iii），第 13 条的用语、上下文或者《TRIPS 协定》的其他规定，都不支持第 13 条的适用范围限于该协定中新规定的专有权的解释。

并入该协定的《伯尔尼公约》11（2），允许成员以强制性许可替代 11（1）的专有权，或确定其他条件，只要他们不损害权利人获得公平报酬的权利即可。11（2）与本案并不相关，因为美国并没有对现有的《版权法》110（5）包括的使用提供权利，该权利的行使受到其立法确定的条件的限制。

专家组在得出了上述结论后，将第 13 条包括的三个条件适用于 110（5）包含的例外中。

4. 简评

应注意的是，如果按照"加拿大－药品专利保护案"专家组对"储存例外"的认定方式，本案没有必要再对"商业例外"是否符合其他两项条件做进一步分析。但是，考虑到"商业例外"与"家庭式例外"的关联，专家组在对后两项条件的分析中仍包括了对"商业例外"的分析，尽管最后认定"家庭式例外"符合《TRIPS 协定》第 13 条例外条款的全部条件，同时裁定"商业例外"不符合后两项条件。上述对《TRIPS 协定》例外条款的已有解释表明，虽然各争端案件的事实有所不同，但是，适用于这些争端解决的《TRIPS 协定》例外条款之立法精神是一致的，即充分兼顾权利人利益与公共利益的平衡关系，在考虑使用人和社会公共利益享有例外权利的同时，也要充分关注权利人的应有权利范围。①

（三）欧共体地理标志案

1. 概要

申诉方：美国、澳大利亚

被申诉方：欧共体

所涉及的条款：《TRIPS 协定》第 3、4、16 和 24 条，GATT 第 3、4 条。

---

① 张乃根：《论 TRIPS 协议的例外条款》，《浙江社会科学》2006 年第 3 期。

争议解决过程：2003 年 10 月 2 日成立专家组，2005 年 4 月 20 日通过。

争议涉及的国内法律和产品：欧共体与商标和地理标志保护的相关法律；涉及的产品是受欧共体规则影响的农产品和食品。

2. 案由

2003 年 8 月 29 日，美国及澳大利亚首次向世贸组织争端解决机制提出成立特别小组，要求再次磋商欧盟富有歧视性的农产品及食品商标及地理标志保护方面的规定。认为欧共体地理标志条例歧视非欧共体国家，违反《TRIPS 协定》第 3 条第（1）款的意见。

美国抱怨欧共体的法规不允许非欧盟地理标志进行登记。欧盟以外的地理标志必须得到等同于欧盟内部的保护才可在欧盟登记。美国对此不满。澳大利亚认为欧盟的制度不符合世贸组织现行的非歧视性原则，没有给商标以应有的保护，并且极为复杂。欧盟则认为其规定完全符合世贸规则。

美、欧在农产品及食品商标及地理标志保护方面的分歧由来已久。早在 1999 年 6 月美国就曾要求在世贸组织争端解决机制下与欧盟商讨欧共体委员会第 2081/92 号规定，即保护地理标志及农产品及食品原产地名称的规定，但并未取得任何结果。2003 年 4 月，美国再次提出就此问题进行磋商，但仍无结果。

美国认为欧共体第 2081/92 号规定对欧盟内、外部产品的待遇不同，没有给全体世贸组织成员同等优惠、便利及豁免权，削弱了商标的法律保护作用，不能防止商标雷同及假商标的出现，不能提供防止滥用地理标志的法律手段，对地理标志的定义同《TRIPS 协定》不一致，缺乏透明度及相应的执行程序。

世贸组织应美国的要求建立特别小组。澳大利亚、墨西哥、新西兰、危地马拉、印度、土耳其、哥伦比亚及中国台北要求以第三方身份参加。

3. 专家组结论要点

WTO 专家组认为，《欧共体地理标志条例》不允许在先商标权人对抗注册的地理标志，只允许政府而不是个人提出异议，确实不符合《TRIPS 协定》，而且其规定的对等原则也不平等。

关于国民待遇，专家组认为，欧共体法律中的对等要求给予了非欧共体国民低于欧共体国民的待遇，违反了《TRIPS 协定》第 3 条的国民待遇规定。根据地理标志的所在地实现"形式上相同"但实质不同的程序，欧共体改变不了不同国民之间"实质平等的机会"，对非欧共体国民不利。欧共体条例还给予进口产品较差待遇，不符合 GATT 第 3 条、4 条。

关于地理标志与商标的关系，专家组确认，《TRIPS 协定》第 16（1）条要求成员对商标所有人给予反对他人使用（包括地理标志的）其商标的权利。专家组先确认欧共体条例不符合《TRIPS 协定》第 16（1）条，因为其限制了商标所有人的上述权利。但专家组最终认为，条例符合第 17 条，因为只有考虑了商标所有人和第三方的合法利益，它才允许成员对商标权，包括第 16（1）条的权利，做出有限的限制。

4. 欧共体委员会将修改地理标志条例

应 WTO 专家组做出的限定欧共体在 2006 年 4 月前修改其地理标志条例的要求，欧共体委员会通过两项提案，进一步明确和简化了欧共体地理标志条例，使之与《TRIPS 协定》相一致。欧共体委员会意图寻求与 WTO 要求相一致且更有效率的地理标志产品的登记程序，这是欧共体制定质量政策和寻求地理标志国际保护的基础。提案根据 WTO 专家组提出的意见，删掉原地理标志条例中要求平等、对等的规定，并允许第三国不必通过政府，可以直接就地理标志的注册提出申请和异议。

5. 该案简评

第一，该案反映了不同的利益主体对地理标志的不同利益诉求，以及不同国家由于地理标志保护制度的不同而造成了彼此之间的冲突。一直以来，美国、澳大利亚与欧盟之间在地理标志保护上就存在争议。在乌拉圭回合谈判时，美国就反对欧盟将地理标志作为一项独立的知识产权纳入《TRIPS 协定》中。[①] 但是由于当初众多发展中国家不同意美国把知识产权纳入 WTO 体系的提议，美国为了获得欧盟的支持，与欧盟进行协商并妥协，这样才形成了现在的《TRIPS 协定》。美国、澳大利亚均属于历史较短的移民国家，它们本国的地理标志并不多。而与其相反的是，欧盟诸多国家历史悠久，拥有许多颇具地方特色的产品。与此对应的是，美国、澳大利亚与欧盟采取不同的地理标志保护模式，2081/92 号指令是欧盟地理标志保护制度的基础性法规。而美国却没有明确的地理标志概念，也没有专门的法律来规定对地理标志的保护，只是在商标法中提到对地理标志的保护。

然而，《TRIPS 协定》并没有规定各成员立法模式。《TRIPS 协定》第 1 条规定："各成员可以，但不应有义务在其法律中实施比本协定要求更广泛

---

① 徐光明：《地理标识：美国与欧盟的争议》，《人民司法》2003 年第 8 期。

的保护，只要这种保护不违反本协定的规定即可。各成员有权在它们自己的法律制度和实践中制定实施本协定规定的适当方法。"① 第 22 条（对地理标志的保护）也仅要求各成员向利益方提供法律手段。欧盟的 2081/92 号指令要求注册者所在国家采用与欧盟相同的地理标志保护制度这一规定违反了《TRIPS 协定》的总则和基本原则。

第二，该案反映了国民待遇原则容易引发各国冲突，揭示了欧盟对第三国国民的歧视性待遇。国民待遇原则是 WTO 各成员最容易引发冲突的问题，但同时国民待遇原则是 WTO 基本的原则。《TRIPS 协定》第 3 条明文规定了国民待遇原则，它要求在知识产权保护方面，每个成员给其他成员国民的待遇不应低于它给本国国民的待遇。② 欧盟 2081/92 号指令在地理标志保护方面针对非欧盟成员的国民在地理标志注册等方面设定较高的门槛，这显然不符合国民待遇原则的要求。专家组就明确指出从条款上来看按照欧盟 2081/92 号指令第三国国民和欧盟成员国国民好像享受同等待遇，实则不然。例如，关于地理标志的申请程序，2081/92 号指令第 5 条和第 12 条第（a）项规定了两种相似的申请程序，分别适用于位于欧盟成员国境内的地理标志登记申请和位于第三国境内的地理标志登记申请。这两种申请程序都包括三个具体步骤：一是申请人向地理标志所在国政府提出申请；二是所在国政府对于申请是否符合指令规定进行审查；三是如果所在国政府认为该申请合格，再将该申请转交给欧盟委员会。专家组在该案的报告中明确指出 2081/92 号指令对于第三国国民的不公平待遇。由于欧盟 2081/92 号指令主要不是由欧盟机构而是由各成员本国政府来实施的，也就是说欧盟事实上的执法机构是各成员国本国政府，而欧盟国民通过本国政府提出地理标志登记申请实际上直接面向欧盟执法机构。因为欧盟 2081/92 号指令在成员国具有直接的和优先的效力，成员国就有义务将条例规定的受理、审查和转送程序付诸实施，否则申请人有权通过司法途径起诉本国政府。而第三国政府没有这个义务，指令要求政府干预无疑是给第三国国民额外设定了条件。这就违反了 WTO 的国民待遇原则。③

第三，各成员国可自主制定知识产权有限的例外。欧盟 2081/92 号指令

---

① 参见《与贸易有关的知识产权协议》第 1 条。

② 参见《与贸易有关的知识产权协议》第 3 条。

③ 冯术杰：《欧盟地理标志法律制度述评》，《欧洲法通讯》，http://www.civillaw.com.cn/article/，最后访问日期：2010 年 11 月 28 日。

规定了在先商标和地理标志的两种权利冲突及其解决方法。指令第 14（1）条规定，在遵守欧盟法的前提下，在地理标志申请日之前或在来源国对其保护之前，如果有关商标被善意申请注册、善意注册或因善意使用而取得，那么即使违反该指令第 13 条的规定，该商标也可以在地理标志登记之后继续使用，只要该商标没有因欧盟商标法（89/104 号指令或 40/94 号指令）规定的原因而无效或失效。

六　《TRIPS 协定》例外条款对我国履行该协定的启示[①]

从《TRIPS 协定》例外条款的争端解决中可以看到，美国、加拿大等 WTO 成员充分利用《TRIPS 协定》例外条款，在其国内知识产权法中自行设置一定的例外制度，并得到 WTO 争端解决机构的某些肯定。根据《TRIPS 协定》第 1 条第（1）款规定，各成员履行《TRIPS 协定》项下国际法义务，可以自行决定具体实施的适当方法，各成员有关知识产权的法律法规或行政措施等可在不抵触其义务的前提下，通过诸如例外条款等此类规则来避免履行其义务。这种符合规则的避免亦称为"合法规避"。比如，《TRIPS 协定》第 13 条版权保护的例外，《TRIPS 协定》第 17 条商标权例外，第 26 条第（2）款外观设计保护的例外和第 30 条专利权例外，均允许在有限的范围，在与有关知识产权的正常利用不发生无理抵触，也不会无理损害知识产权人的合法利益，并顾及第三方合法利益的条件下，例外地不保护有关知识产权。

根据《TRIPS 协定》以及我国"入世"的承诺，我国在知识产权立法方面虽已履行了应尽的国际法义务，但是，这不排斥"合法规避"。譬如，我国《著作权法》第 22 条（6）款规定"为学校课堂教学或者科学研究，翻译或者少量复制已经发表的作品，供教学或者科研人员使用，但不得出版发行"。其中，"学校课堂教学"、"少量"和"供教学使用"是较富有弹性的用语。诚然，根据《著作权法实施条例》第 21 条，"依照著作权法有关规定，使用可以不经著作权人许可的已经发表的作品的，不得影响该作品的正常使用，也不得不合理地损害著作权人的合法利益"。这是符合《TRIPS 协定》第 13 条规定的。因而，这类旨在课堂教学的少量复制应是严格限制的。在我国大学教学，尤其是在研究生教学活动中，教师经常会将

其在国外研究时，旨在从事该研究而复制的部分学术资料，复制若干份给学生，以便在教学中共同研究。这类限于少量学生而提供每人一份复制品，并未违反《著作权法》，也未抵触《TRIPS 协定》第 13 条的规定以及《伯尔尼公约》第 9 条（2）款。又譬如，《TRIPS 协定》第 17 条规定"成员们可以规定商标赋予权利的有限例外，如说明性术语的合理使用，只要这种例外考虑到商标所有人和第三方的合法利益"。我国《商标法实施条例》第 49 条相应地做出了明文规定："注册商标中含有的本商品的通用名称、图形、型号；或者直接表示商品的质量、主要原料、功能、用途、重量、数量及其他特点，或者含有地名，注册商标专用人无权禁止他人正当使用。"所谓"正当"是富有弹性的用语。一般来说，在同行竞争者中间，同时使用某一商品的通用名称，只要不引起消费者混淆，就不是不正当的。这种"正当使用"的方式可以成为商标保护的例外，如在立法上做进一步规定，亦可能形成对《TRIPS 协定》所保护的商标权的合法规避。再如，《TRIPS 协定》第 30 条关于授予专利权的限制与例外，第 31 条强制许可规定以及多哈会议《关于 TRIPS 协定与公共健康宣言》强调的"弹性"原则，都为我国在现行专利法律制度的基础上，适当地考虑限制 WTO 中发达国家成员利用其专利优势在中国抢占或独占市场的势头，提供了可操作的空间。

上述合法规避形式都需要高水平的立法技术支撑，且前提是把握《TRIPS 协定》的例外条款，重点是结合本国实际，制定能够最大限度地保护本国国家与国民利益的制度，以将履行《TRIPS 协定》义务与合法规避进行有机结合。因此，应深入研究《TRIPS 协定》例外条款的由来及实质，理解争端解决中对例外条款的条约解释，从中掌握合法规避的程度，以便我国在履行《TRIPS 协定》的义务中，既防止不必要的争端，又避免过多、过分的知识产权保护，并加大对知识产权滥用的限制，从而维护中国等发展中国家的安全利益。

第四节　知识产权例外的类型化

知识产权例外的类型化实际上是指知识产权例外的制度化，即在法律制度的层面，而非法律模式或法律机制层面，规定知识产权例外的权利和义务以及国家执法司法权力。知识产权例外的类型化是对各国相关知识产权相关规定的共性的概括和提炼。知识产权例外类型化制度，不仅是对各国国内，而且是对国际知识产权例外制度的完善和发展，对发展中国家和发达国家的知识和经济安全，均会产生一定的影响。分析、发现、掌握和运用知识产权例外的类型化的成功立法及其发展规律，无疑有利于促进世界知识产权例外制度的完善和发展中国家例外制度的发展。

知识产权类型化是指以知识产权的共同意义为核心，将具有共同特征的知识产权制度归为一类并形成规范类型。通过规范类型与社会生活事实的对比，将具有相似特征和意义的事实归类于该规范类型，并受同一规制①。类型化思维具有抽象性、经济性、概括性，是理论研究的必要素质和要求，是理论形成的前提和基础。在知识产权法律研究中，知识产权例外权利类型化思维更有特殊意义。由于知识产权法发展的历史过程中新的知识不断涌现，加之在经济全球化背景下知识产权国际协调中强势利益集团的作用所导致的学术理性匮乏，知识产权利益各方的博弈造成的极为复杂的知识产权权利分配格局，使得权利、例外权利、例外权利的权利（例外权利的限制）层出不穷。对这些权利亟待类型化，以更好地理解和运用例外权利。殊不知，国际知识产权争端，很多是对例外权利法律规则的立场、角度、方法、内容的理解差异所致。倘若能通过知识产权例外权利的类型化，使规范更加易理解、可辨析，从而减少纠纷或提高争端方的共识，特别是对于知识产权运用历史较短、运用能力较弱的发展中国家而言是非常有必要的。对例外权利特别是有关发展中国家享有的，类型化势必提高知识产权制度所赋予权利的利用效率，有利于企业、产业和国家知识与经济的安全。

在《TRIPS 协定》中，我们可以找到制定知识产权例外的依据，但是，《TRIPS 协定》并没有明文禁止公约成员方依据各自国内法制定各种例外的权力，其各概括型例外条款中只确立了知识产权例外的基本原则，并没有列举具体的范围。例如，对于专利权的例外《TRIPS 协定》第 30 条规定：成员可对所授的专有权规定有限的例外，只要在顾及第三方合法利益的前提下，该例外并未与专利的正常利用不合理地冲突，也并未不合理地损害专利所有人的合法利益。因此，只要满足《TRIPS 协定》第 30 条所规定的基本原则，各成员便可以根据自己国内经济发展程度、科技水平以及创新能力等条件来制定知识产权例外。也正是《TRIPS 协定》赋予各国国内法制定各种例外的权利，造成了知识产权例外制度的宽松不一。从维护国家

---

① 融天明：《知识产权类型化不足与司法困境》，硕士学位论文，上海交通大学，2007，第 1 页。

经济安全的角度看，目前各国家有以下几种知识产权例外典型类型。有的知识产权例外的类型化有利于发展中国家，有的则反映了发展中国家和发达国家的共同利益。

一　专利例外的类型

（一）权利穷竭

专利权人制造、进口或者经专利权人许可而制造、进口的专利产品或者依据专利方法直接获得的产品售出后，任何人对该产品进行使用、许诺销售或者销售的行为，不再需要得到专利权人的许可或者授权，且不构成侵权。在专利法理论中，这种制度称为专利穷竭，也被称为首次销售原则。这一原则的核心是：在保护专利权人合法权利的前提下，维护正常的市场交易秩序，保护经营者和一般消费者的合法利益，便于贸易活动的正常开展，防止专利权对国内商品的市场流通造成障碍。专利穷竭原则的出现也是平衡权利的体现，其原本意图是限制专利权的无限扩张，以免损害权利使用人的利益。总体上看，专利穷竭有利于发展中国家消费者二次低价购买和使用专利产品，因为专利权人大多为发达国家的跨国公司，特别是在高科技、医药等领域。

（二）科学研究和试验

科学研究和试验例外是一个比较复杂的问题，近年来也逐步成为社会关注的热点，尤其是在国外，制药领域和大学研究实验领域更是争论的焦点。在美国，大量与药品专利相关的证据催生了《哈奇－韦克斯曼法》在1984年的通过。该法允许通用名称药品的生产者在有品牌的等同药品的专利保护期届满之前，对它们的药品进行 FDA 规定必须要做的监测程序，而不被指控为侵犯专利权。简单来说，科学实验和研究例外是指他人仅为科学研究或者实验目的而使用专利产品或者专利方法的，不视为侵权。科学研究和试验有利于发展中国家无偿借鉴发达国家的先进技术，在其基础上进行创新。

二　著作权例外的类型

（一）合理引用

合理引用是指对已合法提供给公众的作品，包括报纸上的文章和以新闻摘要形式表现的期刊，准许对其进行引用，只要这种引用符合公平惯例，而且不超出这一目的所证明的合理限度。这里的引用是指将他人作品中一个或一个以上的段落纳入自己作品这一意义上的使用。换句话说，引用是指复制某一作品的片段，用来说明某一主题或为某一论点进行辩护，或用来描述或评论被引用的作品。引用不限于文字作品，书籍、报纸、杂志、电影、录音制品或广播电视节目，都是可以进行引用的。公平、合理的引用是有适宜限度的，通常由司法判定。合理引用，有利于发展中国家与发达国家的文化交流，促进文化多样性和共同发展。

（二）教学示例使用

教学示例使用是指准许在出版物、广播电视节目和录音制品中，以教学示例方法使用文学艺术作品，只要这种使用符合公平惯例，而且不超出这一目的所证明的合理限度。这里的"教学"包括各种等级的教学，就是说，包括在教育机构、公立学校以及私立学校的教学。由此可以看出，单纯的科学研究不包括在这一著作权例外之内。发展中国家的教材较落后，教学例外使用制度，有利于发展中国家低成本学习发达国家的先进知识，培养具有国际知识和视野的人才。

（三）报刊转载、播放或公开有限传播

报刊转载、播放或公开有限传播是指准许对在未就报刊转载、播放或公开有线传播明确保留权利的情况下，对报刊上登载的有关当前经济、政治或宗教问题的文章，以及广播电视节目中播放的同类性质的作品，进行转载、播放或传播，但一律必须指明出处。这一款对于新闻媒体十分重要。报刊转载、播放或公开有线传播的例外制度，有利于各国知识信息的传播，以及发展中国家和发达国家之间信息的共享和发展。

三　商标权例外的类型

（一）商标权穷竭

商标权穷竭，也称商标权用尽，是指商标权人将载有注册商标的商品投入市场后，其销售权一次用尽，商标权人无法控制该商品在市场中的进一步流通。商标权穷竭制度，作为一种知识产权限制，其目的在于保障商品所有

权人充分享有其财产所有权（处分权），保证商品的正常市场流转，使得物尽其用，增加社会福利，有利于发展中国家第二次比较便宜地使用发达国家跨国公司的名牌产品。

（二）在先使用权

在先使用权是指在他人申请商标注册前，已在相同或近似商品或服务上使用与申请的商标相同或者近似商标的。在该商标被核准注册后，在先使用人对在先使用的商标享有在原有范围内继续使用的权利。在先使用权制度之所以存在于实行注册制的国家和地区，是为了平衡注册商标权利人和在先使用人之间的利益。对在先使用人给予必要保护在其他国家的商标法中已有规定。如日本《商标法》第 32 条规定，商标权人无权禁止在先的相同或近似标志的使用人以不违反公平竞争的使用方式继续使用该标志，但有权要求该在先使用人将其使用局限在其原有使用范围之内；在使用中以明显的方式指示出其商品或服务与商标权人的商品或服务并非同一来源，以防止误导公众。英国《商标法》第 11 条第（3）款也有类似规定。我国商标法没有规定商标的在先使用权。笔者认为，只要不会造成商品或服务出处的混淆，同时又能兼顾注册商标权利人和在先使用人的利益，我国《商标法》可以考虑规定基于在先使用人的利益而对商标权给予必要的限制。在我国现行的商标权通过注册取得的基本制度下，对在先使用人利益的保护只能是有限的。在先使用人必须有在他人注册申请前实际使用的事实，且该使用已在市场中产生了一定的影响，被相关消费者认同。在他人注册商标被核准后，在先使用人只能在原商品或服务上使用，不能扩大该商标的使用范围。此外，使用的目的、方式必须是善意的。在先使用权制度对遏制国内商标抢注行为有一定的积极作用。

第五节　发展中国家应对国际知识产权例外制度的法律发展

一　制定和实施知识产权例外制度的现实意义

知识产权的权利例外，是知识产权人个人利益与社会公共利益在相互对立中协调和融合的结果。作为实现知识产权法中利益平衡的基本机制，知识产权的例外制度在平衡知识产品创造者与社会公众之间的利益中发挥了不可估量的作用。但是，绝对的利益平衡状态是不存在的，它只能表现为一个动态的过程，是随着客观情势的变化而相应调整的。因此，当客观条件的变化导致利益平衡的格局发生改变时，知识产权例外制度也应不断地调整和完善，以恢复利益平衡。目前，上升到国家战略地位高度的知识产权制度已经渗透到社会生活的方方面面，发展中国家成员虽然已经建立起高水平的知识产权保护体系，但是与之配套的知识产权例外规范却相当薄弱。在目前情形下，发展中国家完善知识产权权利例外制度具有深远的现实意义。

（一）有利于维护国家经济安全

知识产权是推动经济增长的有力工具[①]。在知识产权影响经济贸易的领域，一直存在着发达国家与发展中国家的矛盾，矛盾的焦点即在于对知识产权的保护程度。发达国家主张知识产权的强保护主义，企图凭借知识产权优势控制发展中国家的市场，以谋求高额垄断利润。例如，国外一些大企业、大财团围绕其主流产品申请大量的专利，这些专利形成一个专利保护网，其中一大部分专利企业不会直接使用，他们也不许别人使用，这使得他人的技术研发受到很大阻碍，或者他人要使用其专利，就要支付高昂的专利许可费。广大发展中国家由于经济、技术和文化发展比较落后，在利益平衡的天平上可能更加倾向于接近和利用知识与信息的利益。所以，发展中国家对知识产权的保护水平略低，希望对专有权给予更多的例外。但是，由于知识产权法的全球化趋势，以及发达国家的强大压力，发展中国家试图给予知识产权更多例外的努力从某种程度上也受到了极大的阻碍。调查显示，发达国家囊括了在中国申请专利的前10名，外国专利申请占中国专利的2%。这种趋势的结果就是发达国家不断地通过知识产权扩张在我国赚取不当利益，而我国却为此付出巨大的代价。因此，进一步完善知识产权的权利例外制度是保护我国经济安全和国家利益的现实需要。版权例外也有重要的经济价值[②]。美国计算机与通信产业协会（CCIA）公布的一

---

① 卡米尔·伊德里斯：《知识产权：推动经济增长的有力工具》，知识产权出版社，2008，前言。

② CCIA：《有关版权例外经济价值的报告》，http://www.ipr.gov.cn/dataarticle/data/gjdata，最后访问日期：2010年10月25日。

份研究报告显示，依赖平衡的版权法例外和限制规定的产业正以高于其他欧盟经济体3%的速度增长。这些产业所提供的附加值达1.1万亿欧元，即欧盟GDP的9.3%。根据美国的这份研究报告，这些例外规定推动了经济增长，其中合理使用相关产业所带来的附加值占了美国GDP的16.2%，而欧盟此类产业对GDP的贡献率似乎要小一些。研究成果有助于量化版权例外规定的经济影响的初始数据，可以帮助欧盟做出合理的经济决策。研究表明了平衡的版权政策对经济而言是重要的，版权保护和合法的例外规定对激励创新和经济增长也是必要的。

（二）可以防止发达国家跨国公司滥用专利权利

完善的知识产权例外制度可以有效地防止知识产权人特别是发达国家跨国公司滥用其权利，使其更合理地行使权利，以维护发展中国家的企业和产业安全。权利的天然特性之一就是无限扩张，而法律的重要任务之一就是通过制度设计为权利设置边界。作为私权的知识产权，在法律赋予权利人专有权的同时，尤其应关注权利扩张的风险和边界。当知识产权人在行使专有权时超出了法律所允许的范围或者正当的界限，从而损害了他人或社会公共利益时，即构成权利滥用。在知识产权领域，法律赋予权利人对体现巨大经济价值的创新性智力成果以独占权，这给了权利人某种程度上的竞争优势。这种竞争优势以及权利人追逐高利润的内在驱动力，滥用权利的现象就很容易发生了。知识产权的例外制度从另一个角度明确了权利人专有权的范围，通过各种具体的权利例外措施，对权利滥用的发生起到了有效的防范作用。发达国家跨国公司利用知识产权作为战略手段占领和控制发展中国家市场的意识非常强，滥用知识产权的行为在发展中国家有滋生和扩张的趋势，这对发展中国家的企业和产业安全构成了很大的威胁。

（三）保证知识经济时代利益平衡的现实要求

高科技时代特别是网络时代的到来，使上一次技术革命后暂时达成的利益平衡状态又被打破。网络环境面临的最大挑战是：知识产权制度能否实现其社会功能——在保障知识产权人权利和商业回报的前提下，社会公众能最广泛地使用人类的智力成果。网络在引导人们进入信息时代的同时，应该带给人们更多的资源和财富，而不是无尽的权利纠纷和烦恼。完善知识产权例外制度，可以使知识产权专有权的范围和界限更加明晰，这是高科技时代迫切需要解决的问题。

(四) 促进世界知识产权新秩序的建立

建立世界知识产权新秩序，需要公正的知识产权法律的支撑。在目前《TRIPS 协定》等国际知识产权规范总体倾向于发达国家的情况下，要在短期内彻底纠正和改变不合理的知识产权制度是不现实的，而比较便捷的方法之一是研究、认识和充分利用例外条款。很多例外条款，是当时平衡发展中国家与发达国家利益的产物。现在的问题是：由于知识产权对发展中国家来说是舶来品，发展中国家认识和运用能力较弱，研究得也不够，这将大大降低例外条款的有效性，使本已失衡的知识产权秩序更加不公正，势必会阻碍旧秩序的变革与新秩序的建立。因此，对知识产权例外条款的研究，必然会成为世界知识产权新秩序建立的一个重要推手。

二 发展中国家完善知识产权例外制度的对策

参考英国知识产权委员会的《知识产权与发展政策报告》，结合近年来知识产权发展的新形势、中国等发展中国家知识产权安全法律制度发展状况和趋势以及构建世界知识产权新秩序的需要，发展中国家知识产权例外制度的建立应充分考虑自身的经济发展水平、科技创新能力以及在国际贸易中的地位等各方面的因素，做出有利于实现国家利益最大化、促进国家经济发展、科技创新能力提高的规定。根据《TRIPS 协定》以及"入世"承诺，发展中国家虽然在知识产权立法方面已履行了国际义务，但是，这不排斥合法规避。[①] 在发达国家主张对知识产权进行高标准保护的压力下，发展中国家可以灵活利用国际条约中的例外条款，进行合法规避。

(一) 思路

1. 提升例外制度理解力

无论是 GATT 还是 WTO，其显著特点是：每个法律文件均含有大量的例外条款，其数量和种类之多，是其他国际条约所不可比拟的。[②] 不过，例

---

① 张乃根：《论 TRIPS 协议的例外条款》，《浙江社会科学》2006 年第 3 期。
② 曾令良：《世界贸易组织》，武汉大学出版社，1996，第 15 页。

外条款在任何国际法中都是存在的，只不过在多边贸易体制中表现得更为突出。这表明，与其他国际法律秩序中的其他条约一样，多边贸易体制中的《TRIPS 协定》等协议，是在各成员反复博弈和妥协的基础上达成的，并在利益各方较量的基础上实施。一端是多边体制所追求的多边贸易自由化，另一端则是各成员的国内或本地区的公共政策目标。如何区分例外权利的合法行使和非法行使，对《TRIPS 协定》而言，往往是知识产权弱势成员——通常是发展中国家，是充分和正确行使权利、维护自身知识和经济安全利益最大化的一个关键。在理解和掌握例外条款时，要特别注意例外条款是什么及具体规定；例外条款的立法意图和制定背景；这些规定的未来趋势；发展中国家的应对等。由于例外条款是复杂和晦涩的，可通过DSU 的争端案例深入分析，从而更准确地理解、掌握和利用，最终最大限度地获取制度收益，促进国家经济贸易的发展。

2. 完善例外制度及形成的法律机制

由于历史和现实的诸多原因，当前国际知识产权例外制度的形成机制为美国等发达国家所主导，不公正、不合理，大大阻碍了公正有效的例外制度的制定和实施。发展中国家应该借鉴发达国家发展知识产权及其安全法律制度的成功经验，包括吸收外国发展知识产权安全法律制度的失败教训。知识产权及其安全法律制度是发达国家的原创，其发展历史悠久，积累了许多经验和失败教训，其中有的仍有现实意义。发展中国家在国际知识产权谈判中，应切实团结和协调起来，以期改革不合理的国际知识产权形成机制。认真研究国际和别国的知识产权例外制度的经验和教训，增强制度谈判能力以获取更多的制度收益。近年来，世界金融危机、全球气候变暖、恐怖主义等全球问题突出，同时发展中国家的崛起也预示着当今世界格局将重新洗牌，发展中国家的世界话语权与日俱增。发展中国家应充分利用这一大好时机，争得更多的世界知识产权法律安全制度的战略收益。

对当今发达性知识产权安全制度，要着重对其例外制度进行把握和利用。还要研究直接影响发展中国家利益的一些较重要和具体的其他发达性知识产权安全制度，并利用有利的例外制度，从深度和广度两方面不断拓展发展中国家的知识产权权利空间。在国际谈判机制、制度供给方面下功夫。发展中国家应制定有关专利权安全法律，特别应从安全视角，思考和研究发展中国家制定能够避免发达国家曾经遇到的一些问题的法律。发展中国家应研究的问题有：如何具体分析地理标志权的推广对发展中国家的利弊？著作权保护如何影响发展中国家对其所需知识、技术和信息资料的使用？知识产权保护或技术保护能否影响互联网的使用权？如何使著作权的行使支持发展中国家的创造性行业？

3. 充分运用国际公约中允许的权利例外标准

现行国际公约中有许多有关发展中国家的权利例外规范。发展中国家应充分认识、掌握和利用，不断增强对例外权利最大化的能力。知识产权人的私人利益与社会公共利益的平衡都是发生在特定的历史环境和条件下的。各个国家有着不同的国情，所以利益平衡在价值取向上的侧重点也不相同。对所有国家适用同一的知识产权保护标准，只会带来有利于发达国家而有损于发展中国家的结局。其实，即便是发达国家，在知识产权保护与本国利益发生冲突的情况下，也会选择削弱对知识产权的保护来维护本国利益。《TRIPS 协定》第 8 条第（1）款规定，成员可在其国内法及条例的制定或修订中，采取必要措施以保护公众的健康和发展，以增加其对社会经济与技术发展至关紧要之领域中的公益，只要该措施与本协议的规定一致。该条赋予了各成员为公共利益和社会发展对知识产权进行例外的合理性。从发展中国家的实际出发，不适宜对知识产权进行强保护，否则，发展中国家不仅会为使用发达国家的知识产品付出巨大代价，而且发展中国家的科研创新活动也将受制于发达国家。所以，在发达国家主张知识产权强保护主义的压力下，发展中国家可以灵活利用国际条约中的例外条款，充分运用国际公约允许的权利例外标准，充分利用《TRIPS 协定》的例外制度和 WTO 争端解决机制，与发达国家知识产权制度抗辩，以降低发展中国家企业、产业和国家经济安全风险。

4. 保障国家知识产权

制定发展性知识产权安全制度，发展中国家要在国内、国际两个层面双管齐下。一方面通过诸如 WIPO 和 WTO 等机制；另一方面可以先在国内法律上予以创新和突破，将作为发展中国家强项的诸如传统性知识、遗传资源等全面和具体地纳入知识产权安全制度保护范围。因为，对植物和遗传资源行使知识产权保护对发展中国家有益，但发展中国家要考虑以下问题：应采用何种知识产权体系以保护植物品种的多样化同时又保护农民权利？知识产权体系应如何遵守《生物多样性公约》奉行的使用权与利益共享原则？知识产权体系能否保护或促进传统知识、生物多样性和丰富文化的表现形式？

5. 充分利用合理理由以增强强制许可制度的功效

强制许可制度是对知识产权进行例外的重要制度。在国际社会中，发达国家和发展中国家均以极大的热情关注着强制许可制度的设计以及未来走向。但他们对待该项制度的态度及各自努力的方向是不一致的。抬高该制度的使用门槛一直是发达国家重要的努力方向。《TRIPS 协定》第 31 条虽然规定了专利的强制许可制度，但同时又规定了 12 项条件作为强制许可制度的例外，在很大程度上"例外"了强制许可的实施。这种做法与美国的国内立法及美国在国际谈判中的影响是分不开的。在这种大背景下，我们既要增强强制许可制度的功效，同时又不能经常与发达国家发生冲突，出路就在于充分利用合理理由。合理理由可以以国内法律为依据，也可以以国际公约为依据。理由的内容是多方面的，可以是国家安全、公共利益方面的，也可以是教育、科研等非营利性活动以及受损失利益的补偿等方面的。因此，发展中国家应增强本土科技能力和知识水平，以及知识产权法律安全制度创新和发展能力，不断提高自主知识产权数量和质量，提升知识产权法律安全保护的水平，不断提高充分利用合理理由以增强强制许可制度功效的能力。

6. 制定国际反垄断法以规制知识产权的跨国滥用行为

近年来，跨国滥用知识产权的现象不仅在发展中国家，而且在其他国家呈日益严峻的态势，危害了世界市场正当和自由的竞争秩序，阻碍了全球创新、创造的有序开展，正在并继续危及世界经济安全、世界经济增长和发展。世界各国均应重视，利用反垄断法来规制世界性的知识产权滥用行为。跨国知识产权滥用行为对发展中国家危害尤烈，由于发展中国家的专利等知识产权保护处于劣势状态，因此，更应该积极行动，利用国际机制，推动制定国际反垄断法以规制知识产权的跨国滥用行为。跨国公司往往凭借其拥有的知识产权所取得的市场支配地位频频向发展中国家企业发难。在建立反知识产权滥用的具体法律机制时，可以借鉴美国、日本和欧盟竞争法的有益规定，同时考虑发展中国家经济安全及建立世界知识产权新秩序的需要①，制定既有利于维护发展中国家经济安全又鼓励创新并促进

---

① 建立世界知识产权新秩序，需要建立新的世界知识产权反垄断秩序。

世界经济发展的国际知识产权反垄断法律。

7. 制定和实施国家知识产权安全战略

发展中国家可以通过制定和实施国家知识产权安全战略等，从战略、全局、市场机制建设、行政执法管理、司法体制改革（如考虑设立专门的知识产权法院等）以及与国际或世界知识产权组织相对接的国内机构等方面，全面推进发展中国家知识产权安全法律的构建。

（二）完善和充分利用《TRIPS 协定》例外制度的对策

《TRIPS 协定》例外制度设置偏少、过于原则化和模糊，以及认识和实施不充分，是发展中国家频遭发达国家的专利等发达性知识产权滥用侵害的一个重要法律原因。具体的法律对策如下。

1. 增设明确的经济安全例外制度

《TRIPS 协定》与《GATS 协定》一样规定了保障安全例外制度，并列举了诸如可裂变物质、军事、紧急状态、联合国维和行动等安全例外的具体内容，但没有直接涉及成员的知识安全和经济安全问题。而 WTO 的《货物贸易多边协定》中有反倾销协定、补贴与反补贴协定、保障措施协定这三大维护进口成员的国内产业安全的制度。因此，可以借鉴 WTO 体制内的货物贸易协定的做法，增设经济安全例外制度。

2. 完善《TRIPS 协定》防止滥用知识产权原则

《TRIPS 协定》第 8 条第（2）款规定：可采取适当措施防止权利持有人滥用知识产权，防止其借助国际技术转让中的不合理限制贸易行为或消极影响的行为，只要该措施与本协定的规定一致。可在实体法上和程序法上，采取适当的防止措施。在实体法上，制定国际知识产权竞争法和国内知识产权反垄断制度；在程序法上，努力将恶意诉讼和滥用执法措施与程序防治制度，以及实体上的适当措施，一并纳入谈判议题，争取成为《TRIPS 协定》新条款。

3. 通过典型案例分析，明确例外条款的具体含义

细化原则性规定，明晰法律条款的模棱两可之处。自世界贸易组织成立以来，《TRIPS 协定》在实施过程中引起一系列的争论问题，其中有关该协定的例外条款争端及其解决尤为突出。目前作为争端裁决报告中的 7 件 TRIPS 案件中，就有 3 件是关系到该协定的例外条款的：加拿大药品专利案；美国著作权法 110 条第（5）款案；欧共体地理标志案。加拿大药品专利案例研究，可以细化和明确《TRIPS 协定》第 30 条的例外规定的准确适用，即第 30 条确定的例外权利的有效，必须同时满足这四项前提条件和标准：①该例外必须是有限的；②该例外必须没有不合理地与专利的正常利用相冲突；③该例外必须没有不合理地损害专利所有人的合法利益；④顾及第三方的合法利益。

第四章 国外知识产权安全法律
发展经验及其启示

无论是发达国家还是发展中国家，也无论是过去还是现在，国外一些国家在保障本国的技术等知识安全和经济安全与发展的时候，往往权衡利弊，从本国的根本利益出发，采取积极利用知识产权法律的战略；或者实施消极战略，通过不制定法律或者弱化法律的方式，不予或不强力保护他国在本国的知识产权。总结外国知识产权安全法律发展的经验及其原因，有利于发现知识产权安全法律的发展规律，可以为中国知识产权法律发展提供重要启示和有益借鉴。

第一节 知识产权安全法律概述

一 知识产权安全法律含义

知识产权安全法律是本书提出的一个新概念，主要指维护国家知识安全和经济安全、促进经济增长和经济发展的知识产权法律，包括知识产权安全法律制度①、安全法律模式、安全法律机制。广义的知识产权安全法律是狭义知识产权安全法律所保护对象的扩大和衍生，除了包括狭义的诸如知识安全和经济安全等法律客体外，还包括生态安全、促进经济增长和经济发展、增加社会福利乃至推进整个人类的全面发展。本书研究知识产权安全法律的范围主要是限于狭义的，但有时也涉及广义的部分内容，例如，绿色知识产权法律所规范的生态安全和可持续发展问题。

知识产权安全法律既涉及理论问题，又涉及实践问题。这一概念的提出，也是基于现实中的知识安全和经济安全问题突出，但相应的法律又严

---

① "知识产权安全法律制度"的概念在第六章第一节有所阐述。

重滞后，以至于迫切需要新法律。目前，尚未见到专门针对知识产权安全法律的系统研究。在实践中，因知识产权安全法律不健全及制度因素，企业和国家利益受损害的事件日趋增多。

实践中涉及知识产权安全法律问题的主要有以下几方面。

一是知识与经济风险不断增大。知识安全风险主要是以科技为主的现代知识、传统性知识等可产权化知识的流失、被侵犯。经济安全问题主要表现为企业和产业的不安全以及经济的不均衡、增长与发展的不确定性。

二是维护安全的法律供给不足。制度建设滞后，亟须供给和发展。主要表现为：不对应、不足；存在漏洞、滞后；无法与世界知识产权制度对接，从而引发国际纠纷，中美知识产权 DSU 争端就是一个典型。现代知识产权制度保护过强，典型地反映在《TRIPS 协定》，而传统性知识产权安全制度未建立，无论是在 WTO 还是在 WIPO，传统知识、民间文艺和遗传资源均未被纳入保护范围。

三是现有秩序失衡和不稳定。亟须建立公正、有效、可持续发展的世界知识产权新秩序，发展中国家与发达国家、权利人与使用者、私权与公共利益亟待得到充分协调与平衡，并体现人类整体利益与未来的可持续发展要求。

二　外国知识产权安全法律可供借鉴之处

在全球化的背景下，各国之间的经济、知识、法律的交往日益增多并互相影响，WTO、WIPO 等国际知识产权组织，不仅是制定和实施世界知识产权法律的重要平台，更为国家之间的知识产权法律共性加强和对差异化的认识提供机遇。全球经济的发展及知识的不断更新，使各国不断面临新的知识产权风险，各国经济安全问题日益凸显，维护国家知识经济安全的各国或区域的知识产权安全法律势必会不断产生和发展。

从历史的角度看，知识产权法律一直是国家追逐经济利益的工具。各国在实践中均积累了知识产权安全法律经验。法律总是随着国家的观念、利益需要和经济发展而变迁的。但是，在传统经济和封闭条件下的历史经验与不同国家的做法，怎样才能被处于转型期的作为世界上最大的发展中国家的中国所用呢？在开放条件下的国家知识产权安全法律，受其所加入的相关国际条约制约；国家经济安全和发展利益，是法律选择的关键因素；发展中国家偏好源知识产权强保护法律，发达国家则注重现代知识产权保护法律。这实际上告诉我们，要注意分析和研究法律成功的前提、基础条件及具体情景。同时，要对法律失误的原因做深入分析，将前提条件与实际做法结合起来考虑。所表述的命题，实则是法律规律的新发现和新原理。研究主要发展中国家与发达国家的知识产权安全法律及强弱势知识产权的差别保护法律，以及这些法律的形成机制和法律模式的成功经验和失误教训，均对我国知识产权法律发展具有重要启示和借鉴意义。

第二节　主要发达国家知识产权安全法律

知识产权法律源于发达国家，维护安全的知识产权法律的产生也大致如此。发达国家知识产权法律的特点如下：原创性、前瞻性、严密性、先进性，对世界知识产权规则的主导性（包括在未来相当长的一段时期内）。英国是较早制定和实施专利法律的国家，也是世界创意产业的起源国，其是依托版权发展起来的，成功经验较多，比较有特色。美国与英国同属英美法系，美国的专利等现代主流知识产权及其制度是世界上最发达的，影响世界各国乃至世界知识产权规则的制定和实施。法国和德国同属大陆法系，与我国接近。

金砖国家属新兴市场国家，是世界经济发展的新动力，世界正在确定不移地支持新兴市场的发展。[①] 而新兴市场国家的知识产权法律面临一些亟待解决的问题，诸如传统性知识的风险、发达国家的知识产权滥用以及国家经济安全问题等。而且，其他金砖国家与中国一样既有各自的特殊性，也有相似之处或紧密的关联。例如，转型国家俄罗斯，与中国一样，均是从计划经济体制转变而来；印度人口众多，与中国接壤；新兴市场性是巴西与中国的共性。金砖国家的知识产权安全法律发展经验，是中国发展知识产权安全法律可以借鉴的。

一　美国专利等知识产权安全法律

（一）美国专利和版权安全法律

美国专利界有句名言："凡是太阳底下的新东西都可以申请专利。"经过

---

① 安东尼·范·阿格塔米尔：《世界是新的：新兴市场崛起与争锋的世纪》，东方出版社，2007，第 5～8 页。

200 多年的打造，美国已在全球范围内形成了对维护本国利益极为有效的知识产权保护体系。美国知识产权保护体系发展经历了 3 个阶段：建国之初到 20 世纪 30 年代，对专利的过度关注导致垄断；20 世纪 30 ~ 80 年代，反垄断排挤知识产权保护；20 世纪 80 年代至今，以信息技术引领的知识产权全球保护①。

1. 专利对外歧视

《报告》② 指出，1790 ~ 1836 年，美国作为当时的技术净进口国一直限制对外国公民进行专利权授予，即使到了 1836 年，外国人的专利申请费也比美国公民高 9 倍（如果是英国人，还要高三分之二），直到 1861 年，外国人在这方面才不受歧视。直到 1891 年，美国的著作权保护仍仅限于美国公民，外国著作权在美国仍受到各种各样的限制（如印刷必须在美国排版），因此美国加入《伯尔尼公约》的时间被推迟到 1989 年，比英国晚 100 多年。

2. 促进工业发展的专利制度

美国以建立了世界上最成功的专利制度而著称。1790 年以来，美国共授予专利 600 万件，人们常常将美国工业的霸主地位归因于美国善待发明者及对技术创新的有效激励。研究者发现，美国制造业的生产力与其专利制度之间存在很强的关联性，并将美国专利制度的成功部分归因为其工业化早期所经历的相对平衡的发展阶段。

3. 鼓励知识创新的专利法

美国《宪法》第一条规定："应通过保护作者或者发明者对其作品或发明在一定期间的专有权促进科学和艺术的进步。"美国国会很快就根据上述规定于 1790 年 4 月制定了《专利法》。尤为引人注目的是，美国于 1836 年创立了世界上第一部现代专利制度。这一制度与其他主要国家的相关制度存在重要区别。历史资料表明，美国立法机关创立这一独特制度经历了一个漫长的过程，而该法的实施者又是乐于面对棘手难题——包括诸如建立在民主和市场基础上的政治经济体制能够在多大程度上与排他性的权利相调和——的法官。法院的态度十分明确，坚决实施能促进经济增长和社会福利增进的法律。

---

① 闫晨：《聚焦国外知识产权保护法》，《安徽科技》2008 年第 10 期。
② 英国知识产权委员会：《知识产权与发展政策相结合》，http：//www. iprcommission. org/graphic/Chinese，最后访问日期：2010 年 11 月 19 日。

4. 透明有效的专利制度

美国专利制度的主要特点是透明并具备可预测性，而且它还能为专利申请者提供帮助。美国立法者还十分注重确保专利信息的快速传播和可获得性。1805 年，美国国会规定，国务卿每年都应出版公布上一年度所授专利的清单。1832 年以后，又要求报纸刊登有关专利过期的公告。美国专利局本身就是全美技术信息中心。专利局还在全美各地建立了储藏库，发明者可利用专利局的资金制作并向这些储藏库提交其专利模型。农村地区的发明者申请专利也不会有什么不便，因为他们依法可以免费邮寄其专利申请文件。

美国专利转让实务是其专利制度高效运转的直接保证，因为如果专利权不够确定或者毫无价值，专利交易几乎无法进行。根据美国法律，如果所交易的专利没有实际用途或者存在欺诈瑕疵，则合同可以撤销。得益于上述规定，美国很早就建立起遍布全国的专利许可和转让贸易网络。

美国知识产权制度之所以获得成功，一个重要的原因在于：其法律执行和解释都遵循效率原则。联邦法院从一开始就试图建立保护知识产权所有者权利的规则，以便实现《宪法》的意图。法官们意识到，法律激励作用大小取决于发明者能在多大程度上获取其发明的回报，因而努力确保专利权人从其发明中获利的权利不被非法剥夺。

（二）美国的知识产权反垄断法律[①]

美国法官在 19 世纪早期尚未意识到专利权的垄断属性。他们认为，专利权人通过发明前所未有的东西增加了社会福利，而垄断者则企图获得本来已经属于社会公众的权利。对所有财产权实施保护都涉及私人垄断利益与社会福利之间的交易。1970 年之后大量案件将矛头指向 IBM、Xerox 和 Eastman Kodak，英特尔和微软也被牵扯进来。事实表明，在其他因素保持不变的情况下，更多的创新型企业和那些拥有大量专利的企业更容易被指控违反反垄断法。

在美国，越来越多的反垄断案子牵涉到多家企业，它们往往涉及建立在专利基础上的市场势力或与技术创新市场有关。值得注意的是，根据反

---

① 卓瑞纳·康：《知识产权与经济发展：欧美的经验与教训》，www. iolaw. org. cn/pdf，最后访问日期：2010 年 11 月 17 日。

垄断法实施的制裁措施比专利法要严厉得多：被指控违反反垄断法的专利权人有可能面对 3 倍的赔偿、被剥夺财产和法定许可等制裁，而专利法对专利权人的制裁至多不过是宣布其专利无效。1994 年，美国联邦贸易委员会被调查 Sensormatic Electronics 和 Knogo Corporation 两家公司的兼并案所困扰，这两家公司都生产防盗电子商品标签，法院最终判决禁止 Sensormatic 获得属于 Knogo 的任何商标，并发布禁令，禁止 Sensormatic 在十年购买类似专利。在 Wright Medical Technology 案中，联邦贸易委员会又命令该公司将与手指移植有关的专利、商业秘密和商业诀窍转让给 Mayo Foundation。联邦贸易委员会还规定，Mayo Foundation 可以不受限制地许可其他企业使用上述技术，而 Wright Medical Technology 必须为这些被许可者（也就是 Wright 未来的竞争对手）提供技术指导，以确保技术转让或者许可真正发生作用。简而言之，在美国，专利权的效力受到司法审查的限制以增进社会福利，同时又受到反垄断政策的限制，以确保产品和创新市场当前或未来的竞争性。

政府对本国利益，特别是对跨国公司利益的保护，是美国《专利法》的一大特点。如美国目前仍在执行的专利授权公开制度，使得美国企业一切不能获专利法律保护的技术都不对世界公开，但他们却可以从其他国家申请专利 18 个月公开的文件中获取新技术信息。又如，美国现行实施的先发明制，实际上只适合于美国的申请人。

（三）保护美国知识产权安全的双机制——"特殊 301 条款"与"337 调查"机制

美国"337 调查"与"特殊 301 条款"是两种知识产权保护措施。337 调查在于维护国内企业产业的知识安全和商业安全，针对的是进口产品的知识产权侵权问题，直接针对外国生产商的制裁措施，解决的方式是由 ITC 启动诉讼程序；而"特殊 301 条款"是维护海外企业所处的东道国的知识产权法律环境，以维护美国企业在海外的知识产权权益，直接所指的是东道国的知识产权法律，解决的方法是外交途径。可见，美国既运用国内知识产权法律的力量，同时又用外交力量以改变他国知识产权法律的方式，来获取美国企业产业知识和商业利益最大化。这是美国知识产权法律发展机制的一大特色，即外交机制和特殊的诉讼机制（特殊性在于诉讼的主体是 ITC 这一政府部门）。

早在 20 世纪 70 年代，美国就制定了相关法律，其中最著名的就是"特殊 301 条款"。"特殊 301 条款"规定，美国贸易谈判代表要呈送一份年度报告，列出拒绝有效保护美国知识产权的国家，并同时列出重点国家。在确定重点国家后的 30 天内，美国贸易代表开始对这些国家的知识产权保护情况进行调查，在半年内做出是否采取报复性措施的决定，即可能实施进口限额、增加进口关税，或取消贸易最惠国待遇[①]。

"337 调查"机制是由美国国际贸易委员会负责的保护美国知识产权的重要机制。近年来，在美国国际贸易委员会发起的 337 调查案件中，越来越多的案件涉及中国企业。中国企业已经成为美国 337 调查的主要对象。中国的许多企业，特别是中小企业在应对 337 调查的过程中往往处于不利地位，受应诉时限和资金实力限制，无法及时有效地保护自己的正当权益[②]。

（四）美国知识产权的安全法律实践

1. 促进知识经济发展的适时立法

在 20 世纪 70 年代，为了补偿工业制成品在国际贸易中的赤字，缓解竞争压力，美国利用知识产权的出口作为契机，顺势扩张了本国的知识产权法的范围。在 90 年代进入知识经济时代后，知识产权保护演变为美国的国策。从 20 世纪 80 年代起，美国立法和修订法律的强度加大，1980 年的《拜杜法案》、1986 年的《联邦技术转移法》、1994 年的《乌拉圭回合协议法》、1998 年的《技术转让商业法》、1999 年的《美国发明人保护法》、2000 年的《技术转移商业法案》、2005 年的《2005 年专利改革法案》、2008 年的《优化知识产权资源与组织法案》等，反映了美国知识产权国家战略的层层推进，即根据每一个重要阶段做出不同的立法或修订举措。

从美国的立法进程来看，立法的密集程度之高、反应速度之快是其他国家所不能比拟的，充分重视知识产权为经济带来效益的作用使得美国在立法方面反应非常迅速，从而保护和促进了本土企业的发展和扩张，至今已经建立了一套非常完善的知识产权法律体系。

2. 专业化的服务体系

美国政府知识产权行政管理体系非常完善，且权责明确。主要从国会

---

① 闫晨：《聚焦国外知识产权保护法》，《安徽科技》2008 年第 10 期。
② 《钟山副部长在"337 调查中美研讨会"上的致辞》，http：// gpj. mofcom. gov. cn/aarticle/d/cp/bz/201010/20101007210953. html，最后访问日期：2010 年 11 月 29 日。

制定修改法令、法院审理专利案件、美国专利商标局审查专利、其他政府机构下设专利管理部门等方面进行管理。另外，美国各地有数百名专利代理人，他们对新技术进行认证并在潜在的买卖双方之间充当桥梁，以促进技术转让[①]。而对知识产权的管理则根据各知识产权的性质而由不同的机构负责。美国的专利商标局主要负责专利和商标的受理、审查、注册或授权，美国商务部负责对国有专利推广的工作，而专利的实施和推广是由企业自主决定的。在美国的很多地方都有专利代理人，他们扮演了促进技术转移的角色[②]。

多层次的司法体系是美国知识产权保护的主要方式[③]。美国联邦地区法院是专利、版权、商标等侵权案件的初审管辖法院。知识产权案件中的专利纠纷一般在联邦巡回法院审理，上诉案件则在联邦高级法院上诉法庭审理。在执法实践中，知识产权持有人可以获得制止侵权和保留证据的临时救济，还可获得为防止进一步侵权的永久性禁令、赔偿。此外，由于诉讼费用支出大，美国的高素质专业律师队伍对协调知识产权纠纷起到了很重要的作用。

3. 知识产权安全战略

美国实施知识产权国家战略主要有几个特点[④]。一是不断修改完善专利法、商标法、版权法等传统优势知识产权的法律体系，扩大保护范围，加强保护力度，以满足保护国家利益和支持企业竞争的需要。一些随着经济发展出现的新技术如生物技术、信息和网络技术等都不断被纳入保护范围。二是通过立法来鼓励创新成果转化，美国的知识产权利益关系得到加强，加快了知识产权创新成果转化的速度。三是推动以《TRIPS 协定》为核心的新国际贸易规则的形成，利用其综合贸易法案"特殊 301 条款"打压竞争对手。

总之，专利制度始终维护美国宪法所确立的基本信念，即保护专利权对推动工业和经济发展十分重要。如果美国早期工业化时期的发明创造活

---

① 毛黎：《美国知识产权保护体系》，《科技日报》2006 年 12 月 21 日。

② 《美国的知识产权管理体制和专利管理政策及其借鉴》，http://www.sipo.gov.cn/sipo/ztxx/mgxhlt/bjzl/200511/t20051130_70809.htm，最后访问日期：2010 年 6 月 24 日。

③ 《美国的知识产权管理体制和专利管理政策及其借鉴》，http://www.sipo.gov.cn/sipo/ztxx/mgxhlt/bjzl/200511/t20051130_70809.htm，最后访问日期：2010 年 6 月 24 日。

④ 王芳：《美国、日本知识产权战略与中国知识产权现状对比研究》，《吉林工程技术师范学院学报》2008 年第 4 期。

动确实对物质激励如此敏感的话，那么美国法律通过加强专利保护对激励技术变革起了重要的作用。在当代，美国的知识产权保护制度在促进美国的经济发展中发挥了巨大作用，保护知识产权已经成为其主要的经济、贸易政策。美国依托其科技发达的优势，要求扩大知识产权的法律保护范围，力图将国内的知识产权制度推向全球，甚至影响了一些国际公约的部分内容，使国际公约按其意愿改进，保留其不遵守国际公约的特权，使其国内法产生了"域外效力"的强权性，影响并极大地改变了其他国家有关知识产权的立法。美国外贸法中著名的"特殊 301 条款"及"337 调查"，就是贸易知识产权保护的典型例子，对其他国家的贸易、知识产权保护产生了重要影响。

二　英国知识产权安全法律

英国是世界上最早建立知识产权保护制度的国家，整个社会已经形成了完善的法律保护体系和职能齐全、高效的管理机构。人们也具有良好的知识产权保护意识，所以英国知识产权安全制度基础较好。

1. 差别待遇的化工专利制度

1919～1949 年，英国将化工制品排除在专利保护之外以避开由德国先进的化学工业带来的威胁。直到 1977 年，专利许可制度才使英国厂商可以强迫外国专利权人允许其使用这些外国人所拥有的药品和食品专利。[①]

2. 知识产权范围不断扩大，以促进经济、社会、文化的发展

近几年，英国扩大了知识产权的保护范围，如音乐、戏剧、录音、计算机软件等都在保护范围之内，但是前提条件必须是原创作品。另外，植物新品种、地理标志、基因、蛋白质、数据库、有艺术创意的广告、翻译过来的国外作品等，也都被列入英国知识产权保护的范围。英国保护知识产权的目的很明确，就是保证创新者为自己的劳动获得经济回报，鼓励人们进一步创新，同时也让所有人受益。保护范围的不断扩大虽然引起种种争议，但却实实在在地激发了全社会的创造积极性，促进了整个国家更广泛和最大限度地利用这些成果，使之迅速转化为生产力和其他社会效益，推动了社会经济和文化的发展。[②]

---

① 卓瑞纳·康：《知识产权与经济发展：欧美的经验与教训》，http：//www.iolaw.org.cn/pdf，最后访问日期：2010 年 11 月 17 日。
② 李建峰：《英国的知识产权保护及其对我国的启示》，《学习与探索》2007 年第 4 期。

3. 国内法、欧盟法与国际法协调

英国参加了众多的保护知识产权的国际公约，包括 1883 年《保护工业产权巴黎公约》、1886 年《保护文学艺术作品伯尔尼公约》、1961 年《罗马公约》、1970 年《专利合作条约》、1994 年（《TRIPS 协定》）等。作为欧盟的成员国，英国通过 1972 年《欧洲共同体法》确认了欧共体法在英国的最高地位，因此，欧盟有关知识产权法律在英国知识产权法律适用体系中高于国内法。对于这些所参加的国际公约和欧盟法，英国先后通过相应的国内法予以实施。

4. 关注发展中国家的知识产权利益

发达国家以及世界知识产权组织等国际组织应提供技术援助，确保发展中国家完全理解如何创建适合于各自需要而且有效的知识产权体系。英国政府致力于在自己的技术援助计划及其对国际组织的技术援助计划方面，实现这个目标。英国政府成立专门的委员会旨在探索知识产权如何能在发展政策的总框架下更好地帮助发展中国家。英国政府仍然坚定致力于对知识产权的有效保护，以激励持续不断的创新和创造力。这与发展中国家利用《TRIPS 协定》提供的各种灵活性是一致的。[①]

三 法国知识产权安全法律

1. 《知识产权法典》——法律模式

1992 年，法国将本国 23 个与知识产权有关的单行法规整理汇编成统一的《知识产权法典》。这是世界上知识产权领域的第一个专门法典。该法典被国际法律界普遍认为是顺应现代经济、科技发展的创新成果，对以后其他国家知识产权法的制定具有深远影响。

在法国，有关知识产权保护的内容和措施均在《知识产权法典》和与之相关的法令、政令中进行了详细、严格的规定。《知识产权法典》共 1400多页，分为三部分，共八卷。第一部分为文学和艺术产权，第二部分为工业产权，第三部分为海外领地和马约特岛条款。其中第一部分包括一、二、三卷：第一卷为著作权；第二卷为著作权的相关权利；第三卷为与著作权、著作权相关权利和基础数据生产者权利相关的普通条款。第二部分包括四、

---

① 英国政府：《〈综合知识产权与发展政策〉之回应》，http://www.iprcommission.org/graphic/Chinese_ Intro. htm，最后访问日期：2010 年 11 月 19 日。

五、六、七卷：第四卷为行业和管理组织；第五卷为外观设计；第六卷为对发明和技术知识的保护；第七卷为制造商标、商业商标或服务商标及其他特别标记。第三部分为第八卷，即法属波利尼西亚、法属瓦利斯群岛和富图纳群岛、南极和南半球法属土地、新喀里多尼亚岛和马约特岛条款。从法国《知识产权法典》的构架中可以看出，该法典涵盖的内容相当广泛。

2. 知识产权智囊机构

另外，法国还有国家知识产权研究院、国家工业产权研究院、工业产权研究中心等知识产权研究领域的专业研究、咨询、传播机构，在为企业、个人提供有关知识产权服务的同时，也为国家传播知识产权文化、及时修改完善相关政策法规起到了智囊作用。

3. 鼓励研发

1999 年 6 月，法国国会正式通过《促进研究及技术创新法》，允许科研人员和教育人员参与创建技术创新型企业，并采取减免税收、建立孵化器和启动基金、简化申报和审批手续等方法，鼓励研究人员以专利发明作为资本入股参与企业的创建和开发，也鼓励现有企业接受和使用研究人员的专利发明，将科技专利转化为技术成果。同时，国家教育部、技术部、工业部、财政部等政府部门及国家工业产权局、国家科技创新署、地区创新和技术转让中心、技术资源中心等职能机构，利用其遍布全国的网络为知识产权申报、专利审核、技术创新以及企业的创立和科研成果的获取和转化、工业产权的维护等，提供一切所需的指导、服务和帮助。

4. 效率专利制度

18 世纪早期，法国有关发明和创新的政策值得深入研究，这是由于法国当时的专利制度建立在多重报偿与激励方式的基础上，而且明确反映依照成文法授予专利权的各种机制的成本效益。在这一时期，发明者或者从国外引进发明的人可以获得头衔、年金、无息贷款、一次性补偿、奖金或对产品的津贴、免税等好处，或者获得独占性的排他特权。专利权的效力可能限于某一地区，也可能遍及整个国家，而有效期则从五年到无限期不等。

四　德国知识产权安全法律

1. 促进企业安全

从整体氛围出发，在以企业为主心骨的基础上，德国形成了一套较为成熟的"企业主体、国家支持、员工努力"的知识产权战略管理和法律保护体系。国家在知识产权立法、司法和行政等方面给予强有力的支持：知识产权法律体系完备、知识产权诉讼案处理相对高效、在科技创新方面投资巨大。德国的《雇员发明法》有效地解决了雇员与企业之间在发明权归属方面的纠纷，规范了企业和雇员在技术创新、知识产权保护、应用及收益方面的责任、义务和补偿方法。德国企业内部因此形成了企业和雇员双赢的创新推进机制。据统计，德国每年 90% 的专利申请为企业和研发机构的雇员发明，德国每百万职工创造的专利数名列世界前茅。①

2. 法律的适时与可操作

德国对相关法律进行不断修改，使之尽可能适应技术、经济和社会发展的新形势；法律中规定的"收费""加价""禁止"和"例外"等著作权保护措施，具备较强的可操作性。中德之间涉及知识产权纠纷的主要形式为"商标壁垒"和"第二产业中的著作权纠纷"。

3. 维护商标秩序

商标侵权的目的在于设置"商标壁垒"和抢占市场。如中国海信公司在中国注册的"Hisense"商标和后来德国博西公司在德国和欧盟注册的"HiSense"商标所引发的纠纷。其后果是：海信公司的家电产品（标有"Hisense"商标）在德国参展时，被博西公司以商标侵权罪告上德国法庭。

4. 展览会等领域的预防战略

近年来，由于仿冒品越来越多，德国政府和经济界推出了一系列知识产权保护措施，涉及法律、经营、技术保护和展览会等领域，统称为"预防战略"，以进一步加强对知识产权的保护。德国是世界上最大的展览国，全球 70% 左右的知名展会均在此举办，因此发生在德国展会上的知识产权纠纷也呈愈演愈烈之势。在德国的展会上，有时中国参展企业因其仿造的产品而被告上法庭。此问题在德国和欧洲其他国家的企业里也都存在。例如，德国 Koenitz 瓷器公司曾将另一家德国公司因著作权侵权（抄袭原告咖啡杯上的原创彩绘图案）告上法庭，法院判决侵权成立，责令被告销毁侵权产品。然而，被告的侵权产品却是以 OEM 的方式委托中国企业生产的。②

---

① 吕鸿：《德国经济依赖知识产权保护》，http://world.people.com.cn/GB/14549/5668575.html，最后访问日期：2010 年 11 月 17 日。

② 江安东：《德国的知识产权保护体系和中德之间的知识产权纠纷》，《德国研究》2005 年第 2 期。

五　小结

综上所述，英国和法国在工业化和授予专利垄断特权方面是世界各国的先驱，英、法两国的专利立法从表面上看似乎对在特许权制度下普遍存在的权利滥用现象进行了限制，但早期专利制度所具有的无效率缺陷仍然存在。

另外，同一时期的美国则与当时的专利制度彻底决裂。美国宪法对专利权做了时间限制，以促进社会和技术进步，随后美国国会颁布了一系列法律，建立起世界上第一个现代专利制度，而美国法官在司法实践中则坚持工具主义哲学以确保财产权的实现。

虽然德国专利制度与美国相近，但从某种意义上说，德国专利法授权条件更严格，这就导致德国授予专利的数量偏少，但平均价值可能更高。德国专利审查制度要求申请专利的技术必须是新颖的，非显而易见的，而且能够提高生产效率。与美国一样，在德国，一旦被授予专利，法院在解释和实施现有专利时就采取一种极端的自由主义态度。对故意侵权的处罚不仅仅限于罚金，而且还可能涉及监禁。与美国专利法不同的是，德国法律要求专利权人必须使用其专利技术。在下列条件下，所授予的专利权可以被撤销：专利权人在获得授权后三年内未使用该专利技术，专利权人拒绝许可他人使用被认为关系公共利益的专利技术，或者该项发明主要在德国以外的其他地方使用。这样，在许多场合，实行法定许可制度就被认为是合理的。

美国的追随者如日本则竭力仿效美国专利制度在工业上所取得的成功，同时也制定了一些反映本国发展优先所需和保护本国利益的规则。

在国际专利制度的演进过程以及专利法国际一体化进程中，19世纪和20世纪大量专利保护国际公约的缔结将这一进程推向顶峰。整个19世纪，人们对知识产权的探讨观点纷呈，难以达成一致。有人认为应该彻底废除知识产权制度，有的则主张在全球建立统一的知识产权法律体系。作为世界上专利保护和技术创新的领军国家，当时的美国与现在一样，始终处于专利争论的中心，并力主将专利制度推向全球。结果，专利保护国际一体化趋势按照美国的意愿无情地向前推进，最终演变成现在的专利强保护格局。①

---

① 卓瑞纳·康：《知识产权与经济发展：欧美的经验与教训》，http://www.iolaw.org.cn/pdf，最后访问日期：2010年11月17日。

第三节 俄罗斯、印度、巴西、泰国等
知识产权安全法律

一 转型国家俄罗斯

1. 知识产权制度的转型性——国家和集体权利过渡到个人权利

1812 年，俄罗斯通过了历史上第一部专利保护法，但这部法律在 1919 年被废止。按照 1991 年以前生效的苏联法律，几乎所有的发明都为国家所有，但给发明者颁发发明者证书。另外，收到国家颁发的发明者证书不需要支付任何费用。任何人不能出售这项发明或出售使用这项发明的许可权，因为它已经是国家财产。专利作为一种发明独占权，在苏联也是可以取得的，但只有外国人才可以获得这种形式的保护。苏联人所能获得的仅是能证明发明身份的证书和从所在单位获得的一定报酬。工业设计权的保护状况与此是相似的。商标保护的状况则完全相反。1989～1991 年是俄罗斯向新的经济体制转变的时期，大量的企业开始意识到保护商标的重要性。在此期间，商标申请和注册的数量激增。

2. 知识产权制度民法典化①，侧重维护私人权利安全

2006 年 12 月 18 日，俄罗斯联邦总统普京签署第 230 号联邦法——《俄罗斯联邦民法典（第四部分）》。至此，自 1994 年开始，前后历时 12 年之久的民法典编纂工作终于结束，从而也结束了俄罗斯统一知识产权法于民法典的曲折历程。俄罗斯知识产权立法的独创性显著，在体系结构、内容安排、立法精神上都有其自身的特点。该法自 2008 年 1 月 1 日起施行。

《俄罗斯联邦民法典》的第四部分将 100 多年来实际产生的和经过理论总结的知识产权类型包罗无遗，分别为：一般规定，著作权，邻接权，专利法，育种成果权，集成电路布图设计权，生产秘密权（专有技术），法人、商品、工作、服务和企业个别化手段的权利，统一技术构成中的智力活动成果使用权。有些规定是全新的，如商业标志权、数据库发明人或制作人的权利。但《俄罗斯联邦民法典》（第四部分）并没有完全包括有关域名的规定和不正当竞争方面的规范。

---

① 王志华：《俄罗斯知识产权法纵论》，http://www.ruslaw.com.cn/plus/view.php? aid = 110，最后访问日期：2010 年 11 月 17 日。

《俄罗斯联邦民法典》的自由精神主要体现在对作者权利归属的认定和权利人对自己权利的处分上，强调个人意志在知识产权关系中的决定性作用。首先，在作者的认定上，法典排除了法人或组织成为作者的可能性。作者只能是作为公民的自然人，而不能是集体组织。这部分俄民法典的内容是调和各种利益的产物。它需要协调作者本人消费者（利用人）、投资人和社会三者的利益。在利益保护方面，法典倾向于保护公民的个人权利，体现了自由主义的立法精神。尤其是强调对作者利益的保护，甚至不惜牺牲社会公众的利益。如规定电子文本、以数据形式存在的书籍及其他出版物只有在图书馆才能获得，其他地方都不能私自下载使用。

3. 推行研发均衡、经济发展的知识产权战略

俄罗斯知识产权专利和商标局（Rospatent）2007～2010 年发展战略规划的目标是：实现研发领域的均衡发展，创建有效的创新体制，在将高技术和科学潜能转化为经济稳健发展主要动力的基础上，推进经济技术现代化，增强经济竞争力。加速俄构建知识经济型社会的步伐。为实现上述目标，Rospatent 应拥有缜密的策略、合格的人员、最高管理层的决心及其他所需能力。

二　发展中国家印度

印度是发展中国家的典型代表，其知识产权制度起步较早，目前已经形成具有自己特色的知识产权法律体系。作为英国的前殖民地，印度的知识产权立法深受英国的影响，部分英国殖民时期的法律一直沿用到 20 世纪70 年代。为适应国际知识产权制度发展趋势，推动本国经济发展和全球化进程，印度适时修改完善相关法律法规，在履行国际诺言的同时，坚决维护国家知识和经济安全利益。在对外贸易和自主知识产权保护上，印度健全的立法体系对国家经济安全的作用功不可没，这值得中国借鉴。

（一）知识产权法律由英国舶来，独立后的知识产权侧重社会利益

1. 殖民化时期（1947 年以前）

印度最早的专利法出现于 1859 年。当时，英国统治者制定专利法的目的是保护英国专利持有者的利益不受侵犯，从而控制整个印度市场。1847年印度制定了第一部《版权法》。

2. 本土化时期（1947～1990 年）

1947 年独立后，随着国内形势的变化，印度着手制定自己的专利法。1957 年，印度颁布了新的《版权法》。印度政府依据该法于 1958 年 1 月设立了版权委员会。1958 年，印度颁布了第一部商标法——《贸易和商品标志法》。印度从建国到 80 年代中期实行的都是公营与私营并存的混合经济体制，但在具体政策上采取了一种对公营经济更加偏爱、对私营经济普遍限制的态度。因此，这一时期印度的知识产权体制的特点是重在保护知识产权的社会利益而忽视私人的权利。

（二）知识产权保护国际化

印度知识产权保护的实质性进展是在 1991 年的经济改革之后。此前，印度与发达国家关于知识产权的法律是不同的。印度《专利法》中保护工艺而不保护产品的条款一直受到西方社会的强烈批评。印度政府于 1993 年公布了"新技术政策声明"，将信息技术和生物技术确定为今后重点发展的两大知识性产业。在这期间，印度的知识产权政策开始了国际化的进程。1994 年印度签署了《TRIPS 协定》；1998 年 12 月，印度加入《巴黎公约》，并签署了《专利合作条约》。在此之前，印度已经签署了《伯尔尼公约》和《国际版权公约》。为履行 TRIPS 要求的调整国内立法的义务，印度政府于 2005 年 1 月 1 日前在食品、药品等领域施行了《TRIPS 协定》要求的专利体制。

（三）促进产业发展的知识产权法律

印度将知识产权作为一种产业发展的政策工具。在著作权领域，印度为了建立软件大国以及保护国内的电影业，制定了世界上最苛刻的著作权制度。软件业和电影业是印度国内两大经济支柱，所以印度从立法的高度提高了全国的著作权保护标准，并由警察局和 NASSCOM 联手严厉打击盗版行为，极大地促进了印度软件外包的发展。在专利领域，印度充分利用《TRIPS 协定》给予发展中国家的过渡期，有意放缓提高专利保护标准的进程，为印度的医药产业取得了宝贵的初步积累时间。过渡期结束后，印度提高了专利保护标准，此时已颇具规模的印度医药业又以良好的专利保护环境吸引了大量医药外包业务。[①]

---

① 胡水晶：《印度服务外包中的知识产权保护及启示》，《电子知识产权》2009 年第 9 期。

知识产权的保护对软件业等产业的发展至关重要。知识产权的保护是软件等服务外包成功的决定性因素之一，印度作为目前国际服务外包的首选地，具有很多的成功经验：在国家层面建立促进产业发展的知识产权制度；在行业层面建立行业知识产权"防火墙"；在企业层面建立完备的知识产权安全保障机制。就法律制度发展而言，自 20 世纪 90 年代开始，印度政府开始加强对知识产权的保护。印度保护知识产权的法律体系是比较健全的，而且处罚措施也比较严格。印度知识产权体系包括《版权法》《商标法》《设计法》《地理标志法》等。印度政府根据形势的发展对相关法律进行了及时调整和修订，分别于 1999 年、2002 年、2004 年对《专利法》进行了 3 次大幅修订，与国际惯例接轨。《版权法》也经过了多次修改，印度政府在 1994 年出台了新的《版权法》，于 1995 年 5 月 10 日生效。目前印度的《版权法》被认为是世界上最严格的也是最接近国际惯例的版权法之一。[①]

（四）传统性知识保护的信息国际化[②]

2009 年 11 月 23 日，美国商务部、美国专利和商标局（USPTO）宣布，印度政府决定给予该机构的专利审查员一个新的进入数字化数据库的权利，包括载有印度传统知识汇编的数据库。

传统知识一直与全球经济的兴起密切相关，知识产权的重要性也日益受到关注。一些案件吸引的关注目光使一些国家努力建立数字化的传统知识数据库和培养可以访问世界各地的专利审查员。

（五）知识产权立法、执法、司法和民间联动体系

概括说来，知识产权保护是通过"立法做保障，司法、行政、民间三方积极互动、紧密配合"来完成的。知识产权法律体系是印度实现知识产权保护的基本保障，而司法部门、行政管理部门以及民间团体之间的积极互动、密切配合是印度实现知识产权保护的基本手段。目前，印度主要的知识产权法有：《电影法》《版权法》《书籍出版与登记法》《商标法》《专利法》《电子商务支持法》《商品地理标志（登记与保护）法》《外观设计法》等。此外

---

①　顾海兵：《印度国家经济安全法律体系及其借鉴》，《国家行政学院学报》2009 年第 4 期。

②　《印度资助访问美国专利审查员的新传统知识搜索工具》，http：//www.uspto.gov，最后访问日期：2009 年 12 月 6 日。

还颁布了一系列的法规和规章，如《版权法条例》《外观设计法条例》《商品地理标志（登记与保护）法条例》《专利法条例》等。

1. 司法的民事救济和刑事处罚

印度知识产权的司法保护包括民事救济和刑事处罚。民事救济是印度打击知识产权侵权的有效手段。印度《知识产权法》为打击侵权提供了以下几种民事救济方式：申请搜查令、损害赔偿、返还利润。刑事处罚包括：没收侵权产品（认定侵权后，法庭可授权副调查官以上的警官无须逮捕证就可逮捕侵权人，并没收侵权产品或用于侵权的工具）、罚金和监禁。

2. 行政管理

（1）"四元"行政机构

A. 印度专利、设计及商标管理总局（CGPDTM）

印度专利、设计及商标管理总局是印度专利、设计、商标及地理标志等事务的主管机关。其职能包括：负责专利、设计、商标及地理标志的申请、审查、核准等管理事务；向政府提交知识产权相关事务的政策建议；承担印度作为《保护知识产权巴黎公约》及《专利合作条约》成员的联系协调工作。总部设在孟买，下设专利局（含设计局）、专利信息系统、商标注册局、地理标志注册局和知识产权学院五个机构。地理标志注册局（GIR）位于钦奈，负责管理产品的地理标志注册事务。此外，GIR还与印度各邦商会、政府及大学合作，积极举办研讨会，提高人们对地理标志的认识，鼓励人们挖掘出更多的潜在地理标志。

B. 印度版权局及版权委员会

印度版权局于1958年1月依据1957年《版权法》的规定在首都新德里组建而成，是印度受理版权登记注册、发放版权证书等相关事务的主管机关。印度版权委员会隶属印度人力资源发展部教育司，是印度受理版权案件行政申诉、发放版权强制许可证的主管部门。

C. 印度警察局

警察局是印度知识产权保护执法的重要力量。根据印度法律，在侵权案件调查中副调查官以上的警官可以无须搜查证直接对侵权人住所实施突击搜查，并且没收侵权产品及用于侵权的工具。

D. 印度知识产权申诉委员会

知识产权申诉委员会于2003年9月15日成立，负责受理专利、商标、设计及商标等案件的申诉。委员会成员包括主席、副主席及中央政府指定的其他成员。

（2）行政措施

印度中央政府和各邦政府还采取各种措施保护知识产权，主要包括：定期检查知识产权保护的执法工作；编写和分发《知识产权法手册》；定期组织研讨会、论坛；加强对知识产权的理论研究；加强知识产权执法机关的现代化建设；制定详细的操作规程，确保执法程序统一性，使用全国统一的知识产权标识；在地方警察局内设立独立的版权实施处，使用来源识别码（SID CODE）打击盗版；密切协调政府和知识产权组织及产权人的关系。

3. 民间保护

一些知识产权组织成立了民间行业管理社团，如印度电影电视制作人版权管理协会（SCRT），负责协调和集体管理印度电影产业的版权；印度表演权协会（RS），负责协调和集体管理印度所有视觉或艺术表演的版权。

三　新兴市场国家巴西

巴西是新兴市场国家之一。① 为适应和推动本国的经济技术发展，巴西在知识产权安全制度建设方面富有成果和特色。作为南美的发展中国家，巴西历届政府高度重视知识产权法律制度建设，从制度上和法律上加强对知识产权的保护力度，逐步建立起比较完整的知识产权保护体系和管理工作体系，知识产权管理和保护工作取得了明显进步。

自 20 世纪 70 年代以来，巴西政府相继出台了《工业产权法典》（1971年）（包括商标和专利）、《版权法》（1973 年）、《计算机软件保护法》（1987 年）、《生物安全法》（1995 年）、《种子法》（1997 年）等法律法规，保护和激励知识创新，促进本国经济增长。近年来，巴西不断修改和完善

---

① 新兴市场，是一个相对概念，泛指相对成熟或发达市场而言目前正处于发展中的国家、地区或某一经济体，如越南、土耳其及"金砖国家"中国、印度、俄罗斯、巴西、南非等。新兴市场通常具有劳动力成本低、自然资源丰富的特征。一方面，发达国家和地区一般都会将生产线移至新兴市场，凭借新兴市场的低廉劳动力成本增强竞争力。另一方面，发达国家和地区也会向自然资源丰富的新兴市场国家和地区买入廉价原材料。新兴市场亦可借此获得先进的生产技术，提高收入和消费能力，带动经济发展。2001 年，美国高盛公司把四个最大的新兴国家巴西、俄罗斯、印度和中国专门提出并冠以"金砖四国"的名称。这些国家皆具有人口众多、经济规模大和市场潜力大的特征。它们的快速增长，对世界经济影响甚巨。

专利制度，为保护知识产权提供更有效的法律保障。1996 年巴西引进新的工业产权制度，同时修改了《工业产权法典》，新法于 1997 年 5 月 15 日生效。修改的内容涉及以下方面。

（一）遗传资源安全法

《生物安全法》（1995 年）、《种子法》（1997 年）等法律法规，保护和激励知识创新，促进本国经济增长。

（二）主流知识产权法

1. 专利法

允许化学产品、医药和食品的生产方法申请专利，转基因微生物具有可专利性；专利保护期为申请之日起 20 年或授权之日起 10 年，实用新型专利则为申请之日起 15 年或授权之日起 5 年；申请实质审查须在申请之日起 3 年内提起；取消专利授权之前的异议申请程序；为尚未上市的某些能受新专利法保护的专利提供特殊的"管道"保护。

2. 商标法

商标法的特征有如下几点。第一，放宽商标注册的条件。规定"视觉上可感知的、具有可区别性、不为法律所禁止的标志，用以区别他人的商品或服务，包括产品的形状和包装"均可注册，但商标仅仅是颜色或颜色的名称不能注册，除非其使用或组合具有可区别性。第二，扩大商标权的保护范围。禁止模仿、复制第三人商标中的可识别性因素，或与他人所有的名称存在关联性或混淆性；未经许可使用他人姓名或与之相类似；与已受版权保护的文学、艺术或科学作品的词语或标题相混淆或类似的；与工业外观设计权相类似。第三，商标权可以在权利人申请核定的种类上使用，也可在相类似或其能控制的相关商品或服务上使用。在其申请日之前善意使用 6 个月以上的未注册商标使用者优先取得商标。

3.《版权法》

1998 年政府对《版权法》进行了修改完善：延长经济权利的保护期为作者死后次年 1 月 1 日起 70 年内，视听作品为首次出版后之日起 70 年内；支付给版权人的税金减少至售价的 5%；除法律明文规定外，版权转让仅限 5 年，明确作品本身的销售并不包含版权的销售；确认计算机程序和数据库是版权法保护的客体，但计算机程序受特别法保护。在与盗版侵权做斗争的同时，巴西也强调知识产权法律应当有灵活性，应与本国的经济和社会发展水平相适应。

4.《计算机程序法》

1998 年又修改了《计算机程序法》，主要取消对国外作品销售前的登记要求；保护期为发表次年 1 月 1 日起 50 年内，未发表作品自创作次年 1 月 1 日起 50 年；雇员创作作品的整体版权归属雇主，委托作品版权归属委托方；软件中的精神权利仅限于主张作者身份和反对有损作者的修改等权利；软件的销售、许可或转移不表示版权人控制进一步复制权的穷竭；对侵犯软件版权的行为提高刑事处罚力度；外观设计保护期为 5 年，可每次续展延长 5 年，但最长不超过 25 年。

（三）知识产权管理体制

设在里约热内卢市的巴西国家知识产权局负责审查和批准专利申请、登记注册商标、审批引进技术等工作。该局隶属于巴西联邦工商贸易发展部，现有工作人员约 600 人，年审理知识产权申请近 3 万份。2004 年，巴西又成立了一个由政府、企业、社会团体共同组成的机构——"打击盗版和制止侵犯知识产权全国委员会"，其成员来自 7 个政府部门以及联邦警察局、联邦公路局和联邦税务局，另外还有 4 名相关产业部门的代表和 2 名国会代表。

（四）积极参与《TRIPS 协定》谈判，维护健康人权

在保障知识创新能力的同时，也应让普通民众有机会分享到知识创新的成果。巴西曾向世界贸易组织提出一项建议，认为人的生命权比专利权更为重要，发展中国家有权不受专利的限制生产治疗艾滋病的新药，以降低药品成本，从而更有效地预防艾滋病的蔓延。2001 年，巴西的这一提议在世界贸易组织获得一致通过，得到各国的普遍支持。

（五）保护传统性知识的法律失效

巴西保护传统性知识的法律正在失效，而现有法律难以实现利益分享。加强原住民社区对其地方传统知识保护的全球性运动在很大程度上已经失败。位于蒙特利尔的国际生物技术专家组在其报告中说，这导致了原住民

对知识产权的要求不断下降。例如，在巴西，当地仅仅开发出了 7 种植物疗法，而外国人在世界各地就治疗艾滋病提交的专利达 700 次。这份报告写到，试图确保众多原住民社区利益共享的努力受阻于过分强调知识产权的所有权，这已经证明是对进步的一种阻碍。他们列举了巴西的例子。巴西于 2001 年通过了旨在保护原住民权益的法案。

该报告的作者之一、巴西国际贸易与发展法律研究所研究员 Edson Beas Rodrigues 说："我们的立法确保原住民社区的知识产权，但是有太多彼此重叠的权利了。利用传统知识或者当地天然产品在理论上或实践上需要几个拥有它们的原住民团体的同意，而这些团体并不总是能在这些问题上达成一致。研究机构或者企业界无法获得这些知识，而原住民群体也无法从任何本可以进行的研究中获益。试图大力保护原住民的权利，以至于这些工作在实际上阻碍了对传统知识的利用。不得不在确保知识产权和促进利用传统知识之间达成平衡。"

四 泰国传统知识的特殊保护[①]

泰国有很多历史悠久的独特传统知识。在保护传统知识方面，泰国探索出一套以国家立法的形式对传统知识做特殊保护的方法，对发展中国家具有很大的启示意义。泰国 1997 年《宪法》第 6 条规定，传统社区成员有权保存和恢复其习俗、本土知识及本社区或本民族的艺术和优良文化，并有权按照法律规定依平衡模式持续地参与管理、维持、保存和利用自然资源和环境。随后，泰国通过了《传统泰医药知识产权保护法》，以明确具体制度措施的形式，保护传统知识。

《传统泰医药知识产权保护法》将传统医学处方分为国家处方、私人处方和普通处方三类进行管理。

1. 国家处方为国家所有

国家处方是指对人类健康至关重要、有重要利益和特殊医药价值的处方。泰国公共健康部有权宣布某一传统泰药处方为国家处方，宣布后该处方即为国家所有。凡将国家处方用于商业目的生产或研发，都必须得到政府批准，对严重侵权行为政府可给予刑事制裁。

---

① 闫晨:《聚焦国外知识产权保护法》,《安徽科技》2008 年第 10 期。

2. 私人处方由所有人使用

私人处方由所有人使用。第三方要使用这种药方，必须得到处方所有人的许可。私人处方的注册请求可由发明人或研发人提出，或由该发明人或研发人的继承人提出。该法案授予注册私人处方所有人有为研究目的使用该处方，及销售、分配由该处方开发和生产产品的排他权，但对该排他权有一定限制。该注册私人处方权在权利人终生和死后 50 年内有效。

3. 广为人知的普通处方，国内任何人均可自由使用

在泰国国内，医生可自由使用普通处方。为保证法律政策的有效实施，泰国还建立了处方注册机构。现在，全泰国有 75 个省办公室依法开展处方注册和其他活动，具体注册只收取较低的登记费，不交维持费用，大大降低了处方注册成本。

第四节　国外知识产权安全法律发展的启示

知识产权制度产生与发展的过程，是一个科技、知识进步与制度创新的过程，特别是在全球化和知识经济时代下，知识产权的风险在不断增大。在科技、知识、经济、法律的协调发展体系中，国家经济安全和经济发展处于中轴的地位，科技、知识与法律为之进行曲线偏向摆动。其中，科技进步和知识发展是经济发展的动力，知识产权安全法制建设则是国家经济安全和经济发展的制度保障。科技、知识、经济和法律全球化趋势的深化，使知识产权安全制度在国家之间互有启示与借鉴意义。[①]

思想没有疆域，它们不因文化的不同而不同；它们没有发明者，也没有所有者。它们是真正的"人类共同遗产"。[②] 国外知识产权安全法律制度思想是没有疆界的，是人类可借鉴的宝贵智慧财产，特别是在当代全球化和信息化的新形势下。从世界经济学的角度看，一国借鉴他国的法律制度思想及资源，一方面可以弥补自身资源稀缺的不足；另一方面可以学习他国法律制度思想及其资源取得、配置的成功经验或失败教训，节约资源探索和配置的成本，高效配置资源。当然，由于各国法律文化不同、立法背景相异和法的实施环境存在差异，在借鉴他国的立法例和司法例时，应注

---

① 吴汉东：《科技、经济、法律协调机制中的知识产权法》，《法学研究》2001 年第 6 期。

② 罗纳德·德沃金：《认真对待权利》，中国大百科全书出版社，1998，第 28 页。

意规避风险。同时，还可采取自决原则和基本价值观检验方式①。

发展中国家的知识产权制度风险大于发达国家。唯一的区别是，发展中国家的知识产权制度因为"失误"要付出的代价可能远比发达国家大，因为大多数发达国家都具备完善的竞争调节机制，可以保证任何垄断权利不会过度影响公共利益。例如在美国和欧盟，这些制度尤其强硬和完善，而大多数发展中国家却远非如此，后者极易受到不良知识产权制度的损害。我们认为，发展中国家可以通过学习发达国家的经验教训来完善自己的知识产权制度，使之适用于其具体的法律制度和经济形势。②

启示的目的是为了借鉴。借鉴的必要性与可能性：必要性，中国知识产权落后，知识产权安全制度稀缺；可能性，全球化、中国开放、法律趋同。借鉴的内容为：本国强势知识产权有效保护制度与机制；弱势的竞争政策的防御制度策略；中性的基于人类共同利益的世界大同性。借鉴的风险与规避：风险，宏观政治、经济与社会风险，法律文化风险，执法与司法风险。规避，关键是充分认识外国知识产权安全制度的成功经验和失误教训的背景和具体条件，这些条件包括法律文化、政治、经济、技术等。

一 发达国家知识产权安全法律发展的启示

对发展中国家来说，发达国家知识产权安全制度发展的成功经验，一般具有前瞻意义，但又受发展水平、国情、法律文化和法律环境等具体条件的限制。但全球化和人类思想的共同遗产性，则使启示和借鉴成为可能。

(一) 美国知识产权法律的启示

美国作为知识产权大国，在知识产权的立法和执法方面有着宝贵的经验，这些经验无疑对融入世界经济主流的中国来说具有重要的借鉴作用。美国知识产权保护方面最突出的特点是高水平的制度建设和强劲的执法力度。

---

① 〔美〕罗纳德·德沃金：《认真对待权利》，中国大百科全书出版社，1998，第5～16页。
② 英国知识产权委员会：《知识产权与发展政策相结合》，http：//www.iprcommission.org/graphic/Chinese，最后访问日期：2010年11月19日。

启示一：经济、科技、知识安全和国家利益摆在首位。

综观美国知识产权制度的历史和现状，其以国家利益为上。经过 200 多年的打造，美国已在全球范围内形成了对维护本国利益极为有效的知识产权保护体系。美国为了保护其经济利益，在不同的发展阶段制定了不同的知识产权制度。美国之所以在国内实行日趋强硬的知识产权立法政策，不断扩充知识产权保护范围，强化知识产权保护措施，在双边和多边国际交往中有意识地推行本国标准，正是因为其既是世界级的专利大国，也是世界级的品牌大国，将知识产权保护作为国家经济、社会和文化持续发展的重中之重，正是为了促进本国经济的繁荣与发展。[①]

启示二：高效的专利制度。

美国于 1836 年创立了世界上第一个现代专利制度，这一制度与其他主要国家的相关制度存在重要区别：一是所有专利申请都必须进行实质审查，看其是否符合法律规定以及是否具备新颖性；二是收费低廉；三是透明、可预测性和良好的服务；四是先发明原则，也就是将专利授予在全球范围的第一个发明者，而非局限在美国本土；五是社会福利与发明者个人福利是一致的，侧重保护发明者的利益；六是鼓励专利流转。美国很早就建立起遍布全国的专利许可和转让贸易网络。1845 年，美国专利局记录在案的专利转让就有 2108 宗，不妨将这一数字与当时全美尚在有效期内的专利数量 7188 宗进行比较，不难发现专利转让有多么活跃。在 19 世纪 70 年代，平均每年发生专利转让交易超过 9000 宗，而 80 年代则上升到 12000 宗。这表明专利技术与生产力的增长紧密地联系在了一起。

启示三：知识产权和反垄断法殊途同归[②]。

知识产权是知识经济时代最重要的产权，在现代社会中具有越来越重要的作用，知识产权被滥用的事例也随之大大增多。正视知识产权带来的变化，主动适应这种变化，调整反垄断的理念、目标和手段，在保护与促进知识经济发展、保障相关方合法利益的同时，维护社会公正，消除权利人垄断带来的不利影响，无疑是美国知识产权反垄断限制带给我们的最大启示。一般说来，当权利人在行使知识产权超出法定范围，与反垄断法通

[①] 梅术文：《论知识产权保护基本规律及其启示》，http://www.privatelaw.com.cn/new2004/shtml，最后访问日期：2010 年 11 月 17 日。

[②] 赵宇可：《美国知识产权的反垄断限制及其对我国的启示》，《中国工商管理研究》2008 年第 9 期。

过保护竞争所要实现的社会整体目标（实质公平和社会整体效率）相冲突时，反垄断法应当优先适用，以对知识产权的行使行为施加必要的限制。在涉及知识产权人不正当行使其权利的问题上，美国联邦法院早在 1917 年和 1948 年就提出"专利权滥用"和"著作权滥用"原则，国会也就相关方面进行了立法。集中反映美国反托拉斯法在这一领域的实践经验和发展趋向的是美国司法部和联邦贸易委员会于 1995 年 4 月 6 日联合发布的《知识产权许可的反托拉斯指南》（以下简称《指南》）。《指南》分析了知识产权法和反托拉斯法的共同目的是促进创新、增加消费者福利。《指南》规定了知识产权的三大原则。一是知识产权是财产权。二是知识产权不等于市场支配力。在反垄断中，不假定专利、版权或者商业秘密必然具有市场支配力，因为常常会有实际的或者潜在的替代产品、替代方法和替代作品阻碍市场支配力的运用，即使专利或者其他形式的知识产权确实形成了市场支配力，因先进产品、商业智慧和历史机遇形成的这种市场支配力本身（甚至垄断状态）并不违反《反垄断法》，也并不能因此而强制要求权利人将知识产权许可给其他人使用。当然，也存在非法获得或者维持市场支配力，或者虽然是合法获得或者维持市场支配力，但是权利人通过不合理地行使知识产权来损害竞争的情形。三是知识产权流转有助于竞争。许可、交叉许可、转让或者其他知识产权的转移会有助于知识产权和其他生产要素的结合，从而更有效率、更有价值地利用知识产权，降低生产成本，开发新的产品，使消费者受益。即使知识产权许可存在使用范围、区域和其他的限制，但也可以使许可人尽最大可能取得最佳利用效果，使被许可人更积极地投入所许可的知识产品的生产和销售，并对所许可的知识产权进行新的开发和利用，最终有助于竞争。所以，反垄断执法不应对此进行不必要的干预。这几个原则否定了知识产权与反垄断之间存在着不可调和的内在冲突的观点，对于知识产权是垄断权、知识产权是法定垄断的（必然产生垄断力）、知识产权限制竞争等似是而非的说法予以了澄清，使知识产权与反垄断之间的对立状况得以缓解。因此可以说，知识产权和反垄断法是殊途同归的。

启示四："特殊 301 条款"——知识产权域外适用。

政府对本国利益，特别是对跨国公司利益的保护，是美国《专利法》的一大特点。如美国目前仍在执行的专利授权公开制度，使得美国企业一切不能获专利法律保护的技术都不对世界公开，但他们却可以从其他国家申请专利 18 个月公开的文件中获取新技术信息。又如，美国现行的先发明制，实际上只适合于美国的申请人。保护美国在海外的知识产权是美国外交政策的重要任务之一。

启示五：重视知识产权微观基础——企业的呼声和利益。

在乌拉圭回合谈判中，美国 12 家跨国公司不断游说美国政府应把《TRIPS 协定》纳入多边贸易体制框架。这一方面说明美国企业对知识产权的高度重视，另一方面则反映了美国政府注意听取和采纳企业意见并充分考虑本国企业的利益。

（二）其他发达国家知识产权安全法律发展对我国的启示[①]

知识产权保护与科学技术进步、经济增长协调发展。从历史上看，知识产权的产生和对其的保护，正是科学技术和商品经济发展到一定阶段的产物。知识产权保护范围的扩展、保护水平的提升以及保护机制的完善，也是科技强国和经济大国推动的结果。1623 年英国的《垄断法令》、1709 年英国的《安娜法令》、1857 年法国的《商标法》都是具有近代意义的知识产权制度，而其间贯穿的是社会生产科技化、科技成果商品化、知识商品产权化、权利制度体系化的清晰路径。也正是由于以英国为代表的欧盟国家在科技、经济发展方面处于领先地位，从 1623 年英国《垄断法令》的通过，到 20 世纪中叶世界知识产权组织的成立，欧盟国家始终在推动知识产权保护方面发挥着主导作用。

二　发展中国家知识产权安全法律发展对我国的启示

发展中国家关于知识产权安全制度发展的做法，一般更具直接借鉴意义，但也受各国特殊国情的制约。

启示一：推进传统知识和遗传资源的保护。

现如今发展中国家极力推动的对民间文学艺术表达形式、遗传资源、传统医药等的法律保护，主要是从域内安排和国际保护两个层次入手的。20 世纪末，泰国、韩国、印度、巴西等国家，已经在本国的知识产权立法中实现对上述智力成果之源的保护。但要使保护遗传资源成为包括发达国家

[①] 梅术文：《论知识产权保护基本规律及其启示》，http://www.privatelaw.com.cn/new2004/shtml，最后访问日期：2010 年 11 月 17 日。

成员在内的全世界各国知识产权立法的共同行动，还必须实现对这些智力成果之源的国际保护。现在以印度、巴西为代表的发展中国家在世界知识产权组织、世界贸易组织和联合国教科文组织的框架内，积极倡导对民间文学艺术表达形式和传统知识的保护，正是为了使本国的保护举措能够在国际社会发挥更大的作用。①

为了有效地推动对传统知识的保护，印度还利用现代数字技术，与美国建立了交流平台。美国专利和商标局于 2009 年 11 月 23 日宣布，印度政府决定允许该机构的专利审查员进入一个新的数字化数据库，其中有印度传统知识汇编。印度的传统知识数字图书馆，开发了印度科学与工业研究理事会共同与吠陀、瑜伽与自然疗法、尤纳尼、悉达和顺势疗法（阿尤什部），其中包括由 30 多万在吠陀、尤纳尼和悉达传统医药配方一万页。该传统知识数字图书馆包含文本检索的这些来源的英语翻译，允许美国专利商标局审查员来搜索印度的累积数千年来的传统知识。该传统知识数字图书馆还包含翻译成法语、德语、日语和西班牙语。

启示二：用公共政策弥补法律滞后的不足。

印度在 2004 年修订并于 2005 年实施了第三次修改的《专利法》，在对药品提供专利保护的同时，确定了因公共利益、国家安全、传统、公共健康等原因的强制许可制度。在印度工商业人士的大力推动下，印度出台了《经济特区法》，为医药企业在特区内投资提供税收等方面的政策优惠。随后又推出一系列的重要产业政策，试图使其与专利制度相互配合，促使印度的生命科学领域可以取得如软件及信息技术一样的成功。②

启示三：在国际义务和国家利益间寻求平衡。

为适应国际知识产权制度的发展趋势，推动本国经济发展和全球化进程，印度适时修改完善相关法律法规，但始终坚持在履行国际承诺的同时坚决维护国际利益。一方面，印度对于专利的"创造性"审查坚持较高的标准，不保护"小专利"，工业政策与促进局的官员认为，这是维护国家利益的一种策略。另一方面，印度积极防止本国的传统知识被非法利用。如果印度的传统知识被他国不恰当地授予专利，印度政府会利用无效

---

① 梅术文：《论知识产权保护基本规律及其启示》，http：//www.privatelaw.com.cn/new2004/shtml，最后访问日期：2010 年 11 月 17 日。

② 梅术文：《论知识产权保护基本规律及其启示》，http：//www.privatelaw.com.cn/new2004/shtml，最后访问日期：2010 年 11 月 17 日。

宣告等制度要求取消，如果非政府组织或个人从事保护工作，政府会给予资助。

启示四：弱势知识产权弱保护。

印度的《1970年专利法案》对药品实行知识产权保护的弱化是印度药品行业后来快速成长的一个重要因素，印度是低成本非专利药品和散装中成药的生产国和出口国。

第五章　知识产权面临的风险及防治

全球化趋势和知识经济的发展，使知识产权日益成为国家和企业发展的战略资源和核心竞争力。发展中国家知识产权保护的新议题不断涌现。现有的知识产权法律产生了许多的不确定性，给各国尤其是发展中国家的知识产权保护带来极大的风险。中国作为知识产权弱国遭受的知识产权及制度风险频繁升级，企业、产业和国家面临着来自国内外诸风险的损害或威胁，国家经济安全受到严重威胁。而目前国外的知识产权风险研究多站在发达国家立场，对发展中国家的利益关注不足。国内研究则多以个案分析和定性分析为主。本章从定性与定量结合的视角，研究我国知识产权风险及防治。

第一节　知识产权风险概述

一　知识产权风险防治的意义

全球化和知识经济的深入，《TRIPS 协定》多哈谈判议题结果的不确定性，以及中国的科技等知识创造和知识产权及制度认识和运用能力的局限，使我国知识产权领域面临的法律问题显得尤为突出。

（1）应对挑战抓住机遇。应对背景不断变化的挑战和风险，抓住《TRIPS 协定》多哈谈判的机会，修订不利于中国等发展中国家知识产权安全的条款，增加新的能够充分保障中国等发展中国家安全利益的法律原则和法律规范，并在执法和司法程序上，考虑发展中国家的安全需要。维护国家经济安全利益。国家经济安全是以企业和产业的安全为基础的。保护企业和产业的利益，就是维护国家的安全和稳定。

（2）为知识产权及其制度的风险规避与防治提供思路。对风险成因进行挖掘和对风险概率进行评估是为制定科学的风险管理政策，为中国知识产权风险防治法律发展提供参考。

（3）促进《TRIPS 协定》等国际知识产权法律法规的公正发展。改变国际知识产权法律的立法原则和法律规范。

（4）促进世界知识产权新秩序的建立。新秩序应该是低风险、安全有序、平衡发展、公正而高效的，并顾及中国等发展中国家知识产权风险大、抵御风险能力较弱等实际情况。

二　知识产权风险概念界定

本书认为，知识产权风险是指知识产权未来可能发生结果的不确定性或发生损失的不确定性及可能发生的损害程度的大小；可以采用定量的方法测定。

本书所指的知识产权风险是由风险因素、风险事故和损失三者构成的统一体。知识产权风险因素是指风险事故发生的潜在原因，是造成损失的内在或间接原因。知识产权风险因素引起或增加风险事故；风险事故发生可能造成损失。本书所指的知识产权风险因素包括全球化趋势、知识经济时代、知识产权及其法律制度、企业和国家知识产权能力。知识产权风险事故是指中国企业的知识产权涉外纠纷。知识产权风险损失是企业、产业和国家经济安全问题。知识产权风险损失，可以用知识产权风险成本来衡量。知识产权风险成本是通过因知识产权风险的存在和风险事故发生后所必须支出费用的增加和预期经济利益的减少来计算的。包括风险损失的实际成本、风险损失的无形成本以及预防和控制风险损失的成本。我国企业知识产权风险的损失，小的是失去一个市场，大的可以使企业倒闭。

此外，知识产权风险还包含了知识产权和知识产权制度风险两个层面。这里的知识产权包括专利、商标、版权等现代主流知识产权，还包括传统知识、民间文艺和遗传资源等发展性知识产权。知识产权制度不仅指国内、全球知识产权法律公约，还包括法律和知识产权公共政策。

最后，知识产权风险，不仅有定性意义，还有定量式表述。定量式表述主要通过构建知识产权风险评估指标体系进行。风险评估是指在风险事件发生之后，对于风险事件给企业、产业和国家经济安全造成的影响和损失进行量化评估。我国知识产权及其制度风险评估指的是在全球化趋势下基于国家经济安全的总体框架构建指标体系，评估知识产权及其制度风险程度，量化评估我国目前知识产权及其制度存在的风险事件给国家、企业、产业造成的经济影响和损失，对知识产权及其制度面临的威胁、存在的弱点、造成的影响，以及三者综合作用而带来风险的可能性的评估及风险等级和强度的判定。风险评估是风险管理的基础，只有做好知识产权及其制度的风险评估，才能有利于保障企业、产业和国家的经济安全。

三　国内外知识产权风险研究述评

（一）国外相关研究

关于发展中国家所面临的风险。由 J. Michael Finger 等主编的《穷人的知识——改善发展中国家的知识产权》（2004）一书指出，发展中国家所面临的风险有：工业化国家为了自身利益而盗用传统性知识；跨国公司为了私利而剽窃和非法利用遗传资源。该书从发展中国家自身的角度，就目前知识产权实力普遍较弱的发展中国家以及欠发达国家和地区如何让自身拥有的长项——传统知识和遗传资源，真正发挥经济价值以提高这些"穷人"的收入给予了富有价值的建议。也就是贫困国家的穷人如何通过自身的创新、知识以及创造性技巧来提高收入水平，以及通过法律创新和商业活动，来解决发展中的风险问题。

关于诉讼风险，Gerald S. Geren（2008）认为，许多关于专利、商标、版权，以及商业秘密的诉讼出现，来源于不够清晰的信息沟通和对已有权利不充分的认识，尤其是对竞争对手的认识不足。最终因为一些意外事件，最糟糕的情况发生。如能最大限度地提高自己对事实和权利的了解，以进行有意义的控制或谈判规划，将减少诉讼风险。

关于企业知识产权风险审查，Tod Mongan（2005）认为，科技企业必须执行例行的知识产权风险审查。公司起码要每一年一次或每半年一次检查其赖以生存的专利、版权、商标、商业秘密和许可证的情况。

（二）国内相关研究

关于《TRIPS 协定》及其双边协定风险。甘聪葵（2009）解读了《TRIPS 协定》的实质。他认为发达国家通过这一协定构建起一个以《TRIPS 协定》为主导的形式上平等而实质上不公平、不合理的国际知识产权制度格局。张朝霞（2009）认为《TRIPS 协定》给我国知识产权保护带来了负面影响。高标准的知识产权保护增加了我国科技创新的难度，知识产权争端和诉讼频发，助长了发达国家和跨国公司滥用知识产权壁垒的风气，使得国内竞争者生存困难。关于"TRIPS - 递增"协定风险，张建邦认为"TRIPS - 递增"协定标准对发展中国家而言已经严重"超标"，且具有"捆绑销售"的性质，对发展中国家优先发展目标的实现和公共利益的维护具有潜在的阻滞作用。发展中国家在参加由发达国家主导的双边性或区域性安排时要警惕这一动向，并应积极寻求应对之策。

关于知识产权风险保护强度以及动态联盟中的知识产权风险评估问题，郑成思（2005）认为，严格的知识产权保护可能会使得国内个别企业蒙受损失，但是从整个行业和国家来看，它可以规范国内市场和促进企业创新。关于知识产权风险的定量评估，闫威、陈燕等（2009）在其《动态联盟知识产权风险评价的理论分析与案例研究》一文中，指出核心知识产权资产流失对企业核心竞争力造成威胁，进而对动态联盟中的知识产权风险进行评价。他们运用集值统计的模糊综合评价方法，研究了单个指标风险和总体风险，分析了专家判断的可靠性，并将研究结果运用到具体的案例中，研究结论丰富了动态联盟中的风险控制理论。

关于知识产权风险的防治，一是传统性知识的产权化与制度化。王珍愚、单晓光（2009）认为中国的遗传资源知识产权保护问题严峻，亟须建立"遗传资源保护法"，由环保部门进行专门统一的管理。唐广良在《遗传资源与传统知识保护》一书中认为，遗传资源、传统知识及民间文学艺术表达保护的思路是与现代知识产权保护制度相矛盾的，因而造成了中国具备优势的知识产权得不到合理有效保护的后果。郑成思（2007）在《经济全球化国际竞争中的知识产权战略与策略》一文中主张中国应在 WTO 框架内趋利避害，加强知识产权保护。他认为面对中药等无形资产大量流失的挑战，我们不能再被动，必须积极主动对中医药这一我国的原创成果专门立法进行保护。二是模仿创新的积极作用。郑友德和金明浩（2009）以比亚迪企业作为成功典范，认为模仿创新也能产生知识产权，并提出了现阶段我国迫切需要建立对模仿创新的知识产权保护政策的独特见解，并建议企业根据自己的实力、产品特点、市场状况等，以模仿创新为中心构建不同模式下的企业知识产权保护策略。

关于知识产权风险的政治化问题。金璐在《中国知识产权保护现状、问题及对策》（2007）中指出了发达国家将知识产权风险政治化的行为。美欧在知识产权保护问题上向中国施压的重点已经从要求完善知识产权保护法律制度转向要求加大知识产权保护力度上，并且屡次在世界级会议上指责中国对知识产权保护不力，向中国施压，知识产权保护政治化的趋势越来越明显。而田力普（2007）则主张知识产权风险非政治化和国际对话式合作解决机制，他认为，知识产权是一个国际性的问题，在知识产权方面需要进行广泛的国际合作，合作不能以势压人，应该用对话代替对抗、用合作代替指责，反对政治化，反对施加压力。

（三）对国内外研究现状的简评

国内外对于知识产权及其制度风险及风险评估的研究成果颇多，其中有许多有益的思想和观点。国外研究指出了当前由发达国家主导的世界知识产权法律机制和制度的不公正，给发展中国家的传统性知识、经济增长等带来了诉讼风险和企业风险等问题。而国内研究则基于中国的立场和视角，指出了《TRIPS 协定》和"TRIPS – 递增"协定给发展中国家带来了风险、知识产权风险保护强度和风险评估、风险的防治，以及知识产权风险解决的政治化问题。但是，目前的研究仍有不足。一是国外知识产权风险的研究对象大多数集中在发达国家占优势的知识产权方面，而发展中国家具有优势的诸如传统知识、民间文艺和遗传资源等发展性知识产权问题，没有得到应有的重视，甚至还停留在该不该纳入国际知识产权保护范围中的争议上。二是虽然提出了全球化背景下的中国知识产权及其制度发展中的风险，但更多的是涉及对某个行业、产业面临的风险进行专门研究，未做系统深入的宏观研究，未提升到国家经济安全的高度。三是对风险的成因分析、传导机制、我国系统的风险预警机制，以及风险治理的法律对策的研究不深。四是现有的研究定性分析风险表现比较多，而定量分析风险强度少，已有的定量研究仅限于动态联盟中的风险评估，而未从国家经济安全角度建立风险评估指标体系，针对知识产权及其制度的风险定量评估方法至今仍是空白。

第二节　我国面临的知识产权风险分析

一　全球知识产权风险现状

（一）发达国家主导世界知识产权话语权

发达国家在全球化和知识经济中，处于主导地位，凭借其强大的科技实力和经济实力，主宰着国际经济、知识产权规则的制定和秩序的维护。经济全球化下国家之间博弈和协调等因素的共同作用，使得知识产权保护制度逐步国际化和全球化。以遗传资源保护为例，发展中国家致力于《生物多样性公约》确立的"国家主权""标识来源"规则，试图修改《TRIPS协定》，但以美国为代表的发达国家则采取双边主义策略，与发展中国家签订双边协定。这样一来，不仅发展中国家不能改变《TRIPS协定》，反而在《TRIPS协定》的基础上，通过"TRIPS-递增"协定的方式，加强了对专利、商标和版权等这些发达性知识产权保护的力度，从而增加了已存在的《TRIPS协定》风险。在知识产权领域，发达国家已经牢牢掌控了世界知识产权话语权。

（二）现行国际知识产权最低保护标准给发展中国家带来高保护风险

《TRIPS协定》吸纳了以往国际公约等有关知识产权法律制度的成果，并上升到一个更高的阶段。但是它明显带有西方发达国家政策主张的痕迹，更多地反映了发达国家的利益，而对发展中国家不利。其中很重要的一点就是，《TRIPS协定》偏重于对知识产权权利人的保护，没有在发展中国家和发达国家利益之间做出公正平衡。《TRIPS协定》规定了知识产权保护的最低标准，凡成员不论其知识产权状况和能力如何，均一律遵守，无一例外。这种最低标准的方式不利于发展中国家。正如 J. Michael Finger 和 Phil Schuler 所述：《TRIPS协定》的最低保护标准，要求发展中国家的保护水平达到发达国家的保护水平；发达国家企业声称发展中国家将会从这个安排中受益，而事实却是发展中国家的使用者不得不为知识产权的使用支付版权费。发展中国家要为此每年约承担 600 亿美元的费用。也就是说，最低保护标准实则是为发达国家经济发展保驾护航的。

（三）发达国家对发展中国家知识产权执法不断保持高压态势

近年来，发达国家不仅在保护范围上有所扩大，还要求发展中国家加大现有的知识产权保护力度，美国"特殊 301 条款"机制就是个典型，这加大了发展中国家知识产权的执法风险。保护力度的大小是以经济发展实力为基础的，《TRIPS协定》实质上保护的是发达国家跨国公司的私人利益，加大执法力度必然会提高本已不公正的《TRIPS协定》实体规则的实施效果，势必威胁到发展中国家的企业安全，因为我国企业发达性知识产权①及其水平，总体上弱于发达国家。另外，各国对知识产权的保护必然受到一国经济发展水平和公民受教育程度等因素的影响。在温饱问题尚未有效解决的许多发展中国家，首要的问题还是生存，要求高水平的知识产权保护是有困难的。再者，执法的效果，不仅是政府单方面，还有其他利益相关者的选择。发达国家在知识产权保护问题方面不应对发展中国家知识产权执法滥加指责，要考虑发展中国家知识产权落后的实际，切实帮助发展中成员加强能力建设，以共同构建世界知识产权的公正和有效的保护体系。

（四）发达性知识产权继续扩大

现代知识产权的保护范围随着新技术的不断涌现在发达性知识产权的基础和方向上继续扩展，已从专利、商标、版权、商业秘密扩展到包括计算机软件、集成电路、植物品种、生物技术等，不断给发展中国家带来新的风险。发达国家在高新技术发达性知识产权方面占有绝对的优势，因而不断地扩展电子、通信、网络、生物领域的保护范围，如美国、德国、英国、瑞典等国家都开办了基因专利授予业务。美国甚至将网络营销模式等理念列入了专利保护范围②。专利保护被誉为最严格的知识产权保护形式。专利保护客体的增多打破了传统知识产权的保护范围。而对专利保护的范围界定成为必须要面对的难题。显然，为了促进经济的发展，西方发达国家推行知识产权战略，竭力扩大发达国家占优势的知识产权保护范围，势必提高发展中国家进入新的全球市场的难度。

（五）欧美推行世界专利全球实质统一，加大了发展中国家的风险

长期以来，以美国、欧盟国家和日本为主的发达国家一直在积极倡导建立世界专利制度。所谓世界专利制度，就是指由一个专利局（世界专利局）根据一部专利法（世界专利法）授予的专利（世界专利），是在世界各参与国中普遍有效的一种专利制度。世界专利制度主要反映了发达国家的

---

① 本书所指的发达性知识产权，是指发达国家具有比较优势的诸如专利、商标和版权等知识产权。

② 圣晖：《世界知识产权保护新趋势》，http://www.zgxxb.com.cn/jsdk/201002243241.shtml，最后访问日期：2013 年 12 月 23 日。

意志，但是对于发展中国家来说，则是利少弊多。对于发达国家来说，世界专利制度能使其获得更多的控制权，而严重制约发展中国家在专利政策上的灵活性。然而，到了世界专利制度时代，发展中国家可能没有灵活设计自己知识产权保护体制的权利，而只能任由发达国家摆布。只有基于自身利益有意识的建设和完善知识产权制度，而不是迫于西方压力在市场保护下表现出的不自主，才是真正的知识产权制度建设，否则就形同虚设。

（六）知识产权现行秩序不平等

知识产权保护体系的形成和发展已经有 100 多年的历史，国际保护公约涵盖了众多领域如《保护工业产权巴黎公约》《商标国际注册马德里协定》《专利合作条约》《世界版权公约》《世界知识产权组织公约》等。这些现存的公约存在实际效力小、原则规定为主、无执行机构和缺乏有效的争端解决机制等缺陷[1]。1995 年乌拉圭回合后《TRIPS 协定》的诞生，第一次把知识产权与国际贸易问题联系在一起，同时又制定了一些强制措施。现行的知识产权旧秩序是以 WTO 之《TRIPS 协定》框架为主，以世界知识产权组织专门机构协调和促进为辅，对发达国家进行庇佑、对发展中国家提出高标准高要求的利益倾斜性秩序。该秩序[2]偏重维护发达国家跨国公司的私人利益，忽略知识产权的人权属性。重视知识产品的商品和经济属性，忽视其知识和文化属性，对作者精神权利的维护、传统知识的保护、文化多样性的弘扬和重视不够。在价值关怀上，知识产权国际保护制度对人们的生存权、发展权关注不够。《TRIPS 协定》没有反映人权保护的需要，缺少在信息获取、公共健康等基本人权方面的保护。

现行的不平等知识产权秩序，维护和实现的是发达国家跨国公司的强势知识产权垄断利益，威胁和损害的是发展中国家的发展性知识安全和企业及国家的正当权益。由于秩序中的两大主要支撑的严重失衡，势必存在要求变革和发展的内在冲动，导致秩序的不稳定和不确定性的因素不断增加，而发展中国家由于知识权势、能力权势、经济权势等均处于弱势阶段和低级层次，因此，世界知识产权变革和发展的方向充满了不确定性，这自然会加大发展中国家在世界知识产权秩序中的风险。

---

① 唐芹：《TRIPS 对知识产权国际保护制度的总结和发展》，http://www.lunwennet.com/thesis，最后访问日期：2010 年 6 月 23 日。
② 牛强：《后 TRIPS 时代知识产权国际保护的中国路径》，《西南政法大学学报》2009 年第 12 期。

二 中国知识产权主要风险

(一) 作为中国长项的发展性知识产权屡被侵犯

传统中医药文化遭受严重侵权。中医药知识是我国一种有特色的传统知识。对传统知识提供有效的知识产权保护，不仅符合我国知识和经济利益，而且有利于在世界范围内弘扬中医药文化。但我国目前在国际竞争中却面临着日益增大的风险。一是传统中医药混淆。我国作为中医药原创国的主体地位受到了一些外国的威胁。中医药作为我国具有原创性的自主知识产权，目前在国际上正面临被混淆来源的危险，中医药名称面临"去中国化"的态势。韩国已立法将"汉医学"更名为"韩医学"，将"汉药"改称"韩药"；日本也正在酝酿更名问题。二是传统中医药专利化。发达国家企业利用其先进技术和知识产权制度技巧，无视发展中国家的主权、知情权与惠益分享权，擅自把发展中国家的传统医药知识进行提炼与利用，并取得来源于这些知识的知识产权，以谋取商业利益，例如六神丸案。日本在我国传统中药方"六神丸"的基础上开发出"救心丸"，无偿使用了我国的中医药传统知识，每年的销售额达上亿美元。西方发达国家把中医药这一中国传统知识视为公知，大力盗用与进行商业开发，严重威胁了我国传统中医药的文化安全和经济安全。三是传统中医药保护难。真正体现中医药特色的中药复方，难以通过缘起于西方的现行专利制度获得有效保护。现有知识产权保护模式对传统医药知识的非工业实用性、公开性、天然性很难适用。

民间文艺流失严重。中国有丰富的有重要价值的民间文学艺术资源，但由于民间文艺形成年代久远，难以确定创作者，以现有的版权制度衡量，已超出保护期限，致使我国民间文艺流失严重。好莱坞把中国的花木兰故事拍成电影，《水浒传》《西游记》《三国演义》等被日韩数十家公司开发成电子游戏，而现有的版权法律法规无法对这些中国民间文艺资源进行有效的保护。

遗传资源被掠夺。近年来，西方发达国家的医药和生物技术公司通过各种手段从中国掠取大量的遗传资源，并通过对这些遗传资源的研发获得了巨额利润。我国野生大豆遗传资源流失、"北京鸭"遗传资源流失，大量的生物遗传资源也被一些发达国家公司抢注为专利产品。我国遗传资源的制度性风险也较大。尽管有关遗传资源获取与惠益分享国际制度出台在即，但我国至今尚没有完整的遗传资源获取与惠益分享政策体系和法规体系。自 20 世纪 80 年代以来，我国陆续制定了诸多与遗传资源保护有关的法律法规，但遗产资源的惠益分享问题并没有受到充分重视。除《畜牧法》和《人类遗传资源管理暂行办法》对遗传资源获取与惠益分享有一般性的规定外，适应新情况的相关国内立法依然是空白。

（二）商标风险大

商标风险包括被抢注风险和申请风险。中国企业商标不断在海外遭抢注。2010 年新疆天山天池景区遭受商标抢注、杭州六和塔等著名景点商标遭抢注、中国长寿村"莼湖南岙"商标遭抢注、"百度欧洲"商标遭抢注等案例一方面表明中国很多商标的价值正在不断提升，另一方面更说明了我国企业、组织或者民众的商标注册意识较低，维权意识薄弱。抢注的国家从发达国家蔓延到发展中国家，新科、康佳、步步高、德赛、上广电等知名家电品牌都被俄罗斯的企业抢注。海信公司的"Hisense"商标在德国被西门子公司抢先注册，等海信公司准备进军德国市场的时候不得不花 5000 万欧元高价回赎其商标。商标在海外申请的风险也较大。联想公司的英文商标"LEGEND"在海外申请过程中遭受太多冲突，联想公司不得不在 2005 年放弃该"LEGEND"商标，重新更换为"LENOVO"商标，更换商标的损失达数千万元。

（三）跨国公司利用发展中国家不健全的知识产权法律滥用知识产权

知识产权滥用是权利人行使知识产权时违反法律规定或公共政策的行为，主要表现为各种不合理的拒绝或者限制他人使用其知识产权的行为。典型的知识产权滥用行为有拒绝许可、控制价格、强制搭售、一揽子许可、独占性回授、恶意诉讼等。当国内企业还在熟悉知识产权法律的规则时，跨国企业已熟练地将知识产权作为企业的战略资源、竞争工具。知识产权滥用已经是跨国企业打压中国企业的重要手段，使中国企业频频遭受冲击。丰田诉吉利案、通用诉奇瑞案、思科诉华为案等，就是明证。

然而，我国涉及知识产权滥用的立法只是零星的或间接的，而且这些零星的规定不是专门从知识产权滥用规制的角度做出规范，而是散见于相关的法律和行政法规之中，缺乏必要的控制知识产权滥用的综合性法律。国家知识产权滥用法律规制的缺位，给国外跨国公司滥用知识产权提供了机会。日益增多的侵权事实不断证明：知识产权滥用正在成为跨国公司危及中国企业、产业和获取不当利益的重要手段。

（四）我国企业海外知识产权壁垒增多增高，频遭侵权诉讼

近年来，我国企业在海外遭受知识产权纠纷大幅增加。比较典型的是在国外的海关查处、刑事处罚、诉讼拖累以及德国会展方面。知识产权壁垒已经日益成为我国企业海外发展的重大障碍，海外维权已成为这些企业海外发展的当务之急和重要战略组成部分。知识产权日益成为我国企业走向国际市场、参与国际竞争的先决条件和发展内涵。而我国大多数企业在知识产权保护方面重视不够，申请专利注册商标不积极，有的在未了解海外专利情况下就从事生产和销售。一些国家主要处于发达国家的知识产权保护的范围，并且知识产权保护力度日益趋大和不断变化，导致我国企业海外知识产权纠纷频增，企业贸易安全遭到严重威胁。

（五）美国的"337调查"对中国出口企业的危害

美国的"337调查"是我国企业海外知识产权纠纷最突出、对我国出口企业贸易产品危害最严重的调查。美国从1975年对中国发起第一起"337调查"起，截至2007年10月累计调查数75起，占美立案总数的12.1%。但其中有60起案件都是2002年以后发起的，占全部对华案件总数的80%。2005～2007年三年的年均涉案金额达到13.5亿美元。近年来，中国的技术密集型和高附加值企业有所发展，美国的"337调查"就瞄准了关系国家经济发展的出口企业，而且调查的频率迅速提升。2009年1月28日，美国嘉吉公司向美国际贸易委员会提出申请，指控中国及美国6家生产、进口和在美销售非贝壳提取的葡萄糖胺产品的企业侵犯了其7049433号专利，要求ITC对被申请人启动"337调查"，并颁布普遍排除令和禁止令。① 这是2009年美企业提起的第一起"337调查"申请，其中就包括两家中国企业。从这个案例看来，美国的企业已经把调查的目标转向了中国。他们这样做"并

---

① 国家知识产权局：《2009年第一起337调查申请涉及中国企业》，http：//gpj. mofcom. gov. cn/aarticle/d/cp/bz/200902/20090206027285. html，最后访问日期：2009年3月13日。

非为了防范国外专利侵权行为，而是为了将国外相关企业挡在美国市场之外"[1]。近年来，美国 ITC 频繁对中国企业发起"337 调查"，主要针对的是中国有出口成长潜力、技术密集型和高附加值的企业。中国已经是"337 调查"最大的受害国[2]，这严重制约了中国企业的发展，并危及产业安全。美国的"特殊 301 条款"机制，则是直接从外交机制上，配合"337 调查"目标的实现，这也加剧了我国企业风险及国家风险。

（六）中国知识产权法律遇到的风险

美国诉中国知识产权案，典型地反映了中国知识产权法律面临的风险。自 2007 年 4 月 10 日美国启动 WTO 争端解决程序，历经约 21 个月，专家小组有了结论：驳回美国对中国的刑事门槛违反《TRIPS 协定》的指控，但裁定中国《著作权法》某些规定及海关处置没收侵犯知识产权货物的某些措施违反《TRIPS 协定》。这不仅对国内相关知识产权法律的建立与完善是重大挑战，而且知识产权法律所规范和保护的知识产权也增大了风险。知识产权法律风险，将直接导致知识产权风险。知识产权法律是知识产权创造、确认、运用、转让、管理、保护、发展的法律屏障和权利基石。知识可产权化，基础是法律。法律一旦被质疑或修改，可产权化或已产权化的知识则无保障可言，势必风险剧增。某知识产权被侵权，损害的是个案，而知识产权法律的修改，损害的则可能是法律所调整的知识产权整体。显然，法律风险的危害，远大于个案意义上的知识产权本身。知识产权法律的话语权、制定权，历来是发达国家与发展中国家博弈的焦点。美国诉中国知识产权案，中国在刑事门槛制度上获胜；而在著作权保护问题和海关措施上，中国法律受损。这对中国著作权保护的相关法律和海关措施，是个巨大的风险。

三　知识产权风险成因分析

（一）全球知识产权风险的成因

1. 美欧发达国家的权势

中国是社会主义制度国家，同时是世界上最大的发展中国家，因此，以

---

[1] 郎朗：《索尼等 30 多家公司遭 LED 产业 337 调查冲击》，《21 世纪经济报道》2008 年 4 月 22 日。

[2] 李立：《美 337 调查凶悍打压中国　出口调查 88% 涉及专利》，《法制日报》2009 年 7 月 14 日。

美国为首的发达国家对中国的打压从来就没有停止过。尤其近年来中国经济一直保持高速平稳的增长，成为全球低迷经济下的一个亮点，越来越在世界舞台上扮演重要角色的中国成为发达国家的眼中钉，他们希望通过经济上的制裁可以阻碍中国的发展。在全球化趋势不可阻挡的今天，中国强大的贸易顺差使得发达国家坐立不安，在《TRIPS 协定》呼吁减少关税和配额等贸易壁垒的情况下，他们企图构筑以知识产权为主的技术型贸易壁垒阻碍中国企业进入国际市场。发展中国家知识产权本来便处于优势，原本应该纳入知识产权保护的领域加以保护，然而如中国的传统知识和中医药，以及丰富的生物基因资源，至今都没有得到国际一致的认可。美国已将知识产权问题升级为中美经贸的首要问题，几乎每年都动用"特殊301条款"机制，利用其贸易经济、技术甚至外交政治等权势，给中国施压。发达国家之所以能够主导世界知识产权话语权，其根本原因在于他们有较强大的"技术权势""经济权势""资金权势"和"能力权势"，以及"权势惯性"等权势体系①的支撑。

2. 知识产权国际规则

国际知识产权规则复杂。中国 WTO 谈判代表团团长龙永图曾经说过，中国加入 WTO 的最大风险是不懂游戏规则。作为 WTO 重要组成部分的《TRIPS 协定》等国际知识产权制度，以及国外知识产权规则的文化背景、立法机制和法律规范本身的复杂性，加上语言的障碍，使得我国要了解域外知识产权国际规则及机制，要复杂得多。这往往会造成我国对国外知识产权规则的权利不能充分享有，而因不了解国际知识产权义务而付出沉重代价。中美知识产权 DSU 争端的中国知识产权制度的风险产生，与此有直接关系。

《TRIPS 协定》谈判失利。发展中国家的交易承诺成果没有被发达国家兑现，并且谈判时的交易本身就是显失公平的。知识产权国际规则的形成机制，主要受经济发展水平主宰，并且是利益博弈的结果。发展中国家的经济发展水平以及在世界舞台上发挥的作用较发达国家差，使之在国际知

---

① 权势与知识产权关系的思想，最早来源于欧洲专利局的研究报告《未来知识产权制度的愿景》（知识产权出版社 2008 年 8 月版）。该报告研究的主要问题是"知识产权制度到 2025年将会怎样发展""这样的制度将会有怎样的全球合理性"。报告认为，由跨国公司、文明社会组织和非政府组织、国际机构、其他组织等构成的权势集团，是塑造知识产权制度未来的五个最主要驱动力之一。但是，报告是基于对专利未来走向的研究目标，分析了专利权势的驱动力的地位及其外延，但未揭示权势的内涵属性、权势的知识产权全部范围，更未联系中国等发展中国家的安全现象。

识产权保护规则的制定方面没有很多的话语权。当发达国家完成了工业革命开始进入知识经济时代的时候，发展中国家才刚开始工业革命，知识经济时代讲求的是知识的作用，对知识产权保护的标准升高、力度加大以及范围扩大，保证的都是发达国家的优势地位。中国人口多，底子薄，经济仍处于社会主义初级阶段，这是我国的基本国情。而发达国家雄厚的经济实力和高度完善的基础配套设施为知识产权保护提供了基础。我国国情不同，经济发展中碰到的很多问题都没有先例。知识产权制度是个舶来品，是被外力强加移植的结果，知识产权法是基于外来的压力，在很大程度上不是基于自身国情制定的。《TRIPS 协定》是发展中国家与发达国家博弈的结果，但前者失利。发达国家许诺的开放农业、纺织品市场等是以发展中国家同意承担《TRIPS 协定》的责任为代价的。仅就《TRIPS 协定》本身的合理性而言，严格保护知识产权给发展中国家的社会带来了沉重的负担。

3. 世界知识产权秩序严重失衡

利益平衡和共同发展的世界知识产权新秩序亟待建立。目前世界知识产权发展的趋势体现在两个方面：一方面是以美国为首的发达国家极力提高保护水平，强化保护力度，扩大保护范围，统一保护标准；另一方面，以印度、巴西等国为代表的发展中国家，强调知识产权保护的合理与适度，由此提出对传统知识产权的保护，对药品专利权的强制许可，以及对高新IT 技术或生物技术保护的商讨和质疑。两个群体为了维护自己的利益而做出了一系列的努力，但是双方的经济水平悬殊，一个是经济实力雄厚的发达国家群体，一个是尚处于发展中的经济落后国家群体。这就决定了知识产权保护的差异性。处于不同发展阶段的国家自然需要有不同的知识产权保护力度和文本规范，因而国际社会在制定知识产权制度或者策略的同时要顾及发展中国家的利益。

但是，现有的国际知识产权保护协议和公约主要反映了发达国家的利益诉求，一揽子协议的最低保护标准要求至少达到发达国家的水平，其处罚措施严格，给发展中国家的经济安全带来风险。《TRIPS 协定》是按照发达国家的意愿达成的，事实证明它在诸多领域有失公平。世界知识产权新秩序的建立必须由发达国家和发展中国家平等谈判，在考虑双方发展需要和现状的基础上，尤其应关注最不发达国家利益和欠发达国家的经济现状，确立平等的人性化条约。

（二）中国知识产权风险的成因

1. 中国具有传统自然经济集体文化

中国的传统自然经济及其集体文化，妨害了知识产权精神。知识产权体现的是创造性和个性文化。几千年的封建专制制度及其对道德文化的宣扬压制了中国人的个性。史彤彪的《欧洲思想家对中国法律文化的认识》提到了欧洲思想家对中国衰落的原因进行了分析，提出个性自由的缺失导致了东方大帝国的悲壮落伍。"压毁人的个性，使个人消失在人群之中，这种社会就是专制，在那里人类生活必会变成一池死水，首创性极度缺乏。"①不同的民族传统和社会历史发展历程孕育了不同的法律文化。虽然我国真正意义上的法律文化是在近代从西方借鉴、吸收而来的，但是中国经历了漫长的封建社会，孕育了根深蒂固的具有东方特色的法律文化和传统。这与强调"自由、公平、权利"的西方法律文化有着很大的区别。古代法律传统强调天理、国法、人情三者相互融合，这种思想至今仍然影响着执法、司法和公民对法律的认识。西方人强调自然法学，是客观存在的，不随人的意志而转移，这为法律的实施打下了稳定的根基。中西法律文化的本质属性也是存在差异的，中国的传统法律文化是公法性质，而西方法律文化是私法性质。而知识产权法属于民商法范畴，是私法性质，因而西方国家的法律文化比中国的传统文化更具备适用知识产权法律的土壤。中国的专利等发达性知识产权落后，但发展性知识产权丰富，均与中国集体文化特性直接相关。而中国的重道德、重政策的文化，又影响了中国知识产权法律的发展和完善。

2. 知识产权反垄断法律过于原则化

知识产权滥用的原因包括经济、法律、政治等方面。其中法律是最主要的因素。我国《反垄断法》虽然已制定，但与知识产权滥用有关的反垄断实施细则却迟迟未出台。我国《反垄断法》的不健全给跨国公司滥用知识产权提供了制度漏洞。我国《反垄断法》虽然规定"经营者滥用知识产权，排除、限制竞争的行为，适用本法"，但也没有对何谓"知识产权滥用"进行界定，更没有规定如何有效防治专利等知识产权滥用行为。我国《反垄断法》的过于原则化及存在的制度空白，给跨国公司利用其知识产权

---

① 史彤彪：《欧洲思想家对中国法律文化的认识》，《中国人民大学学报》2007 年第 12 期。

优势，大肆排除、限制我国竞争企业，滥用知识产权，在法律上提供了极大的可能性。这种法律漏洞给我国企业带来了很大的潜在风险。

3. 政府的知识产权能力不足

我国政府熟悉和运用知识产权的经验和公共服务力有待提升。作为农业和制造业大国，中国的工业产权和版权落后，科技等知识的创新创造能力较弱。作为知识产权及其法律的进口国，中国对国际知识产权法律的认识和运用，不及发明并运用其数百年的发达国家。中国对世界开放只有30多年，国家知识产权局建立时间不长，地方包括省级知识产权机构还在组建中。这些因素均导致我国政府亟待提高知识产权能力。

4. 企业海外知识产权意识和能力不强

我国大多数企业对知识产权保护是不太重视的，既不积极申请专利、注册商标，也不认真了解海外的专利申请状况，只是盲目地从事生产和销售，故频遭知识产权侵权诉讼。联想海外商标申请遇到风险的原因是LEGEND是太常见的英文单词，在海外早已经有太多的企业申请了该商标。商标海外被抢注风险主要来源于中国企业在开拓海外市场时缺乏长远规划或者缺乏相应的保密措施。中国企业海外知识产权能力不强，也与企业规模偏小相关。企业规模较小，其了解国外知识产权的规则和应诉纠纷的经济实力就非常有限，影响了其应对成本高昂的纠纷的积极性和胜诉率的提高。

第三节　国家经济安全视角下的知识产权风险传导

一　知识产权风险传导行为

关于风险传导机制的研究，检索万方、CNKI等著名网上期刊文献收录库，发现2000年至今就有3000多篇国内研究文献，研究成果可谓非常丰富。但是关于知识产权风险或者其制度风险传导机制的研究，目前没有一篇记录。因而本书对知识产权全球风险传导机制的研究具有创新意义。

2007年的次贷危机和2008年爆发的全球金融危机导致全球经济严重受挫，引发学者们对金融风险传导机制的深入思考。杜莉芬选取中国和英国为研究对象，对危机中的风险传导效应进行实证检验。潘焕焕分析次贷危机背景下境内外证券市场风险传导效应。王秀芳分析美国次贷金融衍生产品结构与风险传导路径。叶建木等对美国次贷危机风险传导机制进行了研究。彭金鑫基于多米诺骨牌理论对金融风险传导机制进行了研究。大多数的研究从一个现象或事物出发，研究这个现象产生风险的传导效应、路径及后果，最后提出对策。笔者将以知识产权风险为研究对象，从全球知识产权风险因素出发，探讨通过传导媒介的传播、转移、扩散和强化作用，全球知识产权风险是如何传播转移到国内、威胁到本国的国家经济安全的（见图 5-1）。研究对象是发展中国家和最不发达国家。如果以发达国家作为传导承载体，传导效应带来的必然是效益。然而对发展中国家而言，全球知识产权风险给他们带来的却是灾难。

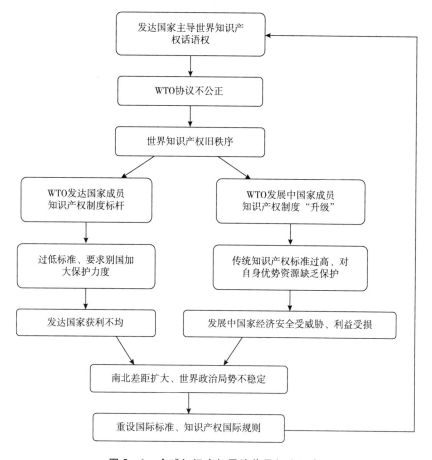

图 5-1　全球知识产权风险传导行为示意

笔者发现，"发达国家主导世界知识产权话语权"这个知识产权风险因素的存在，导致了 WTO 协议自诞生之日起就"不公正"。《TRIPS 协定》关注的是传统知识产权如专利、商标、著作权等，这些传统的知识产权制度自工业革命以来就存在，至今在发达国家已经很完善。它庇护了发达国家战略产业知识产权的获取、消化、吸收和再创造。但是发展中国家由于同发达国家实力悬殊，在国际舞台上发挥的作用很小，基本上没有参与《TRIPS 协定》的谈判过程。而《TRIPS 协定》属于一揽子协议，因此发展中国家只能无条件、被动地接受这些高于本国承受力的准则，以换取"入世"成员国之间的贸易优惠政策。实际上，这些不公正的协议已经给发展中国家带来了无穷无尽的损害：与其国情不相符合的知识产权保护制度阻碍了国内的技术创新和社会进步，并在国际贸易中处于越来越被动的地位。《TRIPS 协定》一开始就对发展中国家的利益关注不足，如对公共健康、农业问题、传统知识、生物多样性等问题关注不足。以《TRIPS 协定》为代表的 WTO 规则形成了世界知识产权旧秩序——这个秩序是有失公平的、利益失衡的、动荡的。

世界知识产权旧秩序原本就是以发达国家的利益为核心，按照发达国家的意愿达成的，附带发展中国家的些许利益诉求，已然成为发达国家的制度标杆。发达国家通过《TRIPS 协定》，加强其在全球范围内的知识产权保护，特别是专利垄断，来禁止发展中国家的企业在未经其许可的情况下使用其专利技术，并积极开展专利使用诉讼，获取了高额的专利许可费和赔偿费用等。蔓延的药品专利强制保护损害了发展中国家的公共健康，发达国家通过提高其掌握的治疗传染性疾病的有关药品的价格获取了高额利润，发展中国家由于支付不起高额的药品费，因而无法进行疾病疫情的预防和控制。种种现状不禁让我们反思，知识和技术应为私益垄断还是应促进社会恒久发展？[①] 而迫于与国际接轨的要求，为了能享受世贸组织成员的最惠国待遇、国民待遇等优惠政策，发展中国家纷纷更改本国国内知识产权制度，修订知识产权法律，与《TRIPS 协定》的最低保护标准相协调。可是发展中国家得到了贸易好处吗？发展中国家人均收入水平低，研发投入和能力不足，经济发展极不平衡。发达国家急于将知识产权蕴涵的巨大价值转化为现实的对外贸易利益，提高进口标准。发展中国家多以技

---

① 黄翔：《反思"与贸易有关的知识产权协议"环境例外条款》，http://jm.ustc.edu.cn/pro，最后访问日期：2010 年 6 月 23 日。

术进口、价廉大宗原料、半成品出口贸易为主，而技术多掌握在发达国家手中，要想引进技术，必然要支付高额的许可费。而发展中国家具备优势的生物多样性、传统知识、民间文化等资源却没能得到《TRIPS 协定》的保护，从而成为发达国家疯狂掠夺的对象，优势资源慢慢转移，变为发达国家下一轮的保护对象。而半成品、原材料的附加值低，实际上并没有获得知识产权国际保护后的出口额的增加，也没有达到引进核心技术的目的，从而在全球化的浪潮中沦为知识产权保护制度的牺牲品。经《TRIPS 协定》高度保护的产业在发展中国家内部成为弱势产业，而那些被发达国家控制的产业恰恰是国家战略型产业，久而久之，会削弱发展中国家的产业竞争力，其国家经济安全将受到严重威胁。

后 TRIPS 时代以来，不少发达国家认为《TRIPS 协定》的保护标准过低，提出建立全球专利制度的设想，意在提高保护标准。经济发展受到严重阻碍的发展中国家与发达国家的差距越来越大，发达国家集团的利益分割不平衡，必然会造成世界局势的动荡不安。为了维护世界和平稳定和保护发达国家的既得利益，重设知识产权保护标准、重制知识产权协议也许是最好的办法。但是由于发达国家主导世界知识产权制度的话语权这一现实的存在，新一轮的知识产权保护标准还能"低"吗？最终只能是比《TRIPS 协定》更高的保护标准出台，而发达国家将会采取更加隐蔽的手段和利益交换条件，迫使发展中国家接受这一更高标准。

二　知识产权风险传导渠道

(一) 知识产权创造

市场主体自身的创造能力，良好的知识产权创造环境，国家的政策的全面和到位，创新主体的具体状况都是影响知识产权创造的主要因素。自2008 年国家知识产权战略实施以来，我国知识产权创造能力大幅度提升，而专利是知识产权中最主要的一部分，笔者结合 2008 年之后的统计数据，分析得出以下四个特征。

一是在 2008~2010 年，我国专利申请大幅度增加。与国外相比，专利申请的速度和数量都有增加。以 2009 年 6 月到 2010 年 5 月的数据来看，中国的专利申请占全球的比例高达 89%。根据 WIPO 统计，2009 年中国的

PCT（专利合作协定）申请量已经跃居世界第五位[①]。

二是以 2008 年下半年的数据为例，江苏、广东、浙江、上海和北京占据了专利申请中的前五位。中国的专利申请量分布不均，主要集中在沿海制造业发达的省份城市。

三是以 2010 年 1～5 月的数据为例，中国市场主体在专利申请中，个人、大专院校、企业、机关团体和科研单位的创新能力有很大差异。其中，企业的创新水平以 6% 的微弱优势高于个人的创新水平，成为创新的主体。其次是大专院校、科研单位和机关团体。很显然，主要是个人和企业作为创新主体维持着中国每年的专利申请的高速增长。大专院校与企业的对接出现裂缝，产学研的合作创新道路受阻。

四是从授权量占据申请量的份额来看，国外的比例高出国内 10%。国内的申请数量虽高于国外，但授权的比例却要低于国外。专利的质量存在差距。具体数据见表 5－1 至表 5－6。

表 5－1　2008 年 6 月至 2010 年 5 月中国发明、外观设计和
实用新型三种专利申请量

单位：件

	2008 年 6～12 月	2009 年 1～12 月	2010 年 1～5 月
发　明	124764	314573	124783
实用新型	144088	310771	123143
外观设计	209935	351342	94571
总　　计	478787	976686	342497

表 5－2　2009 年至 2010 年 5 月发明、外观设计和实用
新型三种专利国内外申请量对比

单位：件，%

	2009 年至 2010 年 5 月	比　例
国　　内	1175700	89
国　　外	143483	11
总　　计	1319183	100

---

① 田力普：《中国 10 年后将成知识产权运用水平较高国家》，http://www.sipo.gov.cn/sipo2008/yw/2010/201003/t20100330_509719.html，最后访问日期：2010 年 6 月 25 日。

表 5 – 3   2008 年 6~12 月发明、外观设计和实用新型三种
专利中国主要省市申请量

单位：件

	6 月	7 月	8 月	9 月	10 月	11 月	12 月	总　计
北　京	4670	3634	2910	2960	3863	3665	4750	26452
上　海	3463	5948	2633	2658	3857	4454	7248	30261
江　苏	8428	17198	14556	9577	14778	14572	21147	100256
浙　江	6309	9000	8099	6613	9177	7474	10422	57094
广　东	8192	9241	8682	7598	9373	9486	12899	65471

表 5 – 4   2009 年至 2010 年 5 月发明、外观设计和实用
新型三种专利国内外授权量对比

单位：件，%

	2009 年至 2010 年 5 月	比　例
国　内	795308	88
国　外	112950	12
总　计	908258	100

表 5 – 5   2009 年至 2010 年 5 月专利国内外授权量占申请量的比例

单位：%

国　　家	授权量占申请量比例
国　内	67.65
国　外	78.72
国际平均	68.85

表 5 – 6   2010 年 1~5 月中国市场主体的专利申请状况

	在三种专利申请中				
	个　人	大专院校	科研单位	企　业	机关团体
298089 件	123704	22114	8110	141477	2684
比例（%）	41.50	7.42	2.72	47.46	0.90

笔者分析出现以上四个特征的原因，着眼国内，国家知识产权战略的

实施使得国内整体的知识产权创造环境得到较大改善，激发了企业的创新热情，企业知识产权保护意识大大提高。但是中国的经济发展水平差异明显，沿海的制造业水平普遍高于内陆地区，导致知识产权创造硬环境和软环境、知识产权公共服务水平存在较大差距，东中西部的申请量有差距也在情理之中。国内创新主体间的差距也是显而易见的，加速大专院校和科研单位的创新成果化，加强产学研的结合也是一项重要任务。放眼国际，虽然国内的知识产权创造环境大大改善，但是与国外较为成熟的知识产权保护机制和知识产权意识极高的软环境相比，两者的差距还是很明显的。因而今后国家知识产权战略的重点，不仅是促进整体创造水平的提高，更重要的是提高专利的授权比例和专利的质量及价值，也要均衡东、中、西部地区的创造水平。

（二）知识产权运用

近年来，发达国家的跨国公司运用知识产权作为进攻对手的"大规模杀伤性武器"的态势愈演愈烈[1]。统计资料显示，自 20 世纪 90 年代中期开始，一些跨国公司就开始加快在中国内地的专利申请，其重点主要集中在无线通信、光电、IT、生物科技、冷冻空调、运动器材等高科技技术领域。梁正等（2007）分析了跨国公司在中国的四大专利战略[2]，发现跨国公司在华专利申请数量呈加速增长态势，且以发明专利为主。申请的专利具有明显的高端优势，而且专利多为母公司输出。最终将导致我国企业的自主创新能力被削弱，某些行业面临巨大威胁。

而我国直至 2008 年国家知识产权战略出台才开始重视知识产权运用。外国跨国公司从知识产权获取巨额利润的例子不胜枚举。IBM 公司每年知识产权所获得的收益高达十多亿美元。而国内的很多企业在面临困境时，首先想到的不是利用专利等知识产权资产的价值来扭亏为盈。王瑜认为知识

---

① 毕春丽：《深度认识跨国公司专利伏击》，http：//www.jjipb.cn/Article_ Show.asp? 最后访问日期：2010 年 6 月 23 日。

② 梁正等：《跨国公司在华专利战略的运用及启示》，《中国软科学》2007 年第 1 期。四大专利战略为：将专利作为产品销售的"开路先锋"，或将专利权转让、许可给国内企业，在获取高额利润的同时控制核心技术；在市场起步期默许各类专利侵权行为，待市场成熟后通过专利诉讼打压本土企业，缩小其利润空间；通过技术联盟构建专利壁垒，对中国本土技术标准（联盟）采取实质上紧密参与、"形式上"保持距离的"两手策略"；在母国政府的支持下，在国际贸易中对我国企业进行"围堵"，打压中国企业的出口。

产权运用比创新更重要。知识产权运用具有点石成金的神奇力量。运用知识产权入资、用知识产权贷款、将知识产权证券化都是知识产权运用的手段，可将权利真正变为利益。

应将知识产权作为企业的无形资产和国家的重要战略资源，通过商业应用实现知识产权价值。国家、地方政府、企事业单位等各个层面应通过实现知识产权运用，提高企业知识产权的运用水平。良好的法律和商业环境和知识产权信息、服务和交易三大平台能够促进知识产权投资、转让、许可、质押等市场交易活动，同时还可以防止知识产权交易中的权利滥用和垄断。

（三）知识产权保护和管理

政府和企业在知识产权保护和管理中扮演了重要角色。因而其也是产生并传播知识产权风险的渠道。政府主要是通过发布国家知识产权战略、制定和修订知识产权法律来实现这一目的。从美国、日本等发达国家的知识产权战略和法律制度的形成过程可以发现，许多国家特别是一些发达国家，已经把知识产权问题提到国家经济发展战略甚至政治问题的高度来认识和对待。此外，发展中国家也注意到知识产权保护不能缺乏国家战略的支撑。印度政府在软件产业、遗传资源、传统知识和民间文艺方面进行了一系列政策立法，并在国外监视侵害印度传统知识的任何活动，建立"印度传统知识图书馆"等一系列措施证明了印度政府重视知识产权①。2004年由 21 个最不发达国家在 WIPO 的支持下发表《最不发达国家汉城知识产权部长宣言》② 以及 2009 年最不发达国家重申致力于把知识产权纳入国家发展战略中③，都证明了 21 世纪将是知识产权竞争异常残酷的世纪。谁掌握了核心知识产权，谁就会在未来世界经济竞争中取胜。一旦知识产权保护上升到国家战略的高度，未来的知识产权竞争将不可避免地转向政

---

① 中国驻印度大使馆经济商务参赞处：《印度知识产权战略》，http：//www. ste. gd. cn/article/2007/1001/article_ 455. html，最后访问日期：2010 年 6 月 23 日。

② 国家知识产权局：《最不发达国家发表汉城知识产权部长宣言》，http：//www. sipo. gov. cn/sipo2008/dtxx/gw/2004/200804/t20080401_ 352769. html，最后访问日期：2010 年 6 月 23 日。

③ 世界知识产权组织：《最不发达国家重申致力于把知识产权纳入国家发展战略中》，http：//www. wipo. int/pressroom/zh/articles/2009/article_ 0026. html，最后访问日期：2010 年 6 月 23 日。

治实力的较量。执法司法部门对惩处侵犯知识产权行为的法律法规的修订情况，将对降低维权成本和有效遏制侵权行为大有裨益。而企业对于知识产权的保护和管理也体现了其对知识产权的重视。跨国公司对知识产权的保护上升到企业战略高度。因此要提高企业权利人自我维权的意识和能力。

此外，国际组织在全球知识产权保护制度的建立中扮演了一个尴尬的角色。它不仅要顾及发达国家的利益至高要求，还要顾及发展中国家的最低要求。国际组织是为了维护世界和平和主权国家的利益，调解各国经济冲突和纠纷，维护世界经济持续健康发展而设的，因而其在发展中国家的心目中还是保持着神圣的地位。作为有着广泛影响力的国际组织之一，WTO 组织的宗旨是"积极努力确保发展中国家，尤其是最不发达国家在国际贸易增长中的份额，与其经济发展需要相称"，然而《TRIPS 协定》从诞生之日起就不公正，这有悖于 WTO 作为国际性组织，其最终需要平衡发达国家与发展中国家的贫富差距的全球性国际组织的根本目的和功能[1]。发达国家通过 WTO 组织对其法律意志的扩张，已经不仅仅触及商品层面，而且还渗透到外贸制度甚至社会制度层面。

三　知识产权风险传导对经济安全的影响

在知识产权备受重视的 21 世纪，谁掌握了知识产权，谁就掌握了最先进的生产力。因而发达国家热衷于提高知识产权保护标准，加大保护力度，为了更加强势地全面保护本国的知识产权，维护本国企业的利益。因而在国际组织的国际行为下，在知识产权创造交易和运用的各个环节都容易产生知识产权风险。全球知识产权风险传导方向多是由发达国家传导到发展中国家，发达国家是制造知识产权风险的主导者，又通过其严格的知识产权法律和强势的政治经济力量将知识产权风险传输到发展中国家。这必然会威胁到发展中国家的经济安全。

知识产权风险的影响具体包括以下几个方面：知识产权风险使得企业丧失进一步成长的空间，与国外企业竞争时处于劣势；不利于产业结构优化和升级；国家经济安全受到威胁。

---

[1]　沈四宝：《WTO 与国际经济新秩序的建立》，《WTO 经济导刊》2006 年第 8 期。

第四节　知识产权风险评估

一　知识产权风险指标选择

（一）选择标准

1. 指标构建原则

知识产权风险评估是一个综合性的概念，知识产权风险的表现因国家性质和市场主体不同而具有特殊性，因此确立知识产权风险的评价体系要遵循以下原则。

第一，系统性与典型性原则。影响评价的主要指标因素不应欠缺，应体现出评估的完整性。在选择指标时，应尽可能地选择具有代表性、相对独立的指标，从而提升评价的准确性和科学性。

第二，可比性与可操作性原则。从中国知识产权及其制度的实际情况出发，选择的指标应尽可能地体现我国知识产权及其制度风险的特点，又可预测未来的潜在风险，使指标具有相对可比性。所选择的指标应尽可能地是可度量的，以确保评估结果的可靠性。

第三，科学性与创新性原则。由于知识产权及其制度的风险评估在国内尚属首创，因而有一定的风险。创新性的指标确定要采取科学的方法筛选，确保指标的科学可借鉴性。

第四，目的性与实用性原则。此次评价希望给日后知识产权风险研究提供借鉴价值，真正可以为知识产权的发展及其制度的完善提供建设性意见和建议。

综上所述，遵循科学性与创新性、目的性与实用性、系统性与典型性、可比性与可操作性相结合的原则，以及借鉴法学之观念的法、制度的法和实践的法进行研究，本书建立了由观念风险指标、制度风险指标和实践风险指标三个准则层指标和 26 个具体指标构成的评价体系。

2. 指标选择标准

指标内容的选择和确定是与本书研究的目的、指导思想密不可分的。本书的选择标准以主要标准和辅助标准为指导。

（1）主要选择标准。

2008 年国务院印发的《国家知识产权战略纲要》是本书在指标创立过

程中重点借鉴的指导性文件。它将知识产权保护的战略重点划分为五个方面：知识产权制度、知识产权创造和运用、知识产权保护、知识产权滥用、知识产权文化。将战略措施划分为九个方面：知识产权创造能力、知识产权转化运用、知识产权法制建设、知识产权执法水平、知识产权行政管理、知识产权中介服务、知识产权人才队伍建设、知识产权文化建设、知识产权对外交流合作。本书结合上面的战略重点和措施设计与知识产权观念、知识产权制度、知识产权实践等对应的二级具体风险指标。

（2）辅助选择标准

相关理论、中央的相关指导性文件是指标选择的辅助文件[①]。知识产权保护是涉及保障国家自主创新水平能否全面提升的复杂工作，是依法治国的重要组成部分。因此，法治国家的基本理论，社会评价、经济评价理论及方法，依法治国的方针和政策，中央和有关部门的文件（《全面推进依法行政实施纲要》《关于加强行政执法机关与公安机关、人民检察院工作联系的意见》《中华人民共和国国民经济和社会发展第十一个五年规划纲要》），国务院出台的知识产权白皮书（如 2005 年《中国知识产权保护的新进展》），以及国家知识产权局政务公示等都成为具体指标的选择和设计依据。在具体指标的设计和选择中，国家相关文件起着指引宏观方向和准确定位的参考作用。

知识产权及其制度风险评估指标体系在理论上或是实践中都没有形成统一的标准和完整的或比较成熟的理论，给指标的确定带来一定的难度和风险。本章主要结合知识产权及其制度风险使国家经济安全受到威胁的现状，参考《国家知识产权战略纲要》以及国家其他相关的文件资料，构建指标体系。

（二）指标确定

全面、真实、准确地反映可评估对象的整体情况和不同侧面是评估指标体系的基本要求。在指标识别方法方面，曾亮（2008）指出，风险要素的识别要从多种渠道、多个层次同时进行，并将识别方法分为不安全事件统计、QAR 数据分析、自愿/强制报告系统、安全检查和审计、调查报告和

---

① 王称心：《现代化法治城市评价——北京市法治建设状况综合评价指标体系研究》，知识产权出版社，2008，第 88～91 页。

小组讨论等[1]。北京市法治建设状况综合评价指标体系研究组（2008）的成功经验在于，采用头脑风暴法，召集若干相关专业的人座谈，互相启发，互相影响，互相刺激，产生连锁反应，诱发创造性设想，得出一些最原始的想法。采取经验预选法，选出比实际需要的指标多出一定数量的与之相切合的指标，且确定一些候选指标。咨询该研究领域内的专家，在专家们的意见基础上，进行统计处理，并反馈咨询结果，通过反复的征询、归纳、修改，最后汇总成专家基本一致的看法，作为评估的指标。系统分析因缺乏历史资料而难以量化的指标，通过专家评分法给指标赋予合理的权重，确定主次，从中选择合适的指标[2]。本书结合上述两种方法确定知识产权法律制度风险评估指标。

二　主要指标解释

本书根据基本框架设计结构和前面所述的指标选择依据和方法，确定了风险评估体系共由三大部分指标组成。目标层为知识产权及其制度风险评估，准则指标3个，二级具体指标26个。

（一）知识产权观念风险指标解释

1. 发达国家知识产权战略

指标解释：反映发达国家在全球化趋势下的知识产权政策走向和对知识产权重视程度。其中包括知识产权保护范围、保护强度、保护倾向、法律更新频率和完善度等。以专利制度为例，涉及专利的申请量、专利法的数量。

2. 国际协议、规则、公约对发展中国家利益的关注

指标解释：反映国际社会在制定国际规则的时候是否考虑发展中国家的利益。鉴于目前的国际公约主要反映的是发达国家的利益，未来的新公约、新规则出台都要增加有利于发展中国家的条款。

3. 国内外理论界对特殊知识产权保护的共识

指标解释：反映发达国家对传统知识、遗传资源、民间文化艺术等特

---

①　曾亮：《多层次模糊评估法在民航不安全事件风险评估中的应用》，《中国安全科学学报》2008年第1期。

②　王称心：《现代化法治城市评价——北京市法治建设状况综合评价指标体系研究》，知识产权出版社，2008，第88~91页。

殊知识产权是否应当保护以及如何保护的一致看法和发展中国家自身对具有优势的资源的保护的认识，并由此指导立法工作。

4. 国内外知识产权滥用观念

指标解释：主要反映发达国家的跨国公司利用发展中国家不成熟的法律制度而采取的不正当竞争行为。

5. 国外对全球专利统一制度的建构设想

指标解释：反映目前发达国家期望建立包括统一的世界专利制度等在内的知识产权新规则的意愿，而实际上这会加大发展中国家的风险。

6. 基于国家利益考虑的片面观点及不公平政策

指标解释：反映发达国家针对中国等发展中国家采取的不公平的知识产权政策待遇以及发达国家基于自身立场理解发展中国家的知识产权保护工作的进展。

7. 国内行政人员的执法、司法、管理观念

指标解释：反映知识产权执法司法管理队伍的观念，观念指导着实践。

8. 国内市场主体、公民知识产权保护意识

指标解释：反映国内公民和企业知识产权保护意识的大小，反映国民素质的高低。这是影响公民和企业实践的重要因素。

9. 国内知识产权理论研究与实践的紧密程度

指标解释：反映国内的理论界对国家知识产权立法和实践的贡献大小以及主流理论与时代特征相结合的程度。

（二）知识产权制度风险指标解释

1. 现有知识产权法律之间的冲突及修订

指标解释：反映国家对现有的知识产权法律法规的缺陷的认识以及将这种认识付诸行动的可能。

2. 知识产权立法时效性

指标解释：反映立法的与时俱进精神，立法是否滞后于现实。

3. 知识产权立法完善度

指标解释：反映整个知识产权法律体系的完善程度。这包括立法的强度、立法的标准和立法的内容。既包括法律标准过度、强度过高可能带来的收益，比如可以遏制国外的企业的不正当竞争行为，又包括带给国内企业不利的方面，比如过高的标准对于国内的企业来说是个难以企及的门槛，会造成违法行为。

4. 知识产权立法保护力度

指标解释：反映知识产权法律法规对专利等知识产权的保护程度。保护力度的高低也是个博弈的概念。同上面完善度的分析一样，高低可能带来正反两方面的影响。

5. 特殊知识产权立法

指标解释：反映立法机关对我国占优势的传统知识、遗传资源、民间文学等知识产权的立法保护行动。

6. 知识产权立法与国际协议接轨程度

指标解释：反映知识产权与国际协议的标准是否一致，包括保护超过标准、保护不到位以及适当保护三种结果。

7. 国际知识产权协议的制定参与程度

指标解释：反映我国等发展中国家在国际舞台上发挥作用的大小，是否拥有更多的"话语权"。这在一定程度上表明了国际知识产权新秩序的建立是否具有科学性。

8. 国际协议、公约、规则中涉及发展中国家利益的条款

指标解释：反映国际社会对发展中国家正当利益的关注程度以及是否体现在国际协议的条款中。这将影响发展中国家自身的立法。

（三）知识产权实践风险指标解释

1. 企业拥有知识产权数量和质量及创造的价值

指标解释：反映当前知识产权法律是否对企业的发展有利，以及对企业市场竞争力的培育是否起作用。这也说明了企业对于知识产权的认知程度。企业拥有数量越多、质量越优良的知识产权也代表着我国企业的知识产权意识程度越高。知识产权创造的价值越高说明知识产权的质量越高。

2. 知识产权行政执法、司法、行政管理

指标解释：反映国家机关有关知识产权行政执法是否严格，司法是否公正，管理是否科学。

3. 知识产权文化宣传、中介服务

指标解释：反映知识产权中介（律师）职业对降低知识产权风险的作

用和知识产权交易体系的健康度，以及培养和提高公民知识产权意识的宣传服务是否做到位。

4. 知识产权法律监督机制

指标解释：反映国家机关依照法定权限和程序对立法、行政执法和司法行为的合法性进行监督的工作是否做到位。

5. 知识产权政策与其他政策的协调

指标解释：反映知识产权政策与其他国家政策的相互协调程度。这也会影响企业的创新水平。

6. 市场主体知识产权运用和创造能力

指标解释：反映企业创造知识产权并运用知识产权创造利润、提高竞争力的能力。

7. 知识产权人才队伍建设水平

指标解释：反映知识产权人才队伍的素质能力。

8. 企业应对知识产权诉讼的能力

指标解释：这是影响企业应对知识产权诉讼是成功还是失败的关键因素，也反映了知识产权观念问题。

9. 知识产权对外交流合作水平

指标解释：包括对外信息沟通交流机制的建立，国际知识产权新秩序的建立，人才培养对外合作。这是我国对外开放的一个重要表现。

三　我国知识产权风险评估

（一）利用层次分析法确定指标权重

本书采用层次分析法（AHP）来确定指标的权重。AHP法是一种定性分析与定量分析相结合的多目标决策分析方法，这种方法适用于结构较复杂、决策准则多而且不易量化的决策问题。其基本原理是：按照问题的总目标（确定风险的程度和等级）、各层级指标及其评估准则，直至最低层指标的顺序，分解出不同的层级结构，然后利用求判断矩阵向量的办法，求得每一层各元素对上一层次元素的优先权重，最后以加权求和的方法递阶归并出各指标对总目标的最终权重。

知识产权风险指标权重确定按如下要求。

1. 准则指标的权重确定

把评估我国知识产权及其制度存在的风险程度作为总目标 Y。下面分为

3 个准则指标和 26 个二级具体指标，详见表 5 - 7。

表 5 - 7　我国知识产权风险评估指标体系

总目标 Y	准则层 C	指标层 D
我国知识产权法律制度风险 Y	知识产权观念风险指标（C_1）	（D_1）发达国家知识产权战略
		（D_2）国际协议、规则、公约对发展中国家利益的关注
		（D_3）国内外理论界对特殊知识产权保护的共识
		（D_4）国内外知识产权滥用观念
		（D_5）国外对全球专利统一制度的建构设想
		（D_6）基于国家利益考虑的片面观点及不公平政策
		（D_7）国内行政人员的执法、司法、管理观念
		（D_8）国内市场主体、公民知识产权保护意识
		（D_9）国内知识产权理论研究与实践的紧密程度
	知识产权制度风险指标（C_2）	（D_{10}）现有知识产权法律之间的冲突及修订
		（D_{11}）知识产权立法时效性
		（D_{12}）知识产权立法完善度
		（D_{13}）知识产权立法保护力度
		（D_{14}）特殊知识产权立法
		（D_{15}）知识产权立法与国际协议接轨程度
		（D_{16}）国际知识产权协议的制定参与程度
		（D_{17}）国际协议、公约、规则中涉及发展中国家利益的条款
	知识产权实践风险指标（C_3）	（D_{18}）企业拥有知识产权数量和质量及创造的价值
		（D_{19}）知识产权行政执法、司法、行政管理
		（D_{20}）知识产权文化宣传、中介服务
		（D_{21}）知识产权法律监督机制
		（D_{22}）知识产权政策与其他政策的协调
		（D_{23}）市场主体知识产权运用和创造能力
		（D_{24}）知识产权人才队伍建设水平
		（D_{25}）企业应对知识产权诉讼的能力
		（D_{26}）知识产权对外交流合作水平

根据专家的意见，观念风险是主导因素，制度风险是基于观念风险产生的，实践风险又是制度指导下的行为。基于这种关系，三项指标分别占0.56、0.32、0.12。

2. 指标层具体指标的权重确定

为了避免评价过于烦琐以及工作的难度过大，指标的确定按照宜粗不宜细的原则。

（二）结果分析与讨论

从前文我国知识产权及其制度风险评估模型结果可以看出，整体知识产权的风险强度偏中，但情况仍不容乐观。诸多知识产权风险因素隐患对于整个体系的影响是潜在的、客观的、深远的。

当前摆在第一位的问题是增强知识产权战略实施和实践能力。段瑞春认为中国的知识产权法律体系已经基本完备，薄弱环节恰恰出现在法律实施方面。在当前的中国知识产权制度和世界知识产权协议规则的现实条件下，中国知识产权实践的状况对整个知识产权制度的影响和国家经济安全的影响是最直接的和最迅速的。抓好目前的工作对于降低知识产权风险的作用是最大的。因此国家知识产权战略颁布后，执行好战略才是最关键的。

知识产权的制度完善也是必不可少的一大重点工作。立法的完善度凸显博弈分析的理念，现实中的现象表明立法强度并不是越高越好。在当前的经济发展水平下，制定较低水平的法律标准同时能做到比盲目制定高标准而实际无法达到来得好。强化知识产权传统长项如传统知识、民间文艺、遗传资源的立法刻不容缓。

根据知识产权观念风险完善国际知识产权法律法规以及协议，凡加入WTO的国家立法都是按照《TRIPS协定》来调整各自的知识产权法律的。而WTO组织的协议对发展中国家利益的关注程度越高，表明制定的协议更加考虑社会的利益平衡问题以及发达国家对发展中国家的利益关注。世界知识产权新秩序的构建，也是基于发达国家和发展中国家利益平衡的结果。而公民和市场主体的知识产权保护意识强弱决定着国民素质的好坏，企业的创新水平的高低及整个国家综合国力的强弱。

第五节　国家经济安全保障下的
知识产权风险防治

一　完善我国知识产权风险预防机制

（一）我国知识产权风险的预警

随着知识经济全球化的纵深推进，及我国的不断开放，中国企业面临的知识产权涉外纠纷的突发事件日益增多，处理的难度也增大，诉讼的成本也增高，企业生存和发展的压力也更大，有的案例甚至影响企业、危及整个行业，或者致使整个市场丢失。我国专利少，商标被域内外抢注，传统知识、民间文学艺术与医药、遗传等资源流失，网络侵权等严峻的知识产权风险问题日趋严重。中美知识产权 WTO 争端解决机制案例，也表明我国知识产权制度风险的出现及增大。因此，应建立有效和动态发展的涉外知识产权监测预警机制。理想的知识产权预警应急机制可以降低诉讼成本。创新性运用国内外相关知识产权法律，为保证我国企业安全、产业安全和国家经济安全提供了可能。应研究和发布会展、诉讼等重点领域以及重点企业和重点行业的知识产权发展态势报告，对可能发生的涉及面广、影响力大的知识产权纠纷、争端和突发事件，制定预案，妥善应对，控制和减轻损害。对重点区域和美国等重点国家的诸如"337 调查"风险要建立有效的快速反应通知和应对机制。

1. 建立知识产权风险预警机制的必要性

为了规避知识产权风险，欧美发达国家都加强对知识产权风险预警的机制研究。政府和企业通过相互配合，不断加强对知识产权信息情报的分析与研究，发挥情报信息在知识产权预警方面的重要作用。以美国为例，政府和专业机构为美国企业提供预警信息，另有投资银行或专业公司专门做行业分析和预警，其中政府占主导地位。

我国很多企业在参与国际竞争时常常会遇到知识产权纠纷，一个很重要的原因在于我国尚未建立统一的、协调的、专门的预警机制。产业或企业在遇到知识产权风险时，如果缺乏有效的沟通渠道和协调机制，反应和防范缓慢，不能预先分析和判断因知识产权风险所遭受的损害，就难以制定有效的应对措施[①]。

2008 年《国家知识产权战略纲要》出台，明确提出建立知识产权预警应急机制。建立知识产权预警机制，可以整合各种知识产权资源，建立一整套知识产权信息收集、分析、发布和反馈的机制，从而加强本国企业应对重大涉外知识产权纠纷的能力，引导和扶持本国企业公平参与国际竞争。便捷的知识产权预警机制还可以使企业趋利避害，引导企业合理规避境外企业对国内企业的知识产权诉讼。

2. 知识产权风险预警构想

首先，调研国家经济安全重要领域的知识产权保护状况，建立起全球一体化趋势下的中国知识产权发展的安全临界点。其次，分析国际知识产权的发展态势，尤其是发达国家的知识产权保护战略，对那些可能引发我国战略性产业灾难性后果的不良特征进行观察和分析，用科学方法进行鉴定和识别。最后，建立国家知识产权风险应急机制，以应对突发性和影响大的知识产权风险。建立重点领域的特殊应急机制，例如"337 调查"风险应急和"特殊 301 条款"应急机制；中国传统知识、民间文艺和遗传资源应急机制。实施国家知识产权应对机制，运用法律、经济、行政、政策等手段，快速、准确地预告和有效应对。把任何可能给企业、产业和国家经济安全带来危机的因素都消灭在萌芽状态之中（见图 5－2）。

3. 建立和完善知识产权风险预警机制的对策

建立预警机制，可以采取以下几个措施。

（1）建立和实施我国知识产权风险评估指标体系，将这一体系纳入国家统计法律制度中。用知识产权风险指标体系，准确评估我国知识产权面临的风险及其程度，为科学应对打好坚实的基础。

（2）建立国家、地方和行业知识产权风险监测网络，以国家知识产权基本法律的形式予以规范。广泛及时调研国家经济安全的重要领域的知识产权保护状况，建立起全球一体化趋势下的中国知识产权发展的安全临界点，当危机发生之时，就可以报警。

（3）发布知识产权风险白皮书，国家知识产权局、国家商标局、国家版权局和商务部联合发布，形成具有法律规章意义的常规制度。借助现代高科技通信手段，建立知识产权保护预警数据库和服务平台，加强对国家

---

① 毕春丽：《深度认识跨国公司"专利伏击"》，《光明日报》2005 年 8 月 26 日。

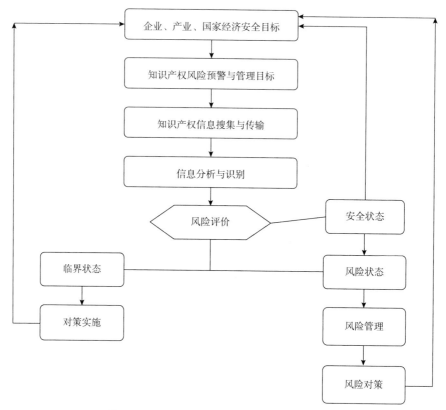

图 5 - 2 知识产权风险预警与管理系统示意

战略性产业和知识产权纠纷频发的重点领域的预警分析，并定期发布知识产权风险白皮书。

（4）引进或自主研发并充分利用先进的风险预警信息技术系统，提高知识产权风险预警的科学性、客观性、及时性和效率，并建立相应的知识产权风险预警信息技术激励法律制度。

（5）制定和实施应对知识产权风险的指引，以政府公共政策这一法律机制形式加以规定，如深圳的《企业知识产权海外维权指引》。

（二）提升企业知识产权风险防范能力

2008 年国家知识产权战略申请适时推出，不仅帮助企业和政府渡过了金融危机，且极大地激发了全社会的创新热情，成效显著。官方数据统计，2009年，国内发明专利的申请中职务发明的比重达到 75.2%，比 2008 年增加 3%。在国内发明专利申请中，企业申请比重达到 51.6%；在国内职务发明专利申请中，企业申请比重达到 68.7%，超过 2/3。企业发明专利申请数量和比例的提升，显示出企业知识产权创造能力日益增强，企业作为知识产权创造的主体地位已基本形成。这成为防范知识产权风险的根本动力和微观基础。

在世界金融危机的残酷打击下，依靠知识创造财富的理念更加深入人心，在知识产权国家战略的指引下，企业需进一步提高知识产权创造、运用、保护和管理能力，促进知识产权战略资源作用的充分发挥。研究发现，中国企业申请专利的数量有了大幅度提升，但是质量与国外企业所申请的专利相比仍有差距。提高专利的质量更能体现出企业的创新能力、市场化水平和价值。这是中国企业未来需努力的方向和风险防范的重点。

（三）基于《TRIPS 协定》框架

《TRIPS 协定》是目前保护标准最高的国际知识产权保护协议。任何加入世贸组织的成员都得无条件地服从这个协定，并修改本国的法律以与国际接轨。如何在《TRIPS 协定》框架下选择自己的知识产权保护模式，很多专家都从不同角度进行了研究。周安平等（2009）和甘明等（2009）研究了非物质文化遗产知识产权保护模式的选择问题，罗忠玲等（2006）对植物新品种的保护在《TRIPS 协定》框架下的模式选择问题进行了研究，毕星波（2009）对计算机软件的知识产权保护模式进行了研究，杨萍（2007）、吴婧倩（2009）、周安平等（2009）对民间文艺的知识产权保护模式选择问题进行了研究。总结这些研究可以发现，大部分的专家学者都建议结合《TRIPS 协定》、特别法或者两者兼用的方法，选择对于本国知识和经济发展有利的法律规范，又不与《TRIPS 协定》相冲突。

从目前来看，设立专门法律是一条比较合适的道路。对《TRIPS 协定》尚未规定或者尚未保护的传统知识、民间文艺、遗传资源等应抓紧建立专门的保护法律。中国具备传统知识民间文艺、遗传资源等知识产权丰富的优势，在《TRIPS 协定》尚未承认保护之前，必须为国家知识安全和经济安全的利益考虑，以降低和防范知识产权风险为宗旨，在《TRIPS 协定》框架下，形成国内知识产权风险防范法律体系。

二　我国知识产权风险治理法律发展纲要

（一）全球视野下法律经济思想的知识产权风险分析

全球视野下法律经济思想可以提供知识产权风险治理的法理。一般制度经济学要求产权界定清晰，企业责任明确，制度对一个国家经济的增长和社会发展有着决定性的作用①。制度特别是法律的变迁与发展，是经济增长和经济发展的基本动力。而全球法律发展，则是维护世界经济安全、促进世界经济增长和发展的基本动因。知识产权风险法律②的发展，是降低知识和经济交易成本的基础和驱动力。

从制度经济学角度看经济全球化的发展，尽管经济全球化给世界经济带来了巨大的活力，使得资源在更加广阔的全球市场中得到更有效的配置，但是从全球化的过程来看，自发的市场机制主导了全球化的诞生，市场竞争的本质决定了经济行为的不确定性和风险。受到全球化的影响，一个国家的政策会对他国产生影响，可能是正向的也可能是负向的外部效应。如果两个国家相互考虑对方的发展需要，提供对方所需，两国就会同时获利，否则两国就会同时受损。以全球知识产权保护为例，如果任由市场竞争主导经济行为，发达国家利用其占据优势的强大经济实力迫使发展中国家放弃本国的利益，发展中国家的经济安全就会受到威胁，强者获益，弱者受损。如果发达国家继续出台以损害发展中国家利益来获得自身发展的政策，虽使发展中国家利益受损，反过来也会危害自己的发展。全球化的交易费用除了企业、市场的运作成本，还有国家间关系的费用，包括为获得对方及环境的信息所支付的费用、进行缔约谈判并维护契约的费用以及监督各缔约方实施协议、对违约方进行惩罚的费用等③。比如知识产权协议规则的缔约需要两个国家群体共同谈判完成，如果任何一方因为利益受损而迟迟不能缔约，将延迟发达国家利益获得的时机，不符合发达国家长远发展的需要。由于全球知识产权保护会产生不确定性、风险和外部性、交易费用，就需要一种新的知识产权法律安排来降低这种不确定和风险，将外部性内在化，减少交易费用。这就是世界知识产权新秩序的属性——实质公正公平和利益平衡。

（二）中国知识产权风险法律治理总思路

中国知识产权风险法律治理总思路分制度、模式、机制和国际四个方

---

① 其东:《读一点制度经济学》,《中国港口》2010 年第 4 期。
② 这里的法律制度是广义的，包括狭义的法律制度、法律模式。
③ 仅晓光:《从新制度经济学角度看经济全球化和区域经济一体化》,《经济与管理》2009 年第 8 期。

面。其一，制定具有操作性的有效的知识产权反垄断法律，以制止专利等知识产权滥用的行为；提高司法执法水平，防范跨国公司知识产权的恶意申诉和诉讼。其二，将中医药等传统知识、民间文艺和遗传资源纳入世界和国内知识产权法律体系。其三，深入实施国家知识产权战略，在国家战略机制层面布局中国知识产权风险防治；完善知识产权所有权制度和市场交易机制，防范知识产权资源的流失和无偿使用。其四，在国际治理方面，着重积极参与WTO多哈回合有关的知识产权议题等国际谈判，推动有利于发展中国家维护国家经济安全和世界知识产权新秩序建立的国际性知识产权新规则的制定和实施。

(三) 基于全球化风险治理角度的世界知识产权新秩序的构想

知识产权风险治理的目标是促进世界知识产权新秩序的建立，同时，理想的世界知识产权新秩序也为知识产权风险的有效治理，提供了底线和标杆。但凡知识产权秩序的建立都应抓住现实存在的问题，这是建立良好知识产权秩序的基础。但是本书研究站在全球角度，旨在建立新的世界知识产权秩序。

作为法律风险范畴的知识产权问题，建立共同但有区别的知识产权责任制是目前的知识产权新秩序的最高境界，已上升到国家经济安全层面，但蕴涵着极大的国家风险隐患。若这种利益不平衡到了极点，势必激化南北矛盾。所有主权国家分摊知识产权风险的比例应根据自身的经济实力和国情而定，而不由任何一方主导。但发达国家由于知识产权制度完善，实力雄厚，理应负起更多的责任，承担更多的风险。而知识产权利益虽以承担的知识产权风险为依据，但也要关注实力悬殊的最不发达国家的利益。因此新的知识产权秩序要考虑的问题非常复杂，最基本的实现方式是发展中国家和发达国家的话语权要均衡。新建立的世界知识产权秩序应该是维护成员经济安全、有效治理知识产权风险、促进经济发展和社会不断进步及鼓励创新的新秩序，更应是一个平衡私人利益和社会公共利益、短期利益和长期利益、发达国家与发展中国家利益的公正公平利益的全球平台。

第六章 中国知识产权安全法律制度的发展

第一节 中国知识产权安全法律制度概述

法律制度是指运用法律规范来调整各种社会关系所形成的各种制度之总和，可以有"应然"和"实然"之分，也可以有狭义和广义①之分。一般来说，分析实证主义法学流派的研究对象是法律制度，自然法学流派的研究对象是法律价值，社会法学流派的研究对象是法律制度实施的经济效果、政治效果和社会效果，综合法学流派强调法律制度的价值、概念（规范）和事实的协同。上述四大法学流派分别从不同角度对法律制度进行了深入分析并取得了积极成果。但由于时间、空间的局限，以及新形势下出现的新现象和发展的新需要，上述学派均显滞后。其一，以上法学流派均是以自由主义为基础的，即贯彻市场经济原则，而安全需要是市场失灵领域，所强调的是政府的作用；其二，这些法学流派研究的法律制度对象是发达国家而非发展中国家，从而大大降低了其研究结果的普适性和理论意义；其三，四大法学流派的思想均只考虑了法律制度的客体，而忽略了作为法律制度客体的创造者和运用者——法律人这一主体的根本作用。法律制度的有效性往往与该制度对法律人的考虑和研究程度呈正相关。因此，本书认为，全息意义上的法律制度可以分为价值法律制度、实然法律制度、社会法律制度、人的法律制度，但以实然法律制度为出发点和归宿点。这种划分较之上述诸多法律制度观点更有说服力、指导力和解释力。但本研究的着力点在于全息法律制度框架下基于安全价值的实然法律制度，即狭义上的实然安全法律制度。

---

① 狭义的指分析实证主义法学流派的法律制度观点，广义的则指综合法学流派的法律制度思想。而本书则从纵向（安全）和横向（全息）两方面，深化了已有的法律制度观。

知识产权法律制度是规范知识产权的一种法律制度。随着知识经济的发展，该法律制度日益丰富和不断发展。全球化趋势的加深、各国经济安全的凸显，给知识产权法律制度的新发展提供了重要契机。

经过 30 多年的努力，我国知识产权保护的法律制度基本建立。我国知识产权拥有量持续快速增长，专利、商标、版权等知识产权制度对经济发展的贡献日益显著。自《国家知识产权战略纲要》实施以来，中国知识产权进入了新阶段，各项法律制度不断完善，法律制度的执行力度不断加大，保护知识产权的良好社会制度氛围逐渐形成，越来越多的普通民众远离侵权、盗版产品，全社会法律人的知识产权制度意识明显增强。[①] 但是，从总体上看，我国知识产权安全法律制度仍然落后于现实的需要。

一　问题的提出

在全球化趋势加深、国家关键知识安全和经济安全面临日益严峻的挑战的大背景下，以及在世界和各国知识产权及其安全法律制度竞争日趋激烈的新形势下，中国知识产权安全法律制度如何科学设计，如何使相互联系的知识产权及其安全法律制度合理安排与发展，最大限度地化解和规避风险，充分利用知识产权发展的新机遇，使我国知识产权和制度趋于理想，成为世界知识产权新秩序的重要组成部分，并推动世界知识产权体系公平有效合理发展，早日建立世界知识产权新秩序，这既是自身发展的迫切要求，又是作为发展中大国重要的国际责任。

对中国知识产权安全法律问题未予以专门研究。对什么是安全法律制度，什么是知识产权安全法律制度以及什么是中国知识产权安全法律制度，学界还没有充分研究。在全球化加深的新形势下，我国知识产权安全法律制度如何合理安排与更好地发展，尚未有较有价值的成果，遑论达成基本共识。但是，在当代乃至今后相当长的一段时期内，随着中国的开放和更深地融入全球化进程，中国知识产权安全法律制度的安排和发展，将不断被证明是一个亟待研究和解决的重要问题。

知识产权安全法律制度与知识产权法律一般制度的关系是特殊与普遍的关系，知识产权一般法律制度是知识产权安全法律制度的基础和概括，

---

① 甘绍宁：《2010 中国知识产权高层论坛》，http://ip.people.com.cn/GB/11409509.html，2010 年 11 月 17 日。

而知识产权安全法律制度则是在知识产权一般法律制度的基础上，加入特殊情景，输入更丰富的内涵，但缩小范围而形成的。反之，知识产权一般法律制度则是对知识产权安全法律制度和其他知识产权非安全法律制度进行分析、概括，找出其共性并将之提炼抽象而形成的。知识产权一般法律制度的内涵虽然不及知识产权安全法律制度丰富，但适用的范围要广于知识产权安全法律制度和其他知识产权非安全法律制度。知识产权一般法律制度的理论性强于知识产权安全法律制度，但实践性较弱。本章以安全为主线和视角，来深入探索并力求发现知识产权一般法律制度在当代发展中出现的安全新现象、新规律，这在学界具有开创意义。

二 知识产权安全法律制度界定

知识产权安全法律制度是知识产权安全法律[①]的重要组成部分。关于知识产权安全法律制度的明确界定，目前在学界尚未看到。但对研究对象的定义，有利于严谨和深入地研究所要研究的问题。就本书来说，知识产权安全法律制度是一个非常重要的概念，因为它直接关系到本章和第七章中国知识产权安全法律制度安排的研究，也间接关系到相关章节的研究。根据本书和本章研究的设计思路、内容、方法、目的、知识产权的特点和相关因子的关联度、逻辑学的相关原理、所能掌握的资料等，本书尝试着对知识产权安全法律制度概念做一个初步探讨。

（一）安全的含义

关于安全，李孟刚[②]指出，安全是一个具有多义性的综合概念。在汉语里，"安全"是指一种稳定、完整、没有危险、不出事故、不受威胁的状态。《现代汉语词典》将"安全"解释为"没有危险，不受威胁"。西方的"security"一词源于拉丁文"securitas"，意为从小心、不稳定和自制中解脱出来的状态，进而引申为脱离危险的安全状态。尽管两种语言在意义上有差别，但也有相似之处，即都认为安全是一种没有威胁、没有恐惧的状态。就安全的属性而言，多数学者认为，安全具有二元性，包括主观和客观两个方面。客观方面是指外界现状，而主观方面则是指人们的心理状态。阿

---

① 参见本书第四章第一节中关于知识产权安全法律的阐述。
② 李孟刚：《产业安全理论研究》，经济科学出版社，2006。

诺德·沃尔弗斯在《冲突与合作》中指出："所谓安全，从客观意义上来讲，是指所拥有的价值不存在现实的威胁，从主观意义上来说，是指不存在价值受到攻击的恐惧感。"

本书认为，安全是确定性、有序、稳定、平衡，与风险、威胁、损害对立；安全法律制度是指创设、维护、治理和运用特定的法律制度，预警、防范和治理风险、威胁、损害，以达到确定、有序、稳定、平衡的目的。按内容标准，安全法律制度可以分为政治安全法律制度、经济安全法律制度、文化安全法律制度、科技安全法律制度和知识产权安全法律制度等。安全还可以从框架思维来分析，即按照客观、主观、主客观互动和安全主体这四维角度来划分，包括安全规范、安全观念、安全实践和安全法律人，简称"安全四框架"。

（二）知识产权安全法律制度概念

知识产权安全法律制度是对一般知识产权法律制度的创新，其创新关键点在于"安全"。知识产权安全法律制度是在当代全球化的新形势下，基于维护国家知识安全和经济安全需要而提出和形成的一种新型法律制度。它是知识产权安全法律模式的主干，是知识产权安全法律机制的重点扶持对象，也是国家知识安全、经济安全和经济发展的直接法律保障。知识产权安全法律制度可以分为主观理想性、客观实际性以及主客观一体化。所谓建立健全中国知识产权安全法律制度，即是用主观理想性的知识产权安全法律制度，去观察、分析和要求客观实际性的知识产权安全法律制度的创新和发展，以追求主客观一体化的理想（次优理想到最优理想）知识产权安全法律制度，以不断防治知识产权风险，维护国家知识安全和经济安全，促进经济增长和经济社会生态可持续发展乃至人类的全面发展。

关于知识产权安全法律制度，学术界未见探索。知识产权安全法律制度体系包括知识产权安全法律制度的实践预设前提、目的要求、思想理论基础、具体方法论和法理基础，知识产权及其法律制度面临的风险，国外知识产权安全法律制度，中国知识产权法律安全法律制度安排，中国知识产权法律安全法律制度模式，中国知识产权法律安全法律制度机制。

（三）知识产权安全法律制度的特点

知识产权安全法律制度的法定化向发展性过渡。何种资源为知识产权，完全由法律规定，而不能由其他诸如政策、习惯等规定，这是现行知识产权法律的一般特性。但在当代全球化趋势加深、国家知识和经济安全面临的风险日益增大的背景下，知识产权的法定化属性受到严峻挑战。迎接挑战的重要思路应是由知识产权法定观向知识产权发展观转变，以适应知识产权新秩序、新形势和新发展的需要。知识产权安全法律制度的发展性，要求不同于知识产权法定化的对知识产权的静态保护，而是动态保护。保护的本质是安全。知识产权法律制度产生的本意和最基本功能就是保护。例如 WIPO 和《TRIPS 协定》的核心宗旨就是对知识产权的保护。所谓保护，即是强调维护知识产权的安全的同义词。

1. 知识产权安全法律制度的全球化与贸易化

知识产权安全法律制度的全球化的基础是贸易，即知识产权安全法律制度的贸易化，与货物贸易安全和服务贸易安全有关。

2. 知识产权安全法律制度的例外化与平衡性并存

《TRIPS 协定》有安全例外条款和其他例外规范，同时也规范了对例外权利的限制，即充分考虑知识产权安全法律制度的平衡性，如权利人安全利益与消费者合理使用的权益平衡。

3. 知识产权安全法律制度的秩序化与人性化

知识产权安全法律制度的出发点和归宿是世界知识产权新秩序，而世界知识产权新秩序的基础是人性化。安全是人性需要，对知识这一风险往往大于有形资产来说更是如此。

（四）知识产权安全法律制度框架

以"安全四框架"来分析，知识产权安全法律制度可以分为知识产权安全法律观念制度、知识产权安全法律规范制度、知识产权安全法律实践制度、知识产权安全法律人制度。知识产权安全法律制度的法理基础是一种重要的知识产权安全法律观念制度，知识产权及其法律制度面临的风险属于知识产权安全法律实践制度。国外知识产权安全法律制度是知识产权安全法律规范制度的表现。中国知识产权安全法律制度安排，是知识产权安全法律的观念、规范、实践和法律人在中国的高度融合。

（五）知识产权安全法律制度涉及的主要内容

一是知识产权安全。指诸如商标抢注、掠夺遗传资源等行为，给权利人的这些知识资源权利造成的现实及潜在的风险或危害等负安全现象①。

二是知识产权制度安全。例如，最近美国通过 WTO 争端解决机制诉中国知识产权制度一案，就对我国的版权制度和相关知识产权的海关制度造成了一定的损害。

三是知识产权导致的经济安全问题。对知识产权安全秩序侵害到一定程度，以致影响到企业安全（若该知识产权是企业生存和发展的基础）、产业安全（若该知识产权决定产业的生存和发展）和国家经济安全（当该知识产权已经或即将影响到国家关键支柱产业、主导产业或战略性新兴产业时）。

四是知识产权制度导致的经济安全问题。对知识产权制度的侵害，若影响到企业安全或产业安全，影响到国家某产业或产业集群，且这些产业或产业集群处于决定或可能决定一国的整体经济利益或一国的整体经济基础或控制权时，则构成国家经济安全问题。

（六）知识产权安全法律制度的划分

其一，按主体划分，可分为：权利人与使用者权益安全；国内传统社区、特定区域与境外利益相关者知识产权权益；发展中国家知识产权安全利益与发达国家知识产权安全利益；国家知识产权安全主权秩序与世界知识产权秩序。

其二，按产权种类可分为三大类：专利安全、商标安全和版权安全等工业经济性知识产权；传统知识、遗传资源等自然经济性并且是工业经济性知识产权之源的知识产权安全；数字技术和域名等基于互联网的知识经济属性的知识产权安全。

其三，按知识产权制度可分为四类：按国别，有中国知识产权制度、外国知识产权制度、国际知识产权制度和世界知识产权安全；按时代，有前世界知识产权安全法律制度和当代世界知识产权安全法律制度；按与制度密切联系因素构成的框架来划分，包括观念性的（诸如知识产权安全自然法和价值观），规范性的（安全知识产权法律），社会性的（安全知识产权制度适用），一般制度主体性的（安全知识产权立法机构、执法官、法官、律师、守法者）；按制度，包括法律制度、政策制度和民间规则。

---

① 安全可以分为正安全和负安全。所谓负安全，即通常意义上的风险，而正安全则是常识上的安全含义。防治负安全、追求正安全，是本书研究知识产权安全问题的目的和愿景。

其四,按可能或已受侵害的安全主体划分,可分为:企业知识产权安全法律制度、产业知识产权安全法律制度、国家知识产权安全法律制度、国际知识产权安全法律制度、世界知识产权安全法律制度。国家知识产权安全法律制度又可进一步分为中国等发展中国家知识产权安全法律制度和美国等发达国家知识产权安全法律制度。

综上所述,所谓知识产权安全法律制度,是指全球化趋势下基于国家经济安全的国家知识产权及制度的稳妥安排,其出发点和归宿为世界知识产权新秩序。按内容可划分为知识产权安全、知识产权制度安全、知识产权导致的经济安全、知识产权制度导致的经济安全,还可按主体、产权种类、知识产权制度、可能或已受侵害的安全主体等进一步细分。国家知识产权安全法律制度又可进一步分为中国知识产权安全法律制度和外国知识产权安全法律制度。简言之,知识产权安全法律制度与知识的保护、经济安全、国内制度与国际制度的协调、知识产权秩序等问题直接相关。

(七) 知识产权安全法律制度形成的因素

1. 知识产权秩序

秩序追求不同,其知识产权安全法律制度也会有差异。世界知识产权新秩序,是在世界层面打造理想的知识产权、知识产权制度和知识产权机制,因此,世界知识产权新秩序下的知识产权安全法律制度有其特殊性。而各国出于建立各自不同的知识产权秩序的需要,形成了不同的知识产权安全法律制度。

2. 发展中国家与发达国家之间的博弈

国家集群(世界上两大国家利益集团,即发展中国家与发达国家)打造安全的知识产权、知识产权制度和知识产权机制。

3. 国家知识产权发展公共政策

例如中国国家知识产权战略、创新型国家发展和国家开放政策,从国家公共政策的层面,增强本土科技和知识的创造力,提高知识产权法律素质和水平,推进中国知识产权安全法律制度的建立和完善。近年来,其他国家也均有各自的知识产权发展战略。

4. 价值观的影响

任何知识产权安全法律制度均是法律人的产物并由法律人来实施,法律人及其价值观是知识产权安全法律制度的基础和根本因素。理想的价值观，可以构建和实施理想的知识产权安全法律制度。

5. 解决纠纷的机制

公平（世界自然法的全球正义价值）、高效（世界经济学求解均衡点）、可持续（全球法经济学平台）地处理这些（世界纯粹法和世界社会法意义上的）知识产权冲突：权利人与使用者；私人利益与社会公共利益；技术、知识的创造与垄断；知识产权保护与贸易自由化；发展中国家与发达国家知识产权结构性冲突。

三　中国知识产权安全法律制度概念

关于知识产权安全法律制度，学术界尚未明确提出，遑论中国知识产权安全法律制度。但学术界对涉及中国知识产权安全法律制度的内涵和外延的相关内容有所研究。概念明晰，是研究的出发点和基本要求。本书在上述几章阐述的基础上，结合中国知识产权安全法律制度的实际现状、发展趋势和未来的发展需要，提出中国知识产权安全法律制度的概念，作为本章研究的出发点和归宿。

所谓中国知识产权安全法律制度，从内涵上看，是指全球化趋势下基于维护中国国家经济安全、促进国家经济增长和发展利益的我国知识产权及制度的合理安排与积极发展，以及对知识产权及其制度跨境流转（入境或出境）引发损害或损害风险的有效防治、安定秩序的确认并巩固的一种知识产权安全制度，其出发点和归宿为世界知识产权新秩序。

中国知识产权安全法律制度的内涵可以归纳为三条主线：一是积极的、正面的，即强调建立或完善现行的知识产权安全法律制度，例如，将我国传统性知识纳入知识产权法律保护体系；又如，中华老字号的驰名商标保护制度的建立。二是防御性的，例如，专利强制许可制度，降低国外因药品专利导致的高昂药价可能导致公共健康等人权风险；又如，制定知识产权反垄断制度，防止跨国公司的知识产权滥用行为给我国企业、产业甚至国家经济安全带来损害或损害威胁。三是前瞻性和发展性的，譬如绿色知识产权安全法律制度，这关系到经济可持续发展的基础——生态安全问题和代际正义，还有，未来多哈知识产权议题谈判中的中国知识产权安全法律制度的立场和建议。

从中国知识产权安全法律制度的外延来看，可以按不同的标准来划分。从内容上划分，包括中国知识产权安全、中国知识产权制度安全、中国知识产权导致的国家经济安全、中国知识产权制度导致的国家经济安全；从形式上划分，可分为中国知识产权安全制度法律、中国知识产权及其法律制度风险、国外知识产权安全制度模式、中国理想知识产权安全法律制度框架；按知识产权种类来划分，即为中国专利安全法律制度、商标安全法律制度、版权安全法律制度以及传统性知识安全法律制度等；还可从制度层面划分，分为传统性知识保护制度、遗传资源保护制度、知识产权反垄断法律制度、专利强制许可制度、版权合理使用制度、中华老字号保护制度、绿色知识产权生态安全制度、多哈知识产权议题的中国安全制度等直接关乎我国经济安全的重点知识产权安全法律制度。

四 中国知识产权安全法律制度特征

对中国知识产权安全法律制度特征的揭示，有利于更深刻地理解我国现行的知识产权安全法律制度，把握其在世界知识产权安全法律制度体系中的地位和作用，从而更实际、更科学地设计、安排与发展我国知识产权安全法律制度。

（一）与发达国家相比，中国知识产权及其制度的主要特征

1. 重大原创发明偏少，直接影响到创新型国家的建设、产业和企业核心竞争力的形成和提升

我国专利申请数近年来有较大幅度的提高，但专利结构不合理，实用新型和外观设计等小专利居多，而对国家经济安全和国家经济发展、产业安全和发展、企业核心竞争力有直接重大影响的核心性的原创发明很少。

2. 有丰富的传统性知识和遗传资源，但却处于被掠夺的风险之中

中国的传统性知识、民间文艺和遗传资源比较丰富，但风险也很大。发达国家的遗传资源专利也会阻碍发展中国家的相关研究，并侵害发展中国家的遗传资源。知识产权制度可以促进有关重大疾病或新型农作物的研究——这些研究对发展中国家十分重要，但却只有发达国家在进行；但同时也可以阻碍这些研究，因为发达国家的知识产权制度可以通过强力促进主要对其有利的某些类型的研究，从而将知识资源从攸关全球的问题研究上转移开。按照发达国家的惯例，源自发展中国家的知识或遗传资源可以在没有事先安排分享该资源商业化利益的情况下获取专利。有时发展中

家对发达国家的出口就因这种知识产权保护而受到限制。①

3. 落后的知识产权竞争政策等制度设计，使发达国家的跨国公司在华经常滥用知识产权

中国是知识产权及其制度进口国，中国安全知识产权及其制度从观念、法律制度和立法水平的层面，都需要向发达国家学习。中国等发展中国家由于知识产权竞争制度及其机制不完备，付出的比较成本大于发达国家。有关知识产权对美国和其他发达国家产生的影响的问题对发展中国家同样重要。所不同的是，发展中国家的知识产权制度因为"失误"要付出的代价很可能远比发达国家大，因为大多数发达国家都具备较完善的竞争调节机制，可以保证任何垄断权利不会过度影响公共利益。例如在美国和欧盟，这些制度尤其强硬和完善，而大多数发展中国家却远非如此，后者极易受到不良知识产权制度的损害。②

（二）中国的知识产权及其制度具有自身特性

与印度等发展中国家一样，中国有传统性知识、民间文艺和遗传资源等丰富的知识产权源。但由于历史和国情不同，与其他发展中国家相比，中国的知识产权及其制度呈现以下显著特征。

1. 科技创新能力较强，为我国知识产权领先于其他发展中国家甚至在某些方面赶超发达国家提供了巨大的可能

不同的发展中国家有不同的社会、经济环境和科技能力。中国和印度以及其他一些较小的发展中国家在许多科技领域都处于世界领先水平，如航空航天、核能、计算机、生物工艺学、医药、软件开发等，而有25%的世界贫困人口居住在一些技术能力较弱的国家和地区（如撒哈拉南部非洲地区）。据估计，1994年，中国、印度和拉丁美洲的研发经费共占全球的将近9%，撒哈拉南部非洲地区仅占0.5%，而中印之外的发展中国家一共才占4%。③

---

① 英国知识产权委员会：《知识产权与发展政策相结合》，http：//www.iprcommission.org/graphic/Chinese.htm，2010年11月19日。

② 英国知识产权委员会：《知识产权与发展政策相结合》，http：//www.iprcommission.org/graphic/Chinese.htm，2010年11月19日。

③ 英国知识产权委员会：《知识产权与发展政策相结合》，http：//www.iprcommission.org/graphic/Chinese.htm，2010年11月19日。

2. 最大的发展中国家和经济总量居首的特性，使中国以知识产权为基础发展经济的供给和需求空间较大

发展中国家的情况千差万别，但这个不言自明的事实却常常被人忘记。这些国家不仅在科技实力方面存在差别，在社会经济结构和贫富收入方面也各不相同。各国贫困的原因多种多样，因此在解决贫困问题时应采取不同的政策。

3. 知识产权法律制度和知识产权战略公共政策相配套

2001 年前后，我国为了适应加入 WTO 的需要，对知识产权法律制度进行了全面而深入的修改。加入 WTO 以后，根据形势的变化和发展，对《专利法》等一系列知识产权法律法规均进行了修订。为提升我国知识产权创造、运用、保护和管理的能力，配合知识产权法律制度的有效实施，建设创新型国家，实现全面建设小康社会目标，2008 年 6 月我国出台了《国家知识产权战略纲要》。

（三）中国知识产权安全法律制度的其他特征

中国是发展中国家和转轨国家，知识产权制度的外部环境充满着更多的不确定性和风险。

第一，中国知识产权制度的历史短暂，加入 WTO 时间短，对世界性利用法律制度防止知识产权风险的成功经验积累不足，对失败教训也缺乏一定时间的吸取和消化。

第二，中国的工业科技实力和本土创新能力较弱。工业产权的落后，影响了知识产权的持续稳定的产出，从而增大了知识产权法律制度安全功能的发挥难度。

第三，高端并能在世界舞台上产生影响的知识产权安全法律制度人才奇缺。

第四，缺乏长期和社会各层面多维的安全知识产权及其法律制度的熏陶，中国知识产权安全法律制度文化尚未建立。

第五，安全知识产权及其法律制度对我国相关司法和执法部门都是新事物，特别是在《TRIPS 协定》的严格框架下，如何维护中国知识产权及其制度安全，对我国有关机构的确是个重大考验。

第六，中国改革开放 30 余年来，已逐渐在世界文化产业市场崭露头角，有较强的话语权，中国的传统性知识安全法律制度建立的可能性增大。

第七，中国的老字号品牌及近年来创立的新品牌，中国丰富的地理标志资源，在世界的影响力均不断扩大，以致引起了日益增多的商标抢注事件，这表明亟待完善海外商标保护制度。

第八，中国在航天等高科技、杂交水稻等农业生物技术、汉字编码等IT技术方面的优势，为中国积极性知识产权安全法律制度提供了重要契机。

五　中国知识产权安全法律制度的法理

自 21 世纪以来，全球化趋势的加深、科技的迅猛发展、知识经济的突起、知识产权法律的变化及知识的风险、经济的风险和法律的风险日益加大，使现行的知识产权及制度体系面临空前挑战。

（一）新形势发展的需要

其一，全球化挑战。全球化的不断加深，全球生产要素的复杂多变，全球政治、经济、科技、法律、文化等的错综复杂，跨国利益集团的争锋博弈，对中国知识产权安全制度均构成了日益严峻的复合性挑战。

其二，知识经济挑战。目前，人类社会已进入知识经济时代，知识经济以知识资源为要素、以知识创新为动力，以网络技术、基因技术为代表的知识革命呼唤着知识产权制度的现代化。也就是说，中国的知识产权法律制度必须保持与时俱进的时代先进性，一方面要能鼓励创新，另一方面要防止创新带来的风险。这是知识经济赋予知识产权制度的新使命，即安全卫士的职责。

其三，知识产权客体范围的不断扩大而引致的对知识产权新制度的需求，给制度带来了新的不确定性。例如版权扩展，从 18、19 世纪的印刷作品发展到 20 世纪的模拟作品、电子作品，再到今天所看到的数字作品、网络作品；专利权的范围从过去微生物、动植物品种发展到今天的基因技术；商标也由传统的文字商标、图形商标拓宽到颜色商标、声音商标、气味商标等新型商标，包括域名等。这些均要求知识产权制度相应扩展保护范围，要求制定新的权利制度和新的知识产权保护规则。这既表现在原来权项内容的拓展上，譬如，在著作权领域，出现了数据库作者权、信息网络传播权，也表现在新的财产权利的增加上，在专利权领域，产生了具有版权性质的集成电路布图设计权，出现了具有准专利性质的植物新品种权。①

其四，对知识产权制度本身的挑战。世界上知识产权现行制度的宗旨，大多是强调鼓励创新、促进经济增长、平衡各方利益，但是，对创新带来的风险、知识流失或知识的滥用给经济增长可能造成的损害或损害威胁，以及形式平等但实质不公平给知识和制度弱势的发展中国家带来的风险，未予以关注或关注不充分、不及时。其后果是已给并正在给各个经济发展、脆弱的发展中国家经济和整个世界的经济增长带来损害或威胁。显然，现行的这种知识产权制度难以适应新时代对新制度的需求，不能真正起到发挥创新的积极作用，也不能防治创新的风险和利用创新知识从事非法垄断或滥用的行为。

（二）安全是知识产权法律的基本价值

安全为法律之基础价值②。法的价值是指社会成员根据自己的需要而认为、希望法所应具有的最基本的性状和属性。"任何值得被称之为法律制度的制度，必须关注某些超越特定社会结构和经济结构相对性的基本价值。在这些价值中，较为重要的有自由、安全和平等。"在这里，美国著名法学家、哲学家埃德加·博登海默认为安全是法律的基本价值之一。博氏还认为：有关这些价值的先后顺序可能会因时因地而不同，这完全取决于一个法律制度在性质上是属于原始的、封建的、资本主义的，还是社会主义的。显然，博氏认为安全这一基本价值有可能排序在前。那么这种可能的条件是什么呢？博氏在说到秩序时指出，在秩序之需要的讨论中，对安全的要求问题被置于中心地位。博氏进而指出，法的安全性渗透于自由、平等、秩序等诸法基本价值中；安全有助于尽可能持久地稳定和使人们享有其他价值，如生命、财产、自由和平等等价值；在使国家、群体和个人通过政治斗争的手段而获得自由与平等方面的利益更加巩固，在使之永恒方面，法律也执行着一种重要的安全职能；安全也是落实和巩固法律秩序等其他价值的一种工具。法的安全价值具有人性基础。自由、平等、秩序等诸价值根植于人性的个人主义成分之中。追求安全的欲望促使人类去寻求公共保护，以抵制对一个人的生命、肢体、名誉和财产所为的非法侵犯③。人

---

① 吴汉东：《知识创新时代的中国知识产权法》，《北方法学》2010 年第 4 期。
② 埃德加·博登海默：《法理学——法哲学及其方法》，华夏出版社，1987。
③ 埃德加·博登海默：《法理学——法哲学及其方法》，华夏出版社，1987。

性，是人之为人的基本品性。法律是以规制人的行为作为其主要内容的，任何一种法律规范，只有建立在人性的科学假设基础之上，其存在和适用才具有本质上的合理性①。因此，对法的交易安全的本质性思考，有助于深化安全观。那么，人性中是否有安全的需要呢？人本心理学之父马斯洛对此作了明确的回答，他指出，如果生理需要相对充分地得到了满足，接着就会出现一整套新的需要，我们可以把它们大致归为安全需要类（安全，稳定，依赖，免受恐吓、焦躁和混乱的折磨，对体制、秩序、法律、界限的需要，对于保护者实力的要求等）。我们可以将整个机制描述为一个寻求安全的机制，感受器、效应器、智力以及其他能力则主要是寻求安全的工具②。

安全为法律之基础价值主要基于传统有形物权的确认与交易。知识产权作为无形财产，与传统的有形物相比，其财富和发展的价值更大，面临的风险也更大。在现代互联网等信息技术条件下，盗取知识产权的成本很低甚至为零。而开发知识产权的成本通常很高。在当代高科技迅猛发展的知识经济新形势下，传统的以有形物形成的社会关系为主要调整对象的主流法律，往往显得十分滞后。这就产生了新的财产与法律制度的安全问题。对传统法律而言，安全就是其基本价值，而对财富效应更大、风险巨大的知识产权及其主要履行安全保护的知识产权法律制度而言，其安全价值应该更基础、更重要和更突出。

庞杂的现行知识产权制度亟待协调一致，以增强制度的稳定性和可预测性，从而减少纠纷，节约法律资源，降低成本，从制度层面保护知识产权法律秩序的稳健和有序运行。我国的知识产权法律模式是各自独立的，给各种知识产权制度之间可能的冲突埋下了隐患。《TRIPS 协定》等世界知识产权制度本身及其各制度之间更为复杂，制度充满了不确定性，也给知识产权制度的适用带来了很大的不确定性，大大增加了解决纠纷的交易成本，浪费了有限的制度资源。

（三）中国知识产权法律发展的要求

1. 知识产权安全法律制度可以规避和防治中国知识产权风险

实践证明，在世界知识产权规则框架下基于国情的、公正有效的知识

---

① 陈兴良：《走向哲学的刑法学》，法律出版社，1999。
② 马斯洛：《动机与人格》，华夏出版社，1987。

产权安全法律制度，是国家知识产权安全制度建立的基础。中国作为知识产权大国（近年来知识产权数量激增）而非强国，近年来知识产权屡遭侵犯，知识产权制度也被诉之于 WTO 争端解决机制，这是世界上其他国家所不多见的。而且，将来随着中国更深更广地融入全球，知识产权及其制度纠纷也势必增多、增大。因此，知识产权及其安全法律制度的建立，对中国来说尤为迫切、必要和重要。这既可以较好地为中国规避和防治知识产权及其制度风险提供参考，又可以丰富和发展知识产权法律制度思想、理论和方法。

2. 中国是世界知识产权新秩序的重要组成部分

世界知识产权新秩序主要由发达国家和发展中国家组成。中国是最大的发展中国家。改革开放 30 多年来，知识产权及其制度得到长足发展。尤其是 2001 年加入 WTO 以来，中国在《TRIPS 协定》框架下，不断探索基于国家经济安全的中国知识产权发展路径。在全球化趋势加深，知识产权及其制度风险日益加大，严重威胁到我国企业安全、产业安全和国家经济安全的新形势下，从理论、政策和实务方面加大了探索力度。世界知识产权新秩序离不开中国，中国也离不开世界知识产权新秩序。

3. 当前乃至将来相当长的时期，防御性知识产权安全制度是中国知识产权安全法律发展的基础

按直接作用划分，知识产权安全制度可分为积极性安全制度与防御性安全制度。前者主要指从正面强调对知识产权的保护，现行国内外的知识产权制度一般侧重于积极性保护，因此，从主流来看，属于积极性知识产权安全制度。不过其中也有防御意义上的，典型的是知识产权例外制度和知识产权侵权的惩戒制度。也有防御意义上的积极性制度，即知识产权反垄断法律规范。防御性知识产权安全的视角和利益，是国家、消费者和公共利益。从全球范围来看，防御性知识产权安全对发展中国家更具有特殊意义，因为它总体上有利于发展中国家弱势知识产权的例外保护。而积极意义上的知识产权安全制度，是站在知识生产和供给者的利益和角度，强调的是知识产权的私权性和私人利益。从经济社会发展的趋势和要求以及知识产权及其制度新走向来看，国家、公共利益和消费者的比重在加大，知识产权的私权性在逐步向知识的需求者和公权转移。因为，从实践来看，片面强调知识产权的私权属性，已使知识产权法律制度偏离法律的最基本价值——正义和公平，而使天平向私人实则是美国跨国公司的利益严重倾斜。其最终不仅损害了知识产权消费者的利益，而且会由于知识产权垄断性带来的高价格使知识消费者难以承受。而知识产权市场的失去则同时意味着知识生产和拥有者的知识产权利益的整体丧失。从长期来看，这是一种损人不利己的选择。这也正是世界知识产权新秩序得以建立的客观基础。防御性知识产权安全制度的特点是"一板知识产权"（知识产权一板块指专利、商标和版权；二板块指传统性知识、遗传资源和民间文艺；三板块指基于世界知识产权新秩序的知识产权）的限制，"二板知识产权"的主要保护对象，制度的例外性、次要性、边缘性，利益主体的消费者、公共利益、发展中国家，与相关企业安全、产业安全、国家经济安全乃至世界经济安全①紧密关联。

第二节 中国知识产权安全法律制度现状分析

一 安全法律制度落后于知识安全和经济安全的需要

（一）知识资源安全已逐渐成为国家经济发展的重要基础，但需要相应的安全法律制度

改革开放以来，我国经济社会持续快速发展，科学技术和文化创作取得长足进步，创新能力不断提升，知识在经济社会发展中的作用越来越突出。我国正站在新的全球知识经济发展的新历史起点上，大力开发和利用知识资源，大力转变主要以有形资源为基础的粗放式经济社会发展模式，使可产权化的知识资源转变经济发展方式，缓解资源环境约束，提升国家的核心竞争力，满足人民群众日益增长的物质文化生活需要。不过知识风险和国家经济安全问题日益突出，现有的相关安全法律制度短缺，难以满足快速发展的知识风险和经济安全的新形势。

（二）知识产权安全法律制度在当代已成为知识资源和国家经济安全的重要的制度保障机制，但效果不尽如人意

当代知识产权制度本质上的职能是保护。保护，意味着现行知识产权通常处于高风险状态。因此，从严格意义上说，当代知识产权保护制度就

---

① 因为如果超级跨国公司掌握了决定世界经济稳定增长和发展走向的重大知识产权，而世界又缺乏国家反垄断法对其损害全球经济安全的垄断行为进行有效规制，那么整个世界的经济安全则会面临巨大风险。

是知识产权安全制度。如果将名义为一般制度或保护制度的现行知识产权制度明确称为知识产权安全制度，一方面有利于自觉地履行好制度的保护功能，另一方面也可自觉地围绕安全这一中心任务，理论上可以丰富和发展知识产权思想和理论，实践上可以更好地实现知识产权制度目标，维护和促进国家知识产权安全、科技安全、经济安全，实现国家和世界知识社会的健康发展。一般来说，知识产权制度是开发和利用知识资源的基本制度。知识产权制度通过合理确定人们对于知识及其他信息的权利，调整人们在创造、运用知识和信息过程中产生的利益关系，激励创新，推动经济发展和社会进步。在当今世界，随着知识经济和经济全球化的深入发展，知识产权日益成为国家发展的战略性资源和国际竞争力的核心要素，成为建设创新型国家的重要支撑和掌握发展主动权的关键。国际社会更加重视知识产权，更加重视并鼓励创新。发达国家以创新为主要动力推动经济发展，充分利用知识产权制度维护其竞争优势；发展中国家积极采取适应国情的知识产权政策措施，促进自身发展。

二 发展性知识产权安全法律制度与发达性的不平衡

我国知识产权安全法律制度框架已初步建立，但以发达性知识产权安全法律制度为主，与我国目前乃至相当长时期内关系更为密切且具有优势的发展性知识产权及其安全法律制度不对称，与快速发展的知识产权及其国家宏观经济安全和微观产业和企业安全的需求相脱节。

改革开放以来，我国逐步建立并完善了知识产权法律体系，中国知识产权安全法律制度的框架和基础开始奠定。1979 年中美达成的《中美贸易关系协定》第 6 条规定：双方同意设法保证给予对方的法人或自然人以专利和商标保护。1979 年颁布的《中外合资经营法》第 8 条明确规定：中外合作者的投资或者提供的条件可以是现金、实物、土地使用权、工业产权、非专利技术和其他财产的权利，第一次把工业产权作为一种无形资产确定下来。1983 年颁布《商标法》及实施细则，1980 年 1 月中国专利局成立。《专利法》在 1984 年 3 月 12 日第六届全国人大第四次会议上通过。我国从 1979 年开始起草著作权法。国家版权局根据国务院的决定做出提案，于 1989 年 12 月 24 日由国务院总理签署，提交全国人大常委会审议。全国人大常委会 1990 年 9 月 7 日通过了《中华人民共和国著作权法》，1991 年 5 月 30 日由国家版权局发布《中华人民共和国著作权实施条例》，进一步增强了其可操作性并加强了著作权行政管理。①

2008 年，中国知识产权立法在法律、规章和司法解释层面，对我国现行的《专利法》《商标法》《版权法》等积极性知识产权保护性安全法律，进行了较大幅度的修改和具体化。② 2008 年 12 月 27 日，十一届全国人大常委会第六次会议表决通过了《全国人民代表大会常务委员会关于修改〈中华人民共和国专利法〉的决定》。修订后的《中华人民共和国专利法》（以下简称《专利法》）于 2009 年 10 月 1 日起施行。为确保修订后的专利法实施条例与《专利法》同时施行，国家知识产权局形成了《中华人民共和国专利法实施条例修订草案（征求意见稿）》。国家知识产权局研究修订了《专利实施许可合同备案办法》《专利权质押合同登记办法》。国家工商行政管理总局于 2008 年确定了《商标法》修改的原则和主要方向，草拟了《驰名商标认定工作细则》，制定并实施了《商标审查及审理标准》《商标实质审查工作规程》《商标审查质量管理暂行办法》《商标审查质量检查评价标准》等一系列规章制度，完善了《关于商标评审案件提前审理范围的规定》《商标评审案件审理工作制度》等一系列工作制度。国家版权局于 2008 年完成了《中华人民共和国著作权法》（以下简称《著作权法》）第二次修改的调研工作，形成 80 余万字的《著作权法第二次修改调研报告汇编》。2008 年最高法院进行了《关于审理侵犯商业秘密刑事案件适用法律若干问题的解释》的起草工作，知识产权庭起草的《关于在审理侵犯商标权等民事纠纷案件中保护驰名商标应用法律若干问题的解释》正在进行修改，《关于审理知识产权行政案件若干问题的规定》的初稿已经完成。2008 年 2 月 18 日，最高人民法院公布了《关于审理注册商标、企业名称与在先权利冲突的民事纠纷案件若干问题的规定》。

对发展性知识产权安全法律制度，则仅在规章层次对民间文艺、农业植物新品种进行了初步制定工作。对我国长项的传统性知识、其他遗传资源未予以涉及。

国家版权局于 2008 年组织相关专家、学者对《民间文学艺术作品著作权保护条例（征求意见稿草案）》和民间文学艺术保护立法工作中存在的焦

---

① 陈昌柏：《对中国知识产权制度发展的回顾》，http：//online. jjtvu. cn/file_ post/display，2010 年 11 月 17 日。

② 国家知识产权局：《2008 年中国知识产权保护状况》，http：//www. sipo. gov. cn/sipo2008/zwgs/zscqbps/200904/，2010 年 11 月 17 日。

点问题进行了深入的讨论，并对征求意见稿草案进行了修改，加快了《民间文学艺术著作权保护条例》的起草工作。2008 年 5 月，文化部颁布了《国家级非物质文化遗产项目代表性传承人认定与管理暂行办法》。农业部于 2008 年发布了《第七批农业植物新品种保护名录》、《农产品标志管理办法》、《农产品地理标志登记程序》和《农产品地理标志使用规范》，修订了《农业植物品种权申请审查指南》《农业植物新品种测试工作手册》《农业植物新品种保藏工作手册》等规章制度，起草了《农业植物品种命名规定（送审稿）》，开展了修订《植物新品种保护条例》的调研工作。

我国近年来的知识产权执法水平不断提高；知识产权拥有量快速增长，效益日益显现；市场主体运用知识产权的能力逐步提高；知识产权领域的国际交往日益增多，国际影响力逐渐增强。知识产权制度的建立和实施规范了市场秩序，激励了发明创造和文化创作，促进了对外开放和知识资源的引进，对经济社会发展发挥了重要作用。但是，从总体上看，我国知识产权安全法律制度仍不完善，自主知识产权水平和拥有量尚不能满足经济社会发展的需要；对在华跨国公司滥用知识产权危及我国企业、产业和国家经济安全的行为，缺乏有强制力的保障手段；社会公众知识产权制度的安全意识仍较薄弱，市场主体运用知识产权维护安全利益的能力不强，危害知识产权安全的现象还比较突出，知识产权安全服务支撑体系和安全法律制度人才稀缺，知识产权安全法律制度尚未真正建立。

三　安全法律制度发展的经验和教训①

回顾中国知识产权制度发展的历史，有两个在国际知识产权法律安全保护方面是具有创新意义的经验事例。

一是中国的《计算机软件保护条例》，以专门法律保护创新模式，有力地维护了我国的计算机软件安全。尽管中国《著作权法》的出台举步维艰，但是也有庆幸之事，那就是中国以十分迅速和简单的程序于 1991 年 5 月 24 日通过了《计算机软件保护条例》，使计算机软件这一特殊的著作权客体保护有了依据。在 20 世纪 80 年代，美国、日本先后以著作权法律模式来保护其计算机软件。而当时的中国能够在美国、日本和其他大多数国家采用修

---

① 陈昌柏：《对中国知识产权制度发展的回顾》，http：//online. jjtvu. cn/file_ post/display，2010 年 11 月 17 日。

改著作权的情况下，制定专门的计算机软件专门保护条例，这是中国知识产权制度建立的创新。2001 年主张用版权法保护计算机软件的美国，却又将计算机软件和商业方法列为专利法保护的范围，原因很简单，因为美国的计算机软件和电子商务在国际上处于领先水平，版权保护不能充分而有效地保护美国的国家利益。《计算机软件保护条例》的颁布，为我国的信息产业的发展起到了巨大的促进作用。

二是中医药专利制度。1993 年 9 月 4 日我国修改了《中华人民共和国专利法》，增加了对药品和用化学方法获得的物质的保护，延长了保护期限，并且将方法专利的效力延伸到依照该方法直接获得的产品上。这使中国根据传统文化中医学制成的药物获得专利保护。WIPO 在一份研究报告中高度评价了中国利用专利制度对传统科学知识创新予以专利保护的做法，并指出 2001 年中国在中医药领域里的革新被授予了 3300 项专利。

第三节　中国知识产权安全法律制度设想

一　总体构想

（一）指导思想

中国作为 WIPO 和 WTO 等组织的一员，应该自觉遵循现行知识产权达成的规则，履行好自己的国际义务；同时，应该积极推动世界知识产权改革，并推进公正有效的知识产权新秩序的早日建立。作为最大的发展中国家，中国既要充分创设和享有世界知识产权例外制度给予的优惠待遇，又要考虑其既同于又不同于其他发展中国家知识产权法律安全发展的中国特色途径。这是中国知识产权安全法律制度设计的基本指导思想。遵循现行知识产权国际规则，享有发展中国家的例外待遇，借鉴国外的成功经验，运用国家知识产权战略等公共政策工具，选择中国式知识产权安全法律发展机制与模式，以改革现行不合理的知识产权制度和机制，降低其带来的风险，推动世界知识产权新秩序的建立。

中国安全法律制度的构建应立足于我国的知识产权问题、国家经济安全利益与全球化的恰当平衡。发展中国家积极推动制定保护遗传资源、传统性知识和民间文艺的国际规则，以抗衡发达国家在专利、商标、版权等知识产权方面的巨大优势，维护自己的利益。利用知识产权制度业已形成的高保护，推动国民在高新技术与文化产品领域的创造与创作。国家战略性经济安全和经济发展利益，是中国知识产权制度选择的根本标准；充分认识和利用国际知识产权框架给予我们制定、实施和发展中国知识产权法律制度的权利空间，才有可能获取最大最优的制度收益。难点在于不同知识产权的不同制度的建立及其协调，以及在知识产权制度全球化大趋势下，如何制定充分反映国家经济安全利益和促进我国和世界经济社会可持续发展的合理的中国知识产权法律制度。

（二）基本原则

1. 在新秩序框架内

在全球化趋势增强的条件下，国家知识产权安全制度只有纳入世界知识产权新秩序框架内，才有可能稳健和可持续。安全是法律的一般价值，也是世界知识产权新秩序的本质之一。在知识产权及其制度风险不断加大的今天，国家乃至世界经济安全、技术安全、知识安全的问题日益突出，其有效解释及解决方案，世界知识产权新秩序可能是一种较优的选择路径。公正并有效地维护知识产权安全秩序，这是中国知识产权安全法律制度的直接和首要原则，通常也是诸知识产权立法的宗旨之一。以世界知识产权新秩序为总指导思想、出发点和归宿，即在世界知识产权新秩序框架内设计中国知识产权安全法律制度，知识产权安全制度必须在世界知识产权新秩序的框架下。

2. 保障国家知识安全和经济安全

知识产权安全制度的制定，往往与其对本国经济安全与发展是否有积极促进作用为重要前提。理想的知识产权安全制度应该有利于保障我国重要的国家知识安全，有效治理知识风险，包括已产权化和将产权化的知识；也包括科技、著作、商标等知识，以及传统性知识（含传统知识、民间文艺）、遗传资源和其他可能影响我国经济发展的重要的新知识。知识产权安全法律制度的基本属性是保证知识产权的安全，保护知识产权权利人、使用人、消费者、社会及其之间稳妥有序地行使合法权益及各权益之间的最优或次优均衡。这一原则是知识产权法定主义和知识产权发展主义的原理要求，尤其是后者。

有利于维护企业安全、产业安全、生态安全和国家经济安全，维护本国经济平稳健康发展。知识产权及制度既是推动经济增长安全和经济发展安全的有强制力的独特工具，又是对权利主体正当安全利益侵害和制造风险的防治利器，还是中国可持续发展的重要制度依托。对绿色知识产权制度的探索①，对国家乃至世界生态安全都是福音。

国家利益至上。安全法律制度构建的基础应立足于我国知识产权问题、国家经济安全利益与全球化的恰当平衡。积极性知识产权安全制度按国际最低标准，防御性知识产权安全制度向最高标准看齐。

3. 国际规范性，符合当代法理

借鉴了外国知识产权安全法律制度的观念、规范和实践的经验与教训，充分吸收《TRIPS 协定》等现行世界知识产权制度及例外制度等相关要素，并与我国应承担的国际知识产权义务不冲突。符合国际知识产权基本规则，否则极易被诉且败诉。能有效应对诸如中美知识产权在 WTO 的 DSU 争端的挑战。考虑将来便于把中国占优势而国际上还不保护或者多数国家尚不保护的如传统性知识、民间文艺和遗传资源等有关客体纳入国际知识产权保护的范围，促进传统性知识的挖掘、保护、利用、管理和发展。国际规范性还表现在应考虑在全球化开放条件下，对其影响的不确定关键因素复杂多变，而国际政治和国际经济是最重要的两个影响因子。

有科学依据支撑和较坚实的法理基础。制度的逻辑严谨，符合分析实证主义对法律制度的基本要求。制度的预期效果较好。符合当代法理和法律制度自身的逻辑。

4. 抓住重点领域

紧紧抓住安全法律制度的重点，从中国及其他发展中国家安全法律制度，包括法律安全规范、法律安全模式、法律安全机制等方面建设和发展的角度，特别是重点从传统性知识保护制度、知识产权反垄断法律制度、专利强制许可制度、版权合理使用制度、中华老字号保护制度、绿色知识产权生态安全制度、多哈知识产权议题的中国安全制度等直接关乎我国经济安全的重点知识产权安全法律制度的视野，促进世界知识产权新秩序的建立。

二　中国知识产权安全法律制度设计

中国知识产权安全法律制度设计可以参照发展中国家的一般思路，还

---

① WIPO 正在与各成员合作，寻求建立绿色知识产权信息数据库和知识产权制度。

应结合自身特点。法律制度是一部法律的基础，通常某部法律总是由若干法律制度构成①。从安全的角度来看，若干安全法律制度构成某一类法律，例如由知识产权若干安全法律制度，可以构建知识产权法律。知识产权安全法律制度的质量和数量，直接影响到知识产权安全法律的优劣。本书按照构建理想的中国知识产权安全法律制度的基本要求，从全球化趋势下维护我国国家经济安全利益的角度，在承担知识产权国际义务的框架内，选择我国具有优势的诸如传统性知识、遗传资源和中华老字号等，将其安全法律制度化，以保障我国可产权化的具有重要经济价值和人文价值的历史文明积累知识安全；制定知识产权反垄断法，以应对在华跨国公司滥用知识产权的行为；强化专利强制许可制度，特别是在经济安全和公共健康安全领域；对前沿性的并对中国乃至世界低碳技术等知识及经济贸易安全有重大影响的绿色知识产权制度创建、多哈知识产权新议题的中国等发展中国家国际安全法律制度的新安排提供建议。

（一）传统性知识产权安全法律制度

一般人们（包括 WIPO）将传统性知识分为传统知识和民间文艺，但本书则将传统知识、民间文艺概括为一类，即统称为传统性知识。主要是考虑到传统知识、民间文艺的共同特征是具有传统性质，均来自特定国家或地区的长期集体生产和生活，具有强烈的区域性、长时间性、传统价值一体性（世代相传的统一的精神、制度、风俗、艺术等）。WIPO 认为，传统知识和民间文艺有内在的紧密联系，土著和传统社区常常视其民间文艺表现形式与传统知识不可分割，如医疗和环境知识、与生物资源有关的知识②。当然，传统知识侧重技术知识产权之源的商业价值属性，而民间文艺不仅有版权知识产权之源的性质，还有文化多样性等精神价值的功能。从这个意义上说，可以将传统知识和民间文艺分类研究。但本书着重研究这些知识的经济影响，而非研究其文化多样性等精神意义，因而，在忽略民间文艺的精神价值的时候，传统知识和民间文艺则自然可归为一体来研究了。

另外，传统性知识对发展中国家来说具有特殊意义，一般来说，发展

---

① 法律规范是法律制度构成的基础单元，通常一部法律制度由若干法律规范组成。
② 在这里，WIPO 实际上将遗传资源归于传统知识范畴。而本书则将遗传资源单列，因为遗传资源具有诸如生物多样性等传统知识所不具有且差异较大的特殊属性。

中国家的传统知识较为丰富，但传统知识的流失却非常严重而亟须发展。

1. 安全制度总思路

传统性知识产权安全法律制度不同于一般的知识产权安全法律制度，尽管从整体上说，传统性知识产权法律制度，其本身就是一部知识产权安全法律制度。本研究从制度、安全的双维特定视角来研究传统性知识产权法律制度。这里的传统性知识，包括传统性知识、民间文艺和遗传资源。

中国传统性知识产权安全法律制度的建立，应在世界知识产权新秩序的框架内，考虑全球化趋势和国家经济安全的背景，参照发展中国家知识产权安全法律制度的发展思路，结合中国防御性知识产权安全法律制度的现状、问题及发展趋势。

关于传统性知识产权安全法律制度的设计，英国政府针对其组织的知识产权委员会发布的报告《知识产权与发展政策的回应》（以下简称《回应》），提出了许多有价值的思路。

《回应》指出，传统性知识在发展中国家许多贫困社区的生活中起着重大的作用。保护传统性知识的问题远远超出了如何应用知识产权保护措施来保护传统性知识的问题。在传统性知识保护与知识产权保护的互动中获得公平合理的解决方案是很重要的。中国作为《生物多样性公约》的签约国，应该公平地分享传统性知识使用所产生的利益，而且《TRIPS 协定》以及《生物多样性公约》应该以相互支持的方式来执行。《CBD 公约》采用了 2002 年 4 月在海牙举行的生物多样性公约缔约方大会上所做的《获取及惠益分享指令》。它们将为各国政府及利害相关者在执行《生物多样性公约》的使用及利益分享安排时提供有价值的参照点。在许多论坛上考虑这个问题，同时确保形成连贯一致的方法且避免重复做功是有益的。WIPO 应起到重要的作用，但有关问题远远超出了传统意义上的知识产权问题，因此最好采用多方协作的形式，并包含国家内及国际的进程。有关辩论应该在国际范围内并在官方论坛（如 WIPO 或 CBD）上继续进行，而且还应该在利害相关者之间的非官方对话中继续进行。本书认为，《回应》实际上指明了发展中国家的传统性知识有效保护的国际路径，发展中成员应充分利用 CBD，同时注意与知识产权保护相互平衡；还可利用官方或民间论坛进行对话的方式，使利益相关者的利益达成一致。

《回应》还表明，一旦可行，就应将传统性知识的数字图书馆资料并入各专利局的最低限度检索文档中，以确保其所含资讯在专利申请的审查过程中得到考虑。传统性知识的拥有人应该在决定其传统性知识是否应该包含在任何数据库中起关键性作用，并且还应该从该资讯的任何商业开发利用中获益。在帮助确保在充分了解现有"在先技术"的基础上授予专利方面，这些图书馆将起到极为重要的作用。但这种图书馆内的资讯只能在那些对有关知识有请求权的人同意下才能被纳入。在这里，《回应》道出了保护传统性知识的又一途径：传统性知识的数字图书馆办法。通过传统性知识的数字库的方法，将传统性知识作为专利中应考虑的在先因素。

中国传统性知识产权安全法律制度体系，由数据库制度、事先知情同意制度、信息来源地披露制度、注册登记制度、惠益分享制度、名著特殊保护制度六大板块制度构成。这些制度设置的目的在于：不应在未获得同意并做出公平利益分享安排的情况下被他人不正当使用。从更广泛的角度来讲，这要求更多地尊重和承认传统知识持有人的价值观念和贡献①。

2. 数据库制度

由于目前绝大多数传统性知识并未文献化，而专利审查机关在审查专利申请的新颖性和创造性时，主要是通过检索国内外公开文献来完成的。传统性知识数据库是对传统性知识信息进行系统编排或汇集而成的，既可以为公众或机构使用，也可以仅为私人使用，其目的主要在于避免不当专利的授予，维护传统性知识信息安全及其信息的安全使用。

知识产权的重要性日益增加因而日益受到关注。一些国家努力建立数字化的传统性知识数据库，并访问世界各地的专利审查员。如果专利申请索赔是尝试在现有的传统性知识的发明，专利审查员可驳回申请，只要可以找到证据证明这些知识事先存在。目前世界上已经建立的传统性知识数据库中，印度的传统性知识数字图书馆和中国的传统中药专利数据库比较知名。

为避免不当专利的授予，WIPO 等国际组织建议应建立全球传统性知识数据库，作为已有技术知识的汇集，为各国专利审查机关审查专利的新颖性和创造性提供参考。2010 年 11 月 18 日在中国，WIPO 总干事弗朗西斯·高锐先生在与中国国家版权局局长柳斌杰共同主持的国际版权论坛和"音乐：唱响未来"博览会的开幕式上指出，虽然数百年来音乐界经历了许多

---

① 这是 WIPO 关于传统性知识知识产权保护的观点，既有防御性的（诸如不当利用），又有积极性的。详见 WIPO《知识产权与传统文化表现形式/民间文学艺术》。

次技术变革，但任何一次都不如数字技术来得更具挑战性。他说，商业模式在随之调整，但未必十分顺利，足以让市场得以维持。高锐先生进一步指出，要使这些商业模式真正有效，需要满足一项根本的条件，这一条件便是：确保在线利用的法律形式符合在线环境中行为人的希望。行为人希望的全球化市场是：让作曲者、表演者及其商业伙伴能直面全球观众，消费者可望拿到全球总曲目，实现这些希望所需的交易得以简单、迅速甚至自动完成的一片空间。高锐先生说："由于无法将法律形式与在线环境中行为人的希望统一起来，因此盗版问题愈发严重，因为非法手段要比合法手段更能轻易地满足这些希望。"为了实现这一必要的统一，他提议建立一种简单、快捷的全球许可制度，这要求第一步先建立一个全球总曲目数据库，以便许可交易有据可依。高锐先生强调说："建立全球总曲目数据库的想法已到了可以实现的时候了。这将成为数字经济和社会全球基础设施中的一个根本组件。"弗朗西斯·高锐关于创建全球总曲目数据库的思想，对中国等发展中国家建立数据库制度具有重要的启示意义，即要建立 WIPO 全球知识产权数据库框架下的中国传统性知识数据库及其法律制度。

3. 印度的传统性知识数据库面向美国等国开放，提高了传统性知识的安全系数

2009 年 11 月 23 日，美国商务部、美国专利和商标局（USPTO）宣布，印度政府决定允许该机构的专利审查员进入一个新的数字化数据库，其中载有印度传统性知识的汇编。

数据库的功能尽管可以防止不当专利的授予，但也存在问题。一是将传统性知识纳入数据库，进而被视为已有技术的做法，原则上是针对所有传统性知识的，但对于具有秘密性的传统性知识而言，若未采取充分措施加以保护就将之纳入数据库置于公共领域，则是相当危险和不适用的。二是数据库并不会赋予传统社群对传统性知识的权利，而是由数据库的建立者获得著作权，而且该数据库事实上为传统社群之外的人提供了更多取得传统性知识的机会。他们凭借先进技术和工具的优势，反而更有可能发展出有价值的发明。数据库不但无法为传统社群在传统性知识上提供更多的权利，而且在无形中更有可能损害主体潜在的经济利益。当传统性知识被纳入数据库中使公众可以获得时，也使使用者未经该知识持有人的事先告知同意便可以使用传统性知识，可以说数据库实际上已经破坏了对习惯性使用相关传统性知识的限制。三是传统性知识中很大一部分是通过耳耳相传的方式得以传承的，而由老者或智者保存下来的口头传统性知识，客观上可能不易甚至无法文献化，或者其所有者主观上不愿将之文献化。因此，也就无法通过数据库成为已有技术的有效调查资料，进而阻碍对于传统性知识剽窃行为的发生。四是鉴于数据库中的传统性知识被视为已有技术，数据库也就不能保证传统社群得以分享因使用该知识所产生的利益。①

传统性知识的数据库制度，在我国已经建立并取得实效。现在关键是如何从维护我国传统性知识安全和相关产业安全的角度，加强和完善该制度，比如建立更开放的数据库制度，与国外特别是大多数发达国家相关部门的有效数据信息和专利信息交流制度和机制。

4. 事先知情同意制度

事先知情同意制度，是《波恩准则》② 建立的重要制度，其要求获取遗传资源需要取得资源提供国的事先知情同意，并明确规定给予知情同意的主管部门、时间、使用说明、取得事先知情同意申请的项目、与利益相关主体的协商机制以及申请许可的程序。此外，《波恩准则》还明确了事先同意制度应遵循的基本原则：法律上的确定性和清晰性；应促进以最低成本利用遗传资源和相关传统性知识；对利用遗传资源和相关传统性知识的限制应依据法律予以透明化，并不得有悖于《生物多样性公约》的各项目标；应得到传统性知识提供国的国家主管机关同意，并应酌情根据具体情况和按照国内法律取得利益相关者的同意，例如获得原住民族和地方社群的同意。目前实践中已有国际组织通过决议形式落实了事先知情同意制度，并取得了较好的效果。但是事先知情同意制度也面临难题。其一，很多传统性知识可能仅为某些个人或家庭所掌握，那么使用者是要求取得整个社群抑或仅取得该个人或家庭的事先知情同意即可？对此，《波恩准则》并无明确规定，各国也未见成熟有效的做法。其二，如果传统性知识由若干不同

---

① 周方：《传统性知识法律保护模式比较研究》，《科技与法律》2009 年第 2 期。

② 为履行《生物多样性公约》与遗传资源获取与惠益分享相关的规定，于 2001 年 10 月 22 ~ 26 日在德国波恩召开的"获取和惠益分享问题不限名额特设工作组会议"上达成《关于获取遗传资源并公正和公平分享通过其利用所产生的惠益的波恩准则》（以下简称《波恩准则》）。《波恩准则》的目标是：提供缔约方和利益相关者一个透明的框架来促进获取遗传资源和公平分享惠益；特别是向发展中国家尤其是最不发达的国家和小岛屿发展中国家提供能力建设，以确保有效谈判和实施获取与惠益分享的安排；加强资料交换所机制；帮助各缔约国建立保护土著社区知识、创新和实践的机制及获取与惠益分享制度。

的原住民族和地方社群拥有，则可能发生在取得事先知情同意时各社群意见不同的情况。这些都影响了事先知情同意的有效性。[①] 事先知情同意制度，在我国传统性知识保护体系中，应当建立和完善。

5. 信息来源地披露制度

来源披露制度，是指对于从传统性知识或遗传资源中得出或基于传统性知识或遗传资源开发出来的研究成果，要求专利申请人在专利申请时披露其所利用的传统性知识或遗传资源的来源的制度。来源地披露制度实际上是一种与专利制度结合使用的传统性知识特别保护制度。该制度要求专利申请人对传统性知识来源地履行披露义务，即在专利申请过程中，由传统性知识组成或根据传统性知识研发出的智力成果的专利申请者应明确说明该知识的出处，并提供证据表明该知识的取得已获得该来源国或持有者的事先告知同意。其重点在于扩展现有专利制度中的信息披露制度，更进一步赋予专利申请人以特殊披露义务。

该制度的好处在于：一是有利于避免不当专利的产生。通过本国专利审查机构的审查，可以促进对利用本国传统性知识或遗传资源的研究开发活动的监督，防止本国传统性知识与遗传资源的流失。披露的要求使得专利审查机关能够更为准确地判断那些涉及传统性知识的特殊专利申请是否符合创造性要求，而且通过加强国家追踪其所核准的不当专利及重新审核该专利有效性的能力也会对不当专利的产生起到警示和预防作用。二是有利于促进在利用传统性知识之前，先落实符合国内法规的事先告知同意及公平利益分享制度，提高专利申请人（发明人）同利益相关者进行交涉的积极性，促进交易的公平性与公正性，最终确保利益相关者分得利益的机会。三是可以提高国际社会对本国传统性知识与遗传资源的认识。四是明确获取传统性知识与遗传资源的条件，可以满足产业界及研究界对传统性知识或遗传资源的获取需求，对获取或利用本国传统性知识或遗传资源的行为进行统一有效的规制。[②]

但在实践中，来源地披露制度也存在以下问题：首先，专利制度具有地域性，而来源地披露制度仅适用于已将其纳入国内立法的特定国家或地区，对其他国家无法适用，必然无法根绝全球性的不当专利授予及传统性

---

① 周方：《传统性知识法律保护模式比较研究》，《科技与法律》2009 年第 2 期。

② 金锡华：《关于我国传统性知识、遗传资源的保护》，《贵州民族学院学报》（哲学社会科学版）2010 年第 1 期。

知识剽窃问题；其次，根据《TRIPS协定》第27条、第29条以及第62条的规定，专利要件应禁止给予专利申请人其他不合理的程序及形式负担。因此，若增加对所使用传统性知识来源地的披露作为可专利性的要件，则可能涉及违反《TRIPS协定》的问题；再次，如前所述，来源地揭露制度实际上与事先告知传统性知识主体并获取使用许可及公平分享利益制度密切相关。那么，如果来源地因确实无法考证而没有予以披露，是否就无须履行事先告知许可与利益分享的义务？进而，如果该传统性知识涉及多个民族或社群，是要求披露所有来源还是其一即可？是要求事先告知所有主体获取许可并进行利益分享还是与被披露的某一主体建立上述关系即可？故而，来源地披露制度目前在理论和实践中尚存在一定的障碍，因此也就难以真正落实。①

关于来源地披露问题，曾在《生物多样性公约》缔约国会议及世界知识产权组织、世界贸易组织、联合国粮农组织等诸多国际会议上进行过多次讨论，但均未得出解决办法。在此背景下，许多国家纷纷采用通过国内法保护传统性知识与遗传资源的战略，我国也在2008年12月27日修改了《专利法》。自1999年9月在世界知识产权组织第三次专利法常设委员会上由哥伦比亚提议以来，来源地披露问题第一次在国际性交涉场合得到了实质性议论。

我国现行法律制度及国务院于2008年6月颁布的《国家知识产权战略纲要》明确提出，要"适时做好遗产资源、传统知识、民间文艺和地理标志等方面的立法工作"。可以说，在如何保护传统性知识与遗传资源的问题上，我国尚无系统的可依据适用的法律法规。2008年修改后的《专利法》，正式引进了对遗传资源的来源地披露制度，这一举措是对实施保护传统性知识与遗传资源战略的重大进步，是符合当今国际社会舆论潮流的。修改后的专利法首次以法律明文的形式对遗传资源做出了规定，即设置了遗传资源来源地披露制度（《专利法》第26条第5款）。该来源披露制度规定：对于依赖遗传资源完成的发明创造，专利申请人负有披露该遗传资源来源的义务，包括直接来源与原始来源。另外，对于依赖遗传资源完成的发明创造，申请人无法披露遗传资源的原始来源的，应当陈述理由。同时《专利法》第5条第2款还规定："对违反法律、行政法规的规定获取或者利用

---

① 周方：《传统性知识法律保护模式比较研究》，《科技与法律》2009年第2期。

遗传资源，并依赖该遗传资源完成的发明创造，不授予专利权。"上述规定，意味着我国《专利法》原则上要求申请人披露遗传资源的直接来源或原始来源，但在申请人无法披露原始来源的情形下，只要无法披露原始来源的理由充分且合理，仍允许申请人获取专利权。可以说，我国《专利法》的态度基本与瑞士提案相吻合，不仅赋予了专利申请人较大的申请空间，还为法律制度得以切实贯彻实施提供了有效的保障。但修改后的《专利法》对传统性知识未做出任何规定。如果说，通过普遍性逻辑无法得出"遗传资源这一概念包容传统性知识领域或范畴"的结论，在《专利法》修改过程中未引进传统性知识来源披露制度，应当说是一大遗憾。同时，要保全与保护我国传统性知识与遗传资源，我国应尽早完成并建立关于传统性知识与遗传资源的文献目录，这也是我国贯彻实施来源披露制度的必然要求。[①]

6. 注册登记制度

注册登记制度是对传统性知识的行政确认，以增强传统性知识的证据性和信息安全性。建立传统性知识登记制度，是发展中国家对发达国家跨国公司生物盗版行为的一种直接回应。这种登记可以分为两种：一是开放式的，二是秘密式的。所谓开放登记，是指可以与第三方共享的登记。这种登记主要是为了防止生物盗版事件中错误专利授权的发生。例如，哥斯达黎加在1998年制定的《生物多样性公约》中建立了传统性知识登记制度。根据该法，土著人可以自愿登记他们的知识。如果知识已经登记，技术办公室可以拒绝认可那些与该登记知识相关的未经传统性知识持有人明确示意而获得的知识产权。所谓秘密登记，即不能与第三方共享的登记。这种登记实行秘密数据库管理，以商业秘密的方式保护传统性知识持有人提供的知识。例如，厄瓜多尔在美国发展银行的资助下启动了一个名为"将传统性知识转化为商业秘密"的实验项目。该项目将传统性知识保存在秘密数据银行里，获取这些知识需要进行商业秘密谈判。

建立传统性知识登记和数据库的理由主要有三个。一是这些知识可以构成在先技术，并震慑生物盗版。二是这种方式是对传统性知识进行特殊保护的有效法律形式。但是，有学者认为，使用登记方法不仅会使传统民

---

① 金锡华：《关于我国传统性知识、遗传资源的保护》，《贵州民族学院学报》（哲学社会科学版）2010年第1期。

族作为原材料生产者和成品进口者的不平等经济格局永久化，而且也暗中否认了传统民族在培养、改进和保护遗传资源方面的智力成果。还有学者认为传统性知识数据库有以下局限：首先，传统性知识数据库使传统性知识更容易被生物盗版。传统性知识数据库提供了真正的信息源和生物开发机会，它增加了而不是减少了未经许可授权而利用知识资源的可能性；其次，传统性知识数据库缺乏作为特殊保护形式的可实施性。传统性知识数据库需要不断更新，高昂的成本足以成为阻碍这种庞大数据库发展的因素。三是注册登记制度作为一种传统性知识特殊保护制度，也很好地确认了传统性知识权利，对后续保护措施的采取奠定了基础。

建立不开放的登记或数据库（即厄瓜多尔采取的做法），可以增加传统医药知识的可交易性，是一种有益的尝试，但在一定程度上不利于信息的传播。建立开放式的传统性知识登记或数据库对于人类学上的传统性知识保护是有意义的，有些口头传承的知识如果不加以记载可能有永久消失的危险。但这种记载是否能阻止生物盗版却需要具体分析。以传统医药知识为例，就植物或动物医药用途的一般性披露不可能阻止专利授权，只有当这种记载描述了有效化学物质，从而通过常规分离方法就足以分离出化合物时，才有可能阻止专利授权，而这类描述在传统医药知识中是很少的。因此，开放式的传统性知识登记或数据库并不是阻止生物盗版的理想途径，真正可能抑制生物盗版的途径也许是对传统性知识设置权利，通过增加交易成本限制对传统性知识的利用。[1] 还有学者认为，怠于注册登记的情形和登记的代表难以确定，也是注册登记制度的难题[2]。

中国传统性知识的注册登记制度，可以吸收上述成功的做法，建立开放式注册登记制度，以防止不当专利授权的发生。而秘密式注册登记制度在中国目前的情形下不太适应，这是因为我国传统性知识权利人运用知识产权安全制度的能力较弱，在与外国跨国公司的谈判中，没有政府的帮助，很容易处于劣势，签订的合同往往会显失公平，以致危及传统性知识的安全利益。

7. 惠益分享制度

传统性知识的惠益分享制度是发展中国家积极保护长项知识产权的一

---

[1] 杜瑞芳：《我国传统医药知识特殊保护制度探讨》，《社会科学家》2007 年第 1 期。

[2] 周方：《传统性知识法律保护模式比较研究》，《科技与法律》2009 年第 2 期。

种重要制度。该制度的制定和实施对我国是一个新挑战。为减少制度探索成本，可以借鉴他国的成功经验，吸取其失败教训。

惠益分享制度的失败教训。巴西保护传统性知识的法律正在失败，现有法律下难以实现利益分享。加强原住民社区对其地方传统性知识权益的全球性运动在很大程度上已经失败。位于蒙特利尔的国际生物技术专家组在其报告中说，这导致了原住民的知识产权要求下降到了很少的地步。例如，在巴西，依靠当地力量仅仅开发出 7 种植物疗法，而外国人在世界各地就类似品种提交的专利达 700 种。这份报告写道，试图确保众多原住民社区利益共享的努力受阻于过分强调知识产权的所有权，这已经证明对于进步是一种阻碍。他们举了巴西的例子。巴西 2001 年通过旨在保护原住民权益的法案。该报告的作者之一、巴西国际贸易与发展法律研究所研究员 Edson Beas Rodrigues 说："我们的立法确保原住民社区的知识产权，但是有太多彼此重叠的权利了。"利用传统性知识或者当地天然产品在理论上或实践上需要几个拥有其原住民团体的同意，而这些团体并不总是能在这些问题上达成一致。研究机构或者企业界无法获得这些知识，而原住民群体也无法从任何本可以进行的研究中获益。试图大力保护原住民的权利，以至于这些工作在实际上阻碍了利用传统性知识，不得不在确保知识产权和促进利用传统性知识之间达成平衡。

惠益分享制度的成功经验。根据《波恩准则》的规定，利益应当包括金钱性利益与非金钱性利益两大类。利益分享应遵循公平和公正以及发展中国家优先原则。《波恩准则》第 41 点根据《生物多样性公约》第 7 条第 7 款还规定了共同商定条件。依《波恩准则》第 43 点，双方协议的基本要求包括：对资源或相关传统性知识使用的规则，以便将道德因素纳入考虑范围；确保继续依照习惯方式利用遗传资源和相关传统性知识；关于知识产权的规定，包括研究合作、一般同意的授权规定；共同拥有知识产权的可能性。此外，还规定需要纳入双方协议的条件，如遗传资源和相关传统性知识的类型和数量、活动地理区域及对秘密性资料的处理方法等（第 44 点），拟分享利益的条件、义务、程序、类型及分配办法和机制（第 45 点、第 48 点）。目前，已有若干国家以其国内法规定了利益分享制度。如巴西在 2001 年公布的第 2186 - 16 号临时措施中对取得遗传资源有关的传统性知识提供了保护。该措施第 24 条规定：以相关传统性知识发展而来的产品或方法为经济上使用所得的利益，应与立约方公平、平等地分享。该措施第

25 条规定：利益分享应当包括分享利润、给付许可费、技术取得及移转、免费颁发商品或服务的使用许可及进行人力资源能力建设等。但在实践中，利益分享机制仍然面临问题。一是传统社群可能不熟悉非本族的语言，而且通常不具备知识产权、许可使用费等相关知识和商业谈判技巧。因此，在与通常来自发达国家的利用方就利益分享进行协商时，很有可能基于语言、教育等方面的劣势，而无法获得公平的利益。二是很多传统社群认为信息的使用不应受到限制，文化价值就在于分享。三是对于分布涉及多个社群的传统性知识而言，不同社群对于同一传统性知识的认识可能迥异，同一传统性知识对于不同社群的文化、经济和宗教生活也可能具有不同的意义。因此，很难建立一套在所有社群通行的利益分享体系。[①]

虽然《波恩准则》规定的惠益分享制度主要是针对生物多样性和遗传资源，但其基本思想和制度却可用于我国的传统性知识，特别是具有可专利性的诸如传统医药、传统工艺，以及可版权化的传统民间文艺等传统性知识。中国可将《波恩准则》的惠益分享制度移植于我国传统性知识的保护，并注入自觉和强势的安全因素，包括防御性的和积极性的。并注意吸取巴西的教训，加强惠益分享制度的有效性机制的建设，创设多权利人协调一致的激励制度。

8. 名著特殊保护制度

名著是国家的重要文化遗产，具有重要的文化多样性精神价值和巨大的商业价值，理应受到相应法律制度的有效保护。这里的"保护"是指采取制度措施，确保名著的生命力，包括其各个方面的确认、立档、研究、保存、保护、宣传、弘扬、承传（主要通过正规和非正规教育）、交易和发展。而特殊保护，则不同于一般的保护，是强力度的、高效的、方便的保护。

中国是具有几千年悠久历史的国度，经过世代的创造创作和积累，迄今为止已经遗留了一大批丰富和高知名度的名著，有的在东亚甚至世界上都具有相当大的影响力。近年来，我国的——诸如《三国演义》《水浒传》和《西游记》等——一批名著被日本和韩国等国家改编为动漫、游戏等现代版权产品而获取巨大商业利益，已对我国传统民间文艺知识的安全及其经济利益产生重大损害。

在联合国《保护非物质文化遗产公约》相关制度的基础上，参照驰名

---

① 周方：《传统性知识法律保护模式比较研究》，《科技与法律》2009 年第 2 期。

商标保护制度的思路和办法，结合中国名著的特点，研究和选择适宜的名著特殊保护制度体系。该名著特殊保护制度体系包括名著确认制度、名著国家财产所有制度、名著托管制度、名著分级登记制度、名著海外许可制度、名著交易制度和名著数据库制度。

(二) 生物等遗传资源安全法律制度

生物等遗传资源安全法律制度，除了上述传统性知识的数据库制度、事先知情同意制度、信息来源地披露制度、注册登记制度、惠益分享等安全制度以外（在这些制度中，遗传资源与传统性知识既有共性也有个性），还有卡塔赫纳生物安全制度。该制度具有特殊意义，是防御遗传资源后安全法律制度的先导和典范，可作为将来其他生物等遗传资源安全法律制度设计的成功经验样本。如果说均可适用于传统性知识和遗传资源的上述诸安全法律制度，是就知识产权之源意义来说的，那么，卡塔赫纳生物安全制度则是规范生物技术知识产权的产品，即知识产权之尾意义来说的。对发展中国家来说，知识产权之源的安全问题，主要表现为生物资源被盗而往往被发达国家的跨国公司作为开发和申请生物技术专利的素材，有的甚至是半成品或成品；而对知识产权之尾，即凭借遗传资源性生物技术，或者其他途径开发的生物技术，但大多是前者，生产的诸如转基因产品（GMOs)，该产品的安全性主要表现为：发达国家（通常是生物技术的主体）将其转基因等生物产品出口至发展中国家（通常是这样，因为发展中国家在生物技术及其产品上均是弱者），可能给发展中国家的生物多样性安全、生物产业安全、公民的健康安全等带来诸多风险。

随着生物技术产品的产业化水平不断提高和生物技术的安全问题，许多发展中国家不仅在处理生物技术产品环境安全方面的能力明显不足，而且对于纷纷而来的生物技术产品安全问题感到措手不及。因此，希望国际生物安全制度保障。同时，许多发达国家也考虑 GMOs 贸易。这些导致了《卡塔赫纳生物安全议定书》（以下简称《议定书》）的诞生。但在协议的谈判过程中，发展中国家与发达国家进行了艰难的博弈。大多数发展中国家鉴于自己处理生物技术安全问题的能力太弱，对 GMOs 的越境转移表示谨慎和忧虑，它们坚持以预防为主的原则，主张制定一项国际法规来规范和约束 GMOs 的越境转移，以减少其对生物多样性和人体健康的负面影响。这一类国家主要由 77 国集团和中国组成，被称为"意见一致集团"。而另一组被称为"迈阿密集团"的国家因为担心《议定书》规定太严会妨碍其从生物技术及其产品的出口中获得巨大的经济利益，因此其希望能够确保GMOs产品的自由贸易，而没有烦琐的官方批准手续，也不愿发生因环境保护而导致的贸易保护主义壁垒。迈阿密集团代表着GM作物种子和产品的6个主要出口国，即阿根廷、澳大利亚、加拿大、智利、美国和乌拉圭。

《议定书》的安全制度有如下三方面。一是提前知情同意程序。《议定书》第7条规定，对于拟有意向进口缔约方的环境中引入改性活生物体，在其首次有意越境转移之前，适用"提前知情同意程序"。第8条规定出口缔约方应要求出口者在首次有意转移GMOs之前，确保以书面形式通知进口缔约方的国家主管当局。二是同意进口的决定程序。《议定书》第9条规定，进口缔约方应确认收到通知，并告知该国是否将依据国内法规来处理此项进口申请。第10条表明进口缔约方将以书面形式通知出口方是否有条件进口或禁止进口，或根据国内法规要求提供更多的资料。第10条（5）款补充道，进口缔约方未能对通知做出确认，并不意味着对越境转移表示同意。这项决定程序给进口国设置贸易壁垒提供了机会，并增加了做出决定的灵活性。为了符合国家利益，各国可以制定各种规定来限制GMOs的进口和出口，而且可以根据需要不断地修改国内规章，以控制GMOs的进口和出口。三是风险影响评估制度。《议定书》第15条（2）款规定，进口缔约方应确保对拟进口的改性活生物体进行风险评估，进口方可要求出口方进行此种风险评估。并规定：如果进口缔约方要求由出口方发出通知者承担风险评估的费用，则发出通知者应承担此种费用。《议定书》附件2规定了风险评估的原则和步骤，主要包括：查明与可能影响生物多样性的改性活生物体相关的任何新的基因型和表现型特性；评审产生这些不利影响的可能性和导致的后果；估计改性活生物体构成的总体风险；进而对所涉风险提出管理建议。与传统性知识安全法律制度相比，此条款有特色，主要表现在对安全问题即风险的定量评估上，这可提高对安全问题的准确和科学认识，并增加一道发展中国家抵御外来生物风险的安全法律制度防线。而提前知情同意程序、同意进口的决定程序这两项安全制度类似于传统性知识的事先知情同意制度和信息来源地披露制度。

中国签署和缔结《议定书》，可以促进有效控制那些对人体健康和环境有潜在不利影响的GMOs越境转移。中国加入《议定书》的国家安全利益维护的思路应是：一是可以运用《议定书》的有关条款，如提前知情同意程序、同意进口的决定程序、食物饲料越境转移程序、风险评估程序、标志措施、责任赔偿和补救等程序制度，严格控制 GMOs 及其产品的大量输入。在必要时也可以在不违反国际法规的情况下人为地设置一些绿色壁垒，以阻止那些具有重大风险的 GMOs 商品的入境，保护环境安全和人民健康。二是可采取各种行政手段，以加强对 GMOs 商品的入境管理和入境后的跟踪监测以及对国内 GMOs 研究开发与商业化生产的管理。这些对策和措施包括机构加强、法规建设、政策改革和技术措施等多方面，中国已经完成国家生物安全框架的制定和发布，并已颁布了一系列法规。这些法规反映了中国坚持对转基因生物加强管理的"预防原则"。

但是，生物安全法还应参照传统性知识产权法律安全的诸如数据库制度、注册登记制度、惠益分享制度等安全制度，以及在已有的"预防原则"基础上，增设"风险治理"原则，即对外来生物产品带来的损害，建立损害赔偿制度和国家应急管理制度。

（三）知识产权反垄断法律制度

1. 问题的提出

随着中国融入全球化，越来越多的跨国公司进入中国。当前，在华跨国公司的知识产权垄断，已严重危及我国的企业安全、产业安全乃至我国的经济安全。我国《反垄断法》虽然于 2008 年颁发，但有关知识产权滥用问题，却只提了原则，并未具体细化。这种状况使我国面对跨国公司的知识产权垄断行为造成的损害或损害威胁缺乏法律武器。跨国公司的本质是逐利，利用一切手段，其中不排除使用诸如知识产权滥用等危及我国企业安全、产业安全乃至国家经济安全的行为。归结起来大致有如下情况。

一是拒绝许可。拒绝许可，即知识产权人利用自己对知识产权所拥有的专有权，拒绝授予其竞争对手合理的使用许可，从而排除其他人的竞争、以巩固和加强自己的垄断地位的行为。本来，基于知识产权的独占性，知识产权人有权决定是否许可他人利用其所拥有的知识产权。但是，如果独占性限制了其他竞争者的合理使用，诸如欧共体条约第 82 条所规定的不得拒绝供应产品的义务延伸到知识产权领域的情形，将可能受到《反垄断法》的制裁。若知识产权的拥有相当于基础设施或者与基础设施有联系，并且未得到许可的竞争者不能进入市场，则知识产权的强制许可就是一个合适的补救措施。目前，跨国公司在中国市场上涉及知识产权拒绝许可的情况时有发生。例如，中国一些 DVD 生产企业就质疑并且在美国起诉 4C 等专利权人联盟在包括知识产权拒绝许可在内的知识产权滥用行为。

二是搭售行为。具有市场支配地位的企业从事搭售的危害是很明显的：一方面限制了顾客和消费者的选择自由；另一方面又不正当地排除了竞争者。产品中包含某种知识产权是形成卖方市场支配力的一个重要因素。跨国公司利用其包括知识产权在内的优势地位实施搭售行为是其滥用行为的常见形式之一。例如，在美国微软垄断案中，对微软在其视窗操作系统中捆绑销售互联网浏览器 IE 的行为的性质，司法部和联邦地区法院均认为它构成搭售。在欧盟微软垄断案中，欧盟委员会裁定，微软公司滥用其在操作系统软件领域的垄断地位，将自己的媒体播放器和视窗操作系统捆绑销售，妨碍了正常的市场竞争。微软在美国、欧盟受到指控的行为在中国同样存在，甚至有过之而无不及，但是中国目前尚没有明确的法律可对其采取有效措施。

三是价格歧视。与成本无关的价格是价格歧视的关键。产品或服务与知识产权有关的价格歧视，是跨国公司滥用知识产权行为的一种形式。价格歧视使得提供或接受相同产品或服务的企业的交易机会不同，尤其不利于中小企业获得公平竞争机会，并可能成为阻碍制造商层次或零售商层次市场进入的障碍，特别是额外增加东道国（发展中国家）沉重的成本负担。在中国跨国公司也存在较严重的滥用知识产权从事价格歧视行为的情况。例如，微软在中国进行知识产权许可时存在价格歧视行为。视窗 98 在中国大陆市场的零售价为 1980 元，在美国为 90 多美元，在日本售价合为 600～1200 元人民币。微软给中国大厂商的视窗 98 预装许可费为 300 元左右，中小品牌 PC 厂商则达 690 元，而给 IBM 则不到 100 元。据保守估计，中国消费者因为微软公司的差别价格一年就要多支出 10 亿元。[①]

四是倾销。倾销是价格歧视的一种，是反垄断法所禁止的滥用市场支配地位行为的一种典型，也是中国《反不正当竞争法》和《价格法》所禁止的。跨国公司实施掠夺性定价行为是一种严重危害市场竞争的行为，它会给同类企业造成实质性损害或者损害威胁，阻碍或威胁竞争对手的建立、生存和发展。如果跨国公司凭借其市场支配地位持续地以低于成本的非正常价格销售商品，通常会导致竞争者的经营额显著下降，最终可能把竞争对手排

---

① 国家软科学研究计划委托课题组：《在华跨国公司知识产权滥用情况及其对策》，《红旗文稿》2006 年第 6 期。

除于市场。例如，美国诺顿杀毒软件在我国市场的每套价格是 280 元，这家公司为了迅速占有市场，采用的促销手段是用户只要用其他公司任何品牌的杀毒软件另加 59 元，就可换取最新的诺顿软件产品，给国内众多的杀毒软件研制企业造成了重大影响和损害。①

五是垄断性高价。索取垄断性高价实际上是利用市场支配地位对消费者和用户进行剥削的行为，是市场支配地位滥用的表现，尤其是市场存在明显进入障碍或者以过高定价作为变相实施拒绝交易的手段时，因而它也成为一些国家和地区反垄断法所规制的对象。在中国，微软产品（享有著作权的软件作品）定价过高也是人们指责微软在中国垄断的一个重要方面。②

六是滥发警告函和滥用诉讼权。无正当理由指控他人侵犯其专利等知识产权，目的是以诉累拖损和拖垮相关竞争者。恶意诉讼在制药等行业表现得尤为突出，对我国相关企业危害极大。

对于跨国公司上述滥用知识产权的行为，我国现有相关法律很难有效规范。主要原因在于中国法律制度滞后，过于原则化，难以操作和有效实施。例如我国《反垄断法》第 55 条只是笼统规定：经营者依照有关知识产权的法律、行政法规规定行使知识产权的行为，不适用本法；但是，经营者滥用知识产权，排除、限制竞争的行为，适用本法。中国在知识产权的建立过程中主要强调对知识产权的保护是必要的，但只强调权利的行使而没有确立相应的约束机制，这样就有可能导致权利滥用。当然，约束知识产权行使的一个非常重要的方面就是《反垄断法》的建立。而在我国，知识产权与反垄断法之间的复杂关系似乎还没有引起我国经济法学界和知识产权法学界的足够重视。目前，有关反垄断法的论著一般不提知识产权领域的反垄断问题，而只是笼统地将知识产权作为反垄断法的适用除外；有关知识产权的论著也很少提及反垄断法，而往往只是笼统地提及知识产权的独占性（即垄断性）；在当今激烈的国际科技和经济竞争中，许多国外大企业在我国市场上的垄断行为都同知识产权的不正当行使分不开，因此建立与知识产权有关的反垄断法律制度对于保护我国的经济利益具有重要的意义。在与《TRIPS 协定》中有关强化知识产权保护的规定相比，我国的

---

① 国家软科学研究计划委托课题组：《在华跨国公司知识产权滥用情况及其对策》，《红旗文稿》2006 年第 6 期。

② 国家软科学研究计划委托课题组：《在华跨国公司知识产权滥用情况及其对策》，《红旗文稿》2006 年第 6 期。

法律法规还存在不少差距；与《TRIPS 协定》中有关对限制竞争的行为进行控制的规定相比，我国的法律法规也存在着差距。这两种差距的不同之处在于：对于前一种差距，如果我们不设法弥补，就会招致发达国家的指责，并有可能因此而产生纠纷，遭受报复；对于后一种差距，即使我们没有制定有关法律法规，外国人也不会有什么意见。例如，在我国与美国政府进行的知识产权谈判中，美国就从来不指责我国没有进行反垄断控制。①

2. 法律依据

《TRIPS 协定》第 40 条授予了各成员方对知识产权许可协议中的限制竞争行为进行规制的权利。

一是指出了滥用知识产权行为的危害后果，即与知识产权有关的某些妨碍竞争的许可证贸易活动或条件，可能对贸易具有消极影响，并可能阻碍技术的转让与传播。

二是 WTO 成员有国内知识产权反垄断立法权。WTO 不应阻止成员在其国内立法中具体说明在特定场合可能构成对知识产权的滥用，从而阻止在有关市场对竞争有消极影响的许可证贸易活动或条件。如上文所规定的，成员可在与本协定的其他规定一致的前提下，顾及该成员的有关法律及条例，采取适当措施防止或控制这类活动。这类活动包括诸如独占性返售条件、禁止对有关知识产权的有效性提出异议的条件和强迫性的一揽子许可证。

三是知识产权滥用利益方争端的协商程序。如果任何一成员有理由认为作为另一成员之国民或居民的知识产权所有人正从事违反前一成员的有涉本节内容之法规的活动，同时前一成员又希望不损害任何合法活动，也不妨碍各方成员做终局决定的充分自由，又能保证对其域内法规的遵守，则后一成员应当根据前一成员的要求与之协商。在符合其域内法律并达成双方满意的协议以使要求协商的成员予以保密的前提下，被要求协商的成员应对协商给予充分的、真诚的考虑，提供合适的机会并应提供与所协商的问题有关的、可公开获得的非秘密信息，以及该成员能得到的其他信息，以示合作。如果一成员的国民或居民被指控违反另一成员的有涉本节内容的法律与条例，因而在另一成员境内被诉，则前一成员应依照本条第 3 款的相同条件，根据后一成员的要求，提供与之协商的机会。

---

① 王先林：《从微软垄断案看知识产权滥用的反垄断控制》，《法学家》2001 年第 3 期。

3. 制度设计

遵循《TRIPS协定》总目标精神和《TRIPS协定》第40条规定所体现的立法精神与法律价值。防止知识产权滥用是实现协定总目标的一个必要措施，防止知识产权滥用的基本原则应贯穿于整个协定。制定相应的反垄断规则，并尽力保持知识产权的政策性与灵活性，从而对国际知识产权贸易特别是技术贸易领域中存在的知识产权垄断问题进行规制。[①] 应完善我国知识产权反垄断法律制度。

（1）完善《TRIPS协定》的反垄断制度。我国应就协定中已经规定的许可协定中的限制竞争行为、非自愿的许可包括因限制竞争而导致的强制许可、滥用执法程序等几个方面来建立或完善规制知识产权滥用的制度。作为发展中国家，我国可以依据协定的规定在建立和完善规制知识产权滥用制度方面取得发达国家在技术和资金方面的支持。

（2）准确理解和深化我国现行知识产权反垄断制度。制度设计的科学与否以及是否具有可操作性，关键在于要弄清楚知识产权与反垄断法的内在关系：两者是否有矛盾？可否缓解或根本解决？是否有有效的法律制度途径？有观点认为：知识产权与反垄断法的目标一致，二者共同促进和推动相关市场的竞争，并最终有利于增进消费者福祉。[②] 这样表述不准确。其实，知识产权本身就是知识产权法律赋予权利人的一种垄断权，与反垄断法所反对的垄断权的差别在于：知识产权是法律认可的合法垄断，而反垄断法反对的是非法垄断。那么，何为合法垄断，何为非法垄断呢？我国《反垄断法》第55条规定："经营者依照有关知识产权的法律、行政法规规定行使知识产权的行为，不适用本法；但是，经营者滥用知识产权，排除、限制竞争的行为，适用本法。"按照本条规定精神，所谓非法垄断是指经营者滥用知识产权，排除、限制竞争的行为。非法垄断首先是一种法律明确规定的行为，而非垄断组织或具有垄断性质的诸如权利和创新物等；其次，所规定的行为的范围是有明确界定的，该范围是排除、限制竞争的行为；再次，排除、限制竞争的行为的发生，与滥用知识产权行为存在直接的和主要的因果关系，如果两者没有必然的关系，即使存在排除、限制竞争的事实行为，也不能被认定为《反垄断法》所应规制的垄断行为，因为正常

[①] 姚立国：《从TRIPS协议第40条谈知识产权滥用的竞争法规制》，《河北法学》2009年第9期。

[②] 黄勇：《知识产权与反垄断法的基本关系》，《知识产权》2007年第7期。

使用知识产权，也会发生排除、限制竞争的行为①。

（3）明确界定"知识产权滥用"相关概念。《TRIPS协定》作为迄今为止影响力最大的一个国际知识产权协定，虽然对知识产权滥用的规制做了相关规定，但没有明确界定何为"知识产权滥用"。欧盟本着建立共同市场的目标，对"知识产权滥用"的规制建立了一个比较完善的体系，但欧盟本身并不存在统一的知识产权制度，也没有"知识产权滥用"的概念。当然，我国《反垄断法》虽然规定"经营者滥用知识产权，排除、限制竞争的行为，适用本法"，但也没有对何为"知识产权滥用"进行界定。② 笔者认为，"知识产权滥用"行为的构成要件是：经营者主观有"滥用"的故意，而非过失或善意；已实施了滥用行为，而不仅仅是有故意的想法；有一定的损害或损害威胁的后果发生，即对市场形成了排除、限制自由竞争的危害；滥用行为与后果有直接因果关系；滥用包括实体法和程序法③意义上的。

（4）制定禁止知识产权滥用的《反垄断法》指南，提高可操作程度。知识产权滥用对市场竞争的损害达到一定程度，就有可能违反《反垄断法》。正当行使知识产权的行为不受《反垄断法》的管制，只有滥用知识产权的行为才受《反垄断法》的规制，这也说明上述知识产权法本身规定禁止知识产权滥用原则，一则为其他法律制定知识产权滥用的规定提供了依据，更好地实现了知识产权的主旨；二则可以实现知识产权法与其他法律的和谐相处。发达国家的经验是出台专门的指南，具体规定这些问题。对知识产权滥用的反垄断控制是反垄断法的一项重要任务，也是我国面临的

---

① 因为从本质上看知识产权就是垄断，而垄断的本质就是排除、限制竞争。这正说明，从根本上说，知识产权与《反垄断法》的矛盾是不可解决的，而只能缓解，而且要在法律制度及其实施上做到恰当和有分寸，对制度设计者和实施者来说，均是一个巨大的挑战。这是因为，知识产权与《反垄断法》矛盾缓解的关键是要认清和把握两者的缓冲带和边界区。但缓冲带和边界区的准确定位，靠单一的定性办法难以做到，而定量办法的使用又是一个难题，而且有的法律问题也难以定量。

② 姚立国：《从TRIPS协议第40条谈知识产权滥用的竞争法规制》，《河北法学》2009年第9期。

③ 程序滥用也是在华跨国公司的一种典型的滥用行为。国外跨国大公司滥用知识产权进行恶意诉讼，已经成为阻碍国内后来者的竞争、谋求垄断地位、维护其垄断利益的一个重要手段。在我国制药业较为突出，一些有影响的涉外药品专利权大案不断涌现。国外跨国公司针对国内竞争企业的专利诉讼有如下几个特点：一是案件冲击的几乎都是我国成长性好、竞争力强的企业；二是外方诉讼成本低、国内企业维权成本高；三是案件审理周期长、复杂因素多；四是给我国制药带来了沉重的诉累，有的甚至被诉讼拖垮。

一个重要问题，我国有必要借鉴有关经验，建立对知识产权滥用的反垄断控制法律制度。① 集中反映美国反托拉斯法在这一领域的丰富经验和最新发展动向的是美国司法部和联邦贸易委员会于 1995 年联合发布的《知识产权许可的反托拉斯指南》（以下简称《指南》）。该《指南》就知识产权许可行为可能引起的反托拉斯法问题，系统地说明了其在执法中将采取的一般态度、分析方法和法律适用原则。《指南》首先分析了知识产权法和反托拉斯法的关系，指出它们有共同的目的，即促进创新、增进消费者福利。《指南》指出，如果一项许可合同有可能对现有的或者潜在的商品或者服务的价格、质量、数量、多样性产生不利影响，就存在可能触犯反托拉斯法的问题。《指南》还指明了反托拉斯部门在运用合理原则对知识产权许可合同进行分析、评估时的一般原则，包括市场的结构状况、协调和排斥，涉及排他性的许可合同，效率与正当理由，反托拉斯的"安全区"。同时，对许可合同中常会遇到的一些限制性条款的具体分析与说明，主要涉及横向限制、维持转售价格、搭售协议、排他性交易、交叉许可与联营协议、回授以及知识产权的取得等。《指南》的这些详尽规定，无疑有利于细化我国《反垄断法》中关于知识产权滥用的反垄断制度的笼统规定，提高可操作性。

（5）国外有较丰富的立法案例经验可资借鉴。主要西方国家根据各国的经济竞争政策制定了相应的反垄断法及知识产权许可的反垄断法律，有力地解决了知识产权滥用的问题。为防止知识产权的滥用，一些国家和地区采取了包括反垄断法在内的控制措施。其中，欧盟竞争法发展确立了关于运用知识产权的三大基本原则：知识产权的所有权中"存在权"与"使用权"相区别的原则、权利耗尽原则和同源原则。对于第一个原则，欧洲法院在判例中指出，条约第 36 条所保护的只是知识产权所有权的"存在"，而对所有权的"使用"，则应受到条约有关禁止性规范的约束。"同源原则"，是指如果两个或者两个以上位于不同成员方的企业合法地持有商标专有权，而且这些商标均来自同一渊源，任何一个企业都不得利用其商标专有权阻止另一家企业的产品进入本国市场。这方面的一个重要判决是 1994 年的 Ideal – Standard 商标案。知识产权反垄断法律规范的制定，也可参照美

①　王先林：《若干国家和地区对知识产权滥用的反垄断控制》，http：//www. antimonopolylaw. org，2010 年 10 月 30 日。

国司法部和联邦贸易委员会于 1995 年 4 月 6 日联合发布的《知识产权许可的反托拉斯指南》的精神和原则，同时结合我国国情和维护国家经济安全需要，出台现代知识产权反垄断法律。

尽管各国对知识产权滥用的反垄断控制的立法时间先后及执行宽严程度不同，立法模式也有异，但是其共同的目的在于确保本身合法的知识产权不至于被滥用，确保知识产权领域的正常竞争不被非法限制，从而从反垄断法的角度保证有关主体的权利义务的平衡，兼顾对创新的刺激和对竞争的维护，并最终统一于对消费者利益的保护和对经济发展的促进上。①

（6）修改《技术进出口管理条例》、《合同法》和《对外贸易法》。我国的《技术进出口管理条例》，从对知识产权滥用规定的内容来看，也应当进行修改，该法从本质上主要体现国家的产业政策，对于涉及知识产权滥用造成竞争损害时，应服从于我国将来出台的《知识产权许可反垄断指南》和《反不正当竞争法》的规定。《合同法》和《对外贸易法》对知识产权滥用的规定，应当根据《知识产权法》、《知识产权许可反垄断指南》、《反不正当竞争法》和修改后的《技术进出口管理条例》中关于知识产权滥用的规定制定相应的条文规定。②

（7）规制知识产权恶意诉讼。恶意诉讼是滥用诉权的一种表现形式和顽症，给我国企业带来非常多的额外诉累，应在国家不同法律层面予以完整和有效规范。例如，针对专利恶意诉讼的较严重情况，可以在专利法及其细则中予以规范。为提高法律的可操作性，也可在法律解释和规章方面进一步规定。国家司法部门应就恶意诉讼的界定做出司法解释，从制度上遏制在华跨国公司滥用知识产权进行恶意诉讼。国家有关部门还可针对行业特点，制定规章，规范恶意诉讼行为，减少我国相关行业企业知识产权诉累等诉讼风险，维护我国企业的合法安全利益。

（8）切实维护我国法律的权威，慎重对待跨国公司将知识产权争议解决政治化的倾向。一些跨国公司在与我国企业发生知识产权争议时，常常凭借其强大的谈判能力直接找中国政府或者通过其母国政府向中国政府施压，以达到对其有利的特殊处理的目的。这样就将本来可以且应该通过司法途径、按照严格法律程序解决的问题政治化了。通用公司就是将其与中国奇

---

① 王先林：《若干国家和地区对知识产权滥用的反垄断控制》，http：//www.antimonopolylaw. org，2010 年 10 月 30 日。

② 唐顺佳：《我国知识产权滥用的实体法规制现状和完善研究》，《法制与社会》2009 年第 8 期

瑞公司的知识产权争议加以政治化的典型。在争议发生过程中，通用不断对我国政府有关外经贸主管部门、汽车行业主管部门、地方政府提出要求，从所谓投资环境、不能影响中美贸易关系的角度，对知识产权争议进行干预，甚至频频通过其母国政府或外交代表向中国政府施压力，以期达到特殊处理、得到不应得利益的目的。因此，应慎重对待一些跨国公司将知识产权争议解决政治化的倾向，应引导其按照我国已有的法律规定，遵循严格的法律程序解决问题，特别要注意不要因为受到某种政治压力而牺牲我国民族企业的正当利益。对于进入司法程序的涉外知识产权争议，法院更要严格依照我国法律和有关国际规则办事，排除外方当事人施加的各种干扰，依法公正裁决，切实保护民族企业的合法权益。其中，对权利主张人的权利来源、权利状况要进行严格的审查，防止权利主张人利用知识产权的名义，从事不正当的竞争。①

4. 配套相关制度

加强知识产权立法的衔接配套。完善反不正当竞争、对外贸易、科技、国防等方面法律法规中有关知识产权的规定。

《反不正当竞争法》对知识产权滥用行为是否有直接作用，能否与《反垄断法》配套？我国学术界认为可以。从表面上看，这一观点有些道理。因为，《反垄断法》的本质是维护市场自由竞争秩序，《反不正当竞争法》的根本宗旨是维护市场公平正当的竞争秩序。两法相比，《反垄断法》更具根本意义，因为，倘若竞争秩序不存在了，何谈正当与不正当？正所谓"皮之不存，毛将焉附"，两法的区别在于：《反垄断法》维护的市场竞争秩序是"自由"的，而《反不正当竞争法》维护的竞争秩序是"正当"的。"自由"与"正当"双维限制的市场竞争秩序，才是健康、有序、合法的，才能充分发挥市场机制有效配置资源的基础功能。当不正当竞争发展到一定程度的时候，必然会危及市场竞争秩序的基本存在。因此，对于知识产权滥用行为，在达不到《反垄断法》规制程度时，可以考虑用《反不正当竞争法》加以配套和规定。

（四）发达性专利安全法律制度

知识产权反垄断法律制度是一种专利安全法律制度，属于一种防御性

---

① 国家软科学研究计划委托课题组：《在华跨国公司知识产权滥用情况及其对策》，《红旗文稿》2006 年第 6 期。

的专利安全法律制度。但在现实中，积极性的专利安全法律制度也有其巨大作用。进攻是最好的防御就是此理。

1. 分类指导

英国《知识产权与发展政策》报告指出，发展中国家在制定专利制度时应该采取一种鼓励竞争的策略，专利制度应向下一个竞争者倾斜，而不是向与之疏远的专利人倾斜。这一点在诸如制药和农业等技术领域显得尤其重要，因为这些领域提供强有力保护的成本可能会是最高的。

限制专利的保护范围是实现鼓励竞争战略的最佳途径，在遵守世界和双边义务的前提下要实现这一点，必须做到：限制可获发明专利的科目范围；严格控制发明专利的授予标准；发明专利的保护范围要与发明创新的贡献及其公开的内容相当；限制发明专利人禁止他人延伸或借鉴其专利发明的权力；提供多种保障条款，以确保发明专利权不受到不当利用；考虑其他保护形式的可行性，以鼓励本地创新。

其实，理想的积极性专利安全法律制度的设计，应尝试采取分类指导的方针。对发明专利严格，而对其他非发明专利比如实用新型和外观设计采取较宽松的政策。这样，可能使中国等发展中国家的专利知识及其衍生产权安全利益最大化或较大化。

2. 充分利用实用新型制度

关于实用新型制度，《TRIPS 协定》未规定。法无禁止便自由。发展中国家可充分利用这一制度，鼓励实用新型专利，考虑建立和完善实用新型保护以刺激和奖励这种专利，并进一步研究和评估实用新型保护制度在发展中国家的安全作用。

发展中国家的国民提出的专利申请很少，是笼统的提法。实际情况是当前的专利制度没有为保护他们的成果提供合适的方法。造成这种情况的一个原因可能是这类发明中创造性的成分还不够。另一个重要的原因是获得专利权的成本太高，程序过于复杂，特别是在外国市场上。许多发达国家和发展中国家都已认识到有必要建立保护实用新型制度。与发明专利相比，实用新型或小专利制度所要求的创造性步骤水平较低，保护期更短，因为无须在授权前受到任何实质性审核，申请的成本也更低。实用新型的特点旨在使该制度对那些既无意愿又无能力使用发明专利制度的中小型企业更适合和更有吸引力。这些组织中的创新活动可能更多地集中在对已有产品的相对较小幅度累积的改良上，而不是研究全新的产品。这些改进虽然不一定会达到发明专利保护所要求的创造性水平，但仍然有助于技术进步，因而也应该受到鼓励。[①]

实用新型制度的实施有一定的困难。一是与发明专利的区别，尤其是处于边界区，在创造性程度上的分开。我国《专利法》[②] 第 2 条规定：实用新型是指对产品的形状、构造或者其结合所提出的适于实用的新的技术方案。发明是指对产品、方法或者其改进所提出的新的技术方案。从本条法律规定文字上看，实用新型与发明专利的区别在于是否有实用性。但是，《专利法》第 22 条所规定的授予专利权的发明和实用新型的必要条件是：应当具备新颖性、创造性和实用性。这种法律规定上的模糊性容易造成法律实施的困境，尤其是处于边界区的专利技术。二是实用新型制度容易产生垃圾专利，浪费制度资源。我国《专利法》第 1 条规定，《专利法》的宗旨是：保护专利权人的合法权益，鼓励发明创造，推动发明创造的应用，提高创新能力，促进科学技术进步和经济社会发展。中国的专利立法宗旨，还应加上维护知识产权安全秩序，保证经济安全。这样的法律宗旨更能适应我国专利发展的需要。另外，为提高实用新型制度的有效性，可以考虑创设专门的法律保护模式。

3. 将关于公众健康的知识公共化

多数发展中国家，尤其是那些没有科研能力的国家，应该严格地将诊断、治疗和手术方法排除在可授予专利的范围以外，包括现有产品的新用途。发展中国家应该实施帮助非专利品竞争者进入市场的数据保护法律，同时对保密数据提供适当的保护，保护方法可多种多样，但应遵循《TRIPS 协定》。我国《专利法》第 25 条明确规定，对疾病的诊断和治疗方法，不授予专利权。我国还应增加对手术方法排除在专利之外的制度，以降低保障公众健康的成本。

4. 应对公共健康安全的专利强制许可制度

WTO 第四届部长级会议于 2001 年 11 月 9 日至 14 日在多哈发布《关于〈TRIPS 协定〉与公共卫生的宣言》。该宣言指出了许多发展中国家和最不发达国家的公共卫生问题的严重性，特别是那些由于艾滋病、肺结核、疟

---

① 英国知识产权委员会：《知识产权与发展政策相结合》，http：//www.iprcommission.org/graphic/Chinese，2010 年 11 月 19 日。

② 2008 年 12 月 27 日第十一届全国人民代表大会常务委员会第六次会议《关于修改〈中华人民共和国专利法〉的决定》第三次修正。

疾及其他传染疾病而产生的问题。《TRIPS 协定》不会也不应阻止成员们采取保护公共卫生的措施。在这方面，我们重申 WTO 成员应充分使用《TRIPS 协定》中为此规定的灵活性条款的权利。这些灵活性包括：①在适用解释国际公法的习惯性规则时，《TRIPS 协定》每一条款都应根据该协定所表述的对象和目的予以理解，特别是其目标和原则中的对象和目的；②每一成员有权发放强制许可，并有权决定发放此类许可所依据的理由；③每一成员有权决定何种情况构成了国家紧急情况或其他极端紧急情况，各方理解公共卫生危机，包括与艾滋病、肺结核、疟疾和其他传染性疾病有关的危机，相当于国家紧急情况或其他极端紧急情况；④《TRIPS 协定》中与知识产权的权利用尽问题有关规定的作用是，在符合第 3 条和第 4 条有关最惠国待遇和国民待遇规定的前提下，使每一成员有权为此种权利用尽而建立自己的体制而不受质疑。我国《专利法》也规定了相应的专利实施强制许可制度。如第 50 条规定：为了公共健康目的，对取得专利权的药品，国务院专利行政部门可以给予制造并将其出口到符合中华人民共和国参加的有关国际条约规定的国家或地区的强制许可。对现行应对公共健康安全的专利强制许可制度，我国应在突出公共健康这一人权保护的同时，研究这一人权保护给相关产业带来的影响，并以科学方法研究而得出有充分证据的结论和建议，为这一制度的改进和发展提供有价值的建议。从主观推测，以我国健康权和相关产权安全利益最大化为标准，应扩大专利实施强制许可范围，放宽已有限制。

5. 先进技术转让促进制度

技术短腿，特别是先进技术的短腿，一直是困扰和威胁发展中国家经济安全的知识根源。因此，在各种国际公约中，几乎均有发达国家将技术转让给发展中国家和最不发达国家的议题，但往往落实困难。这里除了有政府的问题，也有掌握先进技术的跨国公司的考虑。但更重要的是前者，因为企业的本质是自身利益最大化，而政府的职责则是社会和公众利益最大化。另外，从法律公平价值来看，起点平等是公平价值的要求之一。

因此，发达国家政府以及 WIPO 等国际组织为发展中国家提供技术援助，确保发展中国家完全理解如何创建适合自己需要而且有效的知识产权体系。发达国家应该采取适当激励政策以促进技术转让，例如对向发展中国家提供技术许可的公司给予税收优惠等。发达国家应该提供激励措施，促进向发展中国家进行技术转让，包括先进技术。《TRIPS 协定》第 66 条强制命令，发达国家必须提供激励措施，以促进向最不发达国家进行技术转让。应该提供更多的公共资金，以通过科技合作促进发展中国家本土科技水平的提高。

此外，增强本土科技创新能力，也是提升接受先进技术能力的途径之一。任何国家若想获得可持续发展，其前提条件是发展其本土科技能力。知识产权体系能够成为发展本土科技能力的一个重要因素，特别是在那些已建立起科技基础结构的国家中。[①]

6. 专利例外充分利用的激励制度

除了公共健康例外制度外，专利例外还有多种形式。其一，建立国际穷尽制度，即允许对专利产品进行平行进口。这可能对发展中国家有利。其二，科学实验。大多数欧洲国家规定，用于私人目的或非商业目的的某些行为，以及就某项专利内容进行实验的行为，包括为了商业目的的行为，不应该被认为是侵权行为。这些同样适用于发展中国家的例外目的，需要通过让其他人能够利用或扩展专利发明，以鼓励进一步的创新。其三，教学目的。这种例外的理论依据可能来自著作权领域。在该领域，出于教学目的而"合理使用"著作权物已是一种既定做法。实际上，随着专利权日益侵入先前由著作权独占的领域诸如电脑软件等，教育例外对专利权领域的影响可能会增加。四是强制许可。当专利人被认为以不当的方式行使专利权时，政府可以干预做出补救。《TRIPS 协定》明文规定，在未经专利权人同意的情况下，有可能允许政府或第三方使用专利发明。《TRIPS 协定》规定了上述"未经许可"的使用必须满足的几项条件，但并未规定以什么理由可以授权这些使用。因此发展中国家可以自己规定授予强制许可权的理由，或规定专利权人权利的其他例外情况，例如发达国家的政府使用。在理想的情况下，仅仅存在强制许可的可能性就应该足以鼓励专利人改变其行为。这种情况发生的前提条件是强制许可的威胁必须是可信的。因为有一个潜在的获得许可的人能够以比专利人更低的价格廉价提供专利产品。考虑到专利制度程序的复杂性，强制许可不可能在发展中国家得到广泛应用。但一个有效和可信的强制许可制度是任何专利政策不可缺少的组成部分。对于缺乏一个连贯或有效的一般性知识产权反垄断法律制度的国家尤

---

① 英国知识产权委员会：《知识产权与发展政策相结合》，http://www.iprcommission.org/graphic/Chinese，2010 年 11 月 19 日。

为如此。①

英国规定在下列情形下可以授予强制许可：英国国内对有关专利产品的需求没有得到合理的满足；在英国国内对某项有巨大经济利益的重要技术进步的专利发明开发利用受到禁止或妨碍；英国国内商业或工业活动的建立或发展受到不公平的侵害。英国的专利强制许可制度值得借鉴，因为其制度考虑了国家重大经济安全利益——国内对某项有巨大经济利益的重要技术进步的专利发明开发利用受到禁止或妨碍，企业和产业的安全——英国国内商业或工业活动的建立或发展受到不公平的侵害。这实际上是一种经济安全专利例外原则，是 WTO 货物安全三大阀——保障制度、反倾销制度、反补贴制度——的精神在《TRIPS 协定》规定的领域的延伸和发展。随着 WTO 自由化目标的逐步实现，成员的安全问题势必日益突出，如何在贸易自由化目标和成员经济贸易安全之间探索出最优解，将是多边贸易体系日益突出而亟待解决的迫切问题。

7. 不得授予专利项目的清单②——有利于发展中国家安全等利益

（1）凡用于人类或动物疾病治疗的诊断，治疗及手术方法均不得授予专利。

（2）对动物或植物不得授予专利，并对微生物做出限制性界定。

（3）对电脑程序和商务方法不得授予专利。

（4）避免对已知产品的新用法授予专利。

（5）避免用专利制度保护生物多样化或（若可能的话）基因物质。

（6）支持国际专利权穷尽原则。

（7）确立有效的强制许可制度和适当的政府使用规定。

（8）为专利权提供尽可能广泛的例外制度，包括足够的研究免责例外及明确的"Bolar 判例例外"。

（9）实施严格的新颖性、创造性及工业应用或效用标准，考虑比发达国家现行专利制度更高的标准。

（10）执行严格的专利授予标准及公开要求，防止专利申请中过分宽泛的专利权范围。

---

① 英国知识产权委员会：《知识产权与发展政策相结合》，http：//www.iprcommission.org/graphic/Chinese，2010 年 11 月 19 日。

② 英国知识产权委员会：《知识产权与发展政策相结合》，http：//www.iprcommission.org/graphic/Chinese，2010 年 11 月 19 日。

（11）提供低成本反对程序及重新审核程序。

（12）建立适当机制，防止授予或实施包含有以违背使用权法律或生物多样性公约（CBD）规定的方式获得的生物材料或相关传统性知识的专利。

（13）考虑确立替代性保护形式以鼓励次专利型的当地创新。

此外，还应增加国内经济安全例外条款。因为例外条款相对于上述 13 项清单所列内容来说是"兜底"条款。凡清单未考虑的，安全条款均可涵盖。

（五）完善我国商标权等知识产权例外条款

我国《商标法》中有关例外的规定较少，仅在第 31 条规定在先权使用时例外：申请商标注册不得损害他人现有的在先权利，也不得以不正当手段抢先注册他人已经使用并有一定影响的商标。我国采用"注册原则"，对商标权进行积极的保护。而第 31 条是对商标权的例外规定。禁止以"不正当手段"抢先注册他人已经使用并有一定影响的商标，不仅是因为侵犯了在先使用人应当享有的权利，而且从微观上来看，这种行为会造成众多消费者的误认和混淆；而从宏观上看，则会通过损害企业驰名商标包含的巨大经济利益的合法权益而导致危害国家经济安全。

我国《商标法》没有明文规定可以对抗注册商标的"在先权"包括哪些权利，但国际社会上比较一致地认为至少应包括以下权利：已经受保护的厂商名称权（也称"商号权"）、已经受保护的工业品外观设计专有权、版权、已受保护的地理名称权、姓名权、肖像权、商品化权及已获得一定市场信誉的商标在先使用权。《商标法实施条例》对商标权例外辅以说明，例如第 49 条规定："注册商标中含有的本商品的通用名称、图形、型号；或者直接表示商品质量、主要原料、功能、用途、重量、数量及其他特点，或者含有地名，注册商标专用人无权禁止他人正当使用。《商标法》中没有明确规定商标权穷尽、商标权的叙述性合理使用、商标权的指示性合理使用、商标权的说明性合理使用以及商标权的非商业性使用等例外制度。只是在《关于商标权行政执法中若干问题的意见》中规定："下列使用与商标相同或近似的文字、图形的行为，不属于商标侵权行为：①善意地使用自己的名称或地址；②善意地说明商品或服务的特征或属性，尤其是说明商品或服务的质量、用途、地理来源、种类、价值及提供日期。"

通过上述对商标权例外条款的研究，发现我国对商标权例外的规定比较少，并且没有在《商标法》中明确列举。《商标法》对在先权有明文规定，但是对于商标权的叙述性合理使用、说明性合理使用只是规定在《关于商标权行政执法中若干问题的意见》中，而且其中并没有规定指示性合理使用。对于商标权的权利穷尽也没有在《商标法》中体现。

目前我国商标法对商标权例外没有明确规范，这与《TRIPS 协定》不符。今后在我国《商标法》的修改中，应予以补充和完善。比如，商标合理使用——说明性词汇、指示性合理使用、商标权利穷竭、在先使用权等例外制度，在遵守《TRIPS 协定》底线的基础上，根据国际商标例外权利的现状和发展趋势，以及中国商标对国家经济安全和经济发展的实践（例如娃哈哈与法国达能的商标权之争的案例）和要求，制定和实施中国商标例外法律制度。

从维护我国企业商标权的安全角度来看，我国商标例外制度中的"不得以不正当手段抢先注册他人已经使用并有一定影响的商标"有积极意义，但规定得较为原则化，应在《商标法实施细则》中加以详尽规范，包括对"不正当手段""已经使用""有一定影响"等概念需要进行具体界定。

（六）版权合理使用制度

发展中国家维护知识和经济安全利益的版权合理使用制度的两条战略思路：加强民间文艺的版权保护；创设和充分使用现代版权的合理使用制度。前者是防御性的，后者是进攻性的。民间文艺的版权保护已在上述关于传统性知识的安全法律制度中有所提及，并将在以后的专章中阐述，故在此忽略。

如果版权太宽泛的话，会使后来的作者借鉴前人变得过于困难，从而不但减少了书籍复制件的数量，而且减少了不同书籍的数量。因为几乎所有的创造性作品都建立在前人的作品之上。[①] 这是版权合理使用制度的一个原理，即合理使用制度是为了方便后者的持续创新，以弥补版权的过于保护原创者的专有权可能导致的阻碍新的创新活动和创新产品的问世，乃至最后危及整体版权产业的发展。

----

① 理查德·A. 波斯纳：《反托拉斯法》，中国政法大学出版社，2003。

1. 对发展中国家的机遇与挑战

版权（著作权）原本是为了保护书籍的作者及出版商的利益，但是现今该概念已经延伸到诸如计算机程序和电影等领域。版权已成为规范国际思想和知识产品传播的一个重要手段，并将是 21 世纪知识行业的一个关键手段。在方兴未艾的全球知识经济趋势下，版权控制方拥有突出优势。事实上，版权所有权主要由发达国家及其多媒体公司掌握，这使发展中国家处于明显劣势。当然一些发展中国家有些长期的忧虑，如对书籍和学习材料的版权保护可能会使它们更难实现自己的教育和研究目标。从长远看，强硬版权保护可能有助于促进发展中国家本国文化业的发展，前提是具备其他影响此类行业发展的条件。但是从短期和中期来看，这可能会减弱发展中国家通过在其可能支付的范围内获得所需书籍、科学信息和计算机软件以缩小差距的能力，甚至危及国内文化产业安全。

发达国家文化产业的挑战。从全球的角度来讲，著作权保护的直接回报主要是流向欧洲和北美的出版业、娱乐业和软件业。1998 年，美国、英国、德国、西班牙、法国和意大利出口的书籍几乎占全球总量的 2/3。但有些发展中国家以著作权为基础的行业也欣欣向荣，并分享一部分这样的回报。在比较大的发展中国家，如印度、中国、巴西和埃及，国内市场上的著作权保护对国家出版业、电影业、音乐业和软件业来说显然是极为重要的。发展中国家建立机制来保护其过去和现在创造性劳动的商业利益是非常重要的。在这一点上，著作权通过确保对复制和销售独占权的报酬，可以对发展中国家的文化行业发展起重要的作用。印度的软件业或许是最广为人知的例子，这是发展中国家版权产业和文化产业发展的机遇。

发达国家技术限制版权使用的挑战。当地出版业或赞助计划不能满足教育材料的需求及计算机软件的使用，而这是利用信息和在全球经济中竞争的前提。数字时代的到来为发展中国家获取信息和知识提供了巨大的机遇，例如，数字化图书馆和档案的发展，以互联网为基础的远程教学计划以及科学家和研究员能够随时使用先进的网上技术信息数据库，这仅是其中数例。但是，数字时代的到来也给知识的使用和传播带来一些新的、严重的威胁，特别是发展中国家确实面临丧失在互联网方面的潜能的危险，因为权利人可以利用技术通过付费浏览系统来限制公众对互联网的使用。

2. 版权的合理使用

侧重保护使用方和后创新者，以达到实质公平。对于发展中国家来说，关键的问题是适当平衡以下方面：其一，保护版权专有权；其二，保证充分享用知识和基于知识的产品，考虑消费者；其三，有利于知识的传播，考虑后创新者的再创新。对发展中国家来说，尤其重要的是使用成本和对"合理使用"和"合理交易"例外情况的解释。由于著作权延伸至软件业和数字材料，情况更是如此。为确保发展中国家在寻求全民教育、推动科研、提高竞争力和保护文化表现形式过程中能够享用重要的知识产品，就必须解决这些问题。

版权非商业目的使用例外。《伯尔尼公约》第9条和第10条规定：各国可以为国家立法中所规定的某些特定目的如教学、研究和私人使用，而在未经授权的情况下对著作权作品进行有限的复制，只要这样做不会妨碍著作权人对其作品的正常利用。这些例外规定是用于出于以下目的的复制行为：个人使用、研究、教育、档案复制、馆藏和新闻报道。这些例外规定的范围、能力和灵活性因国家和地区的不同而存在很大差异，但一般来说都集中在以下方面：复制必须出于私人或其他非商业目的，只能进行一次或少量复制；复制应当只限于著作的部分内容，完整著作的复制只能在市场上没有原著的情况下进行；如果对馆藏或存档用途有例外规定，那么有关机构必须是对公众开放的而且不是以商业形式运作的。为扩展受著作权保护作品的使用范围并实现教育和传播知识的目标，发展中国家应当制定鼓励竞争的版权法，这些法律应保留或规定对教育、研究和图书馆使用作品的广泛例外条款。发展中国家在执行国际版权标准时应适当考虑本国提高这些作品使用范围的迫切需要，以及这些作品经济安全和经济发展的重要性。[①]

应当重视计算机软件采购政策，确保对低价及开放式软件产品做适当考虑，谨慎评估这些政策的成本和收益。发展中国家应当确保国家著作权法在遵循它们已加入的相关知识产权条约的情况下，允许进行超出互操作性所要求的计算机软件程序的逆向设计。[②]

发展中国家的互联网用户应享有正当使用权，如为教育和研究目的打印和分发网上资料及其复制品的权利，以及合理摘录注释和评论的权利。

---

① 英国知识产权委员会：《知识产权与发展政策相结合》，http：//www.iprcommission.org/graphic/Chinese，2010年11月19日。

② 英国知识产权委员会：《知识产权与发展政策相结合》，http：//www.iprcommission.org/graphic/Chinese，2010年11月19日。

电子信息或软件供应商如果试图通过与电子资料分发有关的合同条款来限制"正当使用权"，这些条款可被认为无效。如果供应商试图通过技术手段进行类似限制，应当采取措施规定这种技术保护手段的非法性。发展中国家在加入《世界知识产权组织著作权条约》前应慎重考虑，不应追随美国和欧盟，制定与《数字千年著作权法》类似的法律。[①]

（七）权利穷竭原则

权利穷竭原则，是知识产权法上的一个重要原则。这一原则是基于私人利益与社会利益的平衡而产生的，其直接理论依据就是经济利益回报。它在传统知识产权领域得到广泛认可，并被用来分析国际贸易中的平行进口问题。它与知识产权的地域性特征相结合，产生了权利国内穷竭和国际穷竭两种学说，国际穷竭说是用来支持平行进口的。[②]

权利穷竭原则是著作权、专利和商标制度中都适用的原则。权利穷竭原则划分了智力创造性成果的所有人和智力创造性成果的有形表达的所有人。该原则的合理性在于促进智力产品的自由流通。用经济学的语言来说则是基于效用上的考虑：如果在智力产品第一次合法投入市场后仍授予权利人控制该无形的智力创造的有形表达，就会减缓整体的社会效用。相反，在智力创造物首次投入市场后就摆脱了知识产权人的控制，公众自由获取和接近信息的能力就不会受到损害，在智力创造物的生产方面也不会失衡。[③] 权利穷竭原则的目的是使知识产品在进入流通领域以后，作为产品的物权所有人，有权再使用、销售该物品，从而达到"物尽其用"的目的。一旦适用了权利穷竭原则，知识产权所有人的独占性、排他权就会受到限制。

权利用尽原则的实质是强调维护使用者和消费者的利益，而大多数使用者和消费者均在发展中国家。而专利和商标（通常是知名商标，即品牌）等知识产权产品的所有者，一般在发达国家居多。从这个意义上说，权利用尽原则的确立和实施，有利于发展中国家。权利用尽原则使用的程度，

---

① 英国知识产权委员会：《知识产权与发展政策相结合》，http://www.iprcommission.org/graphic/Chinese，2010年11月19日。

② 《权利用尽》，http://baike.baidu.com/view/1864627.html?fromTaglist，2010年10月31日。

③ 冯晓青：《论知识产权的若干限制》，《中国人民大学学报》2004年第1期。

往往与发展中国家的利益成正比，而且与发展中国家的消费安全息息相关。

权利用尽原则可以通过法律的直接规定和合同的方式协议。我国的知识产权制度及其运用能力较弱，应建立知识产权权利用尽安全法律制度。同时，为了避免我国企业在权利用尽合同中处于劣势而面临巨大风险，可以制定企业和行业权利用尽合同指引，以行业协会或政府相关部门的方式均可。但是，许多中国企业与外商签订合同时，往往会放弃起草合同的权利，或不仔细研究对方起草好的合同。这对企业自身利益的保护是非常不利的。中国企业应该尽力争取合同的起草权，并且应当聘请有经验的律师把关。下游产品生产商需注意：专利权利用尽原则不能盖过一个合理起草的合约安排。了解许可条款的内容，明确被许可人的权利限制是相当重要的。

商标权利用尽理论已为世界上大多数国家所接受，但对其确切的内容却有不同的认识。因此，不论是《保护工业产权巴黎公约》（以下简称《巴黎公约》）还是《与贸易有关的知识产权协议》，均未对此有详细的规定。以至于在学术界中针对商标权是否存在用尽，以及在商标权商品出售后商标权人究竟用尽了什么权利存在着争论。

我国法律已规定了权利用尽制度。我国《专利法》第 69 条规定：有下列情形，不视为侵犯专利权：专利产品或者依照专利方法直接获得的产品，由专利权人或者经其许可的单位、个人售出后，使用、许诺销售、销售、进口该产品的。我国《商标法》第 52 条规定的商标权利用尽原则：商标注册人或者被许可人使用注册商标的商品销售以后，他人再次销售的，无须获得商标注册人的许可，也就不视为侵犯商标专用权。我国法律对此做出了这些明确规定，虽然其他很多国家没有对此进行明确规定，但是在司法实践中却都予以肯定，因此我国应继续保留这种规定，并应主张专利权国际穷竭的原则，允许平行进口。因为我国属于技术输入大国，允许平行进口有利于我国引进国外先进技术。另外，专利权的国际穷竭原则有利于自由贸易，在经济全球化的今天，自由贸易的范围只会扩大不会缩小，况且专利领域的自由贸易可以起到打破发达国家技术垄断、技术强权的局面，符合像我国这种技术引进大国的利益。

（八）绿色知识产权安全法律制度

如果说上述传统性知识、遗传资源、专利、商标和版权等安全法律制度，主要是站在发展中国家的立场和知识与经济安全利益的角度来研究的话，那么，绿色知识产权安全法律制度的提出、设计和实施，则是站在发展中国家和发达国家共同利益的立场上，来审视全球共同面临的日益严峻的资源、环境、人口和可持续发展等重大问题所引发的世界知识和经济安全问题。在以上已阐述的传统性知识安全法律制度时，发展中国家与发达国家，既有同又有异，而绿色知识产权安全法律制度相比较而言同大于异。这样，可以使该制度的建立成本低于其他制度。不过，绿色知识产权安全法律制度的制定和谈判的实际，却给理论的理想提出挑战。联合国《全球气候变化框架公约》的形成和谈判过程，充满了发展中国家与发达国家的激烈博弈。

1. 问题的提出

气候变化是实实在在的威胁，为此全球各国应该共同合作，促进温室气体的减排。但是，西方发达国家却试图用碳关税作为贸易保护的借口，并且坚持极为强硬的知识产权体系，甚至阻碍知识产权体系中强制许可机制的使用，使技术推广困难重重。这是全球气候谈判与合作所面临的重大障碍。[①]

发达国家对绿色技术的垄断，导致全球臭氧层受损。当前，不破坏臭氧层的新一代冷冻剂技术专利，由杜邦等西方大公司所垄断。《蒙特利尔议定书》没有规定强制许可，相反，西方公司可以继续为其专利产品索要高价，而这样的价格是发展中国家承受不起的。比如，就氢氯氟碳化合物（HCFCs）来说，发展中国家仅需在 2016 年 1 月 1 日冻结其生产，并在 2040 年 1 月 1 日全部销毁。某些类型的氢氯氟碳化合物，比如 HCFC-141B、HCFC-142B、HCFC-22，在近年来的使用增长迅速。结果，2006 年见证了历史上最糟糕的臭氧层消失。这些类型的 HCFCs 也是极为强大的温室气体，其致暖效应超过二氧化碳数万倍。在严格的经济意义上，蒙特利尔议定书看似是双赢的妥协：西方公司可以继续享有垄断性专利的收益，发展中国家可以继续享受低成本的氢氯氟碳化合物直到 2016 年。但实际上，输家是环境本身和我们共有的星球。[②]

---

① 文佳筠：《碳减排须排斥知识产权垄断》，http：//www.antimonopolylaw.org/article，2010 年 10 月 30 日。

② 文佳筠：《碳减排须排斥知识产权垄断》，http：//www.antimonopolylaw.org/article，2010 年 10 月 30 日。

不仅仅是发展中国家由于目前的知识产权体制障碍而受到伤害，发达国家同样如此。一个富有启发性的例子就是 Enercon，它是世界上最具创新性的风力能源公司之一，也是世界第三大风力发电机制造商，在过去的几年里都是德国风力发电市场的领袖。它的重要发明之一是一种无变速箱直接驱动的风力发电机。在传统的风力发电机中，变速箱故障最为普遍，是造成发电机停转的最大原因。因此，这项新技术大大提高了效率并减少了维修需要。然而，根据世界贸易组织的一项裁定，Enercon 公司被禁止在 2010 年前向美国出口其风力发电机，因为 Enercon 被控侵犯了 Kenetech 公司在美国申请的 5083039 号专利技术。Enercon 声明，是 Kenetech 公司盗取了他们的专利权，抢在他们之前在美国注册了专利。在 2008 年的早些时候，Enercon 公司同它的竞争者通用电气公司达成了交叉专利协议。在这部国际间谍和法律斗争的长剧中，无论是 Kenetech 公司还是通用电气公司至今为止都未建造或者安装任何以争议中的技术为基础的直接驱动风力发电机设备，其中 Kenetech 公司于 1997 年宣布破产。简言之，在这个特殊案例中，世界贸易组织和国际专利法则的作用，就是至今为止阻止了这一对减排极为有利的技术在美国的应用。再一次，环境成为输家。①

2. 制度设计

创立独特的绿色技术安全法律制度。该制度不同于现行的一般知识产权制度，是知识产权安全法律制度重要的和具有前瞻性、引导性的新型安全法律制度。由于其直接关系到整个人类的未来，因此对世界的经济安全、生态安全（经济可持续发展的基础）起到了至关重要的作用。在这一制度中，权利的冲突，例如知识安全权利、经济安全、生态安全之间的冲突，在上述已研究的传统性知识产权或者是专利等，知识安全与经济安全几乎并列，但在绿色知识产权安全制度体系中，知识安全应让位于经济安全，更要让位于气候安全和生态安全。

鼓励绿色创新。开发和推广处理气候变化问题的各种技术手段，对停止地球资源的耗损发挥着关键的作用。开发可用的替代能源大赛已拉开序幕：人们竞相利用风和潮汐的潜能，截取太阳的能量，挖掘地下蕴藏的地热，不断推出新的植物品种遏制旱涝灾害。有新的无害环境材料，我们定

---

① 文佳筠：《碳减排须排斥知识产权垄断》，http：//www. antimonopolylaw. org/article，2010 年 10 月 30 日。

将建设一个更加具有可持续性的世界。建立一套平衡的知识产权制度所能做出的贡献：帮助创造、传播和利用清洁技术；有利于推广绿色设计，旨在确保所创造的产品在其整个生命周期都无害于生态；有助于创建绿色品牌，以帮助消费者做出知情选择，并让公司拥有竞争优势。从过去的碳基灰色技术走向未来的碳中和绿色创新。

重视本土绿色技术及其制度创新。除了国际专利体制所设置的障碍之外，还有一个障碍就是，人们一般误认为值得全球推广和共享的环保科技只能来源于跨国公司，而事实却是：值得推广和共享的技术并不是高技术。以中国为例，本土绿色技术在全球领先。一是太阳能热水器，最环保的供热水方式，中国的使用量占全球的2/3。二是农村沼气池，中国无论是技术还是推广，都是全球第一。这其实是集多功能为一体的先进技术：农村粪尿处理，改善卫生，同时生产有机肥，减少直接烧柴草造成的植被破坏和室内外污染，减轻江河湖海的富营养化问题。在现阶段很难找到比这种更环保的科技了。只要打破了对所谓"土"科技的歧视，中国其实可以在这些方面大有所为。首先，在中国进一步提高和推广太阳能热水器、沼气池、节柴灶等低价高效的节能减排科技。比如沼气池技术，在推广层面仍然有许多问题，有相当大的潜力可挖。其次，帮助其他第三世界国家推广这些科技，实现发展和环保的双重目标。再次，某些科技可以向西方进行有支付的技术转移，或者技术互换。比如西方用粮食造生物燃料，引发了粮食危机；相比之下，沼气池技术是真正的变废为宝。

回到技术转让问题，在国际谈判中目前的问题是人们往往忽视和边缘化节柴灶、沼气池等切实可行的观念和技术，而过分专注于西方跨国公司所拥有并希望以垄断高价出售给他人的高科技。印度、巴西和中国的农民当然没有为他们的技术申请什么专利，因此他们的这些科技都可以免费获取并以相当低廉的费用大规模推广。然而，包括清洁发展机制在内的国际气候机制，常常边缘化这些科技，而不是促进它们的分享和推广。

那么，用什么样的方式才能最好地让这些基于社区的知识和技术服务更多的人呢？支持将这些技术纳入目前的知识产权体系能够促进这些技术的普及吗？对此，不妨同传统药用植物的遭遇进行类比。相关知识产权化的尝试往往以生物海盗行径而收场：西方医药公司将传统药用植物和相关知识注册专利，剥夺当地人分享利益甚至继续免费使用这些知识的权利，尽管是当地人在长达数百年的时间里发现并积累了相关知识。如果我们希望阻止基于社区的生态技术遭受同样的命运，如果我们要推动"土"技术与"洋"技术的全面普及，就必须挑战现有的知识产权垄断体制。①

中国可以借鉴传统性知识和遗传资源安全法律制度的思路和做法，创设本土绿色技术法律安全新制度，包括但不限于数据库制度、注册制度、来源地信息披露制度、事前知情同意制度、惠益分享制度，以及纳入世界知识产权保护体系。

（九）多哈知识产权议题的中国谈判建议

WTO 于 2001 年 11 月在卡塔尔首都多哈举行的 WTO 第四次部长级会议中启动了新一轮多边贸易谈判，其主题是发展回合，即确保发展中成员真正从多哈谈判中受益。这是多边贸易体制 60 年来首次把发展问题置于中心位置，对中国等发展中国家来说，既是难得的机遇，又是严峻的挑战。

多哈回合谈判，以促进多边贸易自由化、推动世界贸易发展的目标为出发点，确定了知识产权等 8 个谈判领域。《多哈部长宣言》中，涉及《TRIPS 协定》规定的知识产权内容主要有：关于专利的强制许可制度，主要涉及公共健康问题；关于建议地理标志通知和注册多边制度；关于传统知识和民俗的保护；关于《TRIPS 协定》与《生物多样性公约》。② 对于这些知识产权议题，发展中国家与发达国家之间、发展中国家之间、发达国家之间，甚至不同利益集团之间③的角度、意见及理由既有共性又有差异。

关于主要涉及公共健康问题的专利强制许可制度问题，经过非洲国家、印度、巴西等受公共健康问题影响的发展中成员，与美国等发达国家反复多次博弈，最后达成阶段性共识，形成了通过专利药品强制许可制度以解决公共健康的最后法律文件。该文件给予发展中国家最大的好处是：简化程序和降低药品费用，以保证生命健康等基础人权高于财产权。即当因艾滋病、疟疾、肺结核和其他流行疾病而发生公共健康危机时，发展中成员

---

① 文佳筠：《碳减排须排斥知识产权垄断》，http：//www. antimonopolylaw. org/article，2010 年 10 月 30 日。

② 孙振宇：《WTO 多哈回合谈判中期回顾》，人民出版社，2005。

③ 不同利益集团的组成成员，有的是纯粹的发展中国家，但也有为了共同利益而联合的发展中国家与发达国家。对发达国家也是同理。可见，利益决定联盟组织及观点，无论是发展中国家还是发达国家均不是铁板一块。例如，在地理标志的谈判中，欧盟就与发展中国家结成了联盟。

和最不发达成员将可以在国内未经专利权人许可而实施强制许可制度，以生产、使用、销售或从其他实施强制许可制度的成员进口有关专利药品。但是，目前的法律文件仍是关于解决公共健康问题的临时安排，仍有许多在具体适用上的限制性规定或障碍，有待未来进一步谈判。关于这一点的谈判成果，中国已经吸纳进了 2008 年《专利法》的修改中①。

关于地理标志保护的扩大与是否建立有强制力的多边登记制度问题的谈判。2001 年 WTO《多哈部长宣言》授权了地理标志的谈判，要求建立葡萄酒和白酒的多边通知与注册制度，并将对葡萄酒和白酒地理标志的保护水平扩大到其他产品的问题进行审议。在这两个问题上，以印度、巴西、泰国、埃及、印度尼西亚、匈牙利、保加利亚等发展中国家为主②，包括欧盟、瑞士在内的有关成员联合提案，支持扩大地理标志保护，主张建立有强制力的多边登记制度。而美国、澳大利亚、新西兰、加拿大、阿根廷等，在地理标志名称方面不具有优势③，顾虑如果将地理标志保护的范围扩大将会对其同类产品的生产和出口造成严重损害，因此坚决反对地理标志保护范围的扩大，并以地理标志需要重新定义、地理标志保护扩大成本过高为由拖延谈判。同时，美国、澳大利亚等移民国家主张建立自愿性，即由成员国内法规定，而非由《TRIPS 协定》统一规定的多边登记制度。

关于传统知识和民间文艺，即传统性知识保护是否纳入《TRIPS 协定》框架问题的议题。根据多哈宣言以及《TRIPS 协定》有关规定授权，TRIPS 理事会例会将传统知识和民间文艺保护纳入谈判议题。美国、欧盟等发达成员反对在 WTO 框架下讨论此议题，认为传统性知识保护问题已经纳入 WIPO 工作日程④；印度、巴西等发展中成员也没有单独就此议题递交提案，而是主张将该议题与有关《生物多样性公约》谈判议题一并处理。

关于《TRIPS 协定》与《生物多样性公约》的关系问题的谈判。依据《多哈部长宣言》有关规定授权，TRIPS 理事会例会将其纳入议题。发展中

---

① 我国新《专利法》第 50 条规定："为了公共健康目的，对取得专利权的药品，国务院专利行政部门可以给予制造并将其出口到符合中华人民共和国参加的有关国际条约规定的国家或者地区的强制许可。"
② 这些发展中国家历史悠久，在农产品和手工艺品等方面拥有一批知名地理标志。
③ 这些发达国家属于欧洲移民成员，很多产品的生产在地理标志方面和欧洲大陆有较多重合，与欧洲大陆国家相比不具有优先权。
④ 在 WIPO 已经进行的谈判中，如何对传统知识和民俗进行定义并确定其范围和内涵存在较大争议，即使在发展中成员之间也有许多不同看法。

成员主张应对《TRIPS 协定》进行修改，使之与《生物多样性公约》相协调①，符合国家主权三原则，并提出凡涉及生物资源和传统性知识的专利申请应建立对申请人信息披露的强制性义务，确保资源拥有者的知情权和获得报酬权。但是，欧美等发达成员反对将此议题纳入新一轮谈判，不主张修改《TRIPS 协定》，认为对生物多样性和传统性知识的保护不能降低现有知识产权的保护水平。

由上述多哈谈判所涉及的知识产权议题的情况可知，多哈谈判确是发展回合，其所谈的诸如公共健康的专利强制许可、地理标志保护扩大和多边登记制度，特别是传统性知识（包括传统知识和民间文艺）和生物资源的议题，均是直接关系到发展中国家的公共健康安全、传统性知识和生物资源的安全、地理标志安全等知识安全及其相关的产业安全和产业发展的国家经济安全和国家生物生态安全等有关当代乃至未来可持续发展的重大问题。尽管在谈判中各利益方各执己见，但从大方向、从议题的选择范围来看，是一个绝好的巨大机遇。中国作为世界上最大的发展中国家，更要紧紧抓住这个重大契机。当然，中国更要做好准备迎接严峻挑战。多哈谈判从 2001 年开始，至今已经历 13 年，但相关拟订的谈判议题进展缓慢，特别是有关知识产权的。这足以说明谈判的艰难与实现发展的困难。

自多哈谈判以来，在有关知识产权的议题谈判中，中国都积极投入。针对与《TRIPS 协定》有关的各议题，中国主张②，新一轮谈判必须充分考虑发展中国家和最不发达国家的发展现状和需要；必须采取切实、有效的措施保证乌拉圭回合协议的实施；必须保证发展中成员的全面和有效参与，必须保证谈判结果在体现各方利益的基础上实现总体平衡，特别是促进发展中国家的经济发展；新一轮《TRIPS 协定》谈判的范围广泛，从全球化中受益最多的发达国家有义务在技术支持和能力建设方面为发展中成员提供必要的帮助，使发展中国家和发达国家共同分享经济全球化的成果。

不难看出，中国政府的主张站在发展中国家的立场上，强调了谈判中

---

① 《生物多样性公约》于 1990 年签订，我国为首批成员。该公约确定了生物资源的国家主权、知情同意和利益分享这三个原则，主张对土著文化、本土知识、创新、实践以及生活方式等诸多传统知识进行保护。该公约的宗旨是防止跨国公司等对生物资源未经许可的无偿利用，防止生物盗版和对传统知识的侵权行为，确保生物多样性和人类的可持续发展，而《TRIPS 协定》却缺乏对这些内容的规定。

② 孙振宇：《WTO 多哈回合谈判中期回顾》，人民出版社，2005。

的若干原则：满足发展中国家的发展需要；发展中成员的全面和有效参与；谈判结果在体现各方利益的基础上实现总体平衡；发达国家有义务在技术支持和能力建设方面向发展中成员提供必要的帮助；特别是促进发展中国家的经济发展和共同分享经济全球化的成果。显然，中国政府抓住了《TRIPS 协定》有关议题的关键点和核心问题。三个关键点：一是机制公正，有发展中成员的全面和有效参与；二是制度公正，谈判结果在体现各方利益的基础上实现总体平衡；三是制度实施有效果，即促进发展中国家的经济发展和共同分享经济全球化的成果，这也是最关键的。公正机制、公正制度和良好的经济效果，这正是本书所提出的世界知识产权新秩序的核心内容，是国家经济安全的基本保障，也是中国等发展中国家知识产权及制度发展的目的。

但是，仅有好的原则还不够，还要研究充分反映和有效实现既定原则的谈判策略，要有促进世界知识产权新秩序建立、保障国家经济安全的中国知识产权法律发展良策。关于多哈回合知识产权议题谈判，中国的具体对策可以考虑如下思路。

其一，关于地理标志。地理标志已经成为国际公认的知识产权，其在推广民族品牌、增强产品国际核心竞争力上发挥着重要作用。目前，欧盟的地理标志产品有 1000 多种，法国有 423 种。中国虽然有贵州茅台酒这样的名牌，但与欧盟相比，无论是数量还是国际知名度均无法与之匹敌。因此，中国在地理标志的谈判中应采取审慎策略。应认真研究将中国贵州茅台酒这样的名牌纳入谈判的基础，建立由经济学、国际法、WTO 和地理标志专家组成的专题委员会，一方面，应该全面审视考虑葡萄酒和白酒是否建立多边通知和登记制度及其带来的贸易机会和付出的代价，特别是地理标志制度的变迁对中国国家经济安全的影响及其定量评估，以便考虑是否采取诸如美国的自愿式数据库制度以及其他建议，并在相关机制上予以倾斜。另一方面，我国具有一定优势的农产品、手工艺品（包括中国的景德镇陶瓷）应纳入地理标志扩大的范围。

其二，关于《TRIPS 协定》与《生物多样性公约》的关系以及传统性知识和生物资源问题，中国应坚决支持。理由很简单，因为中国在传统性知识和生物资源方面，无论是与其他发展中国家还是与发达国家相比，均具有较明显的优势。

其三，谈判前广泛调查相关利益者的诉求。《TRIPS 协定》之所以被

WTO 接受，与美国的 12 家跨国公司的不懈努力以及政府从国家利益出发积极采纳企业的诉求直接相关。事实证明，该协定已经并继续给美国企业及国家带来巨大的知识产权和经济利益。我国可以借鉴这一成功的运作方式。考虑到我国企业知识产权的国际法律意识和能力不强，政府应当主动行动，广泛调查我国企业、产业、知识产权部门等相关利益者的现状、问题及诉求，也可通过网络征求社会建议。目前，商务部的网络问卷方式是一种较广泛和便捷的形式，不过在问卷的内容设计上可以进一步改进，例如，可以考虑增加有关地理标志，以及传统知识、民间文艺和生物资源的中国立场和对策及其理由。还可以采取互动和讨论的方式，使问卷更深入。

目前，多哈回合谈判还未结束。WTO 总干事拉米于 2010 年 10 月 19 日在贸易谈判委员会上告诉成员①，对关于葡萄酒和白酒地理标志的通知与注册多边制度建立的谈判，以及关于地理标志的扩大执行、《TRIPS 协定》与《生物多样性公约》的关系问题，要启动新一轮更深更广的谈判。中国要早做准备，充分而科学地论证自己的立场和提案对自身知识安全和国家经济安全的影响，以提出可靠有效的知识产权安全法律建议。

---

① "Lamy Tells Members to Bring Doha Negotiations to a Higher Gear," http：//www. wto. org/english/news_ e/news10_ e/tnc_ dg_ stat_ 19oct10_ e. htm, 2010 - 10 - 20.

第七章　中国知识产权安全法律模式与机制的发展

中国知识产权安全法律制度、法律模式与法律机制具有内在联系。如果说安全法律制度属于微观层面，那么法律模式与法律机制则具有中观和宏观意义。安全法律制度是安全法律模式的基础，若干具有一定联系的安全法律制度构成一定的安全法律模式。安全法律机制是安全法律制度和安全法律模式的共同并具有直接和主要影响的外部环境总和，是安全法律制度和安全法律模式目标实现的基础保障。良好和理想的知识产权安全法律机制，不仅有利于保证和促进安全法律制度和安全法律模式的创新与发展，为整个中国知识产权安全法律体系的发展提供坚实的宏观保障，也是中国知识及经济安全权利实现的根本保证。

第一节　中国知识产权安全法律模式的发展

安全法律制度是安全法律模式的基因和细胞。某系统社会关系调整和发展的安全需要，是安全法律模式产生的客观主因，而对该系统诸方面的不同法律规范的组合形成不同的安全法律制度。若干不同的安全法律制度形成某特定的安全法律模式。具有共同调整和规范目标的一系列良好和协同的安全法律制度集群，是高质量法律模式的基础。安全法律模式可以分为有形财产安全法律模式和无形财产安全法律模式。知识产权安全法律模式是无形财产法律模式的重要一种。

知识产权安全法律模式是指对某类知识采取的由有内在联系的若干安全法律制度构成的特定法。例如，对技术的法律保护方式，既可选择商业秘密法律模式，也可选择专利法律保护模式；对计算机程序，既可采取专利，也可采取版权，甚至可采取特殊模式。法律模式有简单和复杂之分。简单的法律模式是一对一的方式，例如文字作品，是版权模式；复杂的法律模式，则存在选择的问题。我国目前没有一部专门的知识产权安全法律，有关的《知识产权安全法》，只是以规范的形式分散在相关的法律之中，有的知识产权法律规范的立法层次较低。这些情况使我国知识产权的风险问题难以通过强有力的法律模式予以有效解决，给国家经济安全的维护留下了比较严重的法律漏洞。

其他有形的安全法律模式的制定已引起各界的关注。近年来，随着安全问题在各个领域的突出和危害的加深，学界和国家加大了相关的安全立法和研究工作。诸如电子商务安全法律[①]、信息安全法律、交通安全法律、环境安全法律、食品安全法律、生产安全法律、建筑施工安全法律、饮用水安全法律、职业健康安全法律、生物安全法律、能源安全法律、旅游安全法律、农产品质量安全法律、中国产业安全法律、石油安全法律。2004年巴西通过生物安全法，国际上也有《生物多样性公约》和《生物安全议定书》。因此，安全法律已成为法律领域发展的新趋势。

本书所研究的法律模式不同于一般的法律模式，而是以维护国家经济安全利益为核心，基于全球化趋势及我国知识和经济风险日益严峻的新情况所创建的法律模式。理想的法律模式应具有以下特点。

第一，安全性。这是首要的和最基本的，也是法律首要价值——秩序的具体反映。既有积极性的安全法律举措，又有防治制度。能充分反映知识产权安全价值观，积极和防御法律安全制度并重，有完备的预警和应急机制。安全性要求充分反映知识产权不被或少被侵权、不灭失或流失等需求。

第二，有效果的。有实际经济和社会效果，正如庞德评估法律的社会

---

① 电子商务安全也影响国家经济安全。交易安全是电子商务发展的首要的和基本的问题，电子商务风险是消费者和企业或政府共同关心的主要问题，是电子商务这一高效率的现代先进商务模式在我国至今难以迅速扩展的基本原因。法律保障电子商务安全比技术安全保护措施更有力度和终极意义。对制造电子商务风险者，法律将以国家强制力为后盾进行制裁。对于侵权者法律均可追究其相应的责任。电子商务安全的法理基础在于防范市场交易风险，贯彻商法交易安全的原则，符合法的安全价值，更深层次的是满足人性的需要。电子商务安全的法律制度包括网络和信息安全、数据电文、电子签名、电子认证和电子支付等安全制度，以及司法管辖权和电子证据等诉讼安全制度。电子商务安全法的总目标是减少商事交易中的不确定性因素，保证交易行为的法律效用和法律后果具有可预测性，以增强人们的安全感，调动主体从事交易的积极性，从而保障和促进电子商务的顺利发展。它的分目标主要有三个：一是保护消费者的知情权和隐私权等安全权益；二是保障企业的域名权、公平竞争权和网上知识产权；三是维护国家经济安全。

实效的三个工具：以道德与法律的关系来重构理想的社会秩序的哲学图案来评判立法、司法和行政；法律从制裁转向预防，法学直面预防直道运动；现代法律科学不但认明行政要素的重要，而且极力要求法律戒令在应用时的个别化。[①] 在这里，社会效果应包含和突出经济效果，符合经济学的效率要求，即一方面以最少的制度资源，达到最大最优的安全效益；另一方面能产生积极的经济安全、经济增长和发展的效果。当代社会是以经济为基础的，从这个意义上说，社会的本质是经济。

第三，逻辑严谨。法律概念、法律推理、法律命题、法律原理、法律原则、法律规则，首尾一贯，以设立、维护和促进知识产权安全秩序为立法宗旨。是应然法和实在法的统一，也是形式逻辑和应用逻辑的统一。

第四，行政主导。这是《知识产权安全法》不同于其他知识产权法的最大区别和最明显的特征。安全是市场失灵和制度失灵之处，又与国家主权利益直接相关，无论是《TRIPS 协定》还是其他国际公约几乎均有安全例外，因此，行政机制作为人类文明发展迄今最有力和最有效的防治双失灵（市场失灵和制度失灵）的圭臬，理应起到主导和引领的作用。

第五，全球共同体。理想法律模式的目标是全球共同体，既适用于中国，又可走向世界；既反映发展中国家的利益，又考虑发达国家的正当诉求，从而为世界知识产权安全制度做出贡献，并能纳入相应的安全制度和法律发展机制，符合全球正义的基本要求。发展中国家和发达国家等利益各方安全权利义务平衡，并加入具有共同利益的诸如绿色知识产权制度。

在全球化趋势加深的背景下，从满足维护国家经济安全的需要来看，目前的诸如专利、版权、商标等单一的知识产权法律模式难以担当，因为这些法律模式形成的宏观环境和立法宗旨已经发生根本性变化。专利、版权、商标等知识产权法律模式产生的历史环境是国内环境下保护和鼓励知识创造者的私权利益，而当代的宏观环境是知识经济、知识法律、知识治理和知识法律秩序的全面性全球化，知识产权法律的立法宗旨不仅是保护和鼓励知识创造者的私人利益，更重要的是强调国家经济安全等利益。因为在全球化风险日益加大的情况下，只有国家这条"大河"里有水，国内知识创造者的私人利益这些"小溪"才有可能有水；只有国家经济安全得以有效维护和切实保障，才可谈经济促进和发展。国家及其经济安全利益

---

① 庞德：《庞德法学文述》，中国政法大学出版社，2005。

的保护是知识产权私人利益得以确实保护的前提和基础。在全球化已经成为现实的情况下，知识产权法律关系的直接主体已由私人转变为国家。专利、版权、商标等知识产权法律模式的立法宗旨主要有两个：① 一是保护，即保护知识产权人的合法权益；二是促进，即促进知识进步和经济社会发展或者国际贸易自由化。显然，围绕这两大立法宗旨所制定的一系列知识产权法律规范体系，很难适应有效保护知识安全和经济安全的重任，现行的专利、版权、商标等知识产权法律模式显然落伍于时代和发展中国家的需要，亟须创新和发展。

本书的创新型发展思路是：中国知识产权法律安全模式的总框架分为以下四个层次。

第一个层次是一个安全法和一个基本法，即制定《国家经济安全法》，弥补现行《国家安全法》② 只关注国家政治安全和军事安全的不足。

第二个层次是两个分支法律，即发展性知识产权安全法和发达性知识产权安全法。这两个分支支撑着《经济安全知识产权基本法》，相反的，《基本法》也指导这两个分支的创新和发展。我国要着力于对发展性知识产权安全法多下功夫，因为这一块，世界知识产权相关公约体系在谈判过程中并未正式纳入，我国可创新可发展的空间较大。对于这一块，我国应抓紧并加大力度，拿出有理有力的证据、有说服力和有分量的研究成果。一方面在国内尽快出台相关法律法规，另一方面使国内立法成果走向世界知识产权的舞台，为中国等发展中国家争取应有利益，为世界知识产权新秩序的早日建立做出贡献。

---

① 我国《专利法》第1条规定：为了保护专利权人的合法权益，鼓励发明创造，推动发明创造的应用，提高创新能力，促进科学技术进步和经济社会发展，制定本法。我国《商标法》第1条规定：为了加强商标管理，保护商标专用权，促使生产、经营者保证商品和服务质量，维护商标信誉，以保障消费者和生产、经营者的利益，促进社会主义市场经济的发展，特制定本法。我国《著作权法》第1条规定：为保护文学、艺术和科学作品作者的著作权，以及与著作权有关的权益，鼓励有益于社会主义精神文明、物质文明建设的作品的创作和传播，促进社会主义文化和科学事业的发展与繁荣，根据宪法制定本法。《TRIPS协定》序言开篇指出："本着减少国际贸易中的扭曲及障碍的愿望，考虑到有必要促进对知识产权有效和充分的保护，以及确保实施保护产权的措施及程序本身不致成为合法贸易的障碍。"

② 我国《国家安全法》是国家政权政治安全法律。我国缺乏国家经济安全基本法，更缺乏国家经济安全知识产权法律。在知识经济全球化时代，国家经济安全知识产权法律呼之欲出。现行《国家安全法》名不副实，实质上只是一部反间谍法，立法的规范事项主要与军事安全和政治安全相关，已落后于时代要求。

第三个层次是第二个层次的进一步划分和细化，发展性知识产权安全法，一般是发展中国家比较具有优势的知识，包括传统性知识安全法，重点是传统中医药知识安全法、中国民间文艺安全法、遗传资源安全法（包括生物安全法）；发达性知识产权安全法是指专利安全法、商标安全法和版权安全法。专利安全法的重点是知识产权反垄断法，商标安全法主要是商标抢注防治法和中华老字号保护法。

第四个层次是海外知识产权安全法。包括海外知识产权风险防治法、海外知识产权壁垒防范法、海外知识产权诉讼安全法、美国337调查风险治理法、海外会展知识产权安全法、海外海关知识产权法。

我国学术界有很多观点都在现行的知识产权法律模式中寻找传统性知识、遗传资源等发展性知识产权保护模式，这样就陷入了悖论：一方面，这些发展性知识产权具有的集体性、非新颖性、长期积累、生产生活中形成等特征，与现行诸如专利和版权的个体性、新颖性、实用性、生产领域创造性等属性格格不入；另一方面，在既定的知识产权模式的惯性思维框架下，只好在已有的知识产权法律模式中探索发展性知识法律模式，但发现很难融合进去，即便勉强融合，也难以保护这些发展性知识。

因此，为了维护我国国家经济安全，当务之急是要制定和完善知识产权安全法，即创建下述四大知识产权安全法律模式。

一　发展性知识产权安全保障法

发展中国家近年来在国际上要求新增知识产权保护客体类型。随着世界知识产权竞争的加剧，一些发展中国家纷纷提出了对传统知识、民间文艺和遗传资源等发展性知识产权的保护。[①]

WIPO知识产权与遗传资源、传统知识和民间文艺政府间委员会（IGC）目前正在进行谈判，以期制定一项有效保护传统知识和传统文化表现形式的国际法律文书。

《发展性知识产权安全法》，是中国等发展中国家具有比较优势的知识安全法律。应加强我国强势知识产权的有效保护，这是发展中国家的通行

---

① Olufunmilayo B. Arewa, "TRIPS and Traditional Knowledge: Local Communities, Local Knowledge, and Global Intellectual Property Frameworks," *Marquette Intellectual Property Law Review*, 2006（10）.

做法。我国对于自己具有优势的知识资源在国内层面进行保护已经有了广泛共识，特别是在"传统中医药""传统工艺品"等领域形成了国内立法。例如，《民间文学艺术保护条例》等正在加紧制定之中。然而值得关注的是，即便我们已经形成了完备的保护体系，也并不等于就实现了对优势资源的法律保护。如果在国际社会没有形成统一的法律规则，如果对传统知识的保护还不是各国共同的行动，那么，当国际范围的侵权行为发生之后，我们仍不能维护自己的利益。因此，还必须在国际层面表达我们的立场，推进我国具有优势的智力资源的法律保护。

发展性知识产权法律模式的思想基础是准公权知识产权。发展性知识产权的产权主体的集体或国家性、历史创造性、知识产权源头性、非物质性（无形性）、商业价值性、人权性（例如文化多样性、生物多样性、非物质文化遗产性）等特殊复杂性，以及与专利等发达性知识产权的私权性质相比的准公权（因为权利主体是社区集体或国家，为"公权"；又因为以全球视野看，无论是社区集体还是国家，都不是全体人类这一世界全民，因而又偏于"私权"和私人性）特征，使得为发展性知识产权设立单独、专门的法律保护模式成为必要。

《发展性知识产权安全法》包括传统性知识安全法，重点是传统中医药知识安全法、中国民间文艺安全法、遗传资源等生物安全法。中国是世界上最大的发展中国家，历史悠久，所积累的发展性知识产权资源非常丰富，面临的损害和损害威胁也日益增大，不仅对我国的生物多样性和国家生态安全造成损害，也对我国优秀传统文化的发扬光大和国家文化安全造成损害，而且直接对这些资源的经济价值和国家经济安全①构成严重侵害。为此，我国应审慎选择发展性知识产权安全法律模式。

（一）传统性知识安全保护法

本书所讲的传统性知识主要包括传统中医药知识和中国民间文艺，重点探索传统中医药知识和中国民间文艺的安全保护法律模式的共性和一般性问题，而对各自的具体问题，学界研究得较多。

传统性知识的法律保护模式，既可从一般整体上进行研究，也可从某

---

① 国家经济安全是国家文化安全和国家生态安全的基础，也是逻辑出发点和归宿。发达国家跨国公司对发展中国家的发展性知识的侵害，其直接目的是获取经济利益。而文化安全和生态安全不过是经济利益受损的衍生性损害和次生灾害。

一特定视角进行研究。本书则基于全球化结构中的中国、维护国家知识安全和经济安全的特定角度，深入探讨我国传统性知识理想的保护模式，基本依据是看该模式所提供的保护方式，经与其他模式比较后，是否对传统性知识的保护效果最好、成本最低，是否既能使传统性知识得到切实有效的保护，防止传统性知识的灭失、流失和被盗，又能创造商业价值和维护国家传统工艺和传统中医药的安全。

　　传统性知识的知识产权保护方式，向现代知识产权法律保护模式提出了挑战①。因为它不符合作为现代知识产权的诸如产权主体个体化和明晰化、创造性（原创或独创，专利要求原创，版权可以是独创）的基本要求，传统性知识是社区或居住区集体所有，知识是长期继承而来的。另外，挑战正是知识产权法律创新和发展的契机。因为，倘若现有模式难以满足保护的需要的话，有可能要另辟路径，发现或创造新的法律保护模式。

　　国际上关于传统性知识保护模式的观点。关于传统性知识的法律保护模式，国外具有代表性的观点有英国《知识产权与发展报告》的多类型保护模式②。WIPO 保护模式是版权和专利权模式，侧重财产权等经济属性，保护方式是以司法为主的私权形式。UNESCO 是非物质文化遗产保护模式，侧重文化权利等人权、精神权利等文化人文属性，保护方式是以行政为主的公权形式。

　　国内关于传统性知识保护模式研究。严永和③提出了应构建传统性知识的知识产权利益导向的保护模式。他认为应论证传统性知识的知识产权保护的正当性，确定传统性知识的知识产权保护战略，探讨传统性知识的知识产权保护的制度组成，从而为传统部族实现其传统性知识上的知识产权利益服务。

　　吴汉东认为④，中国宜建立非物质文化遗产保护和传统文化表现形式保护的双重权利保护模式。理由是：基于传统文化的不同客体属性，存在两种不同的权利形态，即"集体产权"的知识产权和"集体人权"的文化权

---

① 从现行专利等知识产权的思维来看是如此。
② 几乎囊括了现行知识产权法律模式，例如澳大利亚的土著居民和托雷斯海峡的岛上居民中的艺术家获得一项国家认证商标；加拿大用版权保护哈萨克斯坦的头饰和地毯的外观设计保护模式；委内瑞拉和越南的烈性酒、调味品和茶的地理标志保护等。
③ 严永和：《论传统知识的知识产权保护》，法律出版社，2006。
④ 吴汉东：《论传统文化的法律保护》，《中国法学》2010 年第 1 期。

利。不过，在该模式中，因为非物质文化遗产保护模式的价值取向是传统文化的精神价值，而传统文化表现形式保护的核心价值则是商业利益，那么，孰轻孰重？两者的权重如何？另外，在实践中如何操作？均是悬而未决的问题。

唐广良认为，应采取"知识产权＋特别权利＋反不正当竞争"的综合保护模式。从已经形成的制度及纲领性文件中可以看出，"知识产权＋特别权利＋反不正当竞争"的综合保护模式将是未来的必然选择，其中"特别权利"机制有可能成为大多数国家共同接受的核心保护模式。所谓"特别权利"，指的是类似于知识产权但又不包括所有权的一种保护模式。至少在涉及传统性知识及传统文化表达问题时，发达国家已经明确表示了对授予相关资源以纯粹私权的反对意见。这表明，即使保护传统资源的法律制度最终能够建立起来，相关资源保有者也不可能通过私权机制完全阻止其他人对其拥有的传统资源的获取和利用，而只能阻止某些损害性的使用。但无论如何，这些资源保有者将有机会从资源利用者手中分享到合理的利益。这种利益分享机制将提高资源保有者进一步保护与传承相关传统资源的能力，从而真正实现传统资源的可持续利用。

唐广良从制度层面研究并得出应采用的传统性知识保护模式。其实，传统性知识在整个人类知识体系中是一个比现代知识产权的知识体系更复杂的知识产品系统。它形成的时间久远，创造主体不清晰，边界模糊。传统性知识的一些基本的和重要的问题在发展中国家与发达国家之间、在实务界和学界之间均未达成共识。因此，对传统性知识的探讨是一个开放的和新的前沿。

总之，国内外关于传统性知识保护模式的研究，为我国传统性知识保护模式的选择提供了十分有价值的意见、思路和启发。不过，本书认为，中国传统性知识法律保护模式的选择，应遵循下述原则：利用现有模式、创造新模式、突出安全性；目标是促进世界知识产权新秩序的建立，不利于旧秩序存续而有利于现秩序的变革和新秩序的诞生；突出行政主导性；既适应中国又可走向世界，为世界知识产权安全制度做出贡献。特别是要以本书提出的准公权知识产权新概念理论框架为思想基础和法理依据。

1. 新型法理基础——传统性知识产权的准公权知识产权法律性质

传统性知识是发展中国家文化和生活的重要组成部分。传统性知识对发展中国家的食品安全和数百万人口的健康是极其必要的。在发展中国家，高达 80% 的人口依靠传统药品以满足其健康需求。另外有关植物治疗特性的知识已经成为许多现代药品的来源。当地农民对植物品种的使用和不断发展、对这些品种的共享和传播以及与此相关的知识对发展中国家的农业系统起着非常重要的作用。① 传统性知识风险突出，危害很大。生物盗版是指寻求独占或控制农业及本地社会的知识及遗传资源（通常是专利权或植物种苗权）的个人或机构对该知识资源的占用。生物盗版有两种情况。一是"不当"专利的授予。获取专利的发明既没有新颖性也没有创造性，而且与公众领域已经存在的传统性知识有关。这些专利的授予要么是因为专利核准阶段的疏忽，要么只是因为专利核准人员不具备有关方面的知识。二是"适当"专利的授予。可以依照有关衍生于社会传统性知识或遗传资源发明的国家法律，正确授予专利。由于以下原因，该行为可以被认为构成"生物盗版"。一是专利标准过低。例如，有些获取专利的发明充其量比发现强一些。二是国家专利制度（如美国的国家专利制度）可能未能将传统性知识的一些公开形式看作先前技术。

传统性知识是现代主流知识产权的重要源泉之一。从本质上看，传统性知识与现代主流知识产权的属性一致。传统性知识与现代主流知识产权有传承关系和内在联系。传统医药知识、传统手工艺知识可对应于现代的实用新型专利或商业秘密；传统文化知识，即民间文艺，对应于版权；传统地理知识，也是传统商标，对应于地理标志；传统生态知识（遗传资源）对应于现代生物技术专利。传统手工艺在创造之初为发明或实用新型，成型之后则可为技术信息，即现代商业秘密的两大内涵之一，其产品可作为外观设计。从这个意义上说，传统性知识应与现代主流知识产权一样，可纳入知识产权制度的保护范围。

目前，学界通行的把传统性知识视为无权利主体和无创造性的看法值得商榷，这种看法的直接后果是导致传统性知识不应纳入现代知识产权的保护范围。把传统性知识视为无权利主体和无创造性看法的错误在于：用现在流行的私权性知识产权思维视角和观点来看待，与私权不同的具有一定公权性的即为准公权知识产权。从经济学原理和法学原理来说，财产权可以分为三

---

① 英国知识产权委员会：《知识产权与发展政策相结合》，http：//www.iprcommission.org/graphic/Chinese，2010 年 11 月 19 日。

种：私有、公有（可分为国有、集体所有）、无主财产（所有者待定，但最后只有两个归宿：私有或公有）。如果准公权知识产权命题和理论能够成立，就能扫除长久困于传统性知识与专利等现行主流知识产权的迷雾，不仅改写现代知识产权理论，而且《TRIPS 协定》的立法宗旨也要重新修订，而传统性知识纳入《TRIPS 协定》的保护范围就有了坚实的理论依据，如同专利等现代知识产权理论一样。而已有的反映发达国家利益的主流知识产权理论的普遍性和科学性将受到挑战和质疑，有可能成为当代一般知识产权理论的特殊理论层次，即亚知识产权理论。这是理论发展的一般逻辑，也是发展中国家在知识产权理论创新方面的惊险一跳。当然，准公权知识产权理论要得到最后的确立和形成，还要经过严格的科学论证和反驳。迄今为止还是个假定或有一定依据的概念性理论框架。在国外立法中，诸如"土著人权利"（菲律宾）、"原住民群体权利"（巴拿马）和"土著文化集体所有权"（澳大利亚）等，都是以群体主义的主体制度为基础的知识产权①。

从中观上看，传统性知识都有明确的权利主体，即属于某传统部族或某社区；从宏观上看，属于某一国家，例如，传统中医药属于中国。而学界看法仅仅考虑了微观，即私人（包括个人和企业）主体及权利。宏观还有大宏观、中宏观和小宏观。大宏观指全球，中宏观指亚全球，如欧盟，小宏观指国家。世界知识产权新秩序的建立，应站在大小宏观结合的基础上。跳出微观狭窄视野，从宏观看传统性知识，其权利主体（某传统部族和某社区）明晰，知识性（技术性知识，如技术诀窍、中医药；文学作品知识；动植物遗传知识和物质）和创造性（集体通过长期生产生活所创造的）均与专利等现代主流知识产权相一致。由此可以说，从本质上看，传统性知识和现代知识产权，均是可产权化、可法律化并且可产生经济价值的。

传统性知识问题的日益严重引发了国际社会的高度关注。由于危害案例的影响，许多发展中国家、传统性知识持有者及有关机构正在许多论坛中敦促更好地保护传统性知识，并促使世界知识产权组织成立一个关于知识产权和遗传资源、传统性知识和民间传说的政府间委员会。对传统性知识和民间传说的保护正被置于《生物多样性公约》的框架中进行讨论，也在其他国际机构得到讨论。这些机构包括联合国贸易与发展会议、世界卫生组织、联合国粮农组织和联合国教科文组织。多哈世界贸易组织部长会议也强调了

---

① 吴汉东：《论传统文化的法律保护》，《中国法学》2010 年第 1 期。

《TRIPS 协定》在保护传统性知识方面开展进一步工作的必要性。

中国传统性知识产权法律安全制度，从法理上看，涉及的主要关系有：①与现代主流知识产权，即专利、商标和版权等法律安全制度的关系；②传统性知识内的遗传资源、传统性知识和民间文艺的关系；③传统性知识的经济安全（实然）与经济学（应然）分析；④传统性知识的法律安全（实然）与法学（应然）分析。

2. 中国发展性知识安全法律模式的选择

中国发展性知识安全法律模式应由三个方面组成：一是建立在非物质文化遗产保护模式框架的基础上；二是加入专利法、商业秘密法、版权法、商标法等相关安全制度；三是数据库制度、事先知情同意制度、信息来源地披露制度、注册登记制度、惠益分享制度等知识安全法律制度。

非物质文化遗产保护模式框架中的认定制度①、清单与名录制度②、提升能力制度③、保护基金制度、国际合作与援助制度等安全制度，均可作为发展性知识产权安全制度的直接来源。《保护非物质文化遗产公约》的"在不违背国家法律规定及其习惯法和习俗的情况下，缔约国承认保护非物质文化遗

---

① 联合国《保护非物质文化遗产公约》第 1 条和第 2 条共同确立了非物质文化遗产知识的认定制度，前一条规定了权利主体，后一条规范了权利范围。《公约》第 1 条规定了权利人不仅是个人，也可以是群体和团体等集体。第 1 条规定：（a）保护非物质文化遗产；（b）尊重有关群体、团体和个人的非物质文化遗产。《公约》第 2 条界定了非物质文化遗产的内涵：1. "非物质文化遗产"指被各群体、团体、个人视为其文化遗产的各种实践、表演、表现形式、知识和技能及其有关的工具、实物、工艺品和文化场所。各个群体和团体随着其所处环境、与自然界的相互关系和历史条件的变化不断使这种代代相传的非物质文化遗产得到创新，同时使他们自己具有一种认同感和历史感，从而促进了文化多样性和人类的创造力。在本《公约》中，只考虑符合现有的国际人权文件，各群体、团体和个人之间相互尊重的需要和顺应可持续发展的非物质文化遗产。2. 按上述第 1 条的定义，"非物质文化遗产"包括以下方面：（a）口头传说和表述，包括作为非物质文化遗产媒介的语言；（b）表演艺术；（c）社会风俗、礼仪、节庆；（d）有关自然界和宇宙的知识和实践；（e）传统的手工艺技能。

② 《保护非物质文化遗产公约》第 12 条规定：为了使其领土上的非物质文化遗产得到确认以便加以保护，各缔约国应根据自己的国情拟定一份或数份关于这类遗产的清单，并应定期加以更新。第 16、第 17 条规定了人类非物质文化遗产代表作名录、亟须保护的非物质文化遗产名录等名录制度。

③ 《保护非物质文化遗产公约》第 14 条规定：各缔约国应竭力采取种种必要的手段，以便：（a）使非物质文化遗产在社会中得到确认、尊重和弘扬，主要通过：（i）向公众尤其是向青年进行宣传和传播信息的教育计划；（ii）有关群体和团体的具体的教育和培训计划；（iii）保护非物质文化遗产，尤其是管理和科研方面的能力培养活动；（iv）非正规的知识传播手段。（b）不断向公众宣传对这种遗产造成的威胁以及根据本公约所开展的活动；（c）促进保护表现非物质文化遗产所需的自然场所和纪念地点的教育。

产符合人类的整体利益"的规定，也与世界知识产权新秩序的基本思想相吻合。公约制定的重要背景之一是非物质文化遗产面临严峻风险。《公约》"序言"指出，承认全球化和社会转型进程在为各群体开展新的对话创造条件的同时，也与不容忍现象一样，使非物质文化遗产面临损坏、消失和被破坏的严重威胁。在缺乏保护资源的情况下，这种威胁尤为严重。《公约》承认集体权利，即各社区尤其是原住民、各群体，有时是个人，在非物质文化遗产的生产、保护、延续和再创造方面发挥着重要作用，从而为丰富文化多样性和人类的创造性做出贡献。《公约》还强调非物质文化遗产保护的重要性，既是文化多样性的熔炉，又是可持续发展的保证。2004 年 8 月该《公约》在我国第十届全国人大常委会获得通过，批准中国加入。《公约》不仅表明了保护非物质文化遗产的重要性，同时约定了缔约国的责任与义务。中国作为《公约》的缔约国，承担其义务并享有其权利。中国作为一个拥有五千年不间断文明史的古国，有着丰富的非物质文化遗产。同时，作为一个发展中国家，由于受全球化冲击，中国非物质文化遗产的保护和延续处于脆弱的境地。批准《公约》有利于促进各级政府、文化组织和遗产保护从业人员对我国非物质文化遗产的保护，符合中国发展性知识的安全利益。

总之，联合国的《保护非物质文化遗产公约》的框架思路基本符合中国发展性知识的特点及其安全保护要求。但是，公约保护的侧重点是文化的多样性等全人类的精神权利，对由这些精神财富产生的商业和经济利益未给予足够关注，因此需要其他法律制度予以弥补，以更符合发展性知识产权的整体利益。另外，当发展性知识产权尚未经过现行知识产权法律模式的程序时，原则上适用非物质文化遗产保护模式；一旦经过现行相关知识产权法律制度，则既可为现行知识产权形式，也可选择发展性知识产权新形式。

商业秘密法中的合同制度、商业秘密认定制度是重要的知识信息安全制度。合同制度可作为发展性知识产权安全的另一重要制度形式。合同制度是一种市场机制下的当事人任意选择的安全制度形态，它不同于诸如注册登记制度、信息来源地披露制度等法律直接规定的制度性机制和行政性机制。前者属于任意性的自愿性制度，其尊重当事人的真实意思表示，更符合人性，但也有缺点，即双方如果信息、经验或能力不对称时，容易签订显失公平的合同。而强制性制度和行政机制则可弥补这一局限性。

我国的工业产权、版权和商业秘密法，以及数据库制度等知识安全法律制度，着重从知识所产生的商业和经济利益上，为发展性知识产权提供极有价值的、系统的安全保护制度。

（二）遗传资源的安全保护法

遗传资源是生物信息知识。从广义上看，传统知识也是生物信息知识，不过是人这个最高级生物的遗传信息，而遗传资源的生物则指除了人以外的诸如动物、植物、微生物等的遗传信息。它是现代生物技术创新和发展的重要源泉。中国拥有极为丰富的植物、动物和微生物的物种资源。中国有脊椎动物 6347 种，约占世界总数的 14%，其中鸟类 1244 种，鱼类 3862 种，均居世界前列。中国的种子植物有 3 万余种，仅次于世界上种子植物最丰富的巴西和哥伦比亚，居世界第 3 位，其中裸子植物 250 种，是世界上裸子植物最多的国家。但是，中国遗传资源被盗和流失的现象非常严重，已危及我国资源的生态安全和相关产业的经济安全，迫切需要适宜的法律模式的保护。

遗传资源保护与知识产权制度的关系十分密切，也十分重要。例如，利用遗传资源发展起来的生物技术对专利保护的依赖性很强。一方面，很多涉及遗传资源利用的重要科技成果都能在专利申请中得到体现；另一方面，盗用遗传资源后产生的发明创造一旦获得专利保护，遗传资源拥有者就不仅不能得到相应的尊重和回报，反而要受到盗用者专利排他权的限制，不能再以一定的方式开发利用该遗传资源。因而，遗传资源保护与知识产权制度的关系已成为多个国际论坛关注的焦点。《生物多样性公约》特别规定："缔约方认识到专利和其他知识产权可能影响到本公约的实施，因此应当在国家立法和国际立法方面进行合作，以确保此种权利有助于而不违反本公约的目标。"WTO、WIPO 等也都在围绕遗传资源与知识产权问题进行相关的谈判和磋商。我国是世界上遗传资源最为丰富的国家之一，也是最早批准加入《生物多样性公约》的国家之一，保护遗传资源对我国具有特别重要的意义。为有效保护我国的遗传资源，在借鉴国际论坛和其他国家的经验以及考虑我国具体国情的基础上，我国第三次修改后的《专利法》新增了两项有关遗传资源保护的专门规定。其第 5 条第 2 款规定，"对违反法律、行政法规的规定获取或者利用遗传资源，并依赖该遗传资源完成的发明创造，不授予专利权"；第 26 条新增第 5 款规定了对遗传资源的来源披露要求，即"依赖遗传资源完成的发明创造，申请人应当在专利申请文件中说明该遗传资源的直接来源和原始来源；申请人无法说明原始来源的，应当陈述理由"。"违法不授权条款"的目的是防止不当的专利授权，促进遗传资源知情同意和惠益分享相关规定的贯彻落实。"来源披露条款"利用专利制度的信息公开功能，通过要求申请人披露遗传资源的直接来源和原始来源，为判断遗传资源获取、利用的合法性提供辅助信息。"来源披露条款"与"违法不授权条款"相互配合，将专利制度与规制遗传资源获取和利用的规定挂钩，以达到更好地保护我国遗传资源的目的。按照我国的立法模式，《专利法》涉及的主要概念和主要程序均需实施细则加以明确。为此，修改后的实施细则增加了两条相关规定，其中第 26 条为"专利法所称遗传资源，是指取自人体、动物、植物或者微生物等含有遗传功能单位并具有实际或者潜在价值的材料；专利法所称依赖遗传资源完成的发明创造，是指利用了遗传资源的遗传功能完成的发明创造。就依赖遗传资源完成的发明创造申请专利的，申请人应当在请求书中予以说明，并填写国务院专利行政部门制定的表格"；第 109 条为"国际申请涉及的发明创造依赖遗传资源完成的，申请人应当在国际申请进入中国国家阶段的书面声明中予以说明，并填写国务院专利行政部门制定的表格"。[①]

关于遗传资源法律保护模式的选择原则和策略，英国知识产权委员会的《知识产权与发展报告》提出了许多很好的建议。

首先，应当充分利用《TRIPS 协定》的灵活性，以确保自身法律模式利益最大化。不必为植物和动物提供专利保护，这是《TRIPS 协定》第 27.3 条（b）款允许的，因为这类专利可能对农民和研究人员使用种子构成限制。相反，应考虑对植物品种采取不同形式的特殊制度，包括实用新型制度。可以制定专利权的例外条款，以解决专利会限制农民和研究机构对种子使用的问题。对农作物植物品种的保护模式，有两种形式可以选择：专利形式和单独法形式。一般来说，前者的保护力度更大。但可以通过设立例外规定、降低门槛等制度的变化，缩小两者的保护差距。

其次，发展中国家选择知识产权保护制度的原则。发展中国家应该考虑将本国的植物品种保护立法制度建立在对该制度如何有益于该国农业发展和食品安全的客观评价基础上，并同时考虑本国农业在创造出口、外汇

---

① 国家知识产权局条法司：《关于遗传资源保护的相关规定》，《电子知识产权》2010 年第 4 期。

和就业机会方面的作用。它们尤其应该考虑对保护植物新物种国际联盟模式进行可能的修改以适应本国环境。许多国家已经通过或正在考虑制定具体体现以上原理的法律。

再次，注意植物品种保护单独法与专利权的不同，主要表现在例外规定上：一是前者允许农民可以不经专利权所有者的准许对自己持有的种子进行再利用，而后者不然；二是前者培育者未经准许可以将某种受保护品种用作培育另一品种的基础，后者也不然。

最后，慎用动植物品种的专利保护制度。因为专利可能限制农民和研究机构对种子的使用，所以发展中国家一般不应当对动植物提供专利保护，这也是《TRIPS协定》第27.3条（b）款允许的。相反，发展中国家应当考虑不同形式的植物多样性保护的单独适用制度。技术力量薄弱的发展中国家应当采取与《TRIPS协定》相符合的措施，限制农业生物技术领域专利的适用范围，应就"微生物"的定义采取限缩解释。但是拥有或希望发展生物技术相关产业的国家可能希望对这一领域提供某些专利保护。如果这样做的话，应当对植物育种和研究领域做出排他性权利的具体例外规定，同时必须审慎研究适用于收割作物的专利权授予范围。重要的是在立法中对专利权做出明确的例外规定，允许农民再利用种子。对《TRIPS协定》条款第27.3条（b）款的不断审查应当允许各国保留不对动植物授予专利的权利，包括基因和经过基因改良的动植物。《TRIPS协定》还应当允许各国建立适合本国农业体系的单独适用的植物品种保护法规，应当允许为进一步研究和育种而使用受保护的物种，规定农民有保留和再次播种种子的权利，包括非正式的出售和交换。由于育种业日趋集中，应当重视加强对农业和国际农业领域的公共研究，增加这方面的资金投入。应当确保研究以贫困农民的需要为中心，公共部门的物种可以与私营企业的物种互相竞争，同时要保护全世界的植物基因资源。此外，针对私营企业的高度集中现象，各国也应考虑将竞争法规适用于这一领域。

不过，中国在借鉴英国知识产权委员会的《知识产权与发展报告》的时候，要注意全球化趋势下维护我国国家经济安全的需要、中国发展知识产权法律的需要，特别是建立世界知识产权新秩序的需要。从遗传资源等生物安全的多学科分析出发，以多学科为视角，强调在尊重现代生物技术研发及产业化发展的市场运作基础上，充分认识国家在现代生物技术研究、生物资源开发、生物信息共享以及生物产业化发展过程中的干预作用和意义，从而切实保障个体、集体、国家、社会的遗传资源等生物安全利益，同时积极探索我国遗传资源等生物安全立法的法律原则与相应的法律制度建设。

总之，可采纳联合国《生物多样性公约》模式的框架思想和形式。《生物多样性公约》"序言"提出了资源等生物多样性安全保护的原则。

一是生物多样性的价值。意识到生物多样性的内在价值，以及生物多样性及其组成部分的生态、遗传、社会、经济、科学、教育、文化、娱乐和美学价值，还意识到生物多样性对进化和保护生物圈的生命维持系统的重要性，确认保护生物多样性是全人类共同关注的问题。

二是生物资源的主权性。重申各国对自己的生物资源拥有主权权利，也重申各国有责任保护自己的生物多样性，并以可持续的方式利用自己的生物资源。依照《联合国宪章》和国际法原则，各国具有按照其环境政策开发其资源的主权权利，同时也负有责任，确保在其管辖或控制范围内的活动，不至于对其他国家的环境或国家管辖范围以外地区的环境造成损害。

三是生物多样性风险的防治。一些人类活动正导致生物多样性受到损害，意识到普遍缺乏关于生物多样性的信息和知识，亟须开发科学、技术和机构的能力，从而提供基本理解，据以策划与执行适当的措施，注意到预测、预防和从根源上消除导致生物多样性受到损害的原因至关重要，并注意到生物多样性遭受严重减少或损失的威胁时，不应以缺乏充分的科学定论为理由，而推迟采取旨在避免或尽量减轻此种威胁的措施。

四是保护生物多样性的就地保护、惠益分享、各方合作、资金与技术支援、实现人类及世代利益等基本要求。就地保护生态系统和自然生境，维持、恢复物种在其自然环境中有生存力的种群；体现传统生活方式的土著和地方社区同生物资源有着密切和传统的依存关系，应公平分享惠益；为了生物多样性的保护及其组成部分的持续利用，促进国家、政府间组织和非政府部门之间的国际、区域和全球性合作的重要性和必要性；提供新的和额外的资金和适当取得相关技术，以满足发展中国家的需要，以产生广泛的环境、经济和社会惠益；保护和持续利用生物多样性最终必定增强国家间的友好关系，有助于实现人类和平和今世后代的利益。

《生物多样性公约》第 1 条提出遗传等生物资源保护的目标是保护、利用与分享，实现目标的手段是技术和资金。实现目的的主要手段是：在考虑资源和技术权利的前提下，对遗传资源的适当取得及有关技术的适当转让提供适当的资金。从安全的角度来看，这条实际上指出了遗传等生物资源安全保护的根本目的，即维护生物资源多样性，而持续利用、惠益分享及技术和资金只不过是手段而已。这是遗传资源的安全保护模式的主旨之一。

《生物多样性公约》第 2 条规范了遗传等生物资源保护的范围。所谓"生物多样性"是指所有来源的活的生物体中的变异性，这些来源包括陆地、海洋和其他水生生态系统及其所构成的生态综合体。"生物资源"是指对人类具有实际或潜在用途或价值的遗传资源、生物体或其部分、生物种群及生态系统中任何其他生物组成部分。"遗传资源"是指具有实际或潜在价值的遗传材料。"遗传材料"是指来自植物、动物、微生物或其他来源的任何含有遗传功能单位的材料。从安全的角度来看，在这里，《生物多样性公约》实际指明了遗传等生物资源安全保护的具体客体及其范围。

《生物多样性公约》的保护和持续利用机制[①]、查明与监测制度、遗传资源的取得制度（其中包括国家资源主权制度、无害环境用途制度、事先知情同意制度、惠益分享制度）、发展中国家优惠制度（包括技术的取得和转让、信息交流、技术和科学合作、生物技术的处理及其惠益的分配、资金、财务机制）等，均是可资利用的遗传等生物资源安全法律保护的良好制度，均可纳入我国遗传资源的安全法律模式。

二　发达性知识产权风险防治法

发达性知识产权安全法律模式的侧重点不同于发展性知识产权安全法律模式，前者着力于预防，主要针对的是发达国家利用其所拥有的知识产权优势或者优先掌握东道国知识产权的法律优势[②]；而后者则是积极性和进攻性。

发达性知识产权安全法律模式包括专利安全法、商标安全法和版权安

①　《生物多样性公约》第 6 条规定：每一缔约国应按照其特殊情况和能力：（a）为保护和持续利用生物多样性制定国家战略、计划或方案，或为此目的变通其现有战略、计划或方案；这些战略、计划或方案除其他外应体现本公约内载明与该缔约国有关的措施；（b）尽可能并酌情将生物多样性的保护和持续利用订入有关部门或跨部门计划、方案和政策内。

②　其实，还有利用我国企业海外知识产权意识薄弱，抢先并恶意实施商标注册的案例。

全法。专利安全法的重点是知识产权反垄断法，商标安全法主要是商标抢注防治法，版权安全法主要是防范中国民间文艺权流失或被盗用①。

发达性知识产权风险防治法律模式，可以由《经济安全知识产权基本法》和《工业产权和版权风险防治法》构成。前者规定发达性知识产权风险防治法律模式的一般原则，后者针对不同种类的具体知识产权，采取不同的风险防治制度形式。

《国家经济安全法》可以参照《国家安全法》的框架，只是着力点在于经济方面的安全。《经济安全知识产权基本法》直接隶属于《国家经济安全法》，又直接指导下属层次的知识产权安全法律。《经济安全知识产权基本法》既可以将传统性知识保护制度和中华老字号保护制度纳入其中，也可以把知识产权反垄断法律制度、专利强制许可制度、版权合理使用制度、海外知识产权安全法、绿色知识产权生态安全制度、多哈知识产权议题的中国安全制度等纳入其中，规定这些制度的共同概念、设立宗旨、基本原则、主要权利义务、法律效力、适用范围等。

《工业产权和版权风险防治法》主要规范工业产权和版权的共性风险、法律概念、适用范围、法律效力、风险预防制度、风险评估和风险管理制度、风险应急制度、提升能力和意识制度、赔偿责任和补救制度、国务院部门级知识产权安全和国家经济安全审查制度。《工业产权和版权风险防治法》的制定可以采取分步走的办法，即由国家知识产权局、国家工商管理局和国家版权局等相关部门分别制定《专利风险防治办法》、《商标风险防治办法》和《版权风险防治办法》。待实施经验成熟后，再由全国人大制定《工业产权和版权风险防治法》。

三　海外知识产权安全维护法

日益增大的知识产权系统风险不仅危及我国企业、产业的生存和发展，还严重危害了我国国家整体的贸易和经济安全，而现有的相关法律却过于分散或者规范的力度不够或者未予以规范。因此，迫切需要制定和实施专门的海外知识产权安全法加以有效规避和治理。

针对我国企业在海外遭受的知识产权风险现状和未来趋势，我国海外知识产权安全法应包括海外知识产权风险防治法、海外知识产权壁垒防范

---

① 我国的《三国演义》《水浒传》被日本和韩国等衍生为动漫产品。

法、海外知识产权诉讼安全法、美国 337 调查风险治理法、海外会展知识产权安全法和海外海关知识产权法。

面临严峻的海外知识产权风险，我国的一些地方进行了探索。深圳于 2008 年出台了《企业知识产权海外维权指引》（以下简称《指引》）。该《指引》的宗旨是：落实深圳市政府"走出去"的战略，加强对企业知识产权的保护与管理，维护企业在开拓海外市场进程中的合法权益。《指引》中的企业遭受知识产权侵权的维权制度、企业被控侵犯知识产权的维权制度、企业维权援助社会资源的利用制度、企业对外经济交往中知识产权风险的规避制度，还有抗辩理由和风险评判提示制度，不仅对实现《指引》的目标具有价值，而且对海外知识产权安全法的基本制度的科学设计有重要参考。因为上述制度中有很多是从深圳海外企业维权的成功经验和失败教训中总结出来的。深圳还制定和实施了《深圳企业德国参展知识产权指引》，为我国企业的知识产权风险防治和合法安全权益维护提供了又一个范例。

我国海外知识产权安全法既可以将深圳的《企业知识产权海外维权指引》和《深圳企业德国参展知识产权指引》作为重要参考，也要放宽视野，站在全球化趋势下维护国家经济安全的战略角度，审视、制定和实施海外知识产权安全法，推动其不断创新和发展。立法时可以从我国海外企业维权的成功经验和失败教训、地方企业和行业的海外知识产权指引、国外相关立法例、WIPO 管理的世界知识产权相关法律框架和思想以及相关司法案例中获取立法素材。比如，海外主要东道国和重点市场的知识产权风险数据库制度，国家级海外知识产权共同服务平台制度，地方和行业协会组织制度，海外维权基金制度、海外司法援助制度、海外知识产权风险外交解决制度，企业海外知识产权风险意识和能力提升制度，海外知识产权风险预警和发布制度，海外知识产权风险评估、风险管理和风险应急制度等。

四　《中国知识产权安全基本法》

该基本法主要规定诸种中国知识产权安全法律制度、安全法律模式、安全法律发展机制的共同宗旨、基本原则、基本安全权利和义务、安全机构、法律责任。其核心内容就是以系统安全性的制度、模式和机制的协同效应，充分保障中国国家经济安全，促进经济社会可持续增长和发展。以《中国知识产权安全基本法》所规定的立法宗旨、基本原则、安全法律制度框架等纲要性法律条款为基础，制定《中国知识产权安全基本法实施细则》，并制定、修改、完善现行相关知识产权法律、法规、规章和司法解释。推进国家知识产权战略的有效实施，促进多哈回合中关于知识产权的议题朝着有利于发展中国家安全利益及建立公正、高效和可持续的世界知识产权新秩序的方向进展。

（一）关于知识产权基本安全权利

《中国知识产权安全基本法》的基本安全权利，是一个在新形势下出现的新型权利，即知识经济全球化趋势增强下的国家新型安全权利体系。旧的国家权利体系是封闭的、工业经济阶段的；而新的国家权利体系是开放的、全球化的，是属于知识经济时代的。基本安全权利主要包括三种：一是国家知识安全权利，国家（含社区、企业）创造、享有、管理、利用、维护、发展知识的权利，非权利主体不得干涉、限制和剥夺。二是国家经济安全权利，国家享有维护本国经济安全（含本国企业和产业、地方）、促进经济增长和经济发展的权利。无论是经济贸易机制还是其他诸如气候环境机制，均不得损害国家安全或对国家安全造成损害威胁。三是国家知识产权法律发展权利，包括制度、模式和机制的发展权利，即国家在承担国际义务的基础上，有权制定、修改和发展知识产权制度；国家在承担国际义务的基础上，有权选择和发展知识产权模式；国家在认识和利用甚至改善全球机制的基础上，有权形成、发展和充分利用知识产权发展的机制。

（二）关于知识产权安全基本法的经济学思想

法律经济学认为，现代法律的制定，在恪守法的公平、正义等传统核心思想的同时，也应贯彻经济原则，因为法律资源是有限的，而人们对法的需求却呈现无限状态。缓解或解决这种矛盾的办法，是将经济学的成本－收益分析或效率思想贯穿于法律规范之中。但是，目前我国的知识产权法律体系对法律经济学中的效率思想基本未予以考虑①。因此，《中国知识产权安全基本法》的制定和实施，应遵循法律经济学思想。同时，从

---

① 我国《专利法》、《商标法》和《著作权法》等知识产权法律，是在 20 世纪 80 年代制定的，那时，我国法学界和立法界还未有法律经济学概念。目前我国法学界对法律经济学有一定研究并且取得了一些成果，但立法界似乎仍然滞后。我国是发展中国家，法律资源与美国等发达国家相比仍比较稀缺，在立法和执法中更应贯彻法律经济学思想。

中国知识产权安全和国家经济安全的特定视角，丰富和发展法律经济学①。本书从安全这一新的视角研究了知识产权经济新法理，探索和发现了知识产权经济新法理。现有的知识产权理论强调知识产权的正当性和保护的合理性，而忽略了知识产权维护经济安全、促进经济增长和经济发展的积极推动性。现实是知识产权及其制度已日益成为国家乃至国际保障经济安全和促进经济发展的关键工具。WIPO 和 WTO 的职能则是从全球层面，通过全球机制，不断建立和完善知识产权及其法律制度，以推动成员及世界经济稳健和可持续发展。本书运用现有的经济决定法律的原理，着重从法律对经济安全与发展的反制作用角度，力图解释、探索和发现知识产权经济新的法律原理。知识产权经济的安全法理，相比于其他相近的知识产权经济法理，更能解释和指导知识经济全球化时代知识产权发展风险的新现象及其规律。

（三）知识产权安全基本法的发展新理念

在《中国知识产权安全基本法》中，应贯彻发展新思想，突破传统的知识产权法律主要是保护的要旨，提出知识产权发展主义新思想，挑战、质疑并修订目前流行的知识产权法定主义观点。知识产权法定主义是通识，是指知识产权的种类、权利、获得权利的要件、保护期限等关键内容必须由法律统一确定，除立法者在法律中特别授权外，任何人不得在法律之外创设知识产权。对知识产权法定主义最有力的支持是，迄今为止包括普通法系在内的各国均制定成文法保护知识产权②。而知识产权发展主义则是本书所研究的。知识产权发展主义比知识产权法定主义更具有解释力和指导力。原因在于以下几点。其一，它既包含了知识产权法定主义的合理内涵，又在坚持现行知识产权的基础上，根据形势变化的需要而逐步调整，以不断跟随现实知识产权秩序发展的要求，是一种动态的知识产权法定主义，是知识产权法定主义的继承和发展。其二，知识产权发展主义既反映了当

---

① 关于知识产权的法律经济学探讨，从亚当·斯密、边沁、密尔以及其他古典经济学家开始，集大成者是 2003 年威廉·M. 兰德斯、理查德·A. 波斯纳共同发表的巨著《知识产权法的经济结构》。但该著作主要阐述美国的著作权、专利、商业秘密、反托拉斯与知识产权问题，而未基于全球化趋势下的一国国家经济安全的视角，遑论中国的知识产权安全及经济安全问题。因此，该著作的思想具有借鉴意义但不能直接使用。

② 郑胜利：《知识产权法定主义》，《中国知识产权报》2004 年 3 月 9 日。

代全球化趋势下基于国家经济安全利益的中国知识产权法律发展的要求，又是对发展中国家知识产权法律战略的科学选择，甚至对未来世界知识产权的发展也具有指导意义。其三，它与中国等发展中国家的以发展为主要特征的国家总体发展思路相一致。其四，它是联合国千年发展目标的一个重要组成部分。因为当代的发展基础是知识经济，而知识经济发展的基石就是知识，尤其是产权化了的知识。这是当代世界市场经济发展的必要条件——市场主体的产权明晰化和个体化。

　　知识产权发展主义可以在洛克劳动财产权理论中找到依据。洛克[①]首先提出问题：在自然给予人类为人类所共有的东西中，人们如何能使其中的某些部分成为他们的财产，并且还不必经过全体世人的明确协议？洛克从人自身及其劳动中找原因。他认为，劳动者自身及其劳动是获得财产权利的基础。每个人对他自己的人身享有一种所有权，除他以外任何人均无此权利。他的身体所从事的劳动和他双手所进行的工作，是正当地属于他自己的。只要他使任何东西脱离自然所提供的和那个东西所处的状态，他就已经渗进他的劳动，在这上面掺杂他自己所有的某些东西，因而使它成为他自己的财产。既然是由他来使这件东西脱离自然安排给它的一般状态，那么在这之上就由他的劳动加上了一些东西，从而排斥了其他人的共同权利。劳动在万物之母的自然所已完成的作业上面加上一些东西，这样它们就成为他的私有的权利了。洛克除了以上述思辨方式解释财产权利私有现象，还通过举例的方式加以说明。例如，从橡树下拾得果实或从树上摘下苹果果腹时，谁就确已把它们拨归自己，并指出这是自然法的适用形式。洛克进而指出了实在法与自然法的关系。这被认为是文明的一部分。人类已经制定并且增订了一些明文法来确定财产权，但是原始的自然法仍旧适用。关于劳动财产权是否无限，洛克做了限制：以供享有为度；留下足够供别人利用。更重要的是，洛克提出了朴素的知识财产思想，他指出，虽然自然的东西是人所共有的，但是人是自己的主人，自身和自身行动或劳动的所有者，本身就具有财产的基本基础。当发明和技能改善了生活的种种便利条件的时候，他用来维持自己的生存或享受的大部分东西完全是他自己的，并不与他人共有。关于财产权的保护问题，洛克认为，政府的目的是保护私有财产，最好的政府形式是议会具有最高主权的制度。这是洛

___

① 〔英〕洛克：《政府论（下篇）》，商务印书馆，1996。

克理想的财产立法保护机制。

总之，从知识产权发展的视角来看，洛克的劳动财产权思想和理论有以下几点可借鉴的思想。一是只要健康和有生命存在，人身和劳动就是无限的，因而，具有生命体的劳动的创造物也是相应的和无限的。二是无限发展劳动权的限制是以供享有为度，留下足够供别人利用，这是道德要求而非法律要求。法律是底线，道德是法律的高水平要求，法律与道德之间有空间，有时空间非常大，尤其是在财产方面。这实际上为法律的发展留下了足够的空间。三是财产保护法的行政发展机制，政府的目的是保护财产，是弥补自然社会对财产保护失灵的产物，通过立法保护公民财产，当立法权变更时，政府也变迁乃至解体。

（四）发展中国家传统性知识权利——准公权知识产权概念性理论框架

首次提出准（亚或次）公权（集体权）性知识产权概念性理论框架，挑战了主流私权性知识产权理论的统治地位。目前，学界通行的把传统性知识视为无权利主体和无创造性的看法值得商榷，这种看法直接导致了传统知识不应纳入现代知识产权的保护范围。把传统性知识视为无权利主体和无创造性看法的错误在于：用现在流行的私权性知识产权思维的视角和观点，来看待与私权不同的具有公权性质的知识产权。当然，公权知识产权概念要得到最后的确立和形成，还要经过严格的科学论证和反驳。本研究还只是有一定依据的概念性理论。公权知识产权概念为解释传统性知识的产权化提供了理论依据。

这里的公权知识产权的"公"不仅不同于"私"这一个人或企业所有的概念，而且不同于大"公"这一国家所有性质，而是类似于集体所有和集体共有，比如我国的集体所有土地，但又不完全同于我国的集体所有制的集体概念。集体所有土地制从根本上是国家法定的，土地属自然性。而传统性知识属人文性和文化性，是特定社区或民族居住地的人们在长期生产和生活中发现、发明而积累起来的，是一种无形财产集体所有制。

（五）发展中国家新型权利的保障机制

世界知识产权新秩序。本书在学术界首次提出了世界知识产权新秩序的概念，并把它作为研究全球化背景下中国知识产权法律发展的目标。世界知识产权新秩序是解决发展中国家与发达国家的知识产权利益冲突的一条可供选择的思路，因为它反映了全人类的共同利益，符合各方的整体、长远和根本利益。它是一种知识产权及法律发展的全球理想法律图景。本书把它作为全球化背景下中国知识产权法律发展的目标，并进行了初步论证。

全球正义。这是一个理想的概念，虽然在现实中很难实现，但可作为法律现实思想和实践的目标和评判准则。既可作为权利设置和实现的准绳，也可以是义务是否履行或较好履行的判定标准。

国家知识产权战略。可以在国家公共政策、财政投入、行政管理、公共服务等方面展开，特别是中国等发展中国家，市场机制和制度机制均不发达，国家资源的投入和保障更具特殊和重要意义。

第二节　中国知识产权法律安全机制的发展

法律机制是法律发展的诸如政治、经济、文化以及公共政策等对法律发展有直接或主要影响的外部环境总和，是外生给定的[①]。例如，我国的《国家知识产权战略纲要》就是我国知识产权法律发展的重要政策机制；《TRIPS 协定》是我国知识产权法律发展的国际法律机制；全球知识经济是我国知识产权发展的重要经济机制。传统性知识的不断挖掘和确认，是知识机制；立法、执法、司法和知识产权人才，是组织机制；倡导知识产权道德、意识，开展知识产权培训和学历教育，是知识产权文化机制。

中国知识产权法律安全机制的关键是建立以发展为导向的知识产权法律安全发展机制，这是由中国亟待发展的现状和需要决定的。中国是世界上最大的发展中国家；中国专利、商标和版权等现代主流知识产权严重滞后；中国的传统性知识和遗传资源亟待知识产权法律制度全面保护；中国的知识产权司法亟须跟上世界知识产权快速发展的步伐；中国企业的知识产权能力迫切需要增强；中国政府管理和参与知识产权世界治理的能力也要求加快提升；特别是在全球化趋势增强和维护国家经济安全的任务加重

---

① 〔美〕利奥尼德·赫维茨等：《经济机制设计》，上海人民出版社，2009。

的情况下，中国的知识产权法律亟待发展。

以发展为导向的知识产权法律安全发展机制，由制度性机制、经济社会机制、观念机制、发展机制和法律人机制这五大模块构成。五大模块的由来是：按四大法学流派的基本思想和思路，以及当代世界以发展为主要特征的新情况，本书将知识产权法律安全机制划分为制度性机制、社会性机制、观念性机制和发展性机制。另外，考虑到当代法律的人本性发展新趋势，还可增加法律人机制。就五个机制之间的关系来说，法律人机制是观念性机制、制度性机制、社会性机制和发展性机制的基础，因为归根结底，观念性机制、制度性机制、社会性机制和发展性机制，均是人的观念、人创造和实施的制度、人与人形成的社会、以人为本的发展。同时，还应注意五大法律安全机制模块之间的协同效应①。

我国知识产权五大法律安全机制的构建和完善，主要取决于国家的知识产权公共政策的取向。吴汉东指出，② 从价值目标和制度功能的多维角度出发，知识产权的基本属性有三个层面：从私人层面来看，它是知识财产私有的权利形态；从国家层面来看，它是政府公共政策的制度选择；从国际层面来看，它是世界贸易体制的基本规则。本书进一步认为，这三个层面是以国家层面为主导的，因为，就知识产权而言，私人和国际层面均由国家主宰。而且实际上，这三个层面之间也互相渗透。例如《TRIPS 协定》就明确规定，知识产权是私权。不过，不管三个层面如何，根本的是要抓住国家这一根本层面。所谓国家视野中的知识产权指的是政府公共政策的

---

① 周莹等：《知识产权公共政策的协同运行模式研究》，《科学学研究》2010 年第 3 期。该文章指出，知识产权公共政策（也是法律安全机制的主体，特别是中国这样一个国家主导型的知识产权法律发展形式），主要是指法律形式以外的对知识产权的创造、保护、管理、运用进行指导和规制的配套措施，例如政府出台的与知识产权相关的远景目标、中长期科技发展规划和战略计划等。知识产权公共政策作为国家主动干预知识产权事务的"看得见的手"，是政府为了实现与知识产权相关的经济社会安全和发展目标而对知识产权创造、保护、管理、运用和发展进行指导和管制的各种相关政策的总和。应当以知识产权作为建设创新型国家的一个重要战略支撑，构建发展一个科学的中国知识产权发展的公共政策安全体系。各政策子系统之间的相互协调是一个科学的知识产权政策体系的重要内容，反映创新型国家配套政策体系的规范化程度，也影响知识产权公共政策体系整体目标的实现效果。应通过知识产权公共政策的协同运行模式，实现五大法律安全机制模块之间相互协同的良好效应，即将协同学的基本原理运用于知识产权公共政策体系这个复杂系统的构建和运行管理中的一种更高效的政策运行模式。

② 吴汉东：《中国应建立以知识产权为导向的公共政策体系》，《中国发展观察》2007 年第 5 期。

制度选择,是否保护知识产权、对哪些知识赋予知识产权以及如何保护知识产权,是一个国家根据现实发展状况和未来发展需要所做出的制度选择和安排,知识产权制度已成为一国走向现代化的必然政策选择①。制度性机制、社会性机制、观念性机制、发展性机制、法律人机制,以及模块之间的协同效应,均由国家知识产权政策直接制定、指导和影响。

一 安全性制度发展机制

(一) 建立和完善现代化的知识产权安全法律的立法机制

立法机制是知识产权安全法律制度和法律模式的直接的和重要的基础。理想的立法机制应该是:及时制定上述知识产权安全法律制度,即数据库制度、事先知情同意制度、信息来源地披露制度、注册登记制度、惠益分享制度;以及传统性知识和遗传资源的法律保护模式,以不断满足法律制度发展和法律模式发展的需要。

建立适应知识产权安全保障需要的立法机制,提高立法质量,加快立法进程。加强知识产权安全性法律的立法前瞻性研究,做好立法后安全效果的评估工作。增强安全立法透明度,拓宽我国涉外知识产权安全企业、行业协会和社会公众参与立法的渠道。加强知识产权安全法律的修改和立法解释,及时有效地回应知识产权风险新问题。

及时建立并完善知识产权安全法律法规的激励机制,及时修订《专利法》《商标法》《著作权法》等知识产权专门法律及有关法规的安全实现的有效机制。适时建立和完善遗传资源、传统知识、民间文艺和地理标志等方面的立法工作和管理机制。

防止知识产权滥用机制。制定相关法律法规,合理界定知识产权的界限,防止知识产权滥用,维护公平竞争的市场秩序和公众合法权益。

完善知识产权侵权法律机制。建立、修订惩处侵犯知识产权行为的法律法规,加大司法惩处力度,以及提高权利人自我维权的意识和能力;降低维权成本,提高侵权代价,有效遏制侵权行为。

(二) 建立高效的执法机制

目前,我国知识产权的行政执法体制效率不高,滞后于立法水平,也

---

① 吴汉东:《中国应建立以知识产权为导向的公共政策体系》,《中国发展观察》2007 年第 5 期。

影响了知识产权安全法律的效益。比较突出的问题有以下四个。

一是管理体制问题。[①] "管""罚"主体同一化，缺乏监督；部门设置分散化，缺乏集中；保护标准多样化，缺乏统一。

二是管理人员问题。中国知识产权执法人员的水平不高。作为发展中国家，中国在知识产权保护和实施上还缺乏足够的投入以维持一个复杂的法律体系，很多知识产权执法部门资金短缺，人手不足，执法人员也没有经过严格的专业训练，业务水平较低，导致知识产权保护不能得到有效的实施，许多严重侵犯知识产权的行为也不能得到及时有效的惩罚。

三是区域不平衡。中国地区发展的不平衡使不同地区在知识产权保护和实施的资源投入能力上有所不同。经济发达的地区整体上执法能力较强，而落后地区则较弱。这样一来，很多原来位于发达地区的盗版假冒工厂、批发零售商店和小贩在"严打"之下转到落后地区继续经营，给知识产权执法工作带来更大的难度。地方保护主义增加了知识产权保护和实施的难度，因为保护知识产权可能会在短期内降低当地居民的就业率并导致地方税收减少，而这些都直接与地方官员的政绩和利益挂钩。[②]

四是灵活利用国际执法机制不够。《TRIPS协定》对知识产权的执法程序规定得很详尽。中国在遵循世界知识产权法律义务的同时，需要结合自身情形和国家经济安全利益，灵活制定和实施《TRIPS协定》的执法制度。中美知识产权WTO争端案例纠纷，反映了我国海关知识产权执法过程中的问题以及我国知识产权执法制度的不确定性，应引以为戒[③]。

因此，我国应健全知识产权执法机制。加强行政执法体系建设，提高执法效率和水平，强化公共服务。深化知识产权行政管理体制改革，形成权责

---

① 吴汉东：《中国知识产权法制建设的评价与反思》，《中国法学》2009年第1期。

② 许楚旭：《中美知识产权冲突及其启示》，http://www.chinalawedu.com/new/16900_174，2010年1月17日。

③ 2007年4月10日，美国以中国知识产权实施不力为由向DSB请求与中国磋商。美国请求磋商的内容包括刑事程序和刑事惩罚的门槛问题、海关对没收侵犯知识产权商品的处理问题、中国不给予未获批准出版发行的作品以版权及相关权利保护问题，以及对于仅从事未经授权作品的复制或发行的人不能适用刑事程序与刑事惩罚的问题等诉求。日本、欧盟、加拿大和墨西哥等成员方相继要求加入磋商。由于双方不能在DSU规定的60天内达成协议，美国于8月21日请求成立专家组，9月25日，专家组成立，该案正式进入专家组审理阶段。专家组裁定，中国海关对进口冒牌货仅摘除非法标志的处置方式不符合《与贸易有关的知识产权协定》；对未能通过审查的作品、通过审查的作品中被删除的部分不提供著作权保护，不符合《与贸易有关的知识产权协定》和《伯尔尼公约》。

一致、分工合理、决策科学、执行顺畅、监督有力的知识产权行政管理体制。

我国应建立高效的执行力机制。提高知识产权执法队伍的素质，合理配置执法资源，提高执法效率。针对反复侵权、群体性侵权以及大规模假冒、盗版等行为，有计划、有重点地开展知识产权保护专项行动。加大行政执法机关向刑事司法机关移送知识产权刑事案件和刑事司法机关受理知识产权刑事案件的力度。完善海关知识产权执法机制。加大海关执法力度，加强知识产权边境保护，维护良好的进出口秩序，提高我国出口商品的声誉。充分利用海关执法国际合作机制，打击跨境知识产权违法犯罪行为，发挥海关在国际知识产权保护中的影响力。

（三）推进司法主导机制，提高审判效能

司法机制是立法机制和执法机制实施的最后一道关，法律安全的立法机制和执法机制实施的效果如何，往往由相应的司法裁判来确定。

1. 实现司法主导

目前我国在实施知识产权法律的过程中，行政起了很大作用，并通常由国务院直接指挥。行政主导有其执法快、效率高的特点，但最大弊端是执法程序不透明、执法的公正性常常受到质疑。而且国际通行的做法是司法主导机制。我国应以国家经济安全为主线，发挥我国司法保护知识产权的主导作用。

2. 提升审判效率

我国现行知识产权审判模式因循传统的民事审判方法，其程序配置、审判标准、诉讼管辖以及证据规则等存在较严重的效率低下问题：① 一是审判程序配置问题，即民事程序和行政程序、民事程序和刑事程序的衔接不够；二是审判标准不统一；三是诉讼管辖冲突，三大诉讼法的不同规定使我国知识产权审判产生了不可避免的管辖冲突；四是诉讼证据问题，目前我国在庭前证据交换、举证时技术鉴定的委托和专家证人等方面都还存在较大问题。

为了提升审判效能，我国应完善知识产权审判体制，优化审判资源配置，简化救济程序；研究设置统一受理各类知识产权案件的专门知识产权法庭；研究适当集中专利等技术性较强案件的审理管辖权问题，探索建立

---

① 吴汉东：《中国知识产权法制建设的评价与反思》，《中国法学》2009 年第 1 期。

知识产权上诉法院。进一步健全知识产权审判机构，充实知识产权司法队伍，提高审判和执行能力。加强知识产权司法解释工作。针对知识产权案件专业性强等特点，建立和完善司法鉴定、专家证人、技术调查等诉讼制度，完善知识产权诉前临时措施制度。改革专利和商标的确权、授权程序，研究专利无效审理和商标评审机构向准司法机构转变的问题。

总之，我国的知识产权审判制度脱胎于传统的民事审判，随着知识产权法律的日益完善和知识产权审判的专业性、技术性特征的日益加深，其发展的迫切性日益增加。为此，应与时俱进，积极寻求知识产权司法体制途径。①

二　安全性社会性机制

（一）知识产权安全法的经济社会机制

强化经济、文化和社会安全秩序对知识产权的反作用。加强产业政策、区域政策、科技政策、贸易政策与知识产权安全政策的衔接。针对不同地区经济安全和经济发展的特点和需求，完善知识产权安全性扶持政策；健全与对外贸易安全有关的知识产权政策，建立和完善对外贸易领域知识产权管理体制、预警应急机制、海外维权机制和争端解决机制；加强文化、教育、科研、卫生等政策对知识产权安全性政策的协调与衔接。

（二）知识产权发展风险引致安全制度供给

自 2008 年我国《国家知识产权战略纲要》实施以来，积极运用财政、金融、投资、政府采购政策和产业、能源、环境保护政策，引导和支持企业创造和运用知识产权；完善国家资助开发的科研成果权利归属和利益分享机制；将知识产权指标纳入科技计划实施评价体系和国有企业绩效考核体系；逐步提高知识产权密集型商品出口比例；推动企业成为知识产权创造和运用的主体，促进自主创新成果的知识产权化、商品化、产业化；引导企业采取知识产权转让、许可、质押等方式实现知识产权的市场价值。充分发挥高等学校、科研院所在知识产权创造中的重要作用。选择若干重点技术领域，形成一批核心自主知识产权和技术标准。

---

① 吴汉东：《中国知识产权法制建设的评价与反思》，《中国法学》2009 年第 1 期。

上述这些促进知识产权创造和运用的公共政策，大大推进了我国知识产权的发展。发展一方面能促进我国知识产权和经济的发展，另一方面也会带来风险，对风险的防治需求必然引致安全法律供给。促进政策使知识产权的创造和运用更有成效，同时也使风险增加。风险防治的需求增加，给知识产权安全法律制度供给的增加和发展提供了机遇，需求越大，制度供给的可能性就越大，从而推动知识产权安全法律的发展。

（三）发展知识产权安全性中介服务

知识产权安全性中介服务是分工理论在知识产权安全法律发展活动中的运用。它利用市场机制，既可提高知识产权安全法律的使用效率，又可节约知识产权安全法律的国家制度成本以及知识产权安全法律实施的行政和司法成本。因为，知识产权安全性中介服务是以私力促进知识产权安全发展的有效机制。面对不断发展的新的知识产权安全业务，知识产权安全性中介服务也要相应发展，而知识产权安全性中介服务的不断发展，促使知识产权安全法律的创新和发展。与发达国家相比，我国知识产权安全性中介服务起步比较晚，服务的职业化和水平也有待提高。因此，在我国企业应对知识产权风险能力有限的情况下，亟须发展知识产权安全性中介服务业。我们应该完善知识产权安全性中介服务管理，加强行业自律，建立诚信信息管理、信用评价和失信惩戒等诚信管理制度；规范知识产权风险评估工作，提高评估公信度；建立知识产权安全性中介服务执业培训制度，加强中介服务的职业培训，规范执业资质管理；明确知识产权代理人等中介服务人员的执业范围，研究建立相关律师代理制度；大力提升中介组织涉外知识产权申请和纠纷处置服务能力及国际知识产权安全性事务参与能力，为我国企业和产业的知识产权安全提供切实保障。

三 建立打造强势的知识产权安全观念机制

一国知识产权法律制度和法律模式的发展受一国法律文化的影响。法律文化是法律制定和有效实施的基础和关键。自古以来，中国的道德文化发达，法律文化落后，已有的大多是刑法文化，财产类的民法文化落后，针对无形财产的知识产权法律文化更是很少。因此，应参照世界知识产权组织2009年的构想和战略方向，促进和鼓励每个国家发展一种适合其需要的知识产权文化，界定知识产权文化的概念、意义，发展适合每个国家需要的知识产权文化。知识产权法是民法的一部分，法律文化受到世界的广泛认可，因此知识产权法律文化也应当有其一席之位。据此判断，应以法律文化的概念为基点，系统地阐释知识产权法律文化的概念及其内涵和外延，并在知识产权法律文化研究的基础上建立和发展适合中国需要的知识产权法律文化制度。[①]

　　我国知识产权的法律意识还有待加强，知识产权文化还没有形成，更遑论知识产权安全文化，这是知识产权安全法律实施目标的关键障碍。根据我国公民知识产权意识的相关调查报告，近年来，我国在知识产权立法、司法和行政保护方面不断加大投入，社会整体对知识产权的认识程度和自我保护意识也明显提升，但在公众尊重知识产权的行为规范的完善方面却未收到明显成效，即公众对盗版、假冒等侵权行为普遍抱有容忍态度，并且侵权复制品的消费群体大量存在。就知识产权最重要的主体——企业而言，其法律意识也不太乐观。深圳企业知识产权现状调查报告显示，即使在中国最为发达的地区，也只有36%的企业对知识产权有比较全面的了解，有23%的企业仅对知识产权的某个领域有所知晓，5%的企业对知识产权的理解不正确。对知识产权比较重视且在实际操作中采取保护措施的企业仅占25%，对知识产权虽有一定认识但未采取实际保护措施的企业约占59%，另有6%的企业认为不需要加强知识产权意识。知识产权意识的淡漠，使得人们对知识产权法律的正义性认同受到消极影响。总之，我国知识产权立法表现良好，执法效果有所不足，司法体制有待改进，而守法问题比较严重。[②]

　　推进知识产权安全文化建设。知识产权安全文化建设是知识产权安全法律发展的观念机制。可以说，观念机制是一切机制的根本，对知识产权安全法律发展起决定性作用。知识产权安全文化的形成并不是一蹴而就的。知识产权安全制度的创新与发展，需要相应的法律安全文化改造与重构，即以新的法律认知取向、法律情感取向和法律评价取向作为现代法制的文化底蕴。从中国知识产权文化建设的现状来看，外来的法律赖以依存的精神基础，未能随之移植而本土化；同时，本土的文化精神也未能加以改造而现代化，这些即是知识产权法律构造中的文化缺失。[③]

---

① 叶文芳：《知识产权法律文化的探讨》，《法制与社会》2009年第27期。
② 吴汉东：《中国知识产权法制建设的评价与反思》，《中国法学》2009年第1期。
③ 吴汉东：《中国知识产权法制建设的评价与反思》，《中国法学》2009年第1期。

知识产权文化的培育与养成，是知识产权法治秩序构建的重要内容。从世界范围来看，为寻求法律的广泛认同、推动各国的制度实践，国际社会提出了建立一种"明达"的知识产权文化的构想。2003 年 5 月，世界知识产权组织在《2004～2005 年计划和预算草案》中提出，要把创建知识产权文化作为 WIPO 工作的一项重点计划。《WIPO 计划活动中的中期计划——WIPO 构想与战略方向》中进一步指出：从现在起到 2009 年，创建知识产权文化的基本思路是促进和鼓励每个国家发展一种适合其需要的知识产权文化，包括各有侧重的国家知识产权战略和最适宜的国家知识产权制度，并在全国范围内提高对知识产权作为促进经济、社会和文化发展强有力手段的认识。就中国而言，为了培育和发展现代知识产权理念，营造良好的舆论氛围和社会环境，国家知识产权局专门发文强调知识产权宣传工作，并将 2007 年定为"知识产权文化年"。2008 年 6 月中国政府公布《国家知识产权战略纲要》，明确将"培育知识产权文化"列为知识产权战略的五大重点之一。[①]

只有将对于知识产权的风险与安全意识转化为人们自觉的价值观及共同的行为准则并将其贯穿于我国企业、法律机构和国家的自觉行为中，那么不管全球化风险如何大，我们均能增加化险为夷的可能性。因此，应建立政府主导、新闻媒体支撑、社会公众广泛参与的知识产权安全工作体系；完善协调机制，制定相关政策和工作计划，推动知识产权安全的宣传普及和知识产权安全文化建设；加强知识产权宣传，提高全社会的知识产权意识。广泛开展知识产权普及型教育。在全社会弘扬以创新为荣、剽窃为耻，以诚实守信为荣、假冒欺骗为耻的道德观念，形成尊重知识、崇尚创新、诚信守法的知识产权安全文化。各级政府官员应加强知识产权工作重要性的认识，进一步增强社会公众的知识产权意识。整个社会安全意识素质的提高，是中国知识产权安全法律制度和法律模式得以实现的根本保障。知识产权安全意识，应渗透于安全行为中，成为社会的常态。

四 创建知识产权安全的政府服务机制

建立传统性知识挖掘、发现、保护激励机制，通过质押、作品登记和转让合同备案等制度，拓展传统性知识产权的利用方式，降低交易成本和

---

① 吴汉东：《中国知识产权法制建设的评价与反思》，《中国法学》2009 年第 1 期。

风险。充分发挥传统性知识产权集体管理组织、行业协会、代理机构等中介组织在知识产权市场化中的作用。增强企业知识产权发展力和产业安全力机制，分行业制定知识产权安全保护公共政策。构建知识产权信息传播和发展的公共服务平台。采取政府主导下的发挥市场自生自发秩序功能的结合机制。以国家知识产权战略方式，确立目标激励发展机制。

（一）建立和实施知识产权发展机制

1. 推动专利"四化"发展

专利"四化"是指专利的产业化、标准化、本土化和例外化。

战略性新兴产业专利支撑机制。以国家战略需求为导向，在生物和医药、信息、新材料、先进制造、先进能源、海洋、资源环境、现代农业、现代交通、航空航天等技术领域超前部署，掌握一批核心技术的专利，支撑我国高技术产业与新兴产业的发展。

专利标准化。制定和完善与标准有关的政策，规范将专利纳入标准的行为。支持企业、行业组织积极参与国际标准的制定。

鼓励本土技术专利机制。太阳能热水器、农村沼气等我国本土技术，在世界均是独特的。

发挥例外制度的作用。正确处理专利保护和公共利益的关系。在依法保护专利权的同时，完善强制许可制度，发挥例外制度的作用，研究制定合理的相关政策，保证在发生公共危机时，公众能够及时、充分地获得必需的产品和服务。

2. 建立商标安全发展机制

维护商标安全秩序，实施商标安全战略。我国商标被域外抢注、在国内合资中被贱卖或被丢弃，已严重影响到我国企业的生产和发展。随着知识经济的深入发展，与贸易有关的知识产权问题以及知识产权自身的产业化问题越来越突出，已成为企业发展必须考虑的战略性问题。因此，我国应将企业商标从一般性的商标管理的策略性问题提升到战略高度，切实保护商标权人特别是我国老字号和著名商标的合法权益，严厉打击商标抢注等侵权行为，维护正常的商标秩序。除了企业的自觉行为外，鉴于我国企业商标发展的经验不足、中小企业居多的情形，国家应着力支持企业实施商标战略，创建自主商标，打造驰名商标；鼓励企业及时进行商标注册，防范被抢注，维护商标的安全权益。

发挥农业商标的产业化功能，保障农业和农产品安全；充分发挥商标在农业产业化中的作用；积极推动市场主体注册和使用商标，促进农产品质量提高，保证食品安全，提高农产品附加值，增强市场竞争力。

加强商标管理和驰名商标、知名商品的认定；提高商标审查效率，缩短审查周期，保证审查质量；尊重市场规律，切实解决驰名商标、著名商标、知名商品、名牌产品、优秀品牌的认定等问题。

3. 完善版权安全的市场和行政发展机制

政府应该大力完善版权产业发展和传统性知识的激励机制，扶持新闻出版、广播影视、文学艺术、文化娱乐、广告设计、工艺美术、计算机软件、信息网络等版权相关产业发展；支持民间文艺的挖掘和产业化，扶持民间文艺的衍生作品，即具有鲜明民族特色作品的创作和利用。

完善制度，促进传统性知识版权市场化。进一步完善版权质押、作品登记和转让合同备案等制度，拓展传统性知识的版权利用方式，降低交易成本和风险；充分发挥传统性知识版权集体管理组织、行业协会、代理机构等中介组织在版权市场化中的作用。

依法处置对传统性知识版权的盗版行为，加大对侵权行为的处罚力度。重点打击大规模制售、传播盗版传统性知识产品的行为，遏制盗版现象。

4. 健全植物新品种安全发展的激励机制

我国的植物资源屡屡被盗，已危及植物新品种安全。因此，我国应建立强有力的激励和防范机制，一方面扶持植物新品种培育，推动育种创新成果转化为植物新品种权；另一方面通过来源地披露制度、事前同意制度和惠益分享等一系列安全制度的有效实施，遏制生物盗窃行为，维护我国的植物资源安全。修订《植物新品种保护条例》（以下简称《条例》），优化植物新品种权申请审批程序，缩短审查周期，加大植物新品种权保护力度，防止植物新品种权滥用，建立植物新品种权质押融资制度，推进植物新品种权转化运用。制定、修订与《条例》相配套的规章制度，解决植物新品种权审批事务和行政执法中遇到的实际问题。加强植物新品种保护制度前瞻性研究，扩大植物品种保护名录范围。引导国内研发资源在粮食作物等关键领域强化原始创新，在园艺等高效农业领域提高创新层次。建立公益性资金支持的重要作物自主知识产权品种利益共享机制。扶持国内种子企业增强育种创新能力。

5. 建立完善的遗传资源保护与促进发展机制

完善遗传资源保护、开发和利用制度，防止遗传资源流失和无序利用。协调遗传资源保护、开发和利用的利益关系，构建合理的遗传资源获取与利益分享机制。保障遗传资源提供者的知情同意权。研究起草《农业林业生物遗传资源权属登记管理办法》，逐步建立农业、林业生物遗传资源权属管理制度，建立健全来源地披露和惠益分享制度。开展重要特色品种、地方品种的普查登记，明晰责权利范围，加强资源识别技术规范、标准研制和信息采集传播，加大资源主权和应用价值的宣传，维护农业、林业的生物多样性。

6. 完善地理标志保护与发展机制

建立健全地理标志的技术标准体系、质量保证体系与检测体系。普查地理标志资源，扶持地理标志产品；健全农产品地理标志机制；完善登记保护制度，优化审查程序，提高登记效率；健全农产品地理标志的部、省、地、县四级工作体系，充实评审专家队伍，提高现场核查人员素质；充实农产品地理标志产品品质鉴定检测机构，优化专业结构和区域布局；完善农产品地理标志登记保护技术规范和评价体系；建立农产品地理标志信息电子采集和发布系统；开展农产品地理标志资源普查，制定中长期保护利用规划；加大农产品地理标志产业扶持和投入力度，加快农产品地理标志产品标准化生产、示范基地建设和产业化经营。

7. 传统性知识保护与发展机制

我国传统性知识的流失，既与传统性知识的法律制度和法律保护模式有关，又与法律发展机制，即法律发展的外部环境直接相关。改善我国传统性知识法律发展的诸如行政和市场等外部环境，不失为一种可选之路。我国应建立健全传统知识保护制度的有效实施机制和法律保护模式的实现机制。在政策上大力扶持传统知识的整理和传承。完善传统中医药知识产权管理、保护和利用协调机制，加强对传统工艺的保护、开发和利用的政府指导。利用市场机制、法律机制和行政机制，加强民间文艺保护，促进民间文艺发展。深入发掘民间文艺作品，建立民间文艺保存人与后续创作人之间合理分享利益的机制。

（二）增强企业知识产权发展力和产业安全力机制

企业是国家经济安全落实的微观基础。我国企业掌握与运用知识产权制度的水平不高，缺乏应对知识产权纠纷的能力，特别是缺少应对海外知识产权纠纷的人才。自主创新能力和本土吸收科技能力较弱，拥有核心技术和关键技术领域的自主知识产权数量偏少、质量偏低。企业是知识创造的主体。我国企业的知识创新能力直接关系到我国知识的数量和质量，特别是可产权化的知识。而知识的增长和发展，是知识产权法律发展的基本动力。因为知识发展了，必然增加对知识产权法律的需求，从而拉动知识产权法律的发展。我国企业的知识创新能力也是企业知识产权安全的根本保证，应建立以企业为主体、市场为导向、产学研相结合的自主知识产权创造体系；引导企业在研究开发立项及开展经营活动前进行知识产权信息检索；支持企业通过原始创新、集成创新和引进消化吸收再创新，形成自主知识产权，提高把创新成果转变为知识产权的能力；支持企业等市场主体在境外取得知识产权；引导企业改进竞争模式，加强技术创新，提高产品质量和服务质量，支持企业打造知名品牌。

加强产业安全和推进产业发展。对知识产权保护比较敏感的行业——软件业和金融业，探究如何在行业层面上加强中国知识产权的安全保护问题。在遵守《TRIPS 协定》最低保护标准的同时，应充分考虑到中国发展经济幼稚产业所面临的风险，分行业制定知识产权安全保护政策。

（三）构建知识产权信息传播和发展的公共服务平台

国家知识安全和知识竞争力的重要支撑之一，是完善的知识发展的公共基础设施。知识产权信息公共服务平台是重要的基础设施。该设施既可以弥补企业的信息不对称，又可以弥补市场机制的信息不对称。我国应建设高质量的专利、商标、版权植物新品种、地理标志等知识产权基础信息库，加快开发适合我国检索方式与习惯的通用检索系统；健全植物新品种保护测试机构和保藏机构；指导和鼓励各地区、各有关行业建设符合自身需要的知识产权信息库；促进知识产权系统集成、资源整合和信息共享。

（四）完善政府主导下的市场发展机制

当前主流的知识产权制度是市场驱动型知识产权制度。但是，由于我国是由计划经济体制向社会主义市场经济转型的发展中国家，而经济安全问题往往是市场失灵之处，这就决定了我国宜采取政府主导下的发挥市场自生自发秩序功能的结合机制。在政府的框架下，充分发挥技术市场的作用，构建信息充分、交易活跃、秩序良好的知识产权交易体系；简化交易程序，降低交易成本，提供优质服务；培育和发展市场化知识产权信息服务，满足不同层次的知识产权信息需求；鼓励社会资金投资于知识产权信息化建设，鼓励企业参与增值性知识产权的信息开发利用。

（五）以合作为导向，发展世界知识产权新机制

当今全球化趋势不可阻挡，中国已经融入了全球化浪潮中。知识经济全球化是基础，法律全球化是经济全球化的规则。竞争合作是当代社会发展的新趋势。世界知识产权新秩序将是也必然是竞争与合作并以合作为基础的产物。WIPO、WTO和联合国等是重要的国际知识产权合作机制平台。例如，WIPO利用其全球知识产权体系——《专利合作条约》（PCT）体系、商标马德里体系、工业品外观设计海牙体系和原产地名称里斯本体系，为促进全球创新提供主要支持服务。通过这些体系所提供的保护，努力提高世界创新工作的重要意义，这些体系拥有众多的成员，而且成员数目仍在不断增加，体现了它们的重要地位。

因此，中国应充分利用这些国际知识产权合作平台，增强谈判力和增加话语权，逐渐改变发达国家主导知识产权国际规则、中国与其他发展中国家作为接受者或充其量是参与者的不公平现状。在未来国际知识产权制度的变革过程中，强调发展中国家由于现行知识产权国际规则的不公平性导致的国家经济安全问题的严重性，从各国的长远利益和人类的共同利益出发，倡导世界知识产权新秩序。一方面，主动参与WTO新一轮的多边贸易谈判，推动现行国际知识产权制度的改革。针对《与贸易有关的知识产权协定》忽略发展中国家经济安全的不足和缺陷，提出符合各成员及世界经济安全和经济发展要求的国际知识产权制度发展新方向、新思路和新措施，着力解决知识产权保护中出现的公共利益问题、技术转让和利用问题、限制知识产权滥用问题等。另一方面，积极参与WTO体制外的国际造法活动，推动国际知识产权新制度的建立。世界卫生组织就公共健康问题、联合国粮农组织就植物基因资源问题、联合国人权委员会就知识产权与人权冲突问题以及《生物多样性公约》等，分别针对《与贸易有关的知识产权协定》进行了一系列造法活动，中国应该而且能够在其中扮演发展中大国

的应有作用。① 总之，发展中国家应积极参与全球知识产权秩序的构建，有效参与国际组织的有关议程，积极推动多哈回合关于知识产权相关议题的进程和发展，争取早日达成共同反映发展中国家和发达国家根本利益的新型知识产权新协议。

中美知识产权合作是国际合作的重要机制。近年来，中美知识产权纠纷频发，对双方知识安全和经济安全的影响很大。建立平等、互信、互利的合作机制，既可减少双方冲突带来的损失、有利于双方的知识产权和经济利益，又可为建立世界知识产权新秩序提供有效途径。2010 年 10 月，中美共同在中国举行了"337 调查中美研讨会"，建立 337 调查合作交流机制。保护知识产权，符合中美双方的共同利益。知识是人类共同的财富，知识产权保护也是一个全球性的问题。无论是发达国家还是发展中国家，都在探索如何更好地建设和完善知识产权制度，保护知识产权，保护科技创新。这是国际合作的基础。在合作中也应充分考虑各国所处的发展阶段、经济发展水平和可承受能力，兼顾各方的利益，只有这样，才能建立平衡有效的世界知识产权法律及其新秩序。②

（六）目标推动发展机制

1. 全球视角

要推动世界知识产权安全新秩序建立的机制建设。知识产权国际保护体系并不完善，有许多利益失衡之处需要解决，发展中国家的利益受到大量侵害。在国际上，由于《TRIPS 协定》框架下的国际知识产权保护是以发达国家为主导的，发达国家对发展中国家的知识产权进行掠夺式开发，导致发展中国家的利益受损。因此，近年来发展中国家不断要求修改《TRIPS 协定》，重视发展中国家的特殊利益，努力建立新的世界知识产权新秩序框架。实际上，利益的衡量是一种动态的机制，利益导向的不同导致的利益倾斜能够使一方多受益而使另一方多受损。法律的主要作用就是调整及调和各种相互冲突的利益。利益衡量是一把双刃剑，发展中国家可以用以维护本国利益，改善在国际经济贸易和交往中的不利地位，而发达国家也可以借此主张自身利

---

① 吴汉东：《中国知识产权法制建设的评价与反思》，《中国法学》2009 年第 1 期。
② 《钟山副部长在"337 调查中美研讨会"上的致辞》，http://gpj.mofcom.gov.cn/aarticle/d/cp/bz/201010/20101007210953.html，2010 年 11 月 29 日。

益的绝对保护。事实证明，有效的知识产权保护与适度的权利限制有利于促进知识的创新与传播，进而推动经济的发展与科技的进步。因此，对于发达国家主导的国际社会对中国知识产权保护水平所提出的要求，必须以中国国情为立法前提。

2. 国内公共政策目标激励机制

中国在加强知识产权保护的进程中，要综合考虑与知识产权保护相关的几个经济因素——中国外贸发展、外商直接投资和中国省级经济增长等，主张加强知识产权保护并非孤立的目标，而应与促进我国外贸发展和吸引FDI以及配套的创新措施等多重目标协调实施，它事关中国经济社会可持续发展战略。

制定和实施国家知识产权战略[①]，是我国国内公共政策目标激励机制最重要的部分。国家知识产权安全制度要有效发挥作用，必须要有国家强力公共政策的支撑。国家知识产权战略是当代国外知识产权公共政策的最基本和最重要的形式。20世纪末，日本作为美国新技术的重要输入和改进国受到了极大冲击，原因是20世纪80年代美国调整了它的知识产权战略，强化了全球范围内的知识产权保护，并引发了知识产权领域的激烈竞争。与此同时，在信息技术革命的带动下，美国经过若干年的调整，经济开始回升，并率先完成了新一轮的产业结构的升级换代。在这两方面压力的影响下，日本的大量产业向国外转移，日本完成由"技术立国"向"知识产权立国"的转变，适应了产业转移的需要，从而维护了日本在相关产业中的优势地位。我国制定知识产权战略，其根本原因也是要借此促进我国参与全球竞争。我国不能满足于目前在全球的产业链分工，我们要从产业链的低端发展到中端再发展到高端，提高我国企业的国际竞争力，提高自主创新能力，把中国建设成一个创新型国家，而这些都离不开知识产权战略的配合。同时，知识产权战略的制定和推进，有利于形成尊重科学、尊重人才、尊重知识产权的良好社会氛围，与我国健全法制、建立和谐社会也是相辅相成的。知识产权专业人才的培养和全社会知识产权的教育与普及，应是推进知识产权战略的基础。我国《知识产权战略纲要》提出的战略目标具有重要的激励作用，是我国知识产权法律发展的一个良好机制。《知识产权战略纲要》提出如下远期目标和近期

---

① 曾珠：《从比较优势、竞争优势到知识优势——日本知识产权战略对我国的启示》，《经济管理》2009年第1期。

目标。

（1）远期目标。

到 2020 年，把我国建设成为知识产权创造、运用、保护和管理水平较高的国家。知识产权的法治环境进一步完善，市场主体创造、运用、保护和管理知识产权的能力显著增强，知识产权的意识深入人心，自主知识产权的水平和拥有量能够有效支撑创新型国家建设，知识产权制度对经济发展、文化繁荣和社会建设的促进作用充分显现。在这里，《知识产权战略纲要》未提到知识产权的发展问题，而事实上，知识产权发展问题已经并将继续占据我国知识产权总格局的重要甚至主导地位。

（2）近期目标。

第一，自主知识产权水平大幅度提高，拥有量进一步增加。本国申请人发明专利年度授权量进入世界前列，对外专利申请大幅度增加；培育一批国际知名品牌；核心版权产业产值占国内生产总值的比重明显提高；拥有一批优良植物新品种和高水平集成电路布图设计；商业秘密、地理标志、遗传资源、传统知识和民间文艺等得到有效保护与合理利用。

第二，运用知识产权的效果明显增强，知识产权密集型商品比重显著提高。企业知识产权管理制度进一步健全，对知识产权领域的投入大幅度增加，运用知识产权参与市场竞争的能力明显提升，形成一批拥有知名品牌和核心知识产权，熟练运用知识产权制度的优势企业。

第三，知识产权保护状况明显改善。盗版、假冒等侵权行为显著减少，维权成本明显下降，滥用知识产权现象得到有效遏制。

第四，全社会特别是市场主体的知识产权意识普遍提高，知识产权文化氛围初步形成。

然而，我国《知识产权战略纲要》的目标缺乏定量指标，这是个遗憾。因为严格意义上的目标均有量化指标。因为量化指标具有可操作性，可考评、可预测和可改进。当然，有的指标难以量化，但有的诸如本国申请人发明专利年度授权量则可量化。另外，《知识产权战略纲要》的安全意识不强，这与我国知识产权及其引发的日益严峻的风险、安全问题的现状和对知识产权安全法律的需要严重失衡。

五　建立健全以法律人发展为本的兜底机制

以上所述的知识产权安全法律制度、法律模式以及其他法律发展机制，均是客体性的东西，均是从客观上来说的。而这些客观客体的源头和基础则是法律人，是法律人创造和运用了这些客体。因此，法律人及其机制，才是我国知识产权安全法律发展的根本依托。知识产权的创造、运用、保护、管理和发展的主体是法律人，而激励创造、有效运用、依法保护、科学管理、持续发展则与高素质法律人相匹配，由优秀法律人提供强有力的支撑。

有学者认为①，法律人，是法律秩序的创造者。以往各种把法律发展归结为民族精神或传统的自发产物的思想方法没有科学性，而利害关系者之间的相互作用或法律人的工作更值得关注。茨威格特认为法律秩序有五个要素：法律秩序的历史上的来源与发展；在法律秩序中占统治地位的特殊的法学思想方法；特别具有特征的法律制度；法源的种类及其解释；意识形态的各种因素。然而，这五个要素都是客观要素，遗漏了作为法律秩序担当者的法律人这一主观要素，也就是兜底要素。莱因斯坦则弥补了法的客观论的片面性，并指出：法的形成和适用是一种艺术，这种法的艺术是什么样式，取决于谁是"艺术家"。

人们之所以忽略法律人的主体这一关键性作用，与法学是由人文学科和自然科学结合的形成过程有关，因为法学在很早以前属人文学科范畴，重点关注人本身。而自然科学的特征是对自然现象及其规律的探索，其惯性思维是对除人以外的客观现象进行研究。长此以往，导致法学的人文性几乎丧失殆尽，而法学的异化——客观性却"鸠占鹊巢"。

这里的法律人，是与法律发展的利益相关者。可以是企业、律师、法官、检察官、立法者、执法者、守法或违法者、法学学者等；也可以是知识产权创造者、使用者、维护者、管理者和发展者。这些都是微观意义上的，还有更重要的法律人，即宏观意义上的诸如中国等国家或全人类。因此，从我国法律安全发展的微观机制建设来看，应加强安全人才的规划、教育与培训；加强知识产权安全人才队伍建设，建立部门协调机制，统筹规划知识产权安全人才队伍，加快建设各级知识产权安全人才库和安全人才信息网络平台；建设若干国家知识产权安全人才培养基地，加快建设高水平的知识产权安全师资队伍；大规模培养各级各类知识产权安全专业人才，重点培养企业急需的知识产权安全人才；完善吸引、使用和管理知识

---

① 大木雅夫：《比较法》，法律出版社，2006。

产权安全人才相关制度，满足知识产权安全法律发展对人才的需求。

从全球视野和宏观意义上的诸如中国等国家或全人类等法律人发展机制来看，关键是要认识到，最高境界的法律人是全人类，即全人类的整体和未来的共同体，这种共同体的共同利益的基石，正是世界知识产权新秩序的内涵和实质。

法律人发展还要突出人权优先价值观。人权是法律人发展的重要组成部分。要考虑经济安全与人权的平衡，遵循人权优先原则。世界人权宣言承认每个人有从精神和物质利益的保护中受益的权利，这些利益来自他（或她）是作者的任何科学、文学或艺术产品，这种权利产生于所有人的固有尊严和价值。人权文件也强调国家应在知识产权的保护中平衡私有和公共利益，考虑每个人享受科学进步的好处的权利以及对其他人权应有的责任。关于知识产权保护在某些环境下对人权的不利影响，《TRIPS 协定》在关于获取基本药品、获得食品的权利、接受教育的权利、从科学进步中受益的权利和土著人民的权利部分已经充分论述。

六 中国知识产权安全法律发展的评估体系

定量分析可以提高研究的精确性和科学性，是法学研究现代化的一个重要标志，可以防止由于纯粹定性带来的边界模糊而导致争论不休和难以定论的困境。正如哈特在《法律的概念》所指出的"边界情况"。无论是法律解释或案例的裁判，其难点和争论点，往往是"程度"和"边界情况"。法律规范由于其定性的惯性思维模式，以及抽象和"规范"的要求，在程度上往往是空白或具潜在的漏洞性，这给无休止的争论预留了空间和可能性。鉴于此，法律的定量研究应运而生。当然法律现象毕竟不同于自然科学，有的方面难以定量，因此，在使用定量方法时，要防止绝对化和片面性。从定性和定量上，全面评价中国知识产权安全法律制度、法律模式和发展机制的实施情况和效果，为完善打好基础。另外，法律的定量化与法律的对象有一定关系，通常是法律的对象靠近自然定量的可能性更大些。这也许与自然科学定量研究的普遍性有关。技术等知识产权的自然属性较强，因此，其定量研究的可能性更大，现实性更强。实际上人们对知识产权的定量评估已有探索和成果。世界知识产权组织于 2010 年 9 月 15 日发布了《2010 年世界知识产权指标》报告，对全球 2008 年的发明专利、实用新型、商标、外观设计和 PCT 申请量、有效量、技术分类以及来源国进行了全面统计和分析，并公布了主要国家和地区专利机构 2009 年相关申请受理情况的初步数据。该报告指出，中国在专利申请以及商标注册申请方面表现出强劲的增长势头，中国国家知识产权局发明专利和实用新型专利申请受理和授权量都位居全球首位。造成中国相关知识产权申请量逆势上涨的原因有两个：[①] 其一，和许多高收入国家相比，中国受到本轮经济危机的冲击较小；其二，在过去的 10 年间，中国保持了较高的经济增长率和储蓄率。

近年来，我国学界对知识产权也进行了诸如知识产权指数等研究[②]，通过设计四级指标体系，评价我国各省（市）知识产权的发展水平和差异。但是，国内外关于知识产权指标体系的研究与运用，主要是从一般意义上进行的，而并未从国家经济安全角度特别是从中国知识产权安全法律发展情况和发展趋势，测评知识产权发展状况。中国知识产权安全法律发展的评估体系是我国知识产权安全法律发展的新的定量化机制。我国应结合知识产权安全法律发展的定性概念，围绕安全这个核心特征，吸收国内外知识产权评估指标体系的研究成果，探索设置多级多个中国知识产权安全法律发展评估指标体系。另外，本书第五章关于我国知识产权风险评估指标体系的选择标准、指标确定、指标解释、评估方法等均是重要参考。

七　建立和利用国际安全合作机制

国际合作是当今世界的三大趋势之一，其余是和平、发展。安全是和平追求的重要目标之一；安全只有在不断发展中，才可能得到切实的保障。世界最基础最重要的发展是经济发展，而促进知识和经济发展，正是本书的研究目标。经济和法律全球化以及中国的开放，使中国成为发展中国家群中的重要成员。随着中国经济和法律的国际影响力日益扩大，中国由被动于世界逐渐转为主动于全球。世界知识产权利益的发展中国家与发达国家的博弈尽管激烈，但共处于一个地球，共同面临诸如气候、资源和环境等全球问题，合作是缓解和解决国际争端的最高境界。

---

① 世界知识产权组织首席经济学家卡斯滕·芬克在世界知识产权组织发布 2010 年世界知识产权指标报告会上指出的。
② 王正志：《中国知识产权指数报告》，知识产权出版社，2009。

结论与展望

在 21 世纪，全球化趋势呈现日益复杂的格局和发展态势。一方面，知识、经济和法律全球化趋势在继续加深，向全球一体化方向迈进；另一方面，逆全球化现象也夹在全球化进程中，以各种方式和内容进行抗争，全球化与区域化、民族国家化也交错博弈。全球化趋势的发展给发展中国家带来了机遇，同时也带来了挑战，而且挑战方面表现得更为突出，遭遇的风险也更大。这是因为，与发达国家相比，发展中国家在全球化的起点、实力、经验，以及资金、技术等方面均明显落后。面对全球化趋势日益加深、国家知识安全和国家经济安全所受威胁日益严重的新形势，中国等发展中国家如何从法律发展的角度进行有效应对，是一个具有理论价值又具有实践指导意义并迫切需要研究的重要问题。本书对此做了初步研究，得出了一些阶段性结论，但也有若干需要继续深化研究的重要领域。

一 结论

(一) 结论的内容

第一，世界知识产权新秩序是解决发展中国家与发达国家在知识产权方面的利益冲突的一条可供选择的思路。因为它反映了全人类的共同利益，符合各方的长远利益和根本利益。世界知识产权新秩序是一种知识产权理想法律秩序图景，是中国知识产权法律发展的总目标。

第二，发展是世界法律、经济和维护国家经济安全的新动向、新关键和新前沿。知识产权及其法律已日益成为国家乃至国际保障经济安全和促进经济发展的关键工具。知识产权及其法律与国家经济安全有内在联系，其风险与一国开放程度和全球化深度呈正相关关系。安全例外是 WTO 和《TRIPS 协定》的规定。法律竞争是 21 世纪国家竞争的制高点。

第三，知识产权发展以法律发展为保障、基础和归宿。知识产权基本安全权利是制定《中国知识产权安全基本法》的核心。

第四，中国知识产权法律发展的内涵是安全，即全球化趋势下维护国家经济安全的需要；发展的框架是安全法律制度、安全法律模式、安全法律机制既独自又协调共进；发展的愿景是世界知识产权新秩序。

第五，知识产权安全法律是国家经济安全的基本制度保障。世界知识产权新秩序是知识产权安全法律与国家经济安全的共同基石。国际知识产权例外制度是知识产权安全法律与国家经济安全的国际法意义上的仅中国等发展中国家享有的（发达国家成员没有）特殊权利。外国知识产权安全法律发展经验，则给中国知识产权安全法律与国家经济安全的完美结合提供了有益启示和借鉴。知识产权面临的风险及其防治，是我国知识产权安全法律与国家经济安全的"负安全"（风险）的现状及对策。中国知识产权安全法律制度的发展、中国知识产权安全法律模式与机制的发展，是基于中国利益的知识产权安全法律对国家经济安全的积极推动作用及其具体策略。知识产权安全法律对国家经济安全具有直接的防范、保障和促进作用；国家经济安全是知识产权安全法律所规范和保护的两大客体之一（另一客体是知识安全）。知识产权安全法律与国家经济安全联系的共同大背景是：全球化趋势日益增强，以至于在微观上对企业和产业有安全风险，在宏观上损害或威胁一国国家整体经济安全。

第六，发展性知识产权和发达性知识产权反映了发展中国家和发达国家各自拥有知识产权的比较优势。

第七，中国知识产权法律发展的有效对策有七项：①推动公正世界知识产权法律及其秩序的形成；②完善和充分利用国际知识产权例外法律制度；③建立世界知识和经济风险预警体系；④建立健全中国知识产权安全法律制度；⑤制定专门的中国知识产权安全法律模式；⑥创新中国知识产权安全法律机制；⑦中国参加多哈发展回合有关知识产权议题谈判的对策。

（二）结论对创立知识产权法律理论的参考价值

中国目前在知识产权领域，引进介绍、纯法律文本和思辨研究的较多，真正具有原创性并有基本理论意义的成果不多。一些对策往往缺乏理论基础和扎实的实证研究，而没有理论或原理基础的对策很难做到具有前瞻性和针对性。缺乏扎实的实证研究，提出的对策也难以做到具有可操作性。

本书初步的范畴创新、视角创新、方法创新，可以为未来构建知识产权法律新理论提供可能的框架性参考。知识产权法律理论主要是反映知识产权领域的全部法律现象及其发展规律的基本范畴、具体概念、判断和推理的完整的思想体系。本书的基本范畴是世界知识产权新秩序；具体概念有发展性知识产权与发达性知识产权、知识产权安全法律等；判断主要有上述的各个结论；在推理方面也进行了跨学科思想和方法的论证探讨。知识产权基本安全权利、中国知识产权法律发展三大框架等思想，可以在全球化趋势下基于维护国家经济安全的视角，为可能逐步构建知识产权发展法学新理论（该理论是本书作者的一个构想，受发展经济学[①]的启发而得出）提供参考。

二 展望

上述结论有局限性和阶段性特征。本书得出的一些结论，有的是在他人的研究基础上深化而来但创新不够，有的则是根据当代全球化趋势和国家安全的新情况、新现象和新规律初步提出或解释的；有的进行了较多的论证，有的则是半假设半论证；有的只有定性论证，有的则是定性论证与定量论证相结合；有的仅是正面论证，缺乏反证；有的停留在规范研究上，缺乏实证。总之，本书的研究结论，从论证方法、结论的解释力度和对实践的针对性和操作性来看，均有阶段性特征。按照全球化趋势下基于维护国家经济安全的研究视角，未来还可以在以下几方面深化研究。

第一，国际政治学和博弈论的跨学科研究方法。跨学科研究方法是当代世界社会科学研究方法的总趋势。国际政治对国际法律的形成和演进起着直接和主要作用，是国际法发展的重要驱动力。国际政治"权势"是国际知识产权法律"权势"的主要源头之一[②]。发展中国家与发达国家之间在知识产权方面的博弈将长期存在。

第二，专题研究：中国中医药保护法研究；绿色知识产权研究。

第三，跟踪研究：WTO 多哈发展回合有关知识产权议题的谈判；我国知识产权的战略实施过程。

第四，中国知识产权法律发展指标体系的设立及实证分析。既可定量

[①] 发展经济学是西方学者对发展中国家发展经济经验和教训的理论概括，不过是站在发达国家的立场上。而本书所设想的知识产权发展法学，则是站在发展中国家的立场上，对发展中国家知识产权法律发展经验和教训的理论概括。

[②] 国际知识产权法律"权势"的主要源头还有国际经济和国际知识产权组织等。

研究中国知识产权的法律发展，又可作为发布中国知识产权法律发展白皮书的分析工具。本书关于知识产权风险指标体系的初步成果，可作为中国知识产权法律发展指标体系设计的重要参考，因为知识产权风险指标体系也是一种知识产权安全状况定量指标，只不过是负安全。而中国知识产权法律发展指标体系所反映的内容应该是：不仅有正安全，而且有负安全；既有历史，又有未来发展需要。

第五，中国知识产权法律发展的学术话语体系的构建和国际学术话语权的取得。

参考文献

蔡毅敏：《全球化背景下对知识产权制度的反思》，硕士学位论文，上海社会科学院，2008。

蔡春辉：《TRIPS 协议药品专利国际保护标准解读与启示》，硕士学位论文，吉林大学法学院，2008。

陈兴良：《走向哲学的刑法学》，法律出版社，1999。

陈昌柏：《知识产权经济学》，北京大学出版社，2003。

陈昌柏：《对中国知识产权制度发展的回顾》，http：//online. jjtvu. cn/file_post，最后访问日期，2010 - 11 - 17。

陈和芳：《TRIPS 协议在传统知识新殖民化过程中的作用及对策》，《法制与社会》2008 年第 19 期。

邓林：《动漫知识产权保护与管理：西方经验对中国的启示》，《科技管理研究》2009 年第 7 期。

杜瑞芳：《我国传统医药知识特殊保护制度探讨》，《社会科学家》2007 年第 1 期。

邓词：《TRIPS 协议药品专利保护例外之研究》，硕士学位论文，西南政法大学，2006。

邓正来：《中国法学向何处去——建构"中国法律理想图景"时代的论纲》，商务印书馆，2006。

邓正来：《谁之全球化？何种法哲学？——开放性全球观与中国法律哲学建构论纲》，商务印书馆，2009。

丁丽瑛：《传统知识保护的权利设计与制度构建：以知识产权为中心》，法律出版社，2009。

凡咏齐：《出口企业知识产权风险管理策略》，《电子知识产权》2009 年第 4 期。

费安玲等：《知识产权法学》，中国政法大学出版社，2007。

冯晓青：《论知识产权的若干限制》，《中国人民大学学报》2004 年第 1 期。

冯晓青：《知识产权法利益平衡理论》，中国政法大学出版社，2006。

冯晓青：《企业知识产权管理基本问题研究》，《湖南社会科学》2010 年第 4 期。

甘绍宁：《2010 中国知识产权高层论坛》，http：//ip. people. com. cn/GB，最后访问日期，2010 - 11 - 17。

甘聪葵：《〈与贸易有关的知识产权协议〉对发展中国家的影响及其对策》，硕士学位论文，暨南大学，2009。

古祖雪：《后 TRIPS 时代的国际知识产权制度变革与国际关系的演变——以 WTO 多哈回合谈判为中心》，《中国社会科学》2007 年第 2 期。

顾海兵：《印度国家经济安全法律体系及其借鉴》，《国家行政学院学报》2009 年第 4 期。

国家软科学研究计划重点委托课题组：《在华跨国公司知识产权滥用情况及其对策》，《红旗文稿》2006 年第 6 期。

国家知识产权局条法司：《关于遗传资源保护的相关规定》，《电子知识产权》2010 年第 4 期。

何志鹏：《知识产权与国际经济新秩序》，《法制与社会发展》2003 年第 3 期。

黄青：《TRIPS 协议下知识产权滥用的界定及规则》，《社科纵横》2008 年第 1 期。

黄文艺：《全球结构与法律发展》，法律出版社，2006。

黄翔：《反思"与贸易有关的知识产权协议"环境例外条款》，《新世纪论丛》2006 年第 2 期。

黄勇：《知识产权与反垄断法的基本关系》，《电子知识产权》2007 年第 7 期。

胡维华：《美国知识产权法律制度及其对世界经济的影响》，硕士学位论文，南京理工大学，2007。

胡红明、刘江：《我国限制知识产权滥用的法律思考》，《法制与社会》2007 年第 6 期。

胡滨斌：《国际贸易中的知识产权限制研究》，博士学位论文，复旦大学，2007。

胡水晶：《印度服务外包中的知识产权保护及启示》，《电子知识产权》2009 年第 9 期。

金锡华：《关于我国传统知识、遗传资源的保护——以来源披露制度为论点》，《贵州民族学院学报》（哲学社会科学版）2010 年第 1 期。

江安东：《德国的知识产权保护体系和中德之间的知识产权纠纷》，《德国研究》2005 年第 2 期。

江清云、单晓光：《欧美知识产权领域中的反垄断诉讼及其经济分析》，《比较法研究》2008 年第 2 期。

焦智源：《保护中华文化知识产权的历史责任与战略思考》，《今日中国论坛》2009 年第 10 期。

教育部社会科学委员会秘书处：《国外高校人文社会科学发展报告2010》，高等教育出版社，2010。

教育部社会科学委员会秘书处：《国外高校人文社会科学发展报告2011》，高等教育出版社，2012。

孔祥俊：《知识产权法律适用的基本问题——司法哲学、司法政策与裁判方法》，中国法制出版社，2013。

寇宗来：《专利制度的功能和绩效》，上海人民出版社，2005。

刘滢泉：《传统中医药知识的知识产权法律保护制度研究》，《经济与法》2009 年第 10 期。

联合国：《保护非物质文化遗产公约》。

联合国：《生物多样性公约》。

李建峰：《英国的知识产权保护及其对我国的启示》，《学习与探索》2007 年第 4 期。

卢海君：《发达国家知识产权政策与中国知识产权战略》，《中华商标》2008 年第 2 期。

马迅：《我国知识产权司法保护体制之缺陷及完善》，《中国科技论坛》2008 年第 2 期。

马忠法：《知识产权制度引进与互动：WIPO 与中国》，《国际观察》2009 年第 4 期。

裴丽：《国际知识产权法律适用问题研究》，硕士学位论文，大连海事大学，2010。

史卫民：《国防企业自主创新知识产权保护的法律思考》，《西安财经学院学报》2009 年第 5 期。

沈国兵：《TRIPS 协定下中国知识产权保护的核心难题及基准》，《财经研究》2008 年第 10 期。

孙移芳：《关于我国知识产权仲裁的几点思考》，《经济研究参考》2010 年第 41 期。

孙振宇：《WTO 多哈回合谈判中期回顾》，人民出版社，2005。

司志菅：《从〈论语〉看知识产权文化建设》，《中国发明与专利》2009 年第 9 期。

唐顺佳：《我国知识产权滥用的实体法规制现状和完善研究》，《法制与社会》2009 年第 22 期。

王芳：《美国、日本知识产权战略与中国知识产权现状对比研究》，《吉林工程技术师范学院学报》2008 年第 4 期。

王景川等主编《知识产权制度现代化问题研究》，北京大学出版社，2010。

王志华：《俄罗斯知识产权法纵论》，http：//www. ruslaw. com. cn/plus，最后访问日期，2010 - 11 - 17。

王正志：《中国知识产权指数报告 2013》，知识产权出版社，2013。

文佳筠：《碳减排须排斥知识产权垄断》，http：//www. antimonopolylaw. org/article，最后访问日期，2010 - 10 - 30。

王晓洪：《从拜耳看品牌公司的医药知识产权保护》，《中国发明与专利》2009 年第 9 期。

王珍愚、单晓光：《论中国对遗传资源的知识产权保护和管理》，《中国人口·资源与环境》2009 年第 4 期。

王先林：《知识产权与反垄断法：知识产权滥用的反垄断问题研究》，法律出版社，2008。

王越、孙文倩：《浅议国有企业自主知识产权保护》，《法制与社会》2009 年第 2 期。

吴汉东：《科技、经济、法律协调机制中的知识产权法》，《法学研究》2001 年第 6 期。

吴汉东：《后 TRIPS 时代知识产权制度的变革与中国的应对方略》，《法商研究》2005 年第 5 期。

吴汉东、胡开忠：《无形财产权制度研究》，法律出版社，2005。

吴汉东：《中国应建立以知识产权为导向的公共政策体系》，《中国发展观察》2007 年第 5 期。

吴汉东：《中国知识产权法制建设的评价与反思》，《中国法学》2009 年第 1 期。

吴汉东：《论传统文化的法律保护》，《中国法学》2010 年第 1 期。

吴汉东：《知识创新时代的中国知识产权法》，《北方法学》2010 年第 4 期。

吴婧倩：《民间文艺知识产权保护模式探析》，《法制与社会》2009 年第 23 期。

武汉大学中国高校哲学社会科学法律与评价研究中心：《海外人文社会科学法律年度报告 2012》，武汉大学出版社，2013。

吴郁秋：《WTO 争端解决机制下的知识产权摩擦问题》，《对外经贸实务》2010 年第 8 期。

吴欣望：《专利经济学》，社会科学文献出版社，2005。

辛柏青：《TRIPS 协定与国际贸易中的知识产权壁垒》，《北方法学》2009 年第 1 期。

许春明：《中国知识产权保护强度的测定及验证》，《知识产权》2008 年第 1 期。

许楚旭：《中美知识产权冲突及其启示》，http://www.chinalawedu.com，最后访问日期，2010 - 11 - 17。

徐君等：《TRIPS 协议对药品专利及公共健康影响的经济行为分析》，《中国药房》2008 年第 31 期。

杨明、肖志远：《知识产权与人权：后 TRIPS 时代的知识产权国际保护》，《法律科学》2005 年第 5 期。

杨红菊、何蓉：《从 TRIPS 的谈判历程看知识产权国际规则的制定》，《知识产权》2008 年第 2 期。

姚立国、张炳生：《从 TRIPS 协议第 40 条谈知识产权滥用的竞争法规制》，《河北法学》2009 年第 9 期。

闫威等：《动态联盟知识产权风险评价的理论分析与案例研究》，《科技进步与对策》2009 年第 15 期。

严永和：《论传统知识的知识产权保护》，法律出版社，2006。

颜璠：《科学发展观视野下的政府知识产权绩效管理初探》，《中国行政管理》2009 年第 4 期。

袁红梅：《中药知识产权法律制度本土化与国际化研究》，博士学位论文，吉林大学法学院，2008。

于芳等：《我国药企应对跨国药企在知识产权方面的竞争分析》，《中国医药导报》2009 年第 26 期。

赵宇可、朱淑娣：《美国知识产权的反垄断限制及其对我国的启示》，《中国工商管理研究》2008 年 9 期。

曾珠：《从比较优势、竞争优势到知识优势——日本知识产权战略对我国的启示》，《经济管理》2009 年第 1 期。

张乃根：《论 TRIPS 协议框架下知识产权与人权的关系》，《法学家》2004 年第 4 期。

张乃根：《TRIPS 协定：理论与实践》，上海人民出版社，2005。

张乃根：《论 TRIPS 协议的例外条款》，《浙江社会科学》2006 年第 3 期。

张乃根：《论 TRIPS 协议义务》，《浙江社会科学》2002 年第 5 期。

张乃根：《论中美知识产权案的执行问题》，《世界贸易组织动态与研究》2009 年第 9 期。

周超：《论 TRIPS 协定与公共利益》，知识产权出版社，2012。

周跃雪：《TRIPS 协议专利"例外条款"与公共健康问题》，硕士学位论文，中国政法大学，2006。

周明：《专利侵权例外研究》，硕士学位论文，华中科技大学，2007。

周方：《传统知识法律保护模式比较研究》，《科技与法律》2009 年第 2 期。

周莹、刘华：《知识产权公共政策的协同运行模式研究》，《科学学研究》2010 年第 3 期。

周安平、陈云：《国际法视野下非物质文化遗产知识产权保护模式选择——以国民待遇为视点的探讨》，《知识产权》2009 年第 1 期。

张朝霞：《TRIPS 对我国知识产权保护利弊影响之分析》，《甘肃政法学院学报》2009 年第 3 期。

张帆、曹晓雨：《从发展中国家视角看 TRIPS 协定》，《法制与社会》2009 年第 6 期。

张杨：《TRIPS 协议修改的必要性——人权保护的视角》，《吉林大学学报》（社会科学版）2008 年第 3 期。

张幼文：《世界经济学》，上海财经大学出版社，2006。

张勤、朱雪忠主编《知识产权制度战略化问题研究》，北京大学出版社，2010。

郑成思：《WTO 知识产权协议逐条讲解》，中国方正出版社，2001。

郑成思：《知识产权论》，法律出版社，2003。

郑成思：《知识产权法——新世纪初的若干研究重点》，法律出版社，2004。

郑万青：《知识产权与人权的关联辨析——对"知识产权属于基本人权"观点的质疑》，《法学家》2007 年第 5 期。

郑凯：《中国知识产权保护问题及对策》，《湖北师范学院学报》（哲学社会科学版）2008 年第 4 期。

郑友德、金明浩：《比亚迪式模仿创新的知识产权策略》，《法人杂志》2009 年第 9 期。

朱和庆：《知识产权司法保护理论与实务》，知识产权出版社，2008。

朱理：《后 TRIPS 时代版权限制和例外的国际标准——WTO 专家组首例版权争端裁决之下的三步测试法及其未来》，《世界知识产权》2006 年第 1 期。

〔美〕理查德·A. 波斯纳：《反托拉斯法》，中国政法大学出版社，2003。

〔美〕罗纳德·V. 贝帝格：《版权文化——知识产权的政治经济学》，清华大学出版社，2009。

〔美〕威廉·M. 兰德斯、理查德·A. 波斯纳：《知识产权法的经济结构》，北京大学出版社，2005。

〔美〕约翰·罗尔斯：《万民法》，吉林人民出版社，2003。

〔美〕罗斯科·庞德：《庞德法学文述》，中国政法大学出版社，2005。

〔美〕罗纳德·德沃金：《认真对待权利》，中国大百科出版社，1998。

〔美〕约瑟夫·S. 奈等：《全球化世界的治理》，世界知识出版社，2003。

〔美〕雅克·布道：《建构世界共同体——全球化与共同善》，凤凰出版传媒集团，2006。

〔美〕罗伯特·吉尔平：《全球政治经济学——解读国际经济秩序》，上海世纪出版集团，2006。

〔美〕彼得·辛格：《一个世界——全球化伦理》，东方出版社，2005。

〔美〕伊夫斯·德扎雷等：《全球性解决方案》，法律出版社，2006。

〔美〕约翰·菲尼斯：《自然法与自然权利》，中国政法大学出版社，2005。

〔美〕埃德加·博登海默：《法理学——法哲学及其方法》，华夏出版社，1987。

〔美〕马斯洛：《动机与人格》，华夏出版社，1987。

〔美〕利奥尼德·赫维茨等：《经济机制设计》，上海人民出版社，2009。

〔美〕安东尼·范·阿格塔米尔：《世界是新的：新兴市场崛起与争锋的世纪》，东方出版社，2007。

〔美〕卓瑞纳·康：《知识产权与经济发展：欧美的经验与教训》，www.iolaw.org.cn，最后访问日期，2010 - 11 - 17。

〔英〕彼得·斯坦等：《西方社会的法律价值》，中国法制出版社，2004。

〔英〕戴维·赫尔德：《驯服全球化》，上海世纪出版集团，2005。

〔英〕戴维·赫尔德等：《治理全球化——权力、权威与全球治理》，社会科学文献出版社，2004。

〔英〕威廉·退宁等：《全球化与法律理论》，中国大百科全书出版社，2009。

〔英〕英国政府：《〈知识产权与发展政策相结合〉之回应》，http：//www.知识产权 rcommission.org/graphic/Chinese_ Intro.htm，最后访问日期，2010 - 11 - 19。

〔英〕英国知识产权委员会：《知识产权与发展政策相结合》，http：//www.iprcommission.org/graphic，最后访问日期，2010 - 11 - 19。

〔英〕约翰·洛克：《政府论》，商务印书馆，1996。

〔英〕哈特：《法律的概念》，中国大百科全书出版社，1996。

〔德〕乌尔里希·贝克：《世界风险社会》，南京大学出版社，2004。

〔德〕乌尔里希·贝克：《气候变化：如何创造一种绿色现代性》，《马克思主义与现实》2009年第5期，转引自《人大复印资料·社会学》2010年第1期。

〔德〕汉斯-彼得·马丁等：《全球化陷阱》，中央编译出版社，2006。

〔德〕海因里希·罗门：《自然法的观念史和哲学》，上海三联书店，2007。

〔日〕大木雅夫：《比较法》，法律出版社，2006。

〔日〕田村善之：《日本知识产权法》（第4版），知识产权出版社，2011。

〔日〕竹中俊子：《专利法律与理论——当代研究指南》，知识产权出版社，2013。

〔法〕蒲吉兰:《21世纪的黑金》,社会科学文献出版社,2006。

〔意〕登特列夫:《自然法——法律哲学导论》,新星出版社,2008。

欧洲专利局:《未来知识产权制度的愿景》,知识产权出版社,2008。

〔奥〕伊利奇·考夫:《专利制度经济学》,北京大学出版社,2005。

〔澳〕彼得·达沃豪斯等:《信息封建主义》,知识产权出版社,2005。

Abraham Drassinower, *A Rights - Based View of the Idea/Expression Dichotomy in Copyright Law*, 16 CAN. J. L. & JUR. 1 (2003).

Adam D. More, *Intellectual Property, Innovation, and Social Progress: The Case against Incentive Based Arguments*, 26 HamlineL. Rev. 601 (2003).

Adam Goodman, *The Origins of the Modern Patent in the Doctrine of Restraint of Trade*, 19 I. J. 297 (2006).

Adam Mossoff, *Rethinking the Development of Patents: An Intellectual History 1550 - 1800*, 52Hastings L. J. 1255 (2001).

Adam, Wagstaff, *Millennium Development Goals for Health, Nutrition and Population: Working Together to Accelerate Progress.* Washington, D. C., World Bank Publications, 2004.

William Twining, "General Jurisprudence", http://www. ucl. ac. uk/laws/academics/profiles/twining/gen_ juris. pdf.

William Twining, *Globalization and Legal Theory*, Northwestern University Press, 2001.

WIPO: World Intellectual Property Indicators - 2013 Edition, http://www. wipo. int/ipstats/en/wipi/ 2013 - 12 - 17 访问。

后　记

国家课题申报辛苦，做也辛苦。申报花了七年时间，终于获得立项；从做课题研究至今交书稿也经过七年。其中的艰辛，深入骨髓。

当代是知识产权和风险时代，具有最强竞争力的企业或者国家，无一不以知识产权为核心支撑。知识产权法律发展问题复杂且多变，所牵涉的不仅仅是传统观念上的法律、法学问题，更直接关系科技创新、国家经济安全等，并涉及人文社会科学和自然科学等学科。本书着重从法学与经济学融合的跨学科视角进行研究。我国的法律与经济关系尤其密切，市场和政府发挥作用，均以法律为托底。安全的知识产权经济必然与知识产权安全法律相匹配。

我国是世界上最大的发展中国家，长期以劳动密集型为经济增长主要动力，知识产权又主要为舶来品，2008 年首次制定和实施知识产权国家战略。但深入研究知识产权法律发展问题，做出有说服力的创新型理论解释，为法律决策提供有价值的咨询成果，对于学术界是个巨大挑战。

自改革开放以来，我国无论是物质产品还是知识精神产品，进口量均很大，导致缺乏理论自信和制度自信，妨碍了知识产权理论原创成果的创造。而没有成熟理论支撑的国家知识产权政策法律制度，其科学性和可行性，值得怀疑。中国已初步具备知识产权理论原创的客观条件。本书正是对我国知识产权法律发展的理论与政策的初步探索，也是作者长期从事知识产权研究的阶段性成果。

本书得以出版，要感谢各方的支持和帮助。

感谢国家社会科学基金、南昌大学以及南昌大学经济与管理学院应用经济学重点建设学科的资助。

感谢我的研究生为本书所做的搜集、整理、校订等工作，他们是杜春梅（第三章）、聂清雯（第五章），付佳伟、李秋萍、邓尚洲的辛苦校对。

感谢南昌大学社会科学处处长宋三平、科长邓江峰的支持。

感谢社会科学文献出版社及其高雁编辑。

特别感谢我的妻子熊淑慧的辛劳和支持！

王振宇

2014 年夏于江西省政府大院

图书在版编目（CIP）数据

中国知识产权法律发展研究：基于维护国家经济安全的视角 /
王振宇著 . —北京：社会科学文献出版社，2014.7
　ISBN 978 - 7 - 5097 - 5799 - 4

　Ⅰ.①中…　Ⅱ.①王…　Ⅲ.①知识产权法 - 研究 - 中国
Ⅳ.①D923.404

　中国版本图书馆 CIP 数据核字（2014）第 050842 号

中国知识产权法律发展研究
——基于维护国家经济安全的视角

著　　者 / 王振宇

出 版 人 / 谢寿光
出 版 者 / 社会科学文献出版社
地　　址 / 北京市西城区北三环中路甲 29 号院 3 号楼华龙大厦
邮政编码 / 100029

电子信箱 / caijingbu@ ssap. cn　　　　　责任编辑 / 高　雁　颜林柯
项目统筹 / 高　雁　　　　　　　　　　　责任校对 / 黄　利
经　　销 / 社会科学文献出版社市场营销中心　责任印制 / 岳　阳
　　　　　（010）59367081　59367089
读者服务 / 读者服务中心（010）59367028

印　　装 / 北京鹏润伟业印刷有限公司
开　　本 / 787mm×1092mm　1/16　　　　印　张 / 24.25
版　　次 / 2014 年 7 月第 1 版　　　　　　字　数 / 405 千字
印　　次 / 2014 年 7 月第 1 次印刷
书　　号 / ISBN 978 - 7 - 5097 - 5799 - 4
定　　价 / 89.00 元